대한민국을 통합시킬 주역은 누구인가?

2020

2020
대한민국을 통합시킬 주역은 누구인가?

초판 1쇄 발행 2020년 01월 29일

지은이 안성재
펴낸이 박상진
편집 김제형
제작 오윤제
관리 황지원
디자인 디자인 지폴리

펴낸곳 진성북스
출판등록 2011년 9월 23일
주소 서울시 강남구 영동대로 85길 38 진성빌딩 10층
전화 (02)3452-7762
팩스 (02)3452-7761
홈페이지 www.jinsungbooks.com
네이버 포스트 post.naver.com/jinsungbooks

ISBN 978-89-97743-48-3 03300

진성북스는 여러분들의 원고 투고를 환영합니다. 책으로 엮기를 원하는 좋은 아이디어가 있으신 분은 이메일(jinsungbooks@naver.com)로 간단한 개요와 취지, 연락처 등을 보내 주십시오. 당사의 출판 컨셉에 적합한 원고는 적극적으로 책으로 만들어 드리겠습니다!

노자, 궁극의 리더십을 말하다

대한민국을 통합시킬
주역은 누구인가?

2020

안성재 지음

진성북스
JINSUNGBOOKS

스티브 잡스(Steven Paul Jobs)는 생전에 왜 그토록 인문학을 강조했을까? 인문학은 '사람 인(人)'과 '글월 문(文)' 그리고 '배울 학(學)'이 합쳐진 단어인데, 말 그대로 인류가 그동안 남긴 문자기록들을 배우고 연구하는 분야이다. 인문학은 이처럼 과거부터 지금까지 인류가 걸어왔던 삶의 기록을 연구하는 학문이지만, 나아가 그 기록을 통해서 앞으로 인류가 원하는 가치가 무엇인지 고스란히 판단할 수 있다. 왜냐면 인류의 역사는 그것이 선순환 혹은 악순환이건 간에, 끊임없이 돌고 또 돌기 때문이다.

스티브 잡스가 인문학을 중시한 단 한 가지 이유는, 사회과학 자연과학 또는 공학 의학 예체능 등의 전공 분야를 막론하고 추구하는 모든 것들이 바로 인류를 위한 것이라는 공통점을 가졌기 때문이다. 즉 새로운 기술이나 제품들을 개발하는 것 역시 인류의 삶을 보다 편리하게 하기 위해서이다. 따라서 어떤 분야를 불문하고, 모두 인문학이라는 본질을 먼저 이해하지 않으면 안 된다. 그런데도 문(과라서 죄)송합니까?

성경 다음으로 해석본(Version) 종류가 가장 많은 책은 [도덕경]이고, 저자는 도가의 창시자로 널리 알려진 노자이다. 그런데 2,500여 년 전에 쓰인 [도덕경]이 1장부터 마지막 81장까지 리더십이라는 일관된 주제로 관통하는 철저한 정치서라면, 여러분의 생각은 어떨까? 게다가 [도덕경]

의 모든 내용이, 노자가 처음 제기한 이론이 아니라면?

　인문학은 인간과 삶의 본질을 적나라하게 파헤친다. 역사적으로 서양은 인간 개개인의 존재가치에 대해 더 많은 연구와 사색을, 동양은 오로지 지도자의 도리에 대해서만 고민해왔다. 누가 지도자가 되느냐에 따라 나라의 운명과 백성의 행복이 좌우된다고 믿었기 때문이다. 지금 봐도 이 믿음은 여전히 유효하지 않을까?

　[도덕경], [논어] 등 동양 고전들은 단 하나의 예외도 없이 모두 리더십에 대해서 고민한 흔적인 것이다. 따라서 언뜻 보기에 서양과 동양이 걸어온 길은 마치 전혀 다른 것 같지만 사실은 같은 고민이다. 어떻게 해야 사람이 행복하게 살 수 있는가에 대한 고민이니까 말이다. 결국 '사람이 먼저'이다. 그래서 예나 지금이나 지친 삶에 허덕이는 사람들이 다시 고전을 꺼내드는 것은, 자기도 모르게 옛날의 태평성대를 그리워하는 일종의 회귀본능이라고 할 수 있다. 즉 동양에 있어서 정치, 특히 지도자의 리더십은 시민의 삶에 절대적인 영향을 미치는, 사실상 인문학과 동일한 것이라고 말해도 과언이 아니다.

　〈2020 대한민국을 통합시킬 주역은 누구인가?〉는 [도덕경]의 오해와 진실 그 모든 것을 이야기한다. 동서고금을 아우르는 지혜가 살아 넘친다. [도덕경] 한 권이면 국가를 경영하는 정치지도자에서 기업을 경영하는 관리자까지 리더십의 본질을 꿰뚫 수 있을 것이다.

8부 2022년, 중국은 노자를 소환한다

고전 해석의 어려움

　노자는 과연 누구인가? 만약 [도덕경] 내용을 정확하게 이해하고 싶다면, 먼저 이 문제에 정확히 대답할 수 있어야 한다. 많은 이들은 줄곧 이이(李耳)라는 인물이 노자라고 여겨 왔다. 그는 기원전 571년에 태어나서 주(周)나라 사관(史官)을 지내다가, 후에 주나라가 혼란에 빠지자 모든 것을 버리고 훌쩍 떠나버렸다고 한다. 만약 이것이 사실이라면 노자와 공자는 동시대 인물이었거니와, 공자는 기원전 551년에 태어났으므로 노자의 나이가 공자보다 20세 더 많았을 것이다. 혹자는 노자가 바로 노래자(老萊子)라고 주장한다. 그는 춘추시대 초(楚)나라에 살고 있었는데, 초나라가 혼란에 빠지자 외딴곳으로 이사가 70세가 넘도록 부모님을 모시고 살았다고 전해진다.

　또 어떤 이들은 태사담(太史儋)이라는 인물이 노자라는 의견을 내놓기도 했다. 하지만 태사담은 공자가 죽은 지 100년이 지난 후의 인물이기 때문에 설득력이 떨어진다. 심지어 어떤 이들은 [도덕경] 내용의 전후 맥락이 일치하지 않기 때문에, 노자는 사람들 입을 오르내리며 만들어진 허구의 인물이라고 말한다. 거기다가 [도덕경] 역시 한 사람이 아닌 여러 사람의 손을 거친 작품이라고 주장하기도 한다.

　만약 누군가가 위에서 언급한 이론 중에서 어느 것이 정확하냐고 묻는다면, 나는 첫 번째로 소개한 이론을 꼽고 싶다. 이와 관련된 구체적인 근거들은 본문을 통해서 하나씩 밝히기로 한다.

[도덕경]은 노자의 유일한 저서로 알려져 있는데, 글자 수가 비교적 적어 불과 5천여 자로 쓰였다. [도덕경]에는 대표적인 키워드 두 개가 있다. 하나는 무위(無爲)이고 또 하나는 자연(自然)이다. 통상 무위는 아무것도 하지 않는 것이라고 풀이되고, 자연은 산이나 바다 등을 지칭한다. 그래서 훗날 사람들은 노자를 도가사상의 시조로 추존하고, 나아가 세속을 초탈하여 자연으로 돌아가 수도(修道) 즉 도를 닦는 데 정진하는 태도를 대단히 중시했다.

이 때문에 사람들은 줄곧 도가사상을 세상을 피해 은거하려는 소극적인 처세술로 여겼고, 어떤 이들은 심지어 도가사상으로 불로장생을 추구할 수 있다고 주장했다. 그렇다면 [도덕경]의 핵심을 정확하게 잡아내기 위해서, 우리는 어떤 점들에 유의해야 할까?

먼저 선진(先秦) 즉 중국을 처음으로 통일한 진나라 이전 시대 서적들의 공통된 특징에 주목할 필요가 있다. 그 첫 번째가 바로 미언대의(微言大義)이다. 미언대의란 비록 글자 수는 적지만 거기에 담긴 뜻이 깊고 크다는 의미로 풀이할 수 있다. 명확한 이해를 위해 잘 알려진 시 한 수를 살펴보자.

이 작품은 회사를 퇴직하고 귀농한 노인의 이야기이다. 그는 그동안 모은 돈을 조그마한 논마지기를 사는 데 다 써버렸다. 그러던 어느 날 땀을 흘리며 열심히 일하고 있는 그를 찾아온 경찰이 말한다. "이건 영감님 땅이 아니에요. 부동산 업자한테 속으셨네요!" 노인은 충격을 이기지 못해 이내 미쳐버렸고, 결국 그날부터 온종일 그 땅 주위를 배회하면서 "이건 내 땅이야!"라고 중얼거렸다고 한다. 이제 이 시의 중간 부분을 잠시 감상해보자.

> 내 손에 호미를 쥐어 다오.
> 살진 젖가슴과 같은 부드러운 이 흙을 발목이 시도록 밟아도 보고,
> 좋은 땀조차 흘리고 싶다.
>
> 〈빼앗긴 들에도 봄은 오는가〉 중에서

사실 이 작품은 이상화 시인이 1926년 지은 것으로, 일제강점기에 나라를 빼앗긴 참담한 심정을 시 형식으로 그려냈다. 이제 이 작품의 주제를 알게 되었으므로, 여러분은 내 해석이 얼마나 주관적이었는지 깨달았을 것이다. 이처럼 글자 수를 최대한 압축해 쓰인 운문 작품은 내용만으로는 창작 의도를 정확하게 파악하기 어렵기에, 운문을 읽을 때는 창작 의도를 이해할 수 있는 요소들에 주의를 기울여야 한다.

둘째, 선진시대 서적들을 분석하고 번역할 때는 최대한 단장취의(斷章取義)를 배제하는 자세를 가져야 한다. 단장취의는 글 일부만을 편집해서 마치 그것이 글 전체의 핵심인 것처럼 조작하는 것이다. 이번에는 대중가요를 예로 설명해 본다.

지금 소개하는 가요는 우리에게 잘 알려진 노래로, 귀신이 보인다는 한 여성의 심정을 잘 묘사했다. 곡 중에서 그녀는 귀신이 보일 때마다 극도

의 두려움을 호소하고 있는데, 특히 "나만 볼 수 있어요. 내 눈에만 보여요."라는 소절은 이러한 공포감을 잘 드러내고 있다. 이제 이 곡의 전반부 가사를 감상해보자.

> 아직도 넌 혼자인 거니
> 물어보네요. 난 그저 웃어요.
> 사랑하고 있죠. 사랑하는 사람 있어요.
> 그대는 내가 안쓰러운 건가 봐. 좋은 사람 있다며 한번 만나보라 말하죠.
> 그댄 모르죠. 내게도 멋진 애인이 있다는 걸. 너무 소중해 꼭 숨겨 두었죠.
> 그 사람 나만 볼 수 있어요. 내 눈에만 보여요.
> 내 입술에 영원히 담아둘 거야. 가끔씩 차오르는 눈물만 알고 있죠.
> 그 사람 그대라는 걸.
>
> 〈애인 있어요〉 중에서

많은 이들이 눈치챘겠지만 이 곡은 가수 이은미가 2005년에 부른 인기 가요인데, 여성 입장에서 짝사랑의 아픔을 서정적으로 잘 묘사한 곡으로 평가받는다. 따라서 여러분들은 이제 이 곡에 대한 내 해석이 얼마나 편파적이었는지 알 수 있다.

이러한 단장취의는 고문 번역에서도 찾아볼 수 있는데 [예기(禮記)] 〈예운(禮運)〉편의 다음 구절이 대표적인 사례라 할 만하다.

飮食男女, 人之大慾存焉。 (음식남녀, 인지대욕존언.)

일반적으로 '음식(飮食)'은 먹을 것과 마실 것을 의미하고, '남녀(男女)'는 성욕을 나타낸다. 따라서 이 구절은 통상적으로 "식욕과 색욕은 사람이 매우 바라는 바이다."라고 번역되어 왔다. 심지어는 '공자조차도 식욕과 성욕은 모든 사람이 바라는 바라고 했으니, 이제 우리도 절제할 필요 없이 먹고 싶은 대로 먹고 남녀 간에 즐기고 싶은 대로 즐겨도 돼!'라고 생각하는 이들조차 생기게 되었다. 물론 이 구절만 본다면, 누구도 이러한 해석에 문제가 있다고 지적하기 어렵다. 하지만 바로 뒤에 오는 다음 구절과 비교해보면, 뜻밖에도 상황은 전혀 달라진다.

死亡貧苦, 人之大惡存焉。 (사망빈고, 인지대오존언.)

일반적으로 '사망(死亡)'은 끝남과 세상을 떠남을 뜻하고, '빈고(貧苦)'는 빈궁함과 외로움을 뜻한다. 따라서 이 구절은 "죽음과 가난과 외로움은 사람들이 대단히 싫어하는 바이다."라고 해석할 수 있다. 그런데 문장 구조를 분석해보면, 이 두 구절이 서로 대구(對句) 관계에 놓여 있음을 알 수 있다. '음식'과 '사망', '남녀'와 '빈고'가 각각 대구 관계이며, '바라는 바'와 '싫어하는 바' 역시 대구 관계이다.

이를 통해 몇 가지 사실을 유추해낼 수 있다. 첫째, '음식'과 '사망'이 대구 관계에 있으므로, '음식'은 식욕으로 번역해서는 안 되고, 먹을 것과 마실 것으로 풀이해야 한다. 왜냐면 먹을 것과 마실 것은 사람을 구해내어 사망에서 멀어지게 하므로. 둘째, '남녀'와 '가난과 외로움' 역시 대구 관게이므로 '남녀'는 성욕으로 해석해서는 안 되고, 결혼해서 집안을 이루는 것으로 풀이해야 한다. 왜냐면 결혼해서 집안을 이루는 것은 사람을 구해내어 가난과 외로움에서 벗어나게 해주므로. 고대 중국은 농경사회였으므로 많은 자식을 낳는 것은 농사에 매우 중요한 부분이었고, 결혼이 사람을 가난에서 벗어나게 해준다는 개념도 같은 맥락에서 이해할 수 있다. 많으면 많을수록 좋다. 다다익선(多多益善)이라고 하지 않는가.

지금까지 선진시대의 전적들을 번역할 때 과연 어떤 것에 유의해야 하는지 살펴보았다. 앞에서 언급한 내용을 간단하게 정리해보면, 다음 세 가지의 핵심 요소를 뽑아낼 수 있다. 이른바 '작품 분석의 3요소'인데 저자가 누구인가?, 창작 의도는 무엇인가?, 창작 배경은 과연 무엇인가? 등이다. 만약 작품을 분석하는 데 이 세 가지 요소들을 온전히 파악하지 못하면, 얻을 수 있는 결과는 오로지 하나뿐이다. 백 명이 번역에 매달리면 백 가지 번역본이 나오고, 천 명이 번역에 달려들면 천 가지 번역이 나오게 된다. 우리가 잘 알고 있는 [성경] 역시 이와 마찬가지 맥락에서 이해할 수 있다. 이 세상에서 번역본이 가장 다양한 서적은 [성경]이고, 그다음이 바로 [도덕경]이다. 이제 위에서 서술한 내용을 근거로, 노자가 [도덕경]에서 말하고자 한 것이 무엇인지 좀 더 구체적으로 살펴보자.

대동과 소강

정식으로 [도덕경]을 읽기에 앞서, 대동(大同)과 소강(小康)의 개념을 이해해야 한다. 예로부터 전해오는 중국의 문화는 예외 없이 대동과 소강의 개념과 밀접하게 연결되기 때문이다. 따라서 [도덕경]을 정확하게 이해하기 위해서는 대동과 소강을 먼저 짚고 넘어가야 하는데, 이를 위해 역시 [예기] 〈예운〉 편의 한 부분을 읽어보자.

　　예전에 공자가 하늘에 지내는 제사에 참석했다. 제사가 끝난 후, 공자는 누각에 올라 길게 한숨을 내쉬었다. 공자가 길게 한숨을 내쉰 것은 아마도 노나라를 한탄한 것이리라. 곁에 있던 제자 자유(子游)가 물었다. "스승님, 어떤 일로 한숨을 내쉰 것입니까?" 그러자 공자가 대답했다. "큰 도가 실시될 때와 하(夏)나라 상(商)나라 주(周)나라 세 왕조의 훌륭한 인물들이 통치할 때는, 비록 내가 그 시대로 돌아가 볼 수는 없으나 기록에 보존되어 있으므로, 그 시대 상황이 어땠는지 알 수 있다."

공자는 여기서 옛날을 1) 큰 도가 실시될 때와 2) 하, 상, 주 세 왕조의 훌륭한 인물이 나라를 다스리던 때 두 부분으로 나누고 있음을 알 수 있다. 큰 도가 실시되던 때는 대동사회이고 하, 상, 주 세 왕조의 훌륭한 인물들이 통치하던 시기는 바로 소강사회이다. 그런데 여기서 주의해야 할 점이 있다. 공자는 소강사회에 대해서 정의를 내릴 때 단지 하나라, 상나라, 주나라의 훌륭한 인물이 다스리던 시기라고 소개했지 결코 세 왕조의 모든 시기를 지칭하지는 않았다는 점이다. 여기서 미리 밝혀둬야 할 것이 있는데, 이 세 왕조의 훌륭한 인물이란 잠시 후 언급할 여섯 명의 군자이다.

큰 도가 실시될 때는 세상이 모든 이들의 것이었다. 인품이 훌륭한 인물이 선택되었고 또 재능이 있는 이가 선발되었다. 신뢰가 중시되고, 사람들의 관계가 화목하게 되었다.

임금을 선발할 때 사람들은 혈통이나 배경에 의지하지 않고 오로지 인품과 행정 능력만 보고 뽑았는데, 이것이 대동사회의 선양(禪讓)제도이다. 특히 주의해야 할 것은 노자 역시 [도덕경]에서 도를 설명할 때마다, 종종 대도(大道) 즉 큰 도라고 불렀다는 점이다.

이 때문에 사람들은 자기 부모만 보살핀 것이 아니었고, 역시 자기 자녀만 돌본 것이 아니었다.

이는 대동사회가 진정한 의미에서의 상생과 공생을 실천한 사회였음을 뜻한다.

노인들은 천수를 다하다 죽고, 젊은이들은 재능을 펼칠 수 있었으며, 어린이들은 보살핌을 받으며 성장할 수 있었다. 늙어 부인이 없는 이, 늙어 남편이 없는 이, 부모 없는 어린이, 자식 없는 노인과 장애인들 모두가 보살핌을 받았다. 모든 남성은 일자리가 있어 자신이 속한 직분이 있었고, 모든 여성은 남편이 있어 자신이 속한 집안이 있었다.

여기서는 오늘날의 복지제도와 유사한 개념을 설명하고 있는데, 두 가지 관점에서 접근할 필요가 있다. 첫째, 이 네 가지 계층은 사회의 최약자층을 대표하는데, 이들은 모두 국가의 보살핌을 받고 있었다. 또 당시에는 장애인 역시 사회 구성원 중 하나로 무시당하지 않았음을 의미하기도 한다. 둘째, 국가가 발 벗고 나서서 배우자를 찾지 못한 남녀들을 연결해줘서, 독신생활을 하는 이들이 없었다.

사람들은 재산을 귀히 여겨서 함부로 대하지 않았지만, 반드시 자기 집에 보관하려 하지는 않았다. 사람들은 또한 자기 힘을 들여 애써 일하는 것을 중시했지만, 반드시 자기만을 위해서 그런 것은 아니었다. 이 때문에 얄팍한 계략이 통하지 못하고 도적이나 반란이 일어나지 못했다. 따라서 사람들이 밖의 대문을 잠그지 않았으니, 이를 대동이라고 일컫는다.

계략이라는 것은 남보다 자신이 더 잘나고 더 잘되기를 바라는 마음에서 비롯된다. 따라서 귀한 물건을 귀히 여기되 나 혼자만 독차지하지 않고, 열심히 일하고자 하나 그것이 반드시 자기 자신만을 위함이 아니라 함께하려는 마음이 있다면, 굳이 타인의 것에 욕심을 부리지 않게 되므로, 남의 집 대문을 열고자 하는 탐욕이 일지 않는다.

그런데 이제는 큰 도가 사라졌으니, 세상이 자기 것만을 챙기게 되었다. 사람들은 자기 부모만을 모시고, 자기 자녀만을 챙겼다. 재물과 힘은 자기 자신을 위해서만 썼다. 지배계급들은 세습을 예의로 삼았고, 성 주위에 둘러 판 연못인 해자를 만들어 다른 사람들이 침입하지 못하도록 했으며, 예의(禮)와 의로움(義)을 기강으로 삼았다. 그들은 예의와 의로움으로 임금과 신하 관계를 바로 하고, 부모와 자식 관계를 돈독히 하였으며, 형제간에 화목하게 하고, 부부 사이를 조화롭게 하였으며, 제도를 설치했다. 또 논밭의 경계를 명확하게 가르고, 용감하고 지혜로운 자를 존중하고, 공적을 자기의 것으로 여겼다. 이에 사람들은 자기가 남들보다 더 가지려고 권모술수를 쓰기 시작했고, 나아가 전쟁이 발발하게 되었다. 하나라의 우, 상나라의 탕, 주나라의 문왕과 무왕, 성왕 및 주공은 모두 예의와 의로움으로 시비를 가렸다. 이 여섯 군자는 하나도 빠짐없이 모두 예의를 대단히 중시했다.

여섯 군자는 앞에서 언급한 하, 상, 주 세 왕조의 위대한 인물들이다. 따라서 이를 통해 군자는 소강사회와 밀접한 관계를 맺고 있음을 알 수 있다.

이 여섯 군자는 의로움의 경계를 분명히 하고, 신용을 중시하며, 잘잘못을 명확하게 가리고, 죄를 질책하며, 윗사람을 진심으로 섬기고 따름으로써, 항상 백성들에게 본보기를 보였다.

이를 통해 우리는 여섯 군자가 중시한 예의나 의로움은 공자가 강조한 사실임을 유추할 수 있다. 다시 말해 공자가 그토록 강조한 군자는 인격이 훌륭한 인물이 아니라, 바로 훌륭한 정치가 즉 '리더'들이다. 또 공자의 현실적 목표는 대동에 있지 않고, 바로 소강사회로의 복귀에 있음을 알 수 있다.

특히나 앞부분에서 군자는 의로움의 경계를 분명히 하였다고 했는데, 이 말이 무슨 뜻인지는 뒤에서[1] 좀 더 자세하게 살펴보자. 여기서 개략적으로나마 소개하자면 의로움은 아버지, 형, 남편, 어른, 임금이라는 윗사람이 지켜야 할 도리와 아들, 아우, 아내, 어린이, 신하라는 아랫사람이 지켜야 할 도리로 나뉜다. 따라서 의로움의 경계를 분명히 한다는 것은 먼저 자신이 처한 신분이 윗사람인지 아랫사람인지 명확히 하고, 나아가 그 서열에서 마땅히 지켜야 할 바를 목숨을 걸고 지키는 것이다.

이를 따르지 않는 이가 있다면, 설령 그가 권세가 있는 사람일지라도 처벌하여, 백성들이 그것을 재앙으로 삼았으니, 이를 소강이라고 일컫는다.

이제 대동과 소강에 대해서 좀 더 구체적으로 살펴보자. 고대 중국의 역사는 다음과 같이 나눌 수 있다. 첫째, 옛날보다도 더 까마득한 옛날이라는 뜻을 가진 상고(上古)시대. 둘째, 하나라. 셋째, 상나라[2]. 넷째, 주나라.

---

1   18-1
2   은(殷)나라로 부르기도 한다.

특히 주나라는 서주(西周) 시기와 동주(東周) 시기로 나누는데, 동주 시기는 춘추(春秋)시대라고도 불린다. 물론 그다음으로 전국(戰國)시대, 진나라, 한나라, 위진남북조, 수나라, 당나라, 오대십국, 송나라, 원나라, 명나라 그리고 청나라 시대가 있었다. 하지만 우리가 이야기하고자 하는 것은 춘추시대에 살았던 노자의 사상이기 때문에 전국시대 이후의 상황에 대해서는 굳이 논할 필요가 없다. 노자가 죽은 이후의 역사라서 노자도 몰랐을 테니까.

일반적으로 중국의 역사는 대동과 소강 그리고 혼란기 세 부분으로 나눌 수 있다. 까마득히 오래된 상고시대는 대동 그리고 하, 상, 주 세 왕조의 군자들이 나라를 다스리던 시기는 소강에 속하므로, 그 나머지는 혼란기에 속한다고 할 수 있다.

먼저 대동에 대해서 간략하게 말하자면, 하늘과 땅 즉 자연과 인간이 조화로이 함께 살던 시기라고 정의 내릴 수 있다. 따라서 세상이 모두의 것이었던 사회였다. 앞에서 언급한 것처럼, 대동의 대표적인 특징 중 하나는 바로 임금을 선양제로 뽑았다는 점이다. 이 시기에는 삼황오제(三皇五帝)가 나라를 다스렸다. 삼황에는 어떤 인물들이 있었는지 하나씩 살펴보자.

첫 번째 인물은 복희씨(伏羲氏)로, 그는 물고기를 잡는 그물인 어망과 최초의 문자부호인 팔괘(八卦)를 최초로 발명했다고 알려져 있다. 팔괘는 긴 막대인 양효(陽爻)와 짧은 막대인 음효(陰爻)를 조합하여 만든 여덟 개의 부호로서, 태극기의 검은색 막대 부분이 이 중 네 개를 표시한 것이다.

특히 어망의 발명은 중요한 의미를 지니는데, 이 시기에 인류가 이미 집단생활 단계로 접어들었음을 보여준다.

물고기를 잡는 법에는 두 가지가 있다. 하나는 낚싯대의 사용으로 이는 많아야 한 번에 한두 마리만 낚을 수 있다. 또 하나는 어망을 던져 잡는 방법으로 한 번에 많은 양의 물고기를 잡을 수 있다. 물론 당시 인류가 집단생활을 하지 않았다면, 하루에 그렇게 많은 물고기를 잡을 필요도 없었을 것이다. 복희씨의 상반신은 여느 사람들과 똑같았지만, 하반신은 전혀 달라서 마치 비늘로 뒤덮인 용이나 뱀의 형체와 닮았다고 전해진다.

두 번째는 여와씨(女媧氏: 여왜씨라고도 함)인데, 사람들은 그녀가 인류를 창조하고 나아가 자연계와 인류의 질서를 바로잡았다고 믿어 왔다. 하루는 여와씨가 지푸라기로 끈을 엮은 후에 흙탕물에 적셔 공중에 한 바퀴 돌리니, 물방울들이 사방으로 튀어 땅에 떨어졌다고 한다. 잠시 후 무언가 땅을 뚫고 바깥으로 나왔는데, 그것이 바로 지금의 인류였다고 한다. 만약 이 전설이 맞는다면, 현 인류는 좀비의 후손이리라. 여와씨가 인류를 만들기 전 이 세상에는 동물들만 있었지만, 이제 인류가 생겨나 그들과 영역을 두고 싸우게 되었다. 결국 여와씨는 그들의 영역을 분리하여 동물들은 숲 속에서 밤에 활동하게 하고 인류는 평원에서 낮에 생활하도록 정리했다고 한다.

그런데 복희씨와 여와씨는 사실 친남매

복희씨

였다고 한다. 그들은 본래 각자 반려자를 찾아 결혼하고자 했지만 끝내 마음에 드는 이를 찾지 못했고, 결국 남매끼리 결혼해서 아이를 낳았다고 전해진다. 따라서 우측의 그림처럼 그들의 상반신은 남녀로 분리된 모습이지만, 하반신은 한데 얽혀 있는 모습으로 묘사되고 있다. 이는 당시 사람들이 이미 남녀가 합해져야만 아이를 낳을 수 있다는 과학적 사실을 충분히 이해하고 있었음을 단적으로나마 보여주고 있다. 또 하반신 모습은 흡사 용이나 뱀과도 같은데, 이는 그들이 용이나 뱀을 숭상한 용 또는 뱀 토템 부족의 족장이었음을 설명하고 있다. 한국의 단군신화에 등장하는 곰과 호랑이 역시 이와 같은 논리이다. 곰과 호랑이는 곰과 호랑이를 토템으로 하는 부족을 뜻하고, 곰이 사람으로 변했다는 것은 두 부족끼리의 싸움에서 곰 토템 부족이 승리했음을 암시한다.

세 번째는 신농씨(神農氏)이다. 이름만 봐도 알 수 있듯이 그는 최초로 인류에게 농업을 보급한 인물로 알려져 있다. 그런데 그의 상상 인물화들을 보면 예외 없이 이상한 점을 찾아낼 수 있다. 그의 생김새는 사람이라

신농씨

기보다는 되레 도깨비에 가깝다. 그렇다면 당시 사람들은 왜 이렇게 추하게 생긴 신농씨를 그들의 리더로 섬겼던 것일까? 그 숨겨진 이야기의 배경은 이렇다.

신농씨는 어려서부터 밖으로 돌아다니며, 이것저것 가리지 않고 온갖 곡물과 과실 맛보기를 좋아했다고 한다. 점차 커 가면서 그는 자연스레 어떤 것을 먹어도 되고 또 어떤 것을 먹어서는 안 되며, 어떤 것이 맛있고 어떤 것이 맛없는 것인지 등등을 알 수 있었다. 그리고 훗날 이러한 귀한 정보들을 사람들에게 알려주어, 그들이 농사에 전념할 수 있도록 했다. 알다시피 어떤 곡물이나 과실에는 독이 들어있다. 다행히도 신농씨는 독이 있는 것들을 먹을 때마다 운이 좋게도 목숨은 건졌지만, 독성으로 인해 그의 얼굴과 피부는 점차 일그러졌다. 바꿔 말해서 그는 자기 한 몸 희생하여 백성들을 위했다. 그렇다면 백성들은 그런 신농씨의 추한 외모를 그저 혐오하기만 했을까, 아니면 진심으로 그를 자신의 리더로 추대해 섬기고자 했을까?

이어서 오제에는 누가 있는지 살펴보자. 오제는 황제(黃帝), 전욱(顓頊), 제곡(帝嚳), 제요(帝堯), 제순(帝舜)을 일컫는다. 황제는 유웅씨(有熊氏)라고도 불리는데, 화하(華夏)족 즉 중화민족의 시조로 여겨진다. 전욱은 황제의 손자, 제곡은 황제의 증손자였다. 또 제요는 제곡의 아들이었지만, 제순은 뜻밖에도 평범한 장님이었던 고수의 아들이었다. 그런데 제요와 제순이 다스리던 시대는 특히 평화로웠기 때문에, 이 두 임금의 이름을 붙인 '요순'은 태평성대를 상징하는 대명사가 되었다.

훗날 진시황제는 자신이 이룩한 사상 최초의 중국 통일 치적이 삼황과 오제에 비견될 만하다고 여겨서, 숫자 삼과 오를 뺀 황제의 호칭을 자신에게 썼다. 중국인들에게 있어 삼황오제가 어떠한 지위를 갖는지 알 수 있는 대목이다.

대동과 관련된 기록이 과연 믿을 만한 것인지는 그리 중요하지 않다. 오히려 아주 오래전부터 중국인들이 그렇게 믿어왔다는 사실이 더 중요하다. 왜냐면 노자나 공자 등 옛날 사람들의 가치관 역시 이러한 믿음을 전제로 출발하고 있기 때문이다.

대동사회와 달리, 소강은 세습제를 기반으로 한 사회였다. 즉 사회체제가 씨족 공동체에서 계급사회로 전환되었다. 이러한 변화의 배경과 관련해 역사 기록들을 살펴볼 필요가 있다.

오제 중 한 명인 요임금(제요)은 중원지역에서 빈번히 발생하는 홍수 때문에 골머리를 앓고 있었다. 이에 곤(鯀)이라는 인물에게 홍수 문제를 해결하라고 명했지만, 그는 9년이 지나도 해결하지 못해서 결국 처벌을 받았다. 요임금을 이은 순임금(제순)은 곤의 아들인 우(禹)에게 홍수 문제를 해결하도록 했다. 우는 13년 동안 전국을 돌아다니면서 홍수 문제를 해결하기 위해 애썼는데, 심지어 세 차례나 자기 집을 지나쳤지만 한 번도 집에 들어가지 않았다고 전해진다. 여기서 주목할 것은, 아버지 곤이 흙을 쌓아 올려 물을 막으려 한 것과 달리 우는 오히려 땅을 파 물길을 만들어 흘려보냄으로써 중원지역에 범람하던 홍수 문제를 해결했다는 점이다. 아버지 곤은 물의 천성을 거스른 탓에 실패했지만, 아들 우는 물의 천성을 따랐기 때문에 성공했다. 순임금은 그의 공로를 인정하여 우가 자신의 왕위를 계승토록 했다.

그로부터 15년 후, 우는 여전히 대동사회의 전통인 선양제에 따라서 왕위를 익(翼)이라는 인물에게 넘기고자 했다. 하지만 백성들은 오히려 "우임금의 아들 계(啓)가 우리의 다음 임금이시다!"라고 외치며 계에게로 몰려갔다. 바로 이 점 때문에 학자들은 우임금 때부터 세습제 위주의 소강사회가 시작된 것으로 인식하고 있다.

이 일화를 통해서 정치(政治)의 한자어 어원도 함께 이해할 수 있다. 중국인들은 음양(陰陽)학을 대단히 중시해왔는데, 음양학에서 세상 모든 것들은 반드시 앞면과 뒷면이 동시에 존재한다. 예를 들어 태양이 있으면 달도 있고, 낮이 있으면 반드시 밤도 있으며, 남성이 있으면 여성도 함께 있다. 중국인들은 나아가 음양개념을 언어영역에까지 확장시켰고, 그 결과 중국어 단어는 일반적으로 짝수로 이뤄지게 되었다.

짝수로 된 단어를 만들 때 가장 좋은 방법은 의미가 같은 두 한자를 찾는 것이다. 만약 똑같은 뜻의 한자를 찾지 못했다면, 의미가 서로 통하거나 비슷한 한자를 찾아서 만들었다. 만약 이 두 가지 방법으로도 짝수를 만들지 못했다면 어쩔 수 없이 한자 뒤에 아무런 의미가 없는 접미사 '자(子)'나 '아(兒)' 등을 붙여서 짝수를 만들었으며, 이에 해당하는 대표적인 단어로는 의자(椅子)나 상자(箱子) 등이 있다.

다시 본론으로 돌아와서, 정치라는 한자어를 하나씩 분석해보자. 한자 '정사 정(政)'은 '바를 정(正)'과 '칠 복(攴)'으로 이뤄져 있는데, 여기서 '바를 정'은 '바로잡다'라는 뜻을 갖고, '칠 복'은 '망치로 치다'라는 의미를 지닌다. 따라서 이 둘을 합친 '정사 정'은 망치로 쳐서 바로잡는다는 의미를 지니므로, 이것은 사람의 잘못 즉 인재(人災)로 인해 일어나는 재앙에 대한 것임을 알 수 있다.

'다스릴 치(治)'는 '삼수(氵) 변' 즉 '물 수(水)'와 '기쁠 이(怡)'가 합쳐진 것인데, 여기서 '물 수'는 홍수를 뜻하고, '기쁠 이'는 '가라앉다, 평온해지다'라는 뜻을 가진다. 따라서 이 둘을 합친 '다스릴 치'는 홍수를 다스려 평온하게 한다는 의미로 풀이할 수 있으니, 사람의 힘으로는 어찌할 수 없는 자연현상 즉 천재(天災)로 인해 일어나는 재난에 대한 것임을 알 수 있다.

요컨대 정치라는 단어는 의미가 완전히 같지는 않지만 서로 통하는 두 한자로 이뤄진, 위에서 소개한 두 번째 방법으로 만들어진 단어이다. 그리고 정치는 두 가지 측면에서 다가가야 한다. 하나는 사람의 잘못으로 인해 일어나는 재앙을 고쳐 바로잡는 것이고, 또 하나는 자연현상으로 인해 일어나는 재난을 극복하는 것이다. 이른바 정치를 하는 인물은 사람의 잘못으로 일어나는 인재(人災)와 자연현상으로 인해 일어나는 천재(天災) 이 두 가지를 모두 해결하여 백성들을 위기에서 구해내야 한다.

처음 이야기를 시작할 때, 노자는 주나라의 사관이었다고 소개했다. 그런데 사관은 역사 기록을 담당하는 관리였으므로, 노자는 누구보다도 과거 역사와 당시의 정치에 대해서 잘 이해하고 있던 인물이었다. 그렇다면 노자가 [도덕경]을 집필한 의도는 과연 무엇이었을까?

주나라는 서주와 동주로 나눌 수 있는데, 서주 시기는 개국 이래 비교적 안정적이었던 전반기라고 말할 수 있다. 이 시기 왕조의 수도는 오늘날의 시안(西安)에 있었으므로, 역사상 서주라고 부르기도 한다. 동서고금을 막론하고 일반적으로 역대 왕조들은 보통 초기에 상대적으로 안정적인 국면을 보였는데, 그 이유는 지도자들이 이전 왕조의 붕괴 원인이 지도자의 잘못에 있음을 알았기 때문이다. 당연히 그들은 자신의 말과 행동 나아가 통치에 자연스레 신중할 수밖에 없었다. 하지만 시간이 흐를수록 선조들의 이러한 교훈들은 점차 무뎌지다 못해 사라져버리고, 지도자들이 부패하고 무능해짐에 따라 나라의 운명 역시 점차 기울어질 수밖에 없다.

학창 시절 공부에 집중하지 못할 때면, 괜히 아무런 잘못도 없는 책상 위치를 옮겨서 분위기를 바꿔 보려고 한 적이 있을 것이다. 주나라 평왕(平王) 역시 수도를 동쪽 즉 오늘날의 뤄양(洛陽)으로 옮겨 나라의 기풍을 새로이 하고자 했다. 하지만 책상을 옮겼다고 안 되던 공부가 갑자기 잘 되던가? 마찬가지로 수도를 옮긴다고 망해가는 국운을 바꿀 수는 없었다. 역사학자들은 이 시기를 일컬어 춘추시대라고 불렀는데 '동주 시기'가 바로 춘추시대였다.

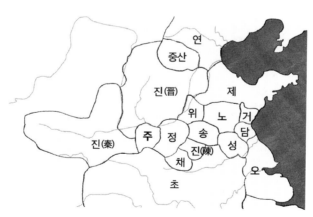

춘추시대 지도(출처: http://www.sohu.com/a/128967370_426062)

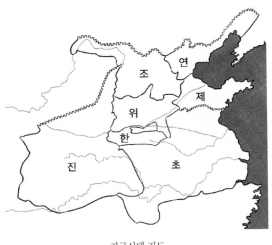

전국시대 지도

　다만 이전과 비교하여 주나라 영토가 작아진 반면 나머지 제후국들의 영토들은 크게 확장되었는데, 이는 당시 제후국들 세력이 점차 강해지면서 주나라의 실질적인 권력은 오히려 약화했음을 반증한다.

　이와 반대로 지도에 주나라가 더는 보이지 않고, 최종 일곱 개의 제후국들만 남는 국면을 전국시대라고 한다. 그리고 이 일곱 나라 중에서 진나라가 마지막으로 남아서 최초로 전국을 통일한다. 따라서 노자가 [도덕경]을 통해서 우리에게 전하고자 했던 바는, 바로 춘추시대와 같은 대혼란기에서 나라를 바로잡을 수 있는 리더십이었다. 그 리더십의 뿌리는 바로 대동과 소강을 중심으로 전해 내려온 역사 기록이었다.

1부

도란 무엇인가?

1장

모호하고도 심오한 도

이제 앞에서 설명했던 내용을 중심으로 [도덕경]을 읽어보자. 책을 읽을 때는 첫 장부터 읽어 내려가는 것이 일반적이다. 하지만 [도덕경]이나 [논어] 등 선진시대 전적들은 기본적으로 모두가 연역법으로 서술되어 있다는 점에 유의해야 한다. 앞에서 여러 가지 사실들을 논리적으로 열거한 후 맨 마지막에 결론을 도출해내는 귀납법과 달리, 연역법은 먼저 잠정적인 결론을 앞에 제시하고 이어서 그것이 사실임을 입증할 증거들을 나열하는 글쓰기 방법이다.

만약 [도덕경]이나 [논어]의 제1장, 심지어 첫 번째 구절을 온전하게 이해할 수 있다면 나머지 부분들은 굳이 읽을 필요가 없다는 의미로 받아들여도 된다는 뜻이다. 그러므로 우리가 1장을 제아무리 철저하게 분석해서 읽는다 해도, 핵심을 완전히 파악한다는 것은 사실상 불가능하다. 하지만 설령 그렇다고 해도, 1장을 놔두고 2장부터 읽어 내려갈 수도 없는 노릇이다. 따라서 이러지도 저러지도 못하는 상황에서는 그래도 역시 1장부터 설명을 시작하는 것이 맞다. 다만 한 가지 부탁을 하고자 한다. 81장까지 다 읽은 후에는 부디 이곳으로 돌아와 1장의 의미를 다시금 되새겨주길 바란다. 그럼 본격적으로 [도덕경]을 읽어보자.

1-1   **道, 可道, 非常道。**(도, 가도, 비상도.)
　　　　도라는 것은 말로 표현할 수 있으면, 변치 않고 영원한 도가
　　　　아니다.

　　우리가 알고 있는 상식을 이용해서 지도자의 통치이념인 도를 말로 설명할 수 있다면, 그것은 변치 않고 영원한 진리로서의 도가 될 수 없다. 즉 노자는 '도'라는 것이 언어로 명확하게 묘사될 수 없다고 말하고 있다. 여기서 도를 이해할 수 있는 첫 번째 단서가 나오는데, 바로 도는 형이상학의 추상명사이다. 형이상학이란 사랑이나 우정과 같이 구체적인 형상이 없는 개념이다. 그렇다면 도는 어떤 개념을 뜻하는 것일까?

　　이 한자는 '길 도(道)'의 소전(小篆)체[3]인데, 도는 왼쪽의 '쉬엄쉬엄 갈 착(辵=辶)' 부수와 오른쪽의 '머리 수(首)'가 합쳐진 회의(會意) 즉 뜻과 뜻이 합쳐져서 새로운 뜻을 만들어낸 문자이다. 머리는 사람에 있어서는 위쪽, 네발 달린 짐승에 있어서는 앞쪽을 뜻한다. 또 사람이나 짐승의 구별 없이 어디를 향해 갈 때는 모두 항상 머리 부분을 먼저 목적지 방향으로 향하게 된다. 따라서 이 두 부분을 합하면, 도에는 목적지까지 쉬엄쉬엄 간다는 의미가 있음을 알 수 있다. 하지만 "이미 목적지가 정해져 있는데, 왜 쉬엄쉬엄 가야 하나?"라는 문제가 생긴다.

3　　진시황제가 전국을 통일한 후 이사 등에게 통일된 문자를 제정하도록 명령하여 만들어진 글자체.

이 문제의 답을 얻기 위해 등산하는 장면을 한번 상상해보자. 보통 사람들은 눈앞에 목적지가 보이기 시작하면 더 힘을 내서 발걸음을 재촉하기 마련이다. 하지만 목적지가 전혀 보이지 않는 상황이라면 과연 우리는 어떻게 할까? 아마도 평정심을 유지하려고 노력하면서 한 걸음 한 걸음 천천히 그리고 묵묵히 발걸음을 내딛게 될 것이다. 왜냐면 이 길은 언제 끝날지 알 수 없는, 참으로 오랜 시간들을 필요로 하는 길이기 때문이다. 따라서 이제 도는 아주 먼 길을 가는 것처럼 시종일관 변치 않고 꾸준한 자세를 보여야 완성될 수 있음을 알 수 있다.

사실 도는 법도(法道)라는 단어의 줄임말이고, 법도는 '마땅히 지켜야 할 도리'라는 뜻을 갖는다. 이런 측면에서 '도는 태평성대를 이끈 통치자들의 통치이념'이라고 생각해도 무방하다. 현대적 관점에서 보자면 '도는 위대한 지도자의 리더십'이라고 풀이할 수 있다.

1-2   **名, 可名, 非常名。**(명, 가명, 비상명.)
이름이라는 것은 말로 이름 지을 수 있으면, 변치 않고
영원한 이름이 아니다.

이름이란 통제의 명분을 뜻한다. 만약 이 명분을 오늘날의 법과 제도처럼 제 몇 조 몇 항으로 세분해서 강화한다면, 그것은 변치 않고 영원한 진리로서의 명분이 될 수 없다. 여기서 말하는 이름은 과연 어떤 의미를 지니고 있을까? 다행히도 노자는 32장에서 우리에게 대단히 중요한 단서를 제공하고 있다. 해당 구절을 먼저 살펴보자.

32-4　始制有名, 名亦既有, 夫亦將知止, 知止可以不殆。

(시제유명, 명역기유, 부역장지지, 지지가이불태.)

통제하기 시작하면 이름이 있게 되고, 이름이 이미 있으면 무릇 장차 멈출 줄 알아야 하니, 멈출 줄 알면 위태롭지 않을 수 있다.

노자가 준 단서를 보면, 이름의 의미가 통제의 명분이 됨을 알 수 있다. 구체적으로, 이름이란 백성을 통제하는 정형화된 법과 제도를 가리키는데 이해를 돕고자 예를 들어보자.

수업 중에 학생 한 명이 끊임없이 떠들고 있다. 내가 아무리 눈치를 줘도 그 학생은 아랑곳하지 않기에, 결국 그 학생을 교실 밖으로 퇴장시켰다. 자, 과연 누가 나의 결정이 잘못됐다고 비난할 수 있을까? 잠시 후 나는 열심히 수업을 듣고 있는 잘생긴 학생에게 다가가 말한다. "자네도 교실에서 나가줘야겠어. 자네의 그 빛나는 외모 때문에, 내가 강의에 집중할 수가 없단 말이야!" 이제 나의 결정을 비난하지 않을 사람은 오히려 단한 명도 없을 것이다. 따라서 노자는 32장에서 백성을 통제하려면 합당한 명분에 근거해야 하지만 그렇다고 이 명분을 끊임없이 세분해서 강화하면 안 된다고 경고하고 있다.

이 개념을 근거로 1-2가 무엇을 말하는 것인지 풀어보자. 우리 국민들에게는 대단히 평화로웠던, 역사상 최초의 왕조로 기억되는 고조선은 여덟 개의 법 조항인 팔조법(八條法)으로 나라를 다스렸다고 한다. 제1조, 사람을 죽인 자는 사형에 처한다. 제2조, 남에게 상해를 입힌 자는 곡물로 배상한다. 제3조, 남의 물건을 훔친 자는 데려다 노비로 삼으며, 속죄하고자 하는 자는 1인당 50만 전(錢)을 내야 한다. 나머지 다섯 개 조항은 기록이 남지 않아서 확인할 수가 없지만 세월이 흘러서 여덟 개의 조항은 60여 개로 늘어났다고 한다. 따라서 "나라를 다스리는 것은 간단하고도 온전한 원칙이어야지, 자꾸 복잡하게 그 원칙들을 세분해서 강화하면 안 된다!"라는 것이 노자가 우리에게 들려주고자 한 요점이다.

1-3 **無名, 天地之始; 有名, 萬物之母。**
(무명, 천지지시; 유명, 만물지모.)
무명 즉 이름이 없는 것은 세상의 시작이고, 유명 즉 이름이 있는 것은 만물의 어머니이다.

법과 제도를 세분해서 강화하지 않고 원칙만으로 다스린 것은 이 세상의 시작과 더불어 존재한 대동사회이고, 오늘날의 법과 제도처럼 제 몇 조 몇 항으로 나눠서 강화한 것은 원칙을 수많은 것으로 세분해서 통제한 소강사회의 모태가 된다.

'만물의 어머니'는 '세분화한 소강사회가 등장하게 된 토대'라고 풀이할 수 있는데, '만물'이라는 단어가 어떻게 '세분'으로 바뀔 수 있는 것일까? 물건(物件)이라는 한자를 보면 공통적으로 '소 우(牛)'가 들어 있다. 소는 살아서는 농사를 거들고 죽어서는 고기와 가죽을 남기므로 예로부터 가장 귀하게 여긴 동물이다. 신체 부위들을 하나하나 분해해도 어느 것 하나 버릴 것이 없기에, 이 두 한자에는 모두 소가 들어간다. 즉 만물이란 수많은 것으로 세분한, 온갖 것들을 뜻한다.

또 4-2에서 자세히 설명하겠지만 옛 중국인들은 인류가 처음 세상에 등장했을 때 이 세상은 이미 대동사회였다고 믿었다. 따라서 이 구절을 통해서도 노자의 사상이 대동사회와 아주 밀접한 관련을 맺고 있음을 알 수 있다. 이 구절을 좀 더 다듬으면 다음처럼 풀이할 수 있다. "이 세상이 처음 시작된 대동사회에서, 지도자들은 단지 세상의 원칙이 되는 도를 중시했다. 하지만 소강사회처럼 지도자들이 백성에 대한 통제를 강화함에 따라, 그 통제의 명분 역시 점차 세분화하게 되었다."

비근한 예 하나를 들어보자. 최근 드론 문제가 세간의 화제가 된 적이 있다. 드론으로 인한 피해자들은 하나같이 관련 법률을 제정해달라고 끊임없이 요구하고 있는데, 그 이유는 현재 드론 관련 법 조항이 없어서 정부나 경찰, 검찰 측이 가해자를 처벌할 근거가 없기 때문이다. 그렇다면 드론 관련 법 제정은 정말로 필요한 것일까?

한번 생각해보자. 누구나 예상할 수 있듯, 뛰어난 과학기술을 바탕으로 하는 새로운 발명품이나 개념들이 앞으로 물밀듯 쏟아져 나올 것이다. 그렇다면 드론 외에도 새로운 발명품이나 개념으로 인한 피해자들이 앞으로 계속 생겨날 텐데, 그때마다 매번 새로운 법률을 만들어야 할까? 게다가 관련 법률이 만들어지기 전까지는 또 누가 피해자에게 배상해 줄 수 있겠는가? 만약 계속 이런 식으로 간다면, 결국 피해자만 있고 가해자는 없는 상황에 직면할 수밖에 없다.

그러면 드론 문제는 어떻게 해결할 수 있을까? 정답은 의외로 간단하다. 노자가 말한 것처럼, 지금 존재하는 법률 즉 원칙들만으로도 해결이

가능하다. 만약 드론이 타인의 사유지를 무단으로 침입했다면 조종사에게 침입죄를 물으면 되고, 드론이 타인을 다치게 했다면 조종사에게 상해죄를 적용하면 되기 때문이다. 한 가지 질문을 하고자 한다. 대한민국에는 법률 조항이 몇 가지나 있을까? 설령 여러분들이 법률 전문가일지라도, 그 많은 법 조항과 구체적인 내용을 모두 파악할 수 있을까?

1-4   **故常無欲, 以觀其妙; 常有欲, 以觀其徼。**
(고상무욕, 이관기묘; 상유욕, 이관기요.)

이 때문에 (지도자가) 항상 잘 다스리고자 하는 욕망이
없으면 단지 무명의 오묘함을 관찰할 뿐이고, (지도자가)
항상 잘 다스리고자 하는 욕망이 있으면 늘 유명을
요구하게 되는 것이다.

이 구절에는 주어가 없는데, 사실 [도덕경]에는 이처럼 주어가 생략된 구절들이 종종 보인다. 이럴 때는 생략된 주어 대부분을 '지도자'라고 보면 되는데, 그 이유는 [도덕경]이 바로 정치적 지도자를 위한 리더십(leadership) 지침서이기 때문이다. 이 부분에 대해서는 점차 자세히 설명하기로 하고, 앞으로 이렇게 주어가 생략된 경우에는 여러분이 읽기 수월하도록 괄호로 표시하고자 한다.

따라서 이 구절은 다음과 같이 풀이할 수 있다. "이 때문에 백성을 통제하지 않는 지도자는 단지 원칙만을 중시할 뿐이지만, 백성을 통제하고자 하는 지도자는 통제의 명분이 되는 법과 제도를 자꾸 세분하려 든다."

1-5　　此兩者同出而異名, 同謂之玄, 玄之又玄, 衆妙之門。
(차양자동출이이명, 동위지현, 현지우현, 중묘지문.)

도와 무명 이 두 가지는 사실 같은 것이지만, 그 호칭은
다르다. 모든 이들이 이 두 가지가 심오하다고 일컬으니,
심오하고 또 심오하여, 수많은 오묘함의 문이 된다.

대동사회를 이끈 지도자의 통치이념인 '도'와 법과 제도를 세분해서 강화하지 않고 원칙만으로 다스리는 '무명', 이 두 가지는 같은 개념으로 표현만 다를 뿐이다. 따라서 모든 이들이 이를 심오하다고 말하는데, 너무나도 심오해서 이 세상의 설명하기 어려운 수많은 현상들이 여기서 생겨난다. 여기서 알 수 있듯이, 노자의 도와 명분을 세분하지 않는 무명은 실제로는 같은 개념이 된다. 또 이 구절을 통해 대동이, 지도자가 백성들을 통제하지 않고도 나라를 잘 다스리던 사회였다는 점도 알 수 있다.

2장

장동건이 구걸하고 김태희가 밭매는 나라

2-1 **天下皆知美之爲美, 斯惡已; 皆知善之爲善, 斯不善已。**
(천하개지미지위미, 사악이; 개지선지위선, 사불선이.)

세상 모든 이들이 어떤 것이 아름다운 것인지 아는 이유는
바로 추함이 동시에 함께 존재하기 때문이고, 모든 이들이
어떤 것인 선한 것인지 아는 이유는 바로 선하지 못함이
동시에 함께 존재하기 때문이다.

앞서 중국인들은 음양학을 대단히 중시해왔다고 설명했었는데, 여기
서도 그러한 가치관이 그대로 드러난다. 즉 아름다움이 있으면 그 반대인
추함이 동시에 존재하고, 선량한 사람이 있으면 역시 동시에 선량하지 못
한 사람도 존재한다고 말이다.

"유럽의 한 나라에 갔더니 장동건이 동냥하고, 중앙아시아의 한 나라
에 갔더니 김태희가 밭매고 있더라!" 이는 한때 인터넷을 뜨겁게 달궜던
유행어이다. 그런데 세상 모든 남성이 다 장동건이고 모든 여성이 다 김
태희처럼 생겼다면, 과연 그런 세상에 아름답다는 개념이 존재할 수 있을
까? 이들이 선남선녀의 대명사가 된 이유는 우리처럼 평범하게 생긴 대

부분의 사람들 덕이다. 따라서 어쩌면 이들이 오히려 우리에게 감사해야 할지도 모른다.

그럼에도 불구하고 현대사회는 지나칠 정도로 정예반 양성에만 몰두하는 듯하다. 보통은 사람들이 하나의 그룹을 이루면, 그 안에는 자연스레 다수의 하위 층과 그다음 중위 층 그리고 소수의 상위 층이 형성된다. 공부가 되었건 또는 운동이 되었건 마찬가지다. 그다음, 리더는 상위 층만을 뽑아 중용한다. 심지어 어떤 리더는 각 그룹의 상위 층들만을 모아 그룹을 만들고 그 안에서 다시 상위 층만을 선발한다. 우리는 이미 이러한 것들을 너무나 당연한 과정인 것처럼 받아들인다.

그런데 아폴로 신드롬(Apollo syndrome)의 경우를 보면, 꼭 그렇지만은 않다는 것을 알 수 있다. 경제학자 메러디스 벨빈(Meredith Belbin)이 처음 도입한 이 용어는, 뛰어난 인재들이 모인 집단에서 오히려 성과가 낮게 나타나는 현상을 뜻한다. 1960년대 영국의 한 대학에서 10년에 걸쳐 팀 역할이론에 대한 연구를 진행했는데, 그중 뛰어난 지능을 가진 사람들로만 구성된 팀을 아폴로 팀이라고 명명했다. 여기서 아폴로는 아폴로 우주선을 만드는 것처럼 어렵고 복잡한 일이라는 뜻을 지녔다. 하지만 뜻밖에도 이 팀의 성취도는 다른 팀보다 더 두드러지지 못했다. 서로 자신의 의견만 주장하고 쓸데없는 논쟁을 벌이다가 시간만 허비하는 등 집약된 성과를 내지 못했다.

다만 여기서 한 가지 주의해야 할 것은, 노자는 결코 타인에게 피해를 주는 나쁜 것도 버리지 말고 함께 가야 한다고 한 적은 없다는 점이다. 그렇기에 노자는 2-1에서도 아름다움의 반대인 추함에 대해서는 포용의 자세를 취했지만, 선량함의 반대가 되는 악함에 대해서는 논하지 않고, 선량하지 못함에 대해서만 말했다. 세상은 좋음과 나쁨 이 두 가지로만 나뉘는 것이 아니다. 이 세상에는 좋지는 않지만 그렇다고 나쁘지도 않은 개념도 역시 있기 때문이다. 이와 관련해서는 뒤에서[4] 다시 언급하기로 한다.

노자의 포용적 가치관은 1997년 개봉된 〈가타카(Gattaca)〉에서도 오롯이 드러난다. 어두운 미래사회를 그린 〈가타카〉의 배경은 유전자를 변형해서 우수한 유전인자만을 추출한 후 시험관에서 배양한 이들이 지배하는 세상이다. 하지만 이러한 혜택(?)을 받지 못하고 부모의 순수한 사랑으로 자연스레 태어난 이들은, 실제 그들이 지닌 능력이나 잠재된 가능성과는 상관없이 낙오자로 분류되어 3D 업종을 전전하다가 삶을 마감해야 하는 숙명을 지녔다.

과연 이러한 극단적인 가치관을 올바른 선택이라고 말할 수 있을까? 분명 아니다. 그럼에도 우리가 마주하는 오늘날의 현실은 어떤가? 너무나 당연하다는 듯이, 그저 아름다움만을 추구하고 추함은 배척하려 든다. 있는 자가 없는 이를 무시하는 사회가 되어버렸다. 개개인이 지닌 천성이나 개성과는 상관없이 무조건 공부를 잘해서 명문대학에 가야만 성공하는 사회가 되었다. 있는 이를 숭배하고 없는 이를 무시한다. 심지어 없는 이들이 있는 이들처럼 보이려고 그런 척하는 세상마저 되어버렸다. 그러므로 노자는 계속 다음과 같이 말한다.

---

4   62장, 74장

2-2 **故有無相生, 難易相成, 長短相較, 高下相傾, 音聲相和,**
前後相隨。
(고유무상생, 난이상성, 장단상교, 고하상경, 음성상화, 전후상수.)

그러므로 있음과 없음이 함께 생겨나고, 어려움과
쉬움이 함께 생겨나며, 긺과 짧음이 함께 존재하고,
높음과 낮음이 함께 존재하며, 음률과 소리가 함께 조화를
이루고, 앞과 뒤가 함께 좇는다.

노자는 좋은 것만을 추구하고 좋지 못한 것은 버리는 것이 아니라, 어느 하나 버리지 않고 모두 함께하는 공생과 상생의 도리 즉 조화로움의 화(和)를 강조하고 있음을 알 수 있다.

그렇다면 노자가 이 구절에서 말하고자 하는 의미는 무엇일까? 굳이 심각하게 대두되는 현대사회의 문제점으로 접근하자면, 있음과 없음이 함께한다는 것은 가진 이와 가지지 못한 이가 함께 살아가는 것을 뜻하고, 어려움과 쉬움이 함께 생겨난다는 것은 어려운 일을 극복하고 해낸 이와 쉬운 일만 한 이가 함께 존재한다는 것을 의미한다. 또한 긺과 짧음이 함께 존재한다는 것은 재능이 많은 이와 재능이 많지 않은 이가 함께 살아가는 것을 나타내고, 높음과 낮음이 함께 존재한다는 것은 신분이 높은 이와 신분이 낮은 이가 함께 살아가는 것을 가리킨다. 음률과 소리가 함께 조화를 이룬다는 것은 구성요소들이 온전하게 합쳐진 완전체와 그렇지 못한 불완전한 존재가 더불어 살아가고, 앞과 뒤가 함께 좇는다는 것은 앞선 이와 뒤처진 이가 공존한다는 것을 말한다. 간단히 말해서, 이는 기득권 층과 약자 층의 조화를 상징한다.

어느 날 엄마 돼지는 아기 돼지 3형제를 불러서 이제 각자 독립하라고 했다. 엄마 품을 떠난 첫째는 집짓기가 귀찮아서 짚더미로 대충 초가집을 지었는데 늑대가 입김을 불자 그 초가집은 금방 무너져 버렸다. 놀란 첫째 돼지는 둘째 집으로 도망갔지만 그 집 역시 나무로 엉성하게 지은 집이라 오래 버티지 못했다. 첫째와 둘째는 쫓기다가 결국 셋째 집으로 피신했는데, 그 집은 벽돌로 지어져서 늑대가 아무리 입김을 불거나 몸으로 밀어붙여도 무너뜨릴 수 없었다. 화가 난 늑대는 굴뚝을 통해 들어갔다가 셋째가 미리 준비해 놓은, 물이 펄펄 끓는 솥에 빠진 후 도망가 버린다. 이후 3형제는 서로 도우면서 벽돌집에서 행복하게 살았다.

우리에게도 익숙한 〈아기 돼지 삼 형제〉 이야기에서, 첫째와 둘째는 어려운 일을 피하고 쉬운 일만 하려 했고, 셋째는 어려운 일을 피하지 않고 극복하는 인물로 등장한다. 그리고 늑대는 인생에서 찾아오는 위기를, 또 돼지들의 집은 그 위기를 극복하는 힘을 상징한다. 이 일화가 우리에게 전하고자 하는 메시지는, 어려움을 극복하고 튼튼한 벽돌집을 지은 셋째 돼지라는 기득권층이 쉬운 일만 한 첫째와 둘째 돼지라는 약자층을 무시하거나 내치지 않고 포용하여 조화롭게 살아야 한다는 가르침이다.

다만 한 가지 주의해야 할 점은 노자가 서로의 차이를 인정하지 않고 무조건 똑같아져야 한다는 일률적인 하향 평준화를 외치고 있지는 않다는 사실이다. 그가 강조하는 것은 각각의 구성원들이 서로의 차이를 인정하면서도 조화를 이루며 공존하는 사회이다.

한 가지 재미있는 사실은, 이것이 노자가 처음으로 외친 또는 그만의 유일한 가치관이 아니라는 점이다. 관중과 포숙아의 우정을 뜻하는 성어 '관포지교(管鮑之交)'로 유명한 제(齊)나라의 재상 관중(管仲) 역시 저서

[관자] 〈형세해〉 편에서 다음과 같이 언급한 바 있다.

바다는 자기에게 들어오는 물을 가리지 않고 받아들이므로, 그 거대함을 이룰 수 있다.

산은 자기에게 굴러오는 흙과 돌을 가리지 않고 받아들이므로, 그 높음을 이룰 수 있다.

뛰어난 군주는 자기에게 오는 사람을 가리지 않고 받아들이므로, 그 무리를 이룰 수 있다.

여러분은 벌써 눈치를 챘을 수도 있지만, 노자의 사상은 결코 그의 독창적인 관점이 아니다. 물론 공자의 사상도 마찬가지다. 노자는 그저 대동사회의 리더십을 오롯이 우리에게 전달하려고 노력했을 뿐이다.

좋은 것만을 취하려 들고 그렇지 못한 것은 배척하여 버리려 든다면, 이 세상은 아름다운 세상이 될까? 가진 이들만 대접하고 그렇지 못한 취약 계층들을 무시하여 돌보지 않는다면, 이 세상은 가진 이들만 존재하는 세상이 될 수 있을까? 돈과 권력만 있으면 안 될 것이 없다고 생각하는 이들에게 묻고 싶다. 그 돈과 권력을 사용할 수 있는 대상이 없다면, 그러한 돈과 권력이 여전히 효용 가치가 있느냐고 말이다. 부릴 사람이 없으면 결국 내가 직접 소매를 걷어붙이고 하는 수밖에 없다.

2-3　　**是以聖人處無為之事, 行不言之教。**

(시이성인처무위지사, 행불언지교.)

이 때문에 성인은 무위로 일을 처리하고, 불언의 가르침을
실천한 것이다.

성인은, 삼황오제로 대표되는 대동사회를 이끈 지도자들을 뜻
한다. '성인 성(聖)'은 '귀 이(耳)'와 '드릴 정(呈)'이 합쳐진 것
으로 뜻과 소리를 나타내는 부분이 결합된 형성(形聲) 문자이
다. 그런데 소리를 담당하는 부분은 보통 뜻도 함께 주므로, '드릴 정(呈)'
은 아랫사람이 윗사람에게 바친다는 의미도 제공한다. 즉 이 글자는 "아
랫사람이 드리는 보고 내용을 귀 기울여 듣는 사람"이라는 뜻을 가지게
된다. 따라서 백성의 의견을 수렴하여 보고하는 신하들의 말에 귀를 기울
여 나라를 다스린 지도자가 바로 성인이었다.

무위(無爲)는 아무것도 하지 않는다는 뜻이 아니다. 작위가 없음, 즉 법
률과 제도로 통제하지 않고 오히려 백성의 천성에 따라서 나라를 다스린
다는 의미이다. 마찬가지로 불언(不言)은 말을 하지 않는다는 뜻이 아니
다. 지도자가 입을 열어 말하면 곧 그것이 명령이자 법이 되었던 옛날을
생각해보면 이해하기 그리 어렵지는 않다.

따라서 이 구절을 풀어보자면 다음과 같다. "이러한 이유 때문에, 대동
사회를 이끈 지도자들은 억지로 법률과 제도로 통제하지 않고, 천성에 따
라서 백성과 나라를 다스렸으며, 함부로 말하거나 명령을 내리지 않음으
로써 대동의 통치이념을 실천했다."

노자는 [도덕경] 전체에서 31차례에 걸쳐 성인에 대해 언급한 반면, 군자에 대해서는 겨우 2차례 말했을 뿐이다. 그것도 31장에서만. 재미있는 것은 31장의 주제가 바로 무력을 통한 전쟁이고, 공자조차도 끊임없이 강조했듯이 참된 지도자는 무력을 쓰지 않는다는 사실이다. 그렇다면 왜 노자는 하필 31장에서만 군자에 대해서 말한 것일까? 더욱 흥미로운 것은 [논어]에서 군자에 대해 언급된 부분은 무려 107차례인 반면, 성인이라는 단어는 고작 4차례만 나타난다는 점이다. 성인과 군자의 차이점에 대해서는 31장을 풀이할 때 좀 더 구체적으로 설명하고자 한다.

2-4 **萬物作焉而不辭, 生而不有, 為而不恃, 功成而弗居。**
夫唯弗居, 是以不去。
(만물작언이불사, 생이불유, 위이불시, 공성이불거. 부유불거,
시이불거.)

(성인은) 만물을 만들었지만 간섭하지 않았고,
낳아 기르지만 소유하지 않았으며, 행하지만 의지하지
않았고, 공적을 이루지만 머무르지 않았다. 무릇 머무르지
않기에, 이 때문에 사라지지 않는 것이다.

여기서도 주어가 생략되어 있지만 2-3과 연결 지으면 생략된 주어가 '성인'임을 쉬이 알 수 있다. 따라서 다음처럼 풀이할 수 있다. "대동사회를 이끌었던 지도자들은 만물을 만들었지만 그들의 천성을 거슬러서 간섭하지 않았고, 그들을 낳아 길렀어도 자신의 것으로 여겨 소유하려 들지 않았으며, 천성에 따라 다스렸지만 자기가 잘 다스리고 있다고 자부하지 않았고, 공을 세웠어도 그 공로가 자기 것이라고 집착하지 않았다. 무릇

그 공로가 자신의 것이라고 집착하지 않았기 때문에, 그들의 업적은 영원히 잊히지 않고 지금까지 내려오게 되었다."

결국에 노자가 2장에서 말하고자 한 것은 지도자가 마땅히 지켜야 할 통치이념 즉 도의 중요한 구성요소 중 한 가지인 조화로움의 '화(和)'이다. 화는 누구 하나 버리지 않고 함께하는 것이니, 이를 현대어로 표현해보자면 진정한 의미로서의 '상생(相生) 또는 공생(共生)'이라는 단어로 바꿀 수 있다.

3장
지도자는 바람, 백성은 풀

3-1 　　**不尚賢，使民不爭。不貴難得之貨，使民不為盜。
不見可欲，使民心不亂。**

(불상현, 사민부쟁. 불귀난득지화, 사민불위도. 불견가욕,
사민심불란.)

(지도자가) 재물을 숭상하지 않으면, 백성들이 다투지
않는다. (지도자가) 얻기 어려운(희귀한) 물품을 귀히 여기지
않으면, 백성들이 도둑질하지 않는다. (지도자가) 욕망을
일으킬 만한 일을 접하지 않으면, 민심이 동요하지 않는다.

　　여기에서도 주어가 생략되어 있다. 하지만 뒷부분에 하나같이 백성이
나 민심이라는 단어가 있는 것으로 보아, 생략된 주어는 지도자임을 알
수 있다. 따라서 이 구절은 "지도자가 검소하면 백성도 검소하고, 지도자
가 사치스러우면 백성 역시 사치스럽게 된다."라고 풀이되므로, 노자는
여기서 검소함의 검(儉)을 강조하고 있음을 알 수 있다. 그런데 민심이라
는 단어에 대해서 좀 더 짚고 넘어갈 필요가 있다.

　　민심에 대해서 이야기하다 보면, 종종 함께 언급하는 단어가 민초(民
草)다. 국어사전을 보면 민초란 "백성을 질긴 생명력을 가진 잡초에 비유

하여 이르는 말"이라고 되어 있다. 과연 그럴까? [논어] 〈안연〉을 보면, 다음과 같은 구절이 있다.

> 계강자가 공자에게 정치에 대해 물었다. "강력한 법으로 통제하고 어기면 사형에 처해서 백성들이 겁을 먹고 바르게 살 수 있도록 하는 공포정치를 행하면 어떻소?" 공자가 대답했다. "공포정치는 오래갈 수 없습니다. 먼저 지도자가 올바른 길을 걸으면, 백성 역시 지도자를 믿고 따르게 됩니다. 따라서 지도자가 바람이라면, 백성은 그 바람이 부는 방향에 따라 기울어지는 풀과도 같은 존재입니다."

공자가 말하는 민초란, 지도자라는 바람이 부는 방향대로 꺾이는 풀과도 같은 존재다. 개인적으로는 사전의 풀이보다 공자의 설명이 더욱 설득력이 있어 보인다. 그동안 노자와 공자의 사상은 서로 다른 것으로 알려져 왔는데, 이 글을 보면 오히려 공자와 노자는 동일하게 "윗물이 맑아야 아랫물도 맑다."라는 입장을 보이고 있다.

좀 더 쉽게 풀어보자. 호화로운 삶을 누리는 한 여성 지도자가 외출할 때마다 멋진 고급 차를 타고 다닌다. 그런데 공교롭게도 그런 그녀의 삶을 매일 마주하게 되는 서민층의 다른 여성이 있다. 이 여성은 저 멋진 고급 차를 바라보면서, '저건 내 삶이 아니니까, 나와는 상관없어.'라고 생각할까? 아니면 '아, 부럽다! 나도 저런 차를 탈 수 있다면 얼마나 좋을까?'라고 생각할까? 그런데 이 여성에게 구매력이 없다면, 그냥 거기서 포기하고 말까? 아니면 수단과 방법을 가리지 않고 어떻게서든 내 것으로 만들어야겠다는 생각이 싹트기 시작할까?

베블런 효과(Veblen effect)라는 경제용어가 있다. 비슷한 기능이나 수준이라면 더 비싼 가격의 제품을 사는 것이다. 이러한 심리는 소비자가 자기를 타인과 차별화하여 과시하고자 하는 욕망에서 나온다. 또 밴드왜건 효과(Band wagon effect)라는 용어도 있다. 한 소비자가 구매할 때 특별히 원하는 제품이 있는 것이 아니라면, 보통은 다른 소비자들이 어떤 것을 사는지 보고 그 영향을 받아 구매한다는 것이다. 그리고 이 두 경제용어는 소비자들이 어떤 심리로 상품을 구매하는지를 알려주는 중요한 기준이 되어왔다.

다음의 두 가지 사례를 살펴보자. 재임 시절 이명박 전 대통령이 서민경제를 이해하기 위한 차원에서 한 재래시장을 방문한 적이 있다. 그런데 다음 날 언론의 이슈가 된 것은 전 대통령의 행보가 아닌, 동행한 손녀딸이 입은 옷의 브랜드였다. 이 옷은 한 벌 가격이 100만 원을 훌쩍 넘는데도 불구하고, 언론에 노출된 지 3일 만에 재고상품까지 동이 났다.

박근혜 전 대통령 역시 대선 직후 서민경제를 이해한다는 차원에서 한 마트를 찾았다. 그런데 그다음 날 언론의 이슈가 된 것은 역시 박근혜 당선자의 행보가 아닌, 그녀가 계산하기 위해 꺼낸 지갑의 브랜드였다. 이 지갑은 국내의 한 업체에서 제작했고 가격이 4천 원인 것으로 알려졌는데 언론에 노출된 지 3일 만에 재고상품까지 동이 났다.

앞에서 소개했던 경제용어들을 이 두 가지 사례들에 대입해보면 도저히 이해할 수 없는 점을 한 가지 발견할 수 있다. 즉 사람들이 3일이라는 짧은 기간에 갑자기 두 가지 제품들에 폭발적인 반응을 보인 원인을 이 두 경제용어로는 찾아낼 수 없다. 단 하나, 바로 민초현상으로 풀이할 수밖에 없다. 따라서 노자가 3장에서 강조하는 것은 다름 아닌 지도자의 솔선수범 즉 사회지도층에게 요구되는 높은 도덕적 의무인 '노블레스 오블리주(noblesse oblige)'이다. 그러므로 노자는 이어서 다음과 같이 말하고 있다.

3-2 　　**是以聖人之治, 虛其心, 實其腹, 弱其志, 强其骨。**
(시이성인지치, 허기심, 실기복, 약기지, 강기골.)
이 때문에 성인들은 다스림에 있어서 백성들이 마음을
비우게 하고, 백성들의 배를 배불리 채워주며, 백성들의
의지를 약화하고, 백성들의 뼈대를 강화한다.

거두절미하고 이 부분만 떼어 내어 그저 기계적으로 읽어 내려가면, 마치 백성들을 무지하고 무능한 존재로 만들어야 한다는 뜻으로 풀이할 수도 있다. 사실 이 구절은 한동안 그렇게 왜곡되어 해석된 경우가 많은데, 바로 여기서 만들어진 것이 이른바 3S의 우민정책이다. 즉 섹스(sex)와 스크린(screen) 그리고 스포츠(sports)를 개방하면, 국민을 정치에 무관심한 꼭두각시로 만들 수 있다는 개념이다.

그런데 이렇게 해석하면 지금까지 접한 앞부분들과 내용상 맞아떨어지지 않는다. 간단히 말해서 이 역시 단장취의의 전형적인 예가 된다. 이 문장의 진의는 다음과 같다. "이 때문에 대동사회를 이끈 지도자들은 자신이 솔선수범하여 검소한 모습을 보임으로써, 백성들 역시 사리사욕을 탐하지 않도록 했다. 또 그들이 굶주림에 허덕이지 않도록 해서 남의 것을 탐하는 욕망을 없애고, 나아가 자신의 본업에 충실하여 힘쓸 수 있도

록 했다." 물론 당시는 농경사회였으니, 여기서 본업에 충실하다는 것은
농사에 전념하여 온 힘을 쏟는 것을 의미한다.

3-3 　　**常使民無知無欲, 使夫智者不敢為也,**
　　為無為, 則無不治。
　　(상사민무지무욕, 사부지자불감위야, 위무위, 즉무불치.)

　　(지도자는) 늘 백성들로 하여 무지하고 욕망도 없게 하여,
　　무릇 슬기로운 이가 감히 작위 하는 바가 없도록 하는
　　것이니, 무위로써 행하면 곧 다스리지 못할 것이 없다.

무지(無知)는 아는 것이 없어 미련하고 어리석다는 의미를 지니는데,
이 역시 곧이곧대로 해석하면 앞뒤가 맞지 않는다. 즉 '알 지(知)'는 지혜
라는 긍정의 뜻 외에도, 얕은꾀라는 부정의 뜻도 가진다. 따라서 이 구절
은 다음처럼 해석되어야 한다. "성인은 백성들이 얕은꾀를 쓰거나 사리사
욕을 탐하지 않도록 솔선수범을 보였다. 그렇게 하면 굳이 백성들을 통제
하여 다스릴 필요가 없게 된다. 이렇듯 대동의 사회처럼 백성들이 천성에
따라 살도록 하면, 세상이 모두 지도자에게 귀의하여 순조롭게 통치할 수
있게 된다."

한번 상상해보자. 전쟁터에서 진두지휘해야 할 지휘관이 입으로 연신
"돌격, 앞으로!"를 외치면서 정작 자신은 뒤로 내뺀다면, 그 모습을 본 부
하들은 과연 용기를 내어 앞으로 나아가려 할까 아니면 총을 버리고 도
망가기에 급급할까? 그런 상황에서 총을 버리고 도망을 가버린 군인들을
비판할 수 있는 사람은 또 누구란 말인가?

4장

도를 믿으십니까?

4-1   **道沖, 而用之或不盈。**
          (도충, 이용지혹불영.)
          도는 텅 비어 있으나, 그것을 쓰고자 하면 그침이 없다.

길을 걷다 보면 간혹 "도를 믿으십니까?"라고 물으며 다가오는 사람을 만나게 된다. "선생님 얼굴에서 범상치 않은 기운이 느껴집니다. 하지만 그 기운을 잘 운용할 줄 모르시는 것 같은데, 저와 이야기 좀 나누시지 않겠습니까?" 그런데 이들은 정말로 '도'가 무엇인지 알고 물었던 것일까?

도는 형이상학의 추상명사로, 대동사회를 이끌었던 지도자들의 통치이념이라고 설명했다. 따라서 도를 사랑으로 바꿔 읽어보면 더 이해하기 쉽다. 사랑은 추상명사이기 때문에 볼 수도, 만질 수도, 들을 수도, 맛볼 수도 없다. 하지만 타인에게 사랑을 베풀기 시작하면 끊임없이 우러나오지 않는가. 사랑과 마찬가지로 도는 겉으로는 마치 없는 듯하지만 남을 위해 베풀기에 실제로는 끊임없이 생겨난다. 이렇듯 인위적으로 제도를 만들어 통제하지 않고 천성에 따라 다스리는 도는 언뜻 보기에 허술하고도 부족한 점이 많은 듯하다. 하지만 실제로는 엄격한 제도로 통제하는 것보다 오히려 백성들의 끊임없는 지지와 신망을 얻게 되어서 부족함이 없게 된다.

이제 도의 개념이 조금씩 명확해지는데, 도는 사람과 사람의 관계 속에서만이 형성될 수 있다. 다시 말해 다른 사람들과 동떨어져서 홀로 도를 닦는다는 것은 불가능하다. 주변에 혹시라도 계룡산이나 지리산 등에 도를 닦으러 들어간 분들이 있다면, 지금이라도 어서 우리 곁으로 돌아오길 간절히 바랄 뿐이다.

4-2   **淵兮, 似萬物之宗。**
(연혜, 사만물지종.)
(도는) 깊으하니, 마치 만물을 만든 시조인 듯하다.

4-1과 연결해보면 여기서 생략된 주어는 바로 도라는 것을 알 수 있다. 그렇다면 만물을 만든 시조라는 것은 어떤 의미일까? 언뜻 봐도 이 세상의 온갖 것들인 만물을 창조한 그 어떠한 존재라고 추측할 수 있다. 즉 노자는 여기서 도가 이 세상을 만든 존재인 것 같다고 말하고 있다. 이 점에 대해서는 다소 복잡할 수 있으므로, 다음의 표와 함께 설명하고자 한다.

1단계 도 탄생	2단계 복희/여와씨	3단계 인류 창조=세상 시작=대동=도	4단계 소강

중국인에게 있어서 3단계인 인류 창조는 곧 세상의 시작이고, 인류라는 피조물을 만든 존재는 삼황오제 중 하나인 2단계 복희씨와 여와씨였으므로, 삼황오제가 이끌었던 대동은 3단계인 세상의 시작과 더불어서 함께 존재해왔다. 그런데 2단계의 복희씨와 여와씨는 3단계인 이 세상

의 시작과 동시에 곧바로 도로써 다스렸으므로, 도는 아무리 늦어도 2단계에 이미 존재했어야 한다. 하지만 삼황오제는 도를 만든 인물이 아니라 태어나면서 스스로 도를 깨우친 인물이다. 논리적으로 말해 도는 복희씨와 여와씨 이전인 1단계부터 존재했다. 따라서 노자는 도가 이 세상 만물의 근원이자 주인이라고 했다. 즉 노자는 "대동사회를 이끌었던 성인의 통치이념인 도는 대단히 심오하고도 오묘한 것이니, 세분한 법과 제도로 나라를 엄격하게 통제하기 시작한 소강사회보다 훨씬 더 앞서서, 세상이 시작된 대동사회 이전부터 존재해왔다."라고 설명하고 있다.

4-3   **挫其銳, 解其紛, 和其光, 同其塵。**
(좌기예, 해기분, 화기광, 동기진.)
(도는) 그 날카로움을 억누르게 하고, 그 분규를 해결하며,
그 광채를 조화롭게 하고, 그 속세와 같이 한다.

이 문장의 핵심은 조화로움(和)과 같음(同)이다. 앞에서 이야기했듯이 선진시대 서적들은 하나같이 미언대의의 운문으로 집필되어 있으므로, 같은 저자의 다른 자료들을 대비해가면서 이해하는 것이 필수이다. 문제는 [도덕경]이 노자의 유일무이한 저서이자 노자를 이해할 수 있는 자료라는 점이다. 그런데 불행 중 다행으로, 3-1에서도 언급했듯이 노자와 공자의 사상은 사실 크게 다르지 않다.[5] 따라서 공자의 사상을 통해 노자의

---

5   이 점을 설명하자면, 사실 또 하나의 지면을 통해서 이야기해야 한다. 따라서 차후 공자의 리더십을 소개하는 저서에서, 보다 구체적으로 언급할 것을 약속한다. 또는 필자의 기존 저서인 [노자와 공자가 만났을 때](어문학사, 2015)를 참고할 수도 있다.

말을 풀어보자.

> 희로애락의 감정이 드러나지 않는 것 그것을 중이라고 일컫고, 드
> 러나지만 모두 절도에 맞은 것 그것을 화라고 한다.
>
> [예기] 〈중용〉 중에서

공자는 먼저 인간의 희로애락 네 가지 감정을 절제하여 드러나지 않게
하는 것이 중(中)이라고 말한다. 그런데 공자는 여기서 쉽게 설명하기 위
해 감정을 예로 든 것이지, 결코 감정에만 국한된 개념이 아님에 유의할
필요가 있다. 즉 중(中)은 한쪽으로 치우치지 않는 객관적이고도 공정한
자세인데 다음의 예로 쉽게 이해할 수 있다.

한국 프로야구 팬들 사이에서 '돌부처'라고 불리는 오승환 선수가 있
다. 기쁠 때나 슬플 때나 심지어 화가 날 때도 그의 표정이 한결같아서 붙
여진 별명이다. 실제로 인터넷을 검색해보면 사진의 표정만 봐서는 그것
이 마지막 투구로 승리를 확정 지은 순간인지 아니면 홈런을 맞은 순간인
지 거의 구분하기가 어렵다.

반면에 조화로움의 화(和)는 희로애락의 감정을 숨기지 않고 자연스럽
게 모두 드러내 표출시키는 것이므로, 기쁨과 분노 그리고 슬픔과 즐거움
이 각각 고유의 특성을 유지하면서도 서로 충돌하지 않고 조화를 이룬다
는 뜻이다. 대표적인 것이 바로 관혼상제의 예(禮)가 되므로, 예(禮)는 화
(和)와 밀접한 관계를 지니고 있다.

즉 조화로움의 화(和)는 서로의 수준이 다름을 인식하면서도 함께 어

우러져 사이가 좋은 상태를 말하니, '조화로움' 또는 '어울림'이라고도 표현할 수 있다. 마치 비빔밥의 서로 다른 재료들이 각자 고유의 맛을 유지하면서도 충돌하지 않고 고추장과 함께 맛의 조화를 이루듯이 말이다. 반면에 동(同)이란 같은 수준으로 합쳐져서 서로의 구별이 없이 똑같아지는 상태를 말하니 '같이함' 또는 '아우름'이라고 표현할 수 있다. 그렇다면 화(和)와 동(同)을 어떻게 명확하게 구분할 수 있을까?

직장 상사들과 사원들이 노래방에 있는 두 가지 장면을 상상해보자. 한 상사는 점잖게 앉아서, 온화한 표정으로 사원들이 노래하는 모습을 바라보고 있다. 사원들의 권유에 몇 번 손사래를 치다가, 결국 조용히 노래 한 곡을 하고는 다시 자리로 돌아와 앉는다. 반면에 또 한 상사는 아예 사원들과 하나가 되어서 노래를 하며, 신나게 춤사위 한판을 벌이고 있다. 여기서 첫 번째 상사는 화(和)의 리더십을, 두 번째 상사는 동(同)의 리더십을 보이고 있다. 따라서 4-3을 통해서 알 수 있는 것처럼, 노자는 화(和)의 어울림과 동(同)의 아우름을 모두 중시하고 있다. 그렇다면 공자의 경우는 과연 어떨까?

공자가 이르셨다. "군자는 조화롭게 지내지만 같이하지는 않고, 소인은 같이하지만 조화롭게 지내지는 못한다."

[논어] 〈자로〉 중에서

공자는 군자 즉 참된 지도자란 서로 수준이 다른 이들과 함께 어우러져 사이가 좋지만, 그들과 같은 수준으로 합쳐져서 구별 없이 똑같아지지는 않는다고 말한다. 반면에 소인 즉 피지배층들은 다른 이들과 같은 수준으로 합쳐져서 구별 없이 똑같아질 뿐, 서로의 수준이 다름을 인식하면서도 함께 어우러질 수는 없다고 강조한다.[6]

대동사회에서는 농업을 통치의 가장 중요한 내용 중 하나로 인지했고, 그런 까닭에 임금이 솔선수범하여 백성들과 함께 농사에 참여했다. 따라서 농가사상(農家思想) 역시 농사는 임금과 신하가 함께 경작해야 한다는 취지가 담겨 있다. 이는 단순히 농업기술을 언급한 것이 아니라 농업을 통해 통치 사상을 설파하려 한 것으로, 왕을 포함한 모든 사람이 자신의 노동으로 생활을 유지함으로써 대동사회 지도자의 치세 방법을 회복해야 한다는 주장이다.[7]

반면에 공자는 [논어]를 통해서, 지도자가 덕을 베풀어 도를 행하면 나라가 안녕하므로 결국 힘을 쓰는 것은 아랫사람이 하는 것이라고 말하고 있다. 바로 이것이 노자와 공자의 중요한 차이점 중 하나이다.

따라서 4-3의 의미는 "대동사회의 통치이념인 도는 날카로운 사회의 모순을 억눌러 둥글게 하고, 그 혼란과 어지러움을 원만하게 해결하며, 모든 긍정적인 것과 그렇지 못한 것들의 기세를 조화롭게 하고, 속세와 한데 어우러져서 누구 하나 버리지 않고 함께한다."라고 되새길 수 있다.

매년 한국인들이 가장 존경하는 인물이 누군지에 대해서 조사해보면,

---

6   소인(小人)은 소인배가 아니다. 지배계급을 뜻하는 대인(大人)의 반대말로서, 바로 피지배계급인 하층민을 가리킨다. 표준중국어를 뜻하는 만다린(mandarin)은 만대인(滿大人)의 중국어 발음(mǎn dà rén)에서 왔는데, 이는 청나라 지배계급인 만주족을 그렇게 부른 데서 기원한다. 영어에서는 민족과 그 민족의 언어를 같은 단어로 표현하므로, 오늘날 만다린은 만주족이 쓴 표준어라는 의미를 지니게 되었다.

7   실제로 [사기] 〈주본기〉에는 주나라 선왕(宣王)이 매년 적전(籍田: 천자 소유의 밭)에서 농사짓는 시늉을 하여, 농사를 중히 여긴다는 것을 보여주는 주례(周禮)의 전통을 소홀히 했다는 기록이 남아 있다.

어김없이 세종대왕과 이순신 장군 그리고 김구 선생이 1~3위를 번갈아 차지하고 있다. 물론 한국에 존경할 만한 인물이 없어서는 아니다. 그리고 순위는 조사 시점이 한글날이나 현충일 또는 광복절 중 언제와 가까운지에 따라서 그 결과가 조금씩 달라질 뿐이다. 그런데 왜 늘 이 세 인물이 뽑히는지에 대해서 혹시 생각해 본 적이 있는가? 김구 선생의 말씀 하나를 살펴보자.

> 우리나라가 자주독립하여 정부가 생기거든, 그 집의 뜰을 쓸고 유리창을 닦는 일을 해 보고 죽게 하소서!
>
> 〔백범일지〕 중에서

만약 내가 김구 선생이었다면 정부의 수장이 되는 꿈을 꿀지언정, 이런 말을 할 생각은 추호도 하지 못했을 것이다. 국민이 바라는 지도자의 모습. 굳이 무슨 말이 더 필요할까? 세종대왕과 이순신 장군의 경우도 이와 크게 다르지 않으리라.

동서양을 막론하고 예로부터 처음 시작한 학문은 인문학이다. 다만 서양은 언제부턴가 인간 개인의 존재가치를 연구하고 사색을 한 반면, 동양은 오로지 지도자의 도리에 대해서만 끊임없이 고민했다. 하지만 갈라진 이 두 길(道)은 결국 하나로 합쳐진다. 왜냐면 둘 다 어떠해야 사람이 행복하게 살 수 있을까를 고민하면서 걸어온 길(道)이기 때문이다. "도를 믿으십니까?" 길에서 만난 사람이 이러한 '도'의 개념을 진정으로 알고 묻는 것이라면, 나는 잠시도 주저하지 않고 대답할 것이다. "네, 나는 '도'를 믿습니다!"

4-4 **湛兮似或存, 吾不知誰之子, 象帝之先。**
(잠혜사혹존, 오부지수지자, 상제지선.)
(도는) 맑고 투명하지만 마치 존재하는 듯하니,
나는 누구의 후대인지는 몰라도 상제의 앞이다.

상제(象帝)는 법과 제도를 세분해서 다스린 지도자를 뜻한다. 따라서 이 구절은 다음과 같이 풀이된다. "대동사회의 통치이념인 도는 추상명사라서 눈에 보이지 않지만 분명히 존재한다. 나는 이러한 도가 언제 생겨났는지는 모르겠지만, 최소한 법과 제도를 세분해서 통제하기 시작한 소강사회보다는 앞서 존재해왔다."

5장
마치 버린 듯이 하라

5-1 **天地不仁, 以萬物為芻狗 ; 聖人不仁, 以百姓為芻狗。**
(천지불인, 이만물위추구; 성인불인, 이백성위추구.)
세상은 어질지 않아서 만물을 추구로 여기고,
성인은 어질지 않아서 백성을 추구로 여긴다.

어짊의 인(仁)은 아랫사람이 윗사람 나아가 선조 대대로 내려오는 도리를 섬기고 따르는 복종의 태도이다.[8]

추구(芻狗)는 제사에 쓰기 위해 짚으로 만든 개인데, 제사가 끝나면 버린다. 소용이 있을 때는 사용되다가 소용이 없어지면 버려지는 물건 또는 천한 물건에 비유되므로, 이 구절을 풀이하면 다음과 같다. "세상은 대대로 내려오는 도리를 따르지 않아서 만물을 버리고, 성인은 대대로 내려오는 도리를 따르지 않아서 백성을 버린다."

지금껏 설명해온 대동사회의 지도자인 성인의 태도라고 하기엔 뭔가

---

[8] 이에 대한 자세한 설명은 18-1에서 다루기로 한다.

이상하지 않다. 더군다나 지도자가 백성을 더는 필요가 없어진 물건 버리 듯 대해야 한다고까지 말하고 있지 않은가?

이제 여기서 한 가지 밝혀야 할 사실이 있다. 공자도 물론 그렇지만 노자는 특히나 수사학(修辭學)의 대가라는 점이다. 많은 이들이 뼈저리게 공감하겠지만, 동서양을 막론하고 운문으로 쓰인 고전 읽기는 정말로 쉬운 일이 아니다. 읽으면 읽을수록 더 미궁에 빠지는 느낌이다. 그래서 예로부터 고전 곁에는 항상 수사학이 함께 존재해왔다.

동양에서 수사라는 단어는 공자가 처음 언급한 것으로 알려져 있으며, 한자어의 원론적인 의미는 죽을죄를 다룰 때 정성을 다해서 언어로 정리하여 판결의 취지를 명확히 밝히는 것이다. 오늘날로 말하자면 판사가 사형을 선고하는 이유를 명확하게 설명하여, 피고와 좌중들이 그 결과를 받아들이도록 설득하는 것이다.

그리고 수사학은 고전에 담긴, 예로부터 내려오는 도리를 이해하기 쉽게 설명하고 나아가 상대방이 그러한 도리를 실천하는 데 정진하도록 설득하는 방법을 연구하는 학문이다. 그러므로 이는 로마 시대 퀸틸리아누스(Quintilianus)가 수사를 이야기할 때마다 고전 독서의 중요성을 강조했던 것과 그 맥락을 같이한다. 요새는 수사학이 그저 말하기나 글쓰기를 잘하게 하는 기술로 오해받고 있어 안타깝다.

수사학은 거시적 관점과 미시적 관점으로 나눌 수 있는데, 거시적 관점은 앞에서 설명했듯 예로부터 내려오는 진리를 이해시키고 실천에 옮기도록 설득하는 총체적인 개념이다. 반면에 미시적 관점의 수사학은 이른바 수사법으로 불리기도 한다. 그러므로 더는 필요가 없어진 물건 버리듯 대한다는 표현은, 미시적 관점의 차원에서 받아들여야 한다. 즉 버리듯 대한다는 것은 정말로 버리는 것이 아니라, 그만큼 신경 쓰지 않는다는 반어법의 수사기교로 풀이해야 한다. 정말로 새를 사랑한다면, 새장에 가두지 말고 훨훨 날도록 놓아줘야 한다고 했던가? 바로 그런 도리와 마찬가지이다.

따라서 이 구절은 "세상은 남들보다 앞서서 덕을 쌓기 때문에, 만물에 집착하지 않고 그들이 자연스레 생겨나고 사라지도록 그 천성을 따랐다. 대동사회의 지도자들은 남들보다 앞서서 덕을 쌓았기 때문에, 백성들에게 집착하지 않고 그들이 자연스레 생겨나고 사라지도록 그 천성을 따랐다."라는 의미가 되므로, 억지로 작위 하지 않는 무위를 말하고 있다.

5-2   **天地之間, 其猶橐籥乎?** (천지지간, 기유탁약호?)
         하늘과 땅 사이는, 마치 풀무와도 같을지니?

풀무는 부엌이나 대장간에서 바람을 일으켜 불을 지피는 데 쓰는 도구인데, 펌프질로 바람을 만들어내야 하므로 안이 텅 비어 있다. 그리고 노자는 하늘과 땅 사이에 있는 이 세상을 움직이는 도리가 마치 풀무와도 같다고 직유법을 들어 설명하고 있다.

5-3   **虛而不屈, 動而愈出。** (허이불굴, 동이유출.)
         하늘과 땅 사이는, 마치 풀무와도 같을지니?

4-1에서 사랑은 추상명사이기 때문에 마치 텅 비어 있는 듯하지만, 실제로 타인에게 베풀기 시작하면 끊임없이 우러나온다고 했었다. 그리고 여기서는 세상의 도를 풀무에 빗대어 수사법으로 설명하고 있다.

즉 노자는 손잡이의 한쪽 끝부분을 하늘 그리고 다른 쪽 부분을 땅으로 비유하여, 그 사이의 우리가 사는 이 세상이 본디 풀무의 속과도 같이 텅 비어 있다고 설명했다. 따라서 노자는 여기서 4-1 개념을 수사학적으로 풀어서 다시 강조하고 있다. "풀무는 안이 텅 비어 있기 때문에 공기를 담아 바람을 일으킬 수 있고, 비어 있기 때문에 끊임없이 바람을 일으킬 수 있다. 인위적으로 법과 제도를 세분해서 통제하지 않고 천성에 따라 다스리는 대동사회의 통치이념인 도는, 풀무처럼 비어 있어서 허술하고도 부족한 점이 많은 듯하지만 실제로는 대단히 합리적이다. 이러한 대동의 통치이념인 도로 나라를 다스리면, 엄격한 제도로 통제하는 것보다 오히려 백성들의 끊임없는 지지와 신망을 얻게 되어서 부족함이 없게 된다."

5-4 **多言數窮, 不如守中。** (다언삭궁, 불여수중.)
(지도자가) 말이 많으면 누차 곤궁해지니, 중을 지키는 것이 낫다.

여기서도 지도자라는 주어가 생략되었는데, 이와 관련하여서는 옛날에는 지도자가 입을 열어 말하면 곧 그것이 명령이자 법이 되었다고 설명했었다.[9]

---

9   2-3

앞에서[10] 설명했듯, 중(中)의 자세는 한쪽으로 치우치지 않는 객관적이고도 공정한 태도이다. 왼손으론 저울을 오른손으론 검 한 자루를 들고, 두 눈을 검은 천으로 가린 정의의 여신 디케(Dike). 여기서 왜 그녀가 법의 객관성과 공정성을 상징하는지를 다시금 되새겨야 한다. 물론 이러한 중(中)의 자세는 결코 실천하기 쉽지 않다. 그렇기 때문에 더욱 지도자에게 요구되는 필수 덕목이다.

이제 이 구절을 풀이하면 다음과 같다. "지도자가 함부로 말하고 명령을 내리게 되면, 나라를 다스리는 데 있어 항상 어려운 문제들이 발생하게 된다. 따라서 어느 한쪽으로 치우치지 않고 객관적이고도 공정한 태도를 유지하는 자세를 취하는 것이 오히려 더 중요하다."

하지만 대한민국을 포함한 많은 나라는 지금도 우파와 좌파로 나뉘어 서로를 비방하고, 그저 자기의 생각과 주장이 옳다고 목소리를 높이는 데만 치중하고 있다. 한쪽의 생각과 의견이 모두 맞을 수만도 없고, 그렇다고 모두 틀릴 수만도 없지 않은가? 대화를 통해 양쪽 의견을 모두 수렴한 후 조율해서, 더 나은 결론에 도달하는 것이 정치가 아니었던가? 권력을 차지하는 것이 아닌, 오로지 국민과 나라의 안위를 생각하는 것이 정치의 본질임을 다시 기억해야 한다. 그러기 위해서는 먼저 현행의 정당에 대한 정의가 바뀌어야 한다. 다시 말해서 정당은 '정치권력 획득을 목표로, 정견을 같이하는 사람들이 모인 집단'이 아니라, '국민과 국가의 안위만을 목표로, 뜻을 같이하는 사람들이 모인 집단'이 돼야 한다.

---

10 4-3

6장

계곡의 자애로움

6-1　**谷神不死，是謂玄牝，玄牝之門，是謂天地根。**
(곡신불사, 시위현빈, 현빈지문, 시위천지근.)
계곡의 기운은 그침이 없어서 이를 심오한 모성이라고
일컫고, 심오한 모성의 문 이를 세상의 근원이라고 일컫는다.

　상대방을 힘으로 누르지 않고 부드럽게 감싸는 자애로움은 그침이 없이 샘솟으므로, 이를 부드러움의 상징인 심오한 모성이라고 한다. 그리고 세상의 모든 이치는 바로 이 부드러움으로 상징되는 심오한 모성에서 비롯된다.

　이 구절을 봐도 중국에 있어서 음양학의 영향이 얼마나 큰지 짐작할 수 있다. 세상에는 평지와 산 그리고 계곡이 존재하는데, 평지를 숫자 0이라고 표현한다면 산은 양을 나타내는 + 그리고 계곡은 음을 나타내는 － 라고 할 수 있다. 산은 위로 솟아올라서 양이 되고, 나아가 부성, 남성, 강함을 상징한다. 반면에 계곡은 움푹 들어갔으므로 음을 일컫고 이는 모성, 여성, 부드러움과 같은 의미가 된다. 특히 계곡을 세상의 근원이라고 했는데, 앞에서[11] 무명 즉 이름이 없는 것은 세상의 시작이라고 언급했었다. 이렇듯 노자는 부드러움의 상징인 모성을 심지어 도와 같은 개념으로 간주하고 있으므로, 부드러움은 도의 주된 특징이 된다. 노자는 이후에도 [도덕경] 곳곳에서 도의 핵심 중 하나가 자애로움이라고 강조하는데 그중 하나가 10-5이다.

사실 계곡의 기운은 원문에서 곡신(谷神)으로 표기되어 있다. 곡신에 대한 해석은 번역본의 수만큼 다양한데, 다행히도 [예기]에 다음과 같은 기록이 있다.

> 기(氣)는 신(神)의 왕성함이고, 백(魄)은 귀(鬼)의 왕성함이다. 귀와 신을 합한 것이 가르침 즉 교(敎)의 지극함이다. 살아있는 모든 것은 반드시 죽고 죽으면 반드시 흙으로 돌아가는데, 이를 귀라고 한다. 뼈와 살은 아래의 흙으로 덮어져서, 음(陰)으로 들판의 흙이 된다. 반면에 그 기는 양(陽)이 되어서 위로 일어나, 밝고 명확하게 된다. 기운이 서려 올라 오싹해지는 것 이는 온갖 것들의 정기이니, 신의 분명히 드러남이다.
>
> [예기] 〈제의〉 중에서

이 말을 정리해보면, 모든 생명은 죽고 나면 역시 음(-)을 나타내는 육체와 양(+)을 나타내는 영혼으로 나뉜다는 말이다. 따라서 중국에 있어서 음양학의 영향력이 어느 정도인지 여기서도 확인할 수 있는데, 기백과 귀신은 사실 같은 의미를 지닌 단어 즉 음과 양이 합해진 개념이다. 그리고

---

11 1-3

'귀신 귀(鬼)'는 생명체가 죽어 땅으로 들어가 썩는 육신을 의미한다. '귀신 신(神)'은 뜻을 담당하는 '보일 시(示)'와 소리를 담당하는 '납 신(申)'이 합쳐진 형성문자이다. '보일 시(示)'는 '위 상(上)'의 옛 글자인 '二'[12]와 하늘로 올라가는 기운인 小(오늘날의 ☵ 표시와 같음)가 합쳐져 하늘로 올라가는 기운을 나타내는 상형문자이다. 그리고 소리를 담당하는 '납 신(申)'은 본래 구름에서 뻗쳐 나오는 번개의 모습을 나타낸 상형문자이므로, '귀신 신(神)'이란 시신에서 빠져나와 하늘로 올라가는 기운 즉 영혼이라는 의미를 지닌다. 우리는 검을 귀신처럼 잘 다루는 인물을 검귀나 검신이라고 부른다. 또 주량이 엄청난 인물을 주귀 혹은 주신이라고도 한다.

만약 여러분이라면 사람들에게 검신이나 주신으로 불리길 바랄까 아니면 검귀, 주귀로 불리길 바랄까? 당연히 검신과 주신을 선택할 것이다. 이는 동양인들에게는 막연하게나마 '귀'와 '신'의 차이점을 구별하는 문화유전자가 본능적으로 탑재되었기 때문이다. 나아가 이제 귀신을 봤다는 것 자체가 모순이라는 사실을 알 수 있으니, '귀'는 땅으로 돌아가는 음의 육신을 나타내고 '신'은 하늘로 올라가는 양의 영혼이다. 그럼에도 굳이 누군가가 귀신을 봤다고 주장한다면 그들이 본 것은 바로 육신과 영혼이 합쳐진, 살아있는 우리 그 자체이다. 살아있는 존재는 누구나 음과 양의 귀신이 조화로이 합쳐진 존재이지 않은가.

마지막으로 가르침의 교(敎)는 귀와 신이 합한 것이라고 했으니, 이와 관련해서 또 다음의 기록을 살펴보자.

---

12 '위 상(上)'은 추상명사를 나타내는 지사(指事) 문자에 속하는데, 알다시피 위라는 개념은 모호하거니와 구체적인 모양이 없다. 따라서 옛 중국인들은 기준점이 되는 긴 선(一)을 그리고 나서, 그 위에 짧은 선(-)을 찍어서 위라는 개념을 문자로 나타냈다. 즉 이는 '두 이(二)'와는 아무런 상관이 없다.

하늘이 명한 것(天命)을 천성(性)이라 하고, 천성을 따르는 것을 도(道)라 하며, 도를 닦는 것을 가르침의 교(教)라고 한다. 도라는 것은 잠시도 떠날 수 없으니, 떠날 수 있다면 도가 아니다.

〔예기〕〈중용〉 중에서

하늘이 명한 것을 '성'이라고 했으니, 이는 바로 하늘이 준 타고난 성질(천성)이다. 또 타고난 천성을 따르는 것이 '도'라고 했으니, 이는 억지로 하지 않음을 강조하는 노자의 도와 일치한다. 나아가 그 도를 따르려고 노력하는 것을 가르침이라고 했는데, 이는 음의 귀와 양의 신을 합한 것이다. 이를 통해 도는 양이나 음 한쪽에 치우치지 않고, 둘을 모두 아우르는 대통합의 개념임을 알 수 있다. 즉 도의 중요한 특징 중 하나가 바로 객관적이고 공정한 중(中)과 조화로움의 화(和)이므로, 중(中)과 화(和)는 도의 중요한 구성요소 중 하나가 된다. 그리고 도는 잠시도 떠날 수 없는 것이라고 했는데, 다음을 먼저 살펴보자.

6-2　　**綿綿若存, 用之不勤。**
(면면약존, 용지불근.)
끊이지 않고 존재하는 듯하니, 그 부드러움을 씀에
다함이 없다.

1-1에서 도는 변치 않는 꾸준한 자세를 보여야 완성된다고 설명한 이후, 노자는 줄곧 도의 주된 특징 중 하나가 바로 시종일관의 자세라고 설명하고 있다. 잠시도 떠날 수 없다는 것은 늘 곁에 있어야 한다는 것이니,

도를 구성하는 중요한 요소 중 하나가 항상 그러함의 상(常)이 된다. 그리고 6장에서 설명하고 있는 또 하나의 구성요소는 다름 아닌 부드러움인데, 이것은 뒤에 나오는 노자의 세 가지 보물 중 하나인 자애로움의 자(慈)와 같은 개념이 된다. 즉 노자에게 있어서 계곡은 바로 부드러움과 자애로움의 메타포(metaphor)이다. 메타포는 미시적 관점과 거시적 관점으로 나눠서 설명할 수 있는데, 수사법 중 하나인 은유법으로 풀이되는 것은 미시적 관점에서의 접근이다. 그렇다면 거시적 관점에서의 메타포란 무엇일까?

가령 길을 걷다가 아이스크림을 먹고 있는 한 이성을 보고 첫눈에 반했다고 상상해보자. 그날 이후 아이스크림을 먹고 있는 사람, 심지어 아이스크림이라는 단어만 접해도 이상하리만큼 자꾸 그 사람이 생각난다면 이제 여러분에게 있어서 아이스크림은 첫눈에 반한 이성의 메타포가 된다. 거시적 관점의 메타포는 단순히 빗대는 은유의 대상일 뿐만 아니라, 일체화된 대상 즉 그 자체가 된다.

따라서 6장의 의미를 전체적으로 풀어보자면 다음과 같다. "상대방을 부드럽게 대하는 자애로움은 계곡의 오묘함으로 비유된다. 그러므로 지도자가 자애로움으로 다스리면 백성들의 끊임없는 지지와 신망을 얻게 되고, 그렇게 되면 지도자가 더욱 자애로움을 베풀게 되어 끊임이 없이 샘솟게 된다. 부드럽고도 자애로움으로 세상을 다스리는 것을 일컬어 세상을 다스리는 근본이라고 한다."

7장

나를 버리므로 나를 이룬다

> **7-1**　天長地久。天地所以能長且久者, 以其不自生,
> 故能長生。
> (천장지구. 천지소이능장차구자, 이기불자생, 고능장생.)
> 천지는 장구히 존재한다. 천지가 장구할 수 있는 것은
> 그가 자기만 살려고 하지 않기 때문에 장구히 존재할
> 수 있다.

　노자는 2장과 4장에 이어서 다시 공생과 상생의 도리 즉 도의 중요한 구성요소 중 하나인 조화로움의 화(和)를 강조하고 있다. 따라서 이 구절은 다음과 같이 풀이할 수 있다. "하늘과 땅을 중심으로 이 세상은 변치 않고 오랫동안 존재해왔다. 이렇듯 세상이 변치 않고 오랫동안 존재할 수 있었던 이유는, 자기만 살려고 발버둥 치지 않고 하늘과 땅 그리고 그 안에 있는 온갖 존재들이 한데 어우러져 함께 살려고 했기 때문이다. 따라서 나라가 변치 않고 오래 유지되려면 이처럼 좋은 것만 취하고 그렇지 못한 것은 버리는 것이 아니라, 누구 하나 버리지 않고 함께해야 한다."

7-2 **是以聖人後其身而身先, 外其身而身存。**
(시이성인후기신이신선, 외기신이신존.)
이 때문에 성인은 자기를 뒤에 두었지만 자기가 앞서게
되었고, 자기를 도외시했지만 자기를 보존할 수 있었다.

　이 구절의 의미를 좀 더 쉽게 설명하기 위해서, 다음의 상황을 상상해 보자. 지금 여러분 앞에 각각 A팀과 B팀의 팀장이 서 있고, 여러분들은 스스로 팀을 선택할 수 있다. 어떤 이를 팀장으로 선택하고 싶은가? 외모만 봐서는 선뜻 판단하기가 어려울 것이다. 그런데 공교롭게도 A팀과 B팀이 모두 사내 우수업적 팀으로 선정되어, 이제 각 팀장이 대표로 나가 수상 소감을 말한다. 먼저 A팀 팀장의 수상 소감을 들어보자. "사실 전 별로 한 것이 없습니다. 그저 팀원들과 함께 머리를 맞대었을 뿐이죠. 오히려 부족한 저를 팀장으로 믿고 묵묵히 따라준 팀원들에게 감사할 따름입니다. 이 모든 영광을 팀원들에게 돌리겠습니다!" 이어서 B팀 팀장이 단상에 오른다. "솔직히 오늘을 위해서 그동안 얼마나 많은 날을 밤샘하며 애태우고 고생했는지 잘 모르겠네요. 하지만 오늘 이렇게나마 사장님 그리고 이사님들께 인정받게 된 것 같아서 무척 기쁩니다. 오늘은 참 아름다운 밤이네요!" 어느 팀장을 선택할지 다시 물을 필요도 없다. 일반적이라면 B팀의 구성원이 되고 싶지는 않을 것이다.
　이미 설명했던 것처럼, 성인이란 대동사회를 이끈 삼황오제를 일컫는다. 따라서 다음의 기록을 살펴보면, 7-2의 의미를 보다 명확하게 이해할 수 있다.

우가 말했다. "임금이 임금 자리를 어려워하고 신하가 신하 자리를 어려워하여 삼가면, 정치가 바로잡히고 백성들은 덕에 힘쓰게 될 것입니다." 이에 순임금이 말했다. "그렇소! 진실로 그와 같다면 모두가 충언을 아끼지 않게 되어 좋은 말이 숨겨지는 바가 없고, 현명한 이들이 모두 등용되어 민간에는 인재가 없게 되니, 온 세상이 평안하게 될 것이오. 많은 이들과 함께 상의하고, 자기를 버리고 남을 따르며, 의지할 곳이 없는 이들을 깔보지 않고, 곤궁한 이들을 버리지 않는 것은, 오직 요임금만이 늘 해내셨소."

〔상서〕〈대우모〉 중에서

이 기록에 "많은 이들과 함께 상의하고, 자기를 버리고 남을 따르며"라는 표현이 있는데, 이와 관련하여 소개할 인물은 바로 23년간 연임하여 '스웨덴의 가장 긴 총리'라는 별명을 가지고 있는 타게 엘란데르(Tage Erlander)이다. 이 별명은 수사법 중 한 단어가 두 가지 이상의 의미를 나타내는 중의법이 활용되었는데, 원래는 스웨덴 역사상 23년이라는 가장 긴 시간 동안 총리직을 맡았다는 의미로 만들어졌지만, 키가 무척 커서 붙여진 별명이기도 했다.

그는 재임 기간에 국가가 국민을 보호하는 따뜻한 '국민의 집'이 되도록 만들려고 노력했다. 여기서 그를 언급하는 이유는 그가 '목요클럽'의 창시자이기 때문이다. 당시 스웨덴은 좌파와 우파, 노사문제 등으로 골머리를 앓고 있었고 이는 복지국가 건설에 큰 장애가 되었다. 이때 타게 총리는 "난 목요일이 한가하니, 목요일 저녁에 함께 식사하며 얘기합시다!"라고 제안했다. 그 후로 비슷한 생각을 지닌 사람끼리만의 유유상종 모임이 아니라, 매주 목요일마다 서로 다른 생각과 입장을 지닌 사람들이 모여 이야기를 주고받았다. 그렇게 23년 동안 정이 조금씩 쌓이면서, 서로를 이해하게 되고 궁극적으로는 마음의 벽을 허물 수 있게 되었다. 1969년 그가 총리직을 퇴임할 때 기거할 집이 없자, 스웨덴 국민들이 그에게 별장을 지어준 것은 또 하나의 유명한 일화이다. 나중에 구체적으로 다시 언급하겠지만, 이 점은 노자가 말하는 세 가지 보물 중 하나인 검소함의 검(儉)과 관련된 내용이기도 하다.

지도자가 이러한 모습으로 백성을 섬겼는데, 어찌 백성들이 그러한 지도자를 진심으로 섬기지 않을 수 있었겠는가, 어찌 따르지 않을 수 있었겠는가, 그리고 어찌 잊을 수 있었겠는가? 그러므로 그 이름은 잊히지 않고 지금까지도 전해져온다.

7-3 **非以其無私邪? 故能成其私。**
(비이기무사야? 고능성기사.)
이는 자기를 사사로이 하지 않았기 때문이 아닌가?
그러므로 사사로움을 이룰 수 있었다.

이 구절은 "만물을 만들었지만 간섭하지 않았고, 낳아 기르지만 소유하지 않았으며, 행하지만 의지하지 않았고, 공적을 이루지만 머무르지 않았다. 무릇 머무르지 않기에, 이 때문에 사라지지 않는 것이다."[13]라는 구절과 맥락을 같이한다. 태평성대를 이끌었던 지도자들은 백성의 신망을 받

---

13 2-4

아 지도자가 될 수 있었고, 백성의 지지를 받아 그 지도자의 자리를 오랫동안 지킬 수 있었다. 그 이유는 바로 자기를 버리고 백성들의 마음을 자기의 마음으로 삼았기 때문이 아니었던가?

> 제곡은 태어나면서 신통하고 재능이 뛰어나, 스스로 자신의 이름을 말했을 정도였다. 또 두루 베풀어 세상 만물을 이롭게 하였지만, 자신에게는 아니어서 자기만 잘되도록 돌보지는 않았다. 귀가 밝아서 멀리 있는 백성이 바라는 것들까지 알았고, 눈이 밝아서 백성이 바라는 작은 것들까지 살폈다. 하늘의 법도를 따르고, 백성들이 무엇을 긴요하게 생각하는지를 잘 알았다. 어질면서도 위엄 있고, 은혜로우면서도 믿음이 있었으며, 자기 자신을 늘 갈고닦았기에, 이에 세상이 복종했다.
>
> 〔사기〕〈오제본기〉 중에서

자신의 사사로움을 버리고 오로지 백성들을 위했기 때문에, 결국 온 나라를 소유하고 나아가 세상이 복종했다. 이것이야말로 노자가 말하는 "사사로움을 버리니, 사사로움을 얻는다."라는 도리가 아니겠는가? 결국 노자가 말한 "나를 버리므로, 나를 이룬다."라는 것은, 다름 아닌 도의 중요한 구성요소이자 세 가지 보물 중 하나인 겸손함의 겸(謙)의 도리이다.

그런데 이와 관련하여, 또 다음의 기록을 살펴보자. 이윤은 상나라를 일으킨 탕임금 때 재상을 지낸 인물이다. 탕에 이어서 그의 손자인 태갑이 임금 자리에 오르자, 이윤은 이처럼 임금으로서 지녀야 할 마음가짐을 설명했다.

이윤이 계속 말했다. "이제 임금께서 그 덕을 이으시려면 처음부터 살피지 않으면 안 되니, 백성을 사랑함은 마치 부모를 사랑하는 것처럼 하시고, 백성을 공경함은 연장자를 공경하는 것처럼 하시며, 작게는 집안에서 시작하여 나라를 거쳐서 마지막에 온 천하에서 마쳐야 합니다. 아! 선왕께서는 백성의 기강을 바로잡아 다스리셨고, 신하들의 충언을 따라서 어기지 않으셨으니, 백성들이 임금을 늘 따랐습니다. 윗자리에 있으면 도리를 밝히고, 아랫자리에 있으면 충성하며, 타인에게는 모든 것을 갖추는 완벽함을 요구하지 않았지만, 자기 자신은 오히려 늘 부족하다고 여겨서 삼가셨습니다. 그렇게 하여 온 세상을 가질 수 있었으니, 이것은 정말로 어려운 것입니다."

[상서] 〈이훈〉 중에서

탕은 소강사회를 이끌었던 여섯 군자 중 하나이다. 그런데 앞의 글을 읽어보면, 소강사회 군자의 리더십이 노자가 말하는 대동사회 성인의 그것과 다르지 않음을 알 수 있다. 왜 그럴까?

그 이유에 대해서 잠시나마 짚고 넘어가자면, 소강사회를 이끌었던 군자는 대동사회를 이끈 성인의 리더십을 기본으로 하여 혼란스러운 상황을 타파하고자 했기 때문이다. 즉 군자의 리더십은 원칙적으로 성인의 리더십을 온전히 흡수하고 나아가 범위를 더 세분하여 확장했기 때문이다. 다시 말해 공자와 노자의 사상은 원칙적으로 뿌리를 같이하고 있다.

그리고 이왕 이렇게까지 언급했으니, 여기서 한 가지 더 토로해야 할 것이 있다. 노자의 [도덕경]은 어디까지나 대동의 리더십에 관한 것이기에 원칙적으로는 삼황오제에 관한 기록만을 인용해야 한다. 하지만 삼황오제에 대한 기록은 많이 남아 있지도 않거니와, 개인적으로 관련 기록을 모두 찾는 데도 한계가 있다. 상황에 따라서는 부득이하게 대동이 아닌 하, 상, 주 삼대의 소강에 관한 기록으로 대체하여 이해를 돕고 있음을 양해 바란다.

8장

물은 기꺼이 아래로 흐른다

8-1   **上善若水, 水善利萬物而不爭。**
(상선약수, 수선리만물이부쟁.)
최고로 선한 것은 마치 물과 같으니, 물은 만물을
편리하게 하지 결코 그들과 다투지는 않는다.

여기서 노자는 선하다는 개념을 물에 빗대어 수사적으로 설명하고 있는데, 그가 말하려는 물의 수많은 특징 중 하나는 무엇일까?

물의 가장 대표적인 특징 중 하나는 아래로 흐른다는 점이다. 아래는 모두가 싫어하는 위치이기도 하다. 물은 왜 아래로 흐르는 것일까? 만약 대략 2,500년 이전인 BC 6세기에 살았던 노자가 AD 21세기에 살고 있는 지금의 우리에게 이러한 질문을 한다면, 이는 그리 어려운 질문이 아니다. 만유인력의 법칙(law of universal gravity) 때문이라고 대답할 수 있기 때문이다. 문제는 만유인력의 법칙이 언제 누구에 의해서 발견되었느냐는 것인데, 1680년대 영국의 물리학자인 아이작 뉴턴(Isaac Newton)에 의해서 처음 소개되었다.

노자 역시 물이 아래로 흐르는 것을 보고, 그 이유가 중력 때문이라고 생각했을까? 그건 아닐 것이다. 만일 그랬다면 중력의 최초 발견자는 중국의 노자가 되어야 마땅하다. 노자는 그저 물이 아래로 흐르는 모습을 보면서, 이것이 자연의 섭리 즉 스스로 그러한 타고난 천성이라고 생각했을 뿐이다. 그렇게 아래로 흐르는 물을 바라보면서, 참된 지도자는 백성의 위가 아닌 아래에 있어야 한다는 만고의 진리를 접목한 것이다.

사실 최고로 선한 것 즉 지도자의 통치이념인 도를 물에 빗대어 설명한 것은, 노자가 처음이 아니다. [상서]를 보면, 지도자가 마땅히 갖춰야 할 이러한 자세를 물로 빗대어 설명한 구절이 적잖이 나온다. 따라서 이 구절 역시 노자만의 독창적인 수사적 표현이라고 보기는 어렵다.

8-2　　**處衆人之所惡, 故幾於道。**
(처중인지소오, 고기어도)
(뛰어난 지도자는) 많은 이들이 싫어하는 곳에 머물기에,
그러므로 도에 근접한다.

많은 사람이 아래에 있는 것을 싫어한다. 하지만 뛰어난 지도자들은 물처럼 오히려 백성들을 어려워하고 자신을 그들의 아래에 두었기 때문에, 진정한 지도자의 통치이념인 도를 깨닫고 실천할 수 있었다. 여기서도 다시 명확하게 드러나는 것이 '노블레스 오블리주' 이른바 지도자의 솔선수범이다.

8-3　　**居善地，　心善淵，　與善仁，　言善信，　正善治，**
　　　　　事善能，　動善時。
　　　　　(거선지, 심선연, 여선인, 언선신, 정선치, 사선능, 동선시.)
　　　　　(뛰어난 지도자는) 평상시에는 거주함에 능하고, 마음은
　　　　　고요함에 능하며, 더불어 함

이번에도 뛰어난 지도자 또는 성인이라는 주어가 생략되어 있다. 그렇다면 노자가 이 구절을 통해서 말하고자 한 것은 무엇일까? 8-1과 8-2에서 물은 모두가 싫어하는 아래로 스스로 흘러간다고 했으니, 8-3의 요지역시 지도자의 이러한 자세와 깊은 관련이 있을 것이다. 먼저 "평상시에는 거주함에 능하고"라고 했으니, 다음의 기록을 살펴보자.

　　순이 역산에서 농사를 짓자 역산 사람들이 모두 밭을 양보했고, 뇌택에서 낚시를 하자 뇌택 사람들이 모두 자리를 양보하였으며, 황하가에서 그릇을 구우니 황하 가의 그릇이 모두 이지러지지 않았다. 1년이 되자 순이 머무르는 곳이 무리를 이루었고, 2년이 되자 고을을 이루었으며, 3년이 되자 도시를 이뤘다.

　　　　　　　　　　　　　　　〔사기〕〈오제본기〉, 〔십팔사략〕〈오제〉중에서

즉 평상시에 거주함에 능하다는 것은 자신이 처한 지역의 좋고 나쁨을 따지지 않고, 어디를 가더라도 사람들과 충돌하기보다 조화를 이루고 나아가 그들의 마음을 얻는 지도자의 능력을 일컫는다. 이어서 "마음은 고

요함에 능하다"라는 말은 지도자란 매사에 신중하고도 침착해야 함을 강조한 것이다.

> 전욱은 황제의 자손이자 창의의 아들이다. 조용하고도 슬기로웠고, 조리가 분명하여 일을 잘 주재했다. 인재를 길러 관리를 부임시키고, 때에 맞춰 하늘을 접쳤으며, 귀신에 의탁하여 법도를 바로잡고, 음양의 기를 바로잡아 교화하였으며, 깨끗하고도 정성을 다해 제사를 지냈다.
>
> 〔사기〕〈오제본기〉중에서

특히 여기서 귀신은 돌아가신 선조를 뜻하는 단어임에 유의해야 한다. 그러므로 예로부터 제사를 통해서 무덤에 있는 육신인 귀와 하늘로 올라간 영혼인 신에게 경의를 표한 것이다.

그렇다면 "더불어 함께함에 있어서 어짊에 능하고, 말은 신용을 지킴에 능하다"라는 말의 뜻은 무엇일까? 탕은 하나라의 마지막 임금이자 희대의 폭군인 걸왕을 몰아내고 상나라를 세웠지만, 신하로서 임금을 몰아냈다는 죄책감에 세상 사람들의 이목을 부담스러워했다. 중훼는 이윤과 더불어 상나라 탕임금을 모신 재상인데, 탕이 이처럼 괴로워하자 다음과 같이 말하여 위로했다.

> 중훼가 탕임금에게 말했다. "임금께서는 음악과 여색을 가까이하지 않고, 재물과 이익을 불리지 않았으며, 덕이 많으면 관직을 높이고, 공이 많으면 상을 후하게 하였으며, 사람을 등용하되 자기처럼 대우하고, 허물 고치기를 인색하게 하지 않아, 능히 너그럽고 능히 인자

하여, 백성들에게 믿음을 보이셨습니다."

［상서］〈중훼지고〉중에서

앞에서[14] 소개했듯이, 어짊의 인(仁)은 섬기고 따르는 복종을 뜻한다. 따라서 "남과 더불어 함께할 때는 어질다"라는 말은 자기 견해에 사로잡히지 않고 타인의 의견을 존중하며, 나아가 예로부터 내려오는 도리를 진심으로 섬기고 따른다는 의미가 된다.

특히 "말은 신용을 지킴에 능하다"라는 것은 말에 믿음이 간다는 뜻인데, 이는 그리 간단한 문제가 아니다. 왜냐면 '믿을 신(信)'은 '사람 인(人)'과 '말씀 언(言)'이 합쳐진 회의문자로, 사람이 말한 것은 모두 믿을 수 있다는 의미에서 온 것이기 때문이다. 원론적으로는 자기가 한 말에 책임을 지지 못하면 사람이 아니라는 뜻이 된다. 그리고 "바로잡음은 다스림에 능하고, 일을 처리함은 능력을 발휘함에 능하며"라는 표현은 나라의 기강을 바로잡아 최선을 다해서 다스린다는 뜻이니, 이는 다음의 기록을 통해서 어렵지 않게 이해할 수 있다.

이윤이 말했다. "관리를 임용함에 어진 이와 재능 있는 이를 생각하고, 좌우에는 그 임용한 어질고 재능 있는 이를 세우십시오. 신하는 위로는 덕을 행하고 아래로는 백성들을 위하는 것이라서 어렵고도 신중히 해야 하니, 오직 조화롭고 한결같아야 합니다."

［상서］〈함유일덕〉중에서

---

14   5-1

이처럼 최선을 다해서 나라를 올바로 다스린다는 것은 먼저 자신의 잘못을 바로잡은 후에 사리사욕을 버리고 오로지 나라와 백성을 위하는 일념으로 정사에 임하는 것이다.

마지막으로 "행동은 시기를 선택함에 능하다"라는 구절은 다음의 기록과 연관 지어 이해할 수 있는데, 이는 토목공사장의 일꾼에서 일약 재상으로 발탁된 부열이 상나라 임금 고종에게 올린 충언이다.

> 부열이 계속 말했다. "선하다고 생각되면 움직이고, 행동은 시기에 맞아야 합니다. 또 스스로 선하다고 여기면 선함을 잃고, 재능을 자랑하면 공로를 잃게 됩니다. 해야 할 일에 종사하면 이에 미리 준비하게 되니, 미리 준비하면 후환이 없습니다."
>
> 〔상서〕〈열명〉중에서

바로 여기서 유비무환 즉 미리 철저하게 준비하면 후에 근심이 없다는 성어가 나왔으므로, 시기를 선택하여 행동한다는 것은 다름 아닌 유비무환의 자세를 뜻한다. 결국 노자는 상고의 태평성대를 이끈 성인들의 행적을 바탕으로 하는 정치를 주장하고 있으며, 노자의 이러한 가치관은 1장부터 81장까지 관철되고 있음을 기억해야 한다.

8-4　　**夫唯不爭, 故無尤。**
(부유부쟁, 고무우.)
무릇 다투지 않기에, 그러므로 원망함이 없다.

이 구절은 다음의 기록을 통해 쉽게 이해할 수 있다.

> 요임금은 이름이 방훈이다. 그 인자함은 하늘과 같았고, 그 지혜로
> 움은 귀신과도 같았다. 그를 좇으면 태양과 같았고, 그를 바라보면 구
> 름과도 같았다. 부유하면서도 교만하지 않고, 고귀하면서도 오만하지
> 않았다. (생략) 능히 덕을 밝히고 따름으로써, 온 가족이 가까워졌다.
> 온 가족이 이미 화목해지니, 나아가 수많은 다른 성씨들과도 상의하
> 여 일을 잘 처리하게 되었다. 이처럼 수많은 다른 성씨들과 명확하게
> 사리를 구분하게 되자, 나아가 온 나라가 합하여 잘 어울리게 되었다.
>
> [사기] 〈오제본기〉 중에서

이처럼 대동사회를 이끈 지도자들은 항상 자신을 백성 아래에 두고 삼
가 성실하게 나라를 다스렸기 때문에, 타인이 불만을 품거나 비방하지 않
았거니와 실수를 저지르지 않았다. 따라서 노자가 8장에서 말하는 물은
겸손함 즉 겸(謙)의 메타포임을 알 수 있다.

9장
집착은 망신의 또 다른 이름

9-1

持而盈之，不如其已。

(지이영지, 불여기이.)

그것을 가득 움켜쥐는 것은, 그것을 그만두느니만 못하다.

배고픈 여우가 포도밭을 지나다가, 우연히 울타리 밑의 작은 구멍을 발견했다. 간신히 포도밭 안으로 들어간 여우는 맛난 포도들을 배불리 먹고 다시 그 구멍으로 나오려고 했지만, 불룩 튀어나온 배 때문에 도저히 나올 수 없었다. 결국 여우는 튀어나온 배가 다시 홀쭉해진 뒤에야 구멍으로 나올 수 있었다.

이는 우리에게 널리 알려진 [탈무드(The Talmud)]의 '포도밭의 여우' 이야기다. 그리고 이와 비슷한 이야기가 또 하나 있다. 여러분 앞에 동전이 가득 담긴 유리병이 있고, 그 유리병의 주둥이는 겨우 손 하나가 들어갈 정도의 크기에 불과하다. 그리고 누군가 우리에게 다가와서는, 유리병에 손을 집어넣어 원하는 만큼의 동전을 꺼내 가라고 한다. 과연 우리는 원하는 만큼의 동전을 움켜쥐고 손을 꺼낼 수 있을까? 빠지지 않는 손을 다시 유리병 주둥이 밖으로 꺼내려면 어떻게 해야 할까?

그러므로 노자는 나라를 다스리는 지도자가 재물이나 희귀한 물건 또는 권력에 지나치게 집착하게 되면, 곧 자신의 자리를 오래 유지할 수 없거니와 심지어 망국으로까지 치닫게 된다고 말한다. 따라서 지도자는 결코 사리사욕에 얽매여서는 안 된다.

9-2　　**揣而銳之，不可長保。**
(췌이예지, 불가장보.)
날카로운데도 그것을 더 날카롭게 하면, 오래 보존할 수 없다.

칼날이 이미 날카로운데도 불구하고 더 날카롭게 갈면, 결국 그 칼은 마모되어 오래 쓸 수가 없다. 마찬가지로 백성들의 불만이 가득함에도 그들을 누르기 위해 형벌과 제도를 더욱 강화한다면, 그 정치는 오래갈 수 없다. 이미 나라를 다스리는 데 필요한 원칙적인 법과 제도가 있음에도 불구하고 법과 제도를 더 세분하고 강화하여 백성들을 탄압하게 되면, 지도자는 결국 그 자리에 오래 머물 수 없거니와 나아가 나라를 온전하게 보존할 수 없게 된다.

한국은 불과 몇 년 전까지만 해도 세계적인 입양아 수출국이었다. 그러자 이를 불명예라고 판단한 국회는 2011년 기존의 입양특례법을 전면 개정하여 2012년부터 시행해왔고, 덕분에(?) 해외 입양률이 큰 폭으로 감소했다. 그렇다면 입양특례법은 과연 우리에게 필요한 법률일까? 표면적으로 보면 그렇지만, 이 통계 뒤에는 우리가 모르는 진실이 숨어있다. 개정된 입양특례법의 주된 특징은 친부모가 의무적으로 출생신고 및 가족관계 등록을 해야 한다. 하지만 한국의 해외 입양대상자들은 대부분 그들의 친부모가 자신의 신분 노출을 극도로 꺼린다. 결과적으로 해외로 나가는 입양아들의 수치가 통계적으로는 감소했지만, 사실상 이들은 입양특례법으로 인해 해외에서 새로운 삶을 얻는 기회조차 놓치게 되었다.

그 결과 이제 제2의 미국 비올리스트 리처드 용재 오닐(Richard Yongjae O'Neill), 미국 스키 선수인 토비 도슨(Toby Dawson), 프랑스 플뢰르 펠르랭(Fleur Pellerin) 전 디지털 경제부 장관은 볼 수 없게 될지도 모른다.

이러한 예는 우유의 수급 불균형 현상에서도 찾아볼 수 있다. 근 수년 동안 우유 공급이 수요를 초과하고 있지만, 정부는 여전히 가격을 낮추지 못한다. 왜 그럴까? 이 기회에 그동안 우유를 마음껏 접하지 못했던 아동들이나 경제적으로 취약한 계층에게 원활하게 공급할 수 있지 않을까? 하지만 한국은 2013년부터 '원유가격 연동제'를 시행하고 있어서, 원유의 기본 가격을 낮추지 못하도록 하고 있다. 과연 이런 제도가 우리에게 필요한 것인지, 고민할 필요가 있다.

9-3 **揣而銳之，不可長保。**
(금옥만당, 막지능수.)
금과 옥이 집에 가득하면, 그것을 지킬 수 없다.

사리사욕에 눈이 멀어 재물을 늘리려 하면, 결국 원래 있었던 재물까지도 모두 잃게 된다. 따라서 지도자는 결코 재물에 집착해서는 안 된다.

9-4 **富貴而驕, 自遺其咎。** (부귀이교, 자유기구.)
부귀하고도 교만하면, 스스로 그 재앙을 남기는 것이다.

충분히 재물을 보유하여 부귀함에도 겸손해하지 않고 오히려 교만하면 자기에게 재앙을 남기게 되니, 결국 지도자의 자리를 잃게 될 뿐만 아니라 비참한 최후를 맞이하게 된다.

〈베테랑〉(2015)은 개봉 초기부터 실화를 바탕으로 만들어진 게 아니냐는 논란을 일으킨 영화다. 극 중에서 재벌 3세 조태오는, 노동조합에서 탈퇴하지 않았다는 이유로 일방적으로 계약이 해지되어 월급도 제대로 받지 못한 채 1인 시위를 벌이는 운전기사를 무자비하게 폭행하고 1대당 100만 원의 매 값을 지불한다. 그런데 이와 매우 닮은꼴이 실제로 있었다. 한 탱크로리 기사는 회사의 인수합병 과정에서 부당해고를 당했다며 재벌그룹 본사 앞에서 1인 시위를 했는데, 그 재벌그룹 2세가 야구 배트로 그를 사정없이 때리고는 매 값으로 2천만 원을 건넨 사건이다. 이 사건은 언론을 통해 알려지면서 전 국민의 공분을 사게 되었고, 이는 스스로에 재앙을 남긴 전형적인 실례가 된다.

9-5 **功遂身退, 天之道。** (공수신퇴, 천지도.)
공을 이루면 자신은 물러나는 것이, 하늘의 도리이다.

6-1을 설명할 때 마지막 부분에서 하늘이 준 천성을 따르는 것이 도라

고 했고, 이는 억지로 작위 하지 않음을 강조하는 노자의 도와 일치한다고 언급했었다. 여기서도 확인할 수 있겠지만, 노자의 도는 '하늘의 도' 즉 천도임에 유의해야 한다. 따라서 이 구절은 다음과 같이 풀이할 수 있다. "이처럼 태평성대를 이끌었던 지도자들은 공을 세워도 자신의 것으로 여기지 않고 겸손해했기 때문에 지금까지도 존경을 받고 있으니, 이는 하늘(天)이 알려준 지도자가 지켜야 할 도리(道)이다." 즉 이 구절 역시 "만물을 만들었지만 간섭하지 않았고, 낳아 기르지만 소유하지 않았으며, 행하지만 의지하지 않았고, 공적을 이루지만 머무르지 않았다. 무릇 머무르지 않기에, 이 때문에 사라지지 않는 것이다."[15]라는 도리를 거듭 강조하고 있다.

중국 춘추시대 남쪽에 위치하던 오와 월은 국경을 접하고 있어서, 끊임없이 영토분쟁을 해왔던 철천지원수의 나라였다. 오죽했으면 오월동주(吳越同舟)라는 고사성어까지 생겨났겠는가. 한 번은 오나라 왕 합려가 친히 군대를 이끌고 전쟁에 나섰다가 큰 상처를 입고 돌아왔는데, 상처가 아물지 못해 끝내 목숨을 잃게 되었다. 죽을 때까지 편히 눈을 감지 못한 합려의 모습을 본 아들 부차는 복수의 칼을 갈았고, 수년 후 부차는 드디어 원수인 월나라를 멸망시키고 임금 구천을 생포했다. 당연히 부차는 구천의 목을 베어 부친의 원한을 풀어야 했지만, 구천의 모신(謀臣)인 범려의 치밀한 사전 로비와 부차의 안일한 생각으로 인해서, 그만 구천을 귀양 보내고 만다. 안일한 생각이란, 전승국 임금으로서 패전국 임금이 목숨을 구걸하는 걸 받아들이지 못했다는 후세의 비난을 염려한 것을 뜻한

15　2-4

다. 그리고 시간이 흐를수록, 부차는 점차 주색에 빠져 정사를 돌보지 않게 된다.

한편 구천과 범려는 감시를 피해서 오랫동안 와신상담하는데, 실제로 구천은 가시투성이의 장작더미 위에서 잠을 청하고, 아침에 일어나자마자 곰의 쓸개를 혀로 핥아(와신상담) 나라를 빼앗긴 치욕을 잊지 않도록 되새겼다. 이처럼 수년 동안 복수의 칼을 갈고 흩어졌던 월나라 유민들을 불러 모으는 등 각고의 노력을 통해, 그들은 드디어 역사적인 거사에 성공하게 된다.

범려는 다시 임금 자리에 오른 구천에게 부차의 목을 베어야 한다고 간언하지만 구천은 귀담아듣지 않았고, 바로 그때 범려는 자신이 섬기던 임금 구천의 관상을 다시 살피게 되었다. 그랬더니 구천은 머리가 작고 입은 까마귀 주둥이처럼 튀어나왔으며 목은 길고 어깨는 좁은(장경오훼) 형상이 아니겠는가! 이러한 관상은 어려움은 함께할 수 있어도, 즐거움은 함께 나눌 수 없다고 했다. 이에 범려는 필수품 몇 가지만 수레에 태운 채 월나라를 벗어나 제나라로 향했다. 시간이 흐르고, 범려는 절친한 사이였던 대부 문종에게 편지를 보냈다. "새를 잡으면 활은 창고로 들어가고(조진궁장), 토끼를 잡으면 사냥개는 삶겨 먹히오(토사구팽). 구천은 어려움은 함께할 수 있으나, 즐거움은 함께할 수 없으니, 어찌 아직도 그의 곁에 머물고 있단 말이오!" 문종은 이에 화들짝 놀라서, 임금 구천이 불러도 병을 핑계로 조정에 나가지 않았다. 그러자 주변 신하들은 오히려 문종이 반란을 꾀하고 있다고 이간질을 했고, 이에 구천은 문종에게 칼을 건네주며 말했다. "그대는 나에게 오나라를 멸하기 위한 7가지 계책을 일러주었는데 과인은 3가지만으로 오나라를 멸했소. 그대는 아직 4가지의 계책을 가지고 있으니, 이제 지하에 계신 선왕을 뒤쫓아 그 계책을 나에게 써보도록 하시오." 결국 문종은 그 자리에서 목숨을 끊어야만 했다.

이처럼 공을 이루면 물러나야 한다는 뜻의 공수신퇴(功遂身退)는 바로 노자의 세 가지 보물 중 하나인 겸손함의 겸(謙)의 도리를 의미한다. 태평성대를 이끈 지도자들은 눈앞의 것에 집착하지 않고 하늘의 뜻(천성)에 따랐기 때문에, 나라를 평안하게 하였거니와 또 자신을 지킬 수 있었다.

10장
하나만을 생각하다

10-1 **載營魄抱一, 能無離乎?**
(재영백포일, 능무리호?)
(지도자가) 몸을 다스림에 하나로 파악하여, 둘로 나뉘지
않게 할 수 있겠는가?

 이 구절의 핵심은 '하나'이다. 그렇다면 '하나'라는 것은 무엇일까? 핸드폰를 사려고 한 매장에 들어간 상황을 예로 들어보자. 여러분은 흰색 모델을 사고 싶은데, 점원이 "죄송하지만 저희 매장에는 검은색 한 종밖에 없습니다."라고 말한다면, 이는 무엇을 의미하겠는가? 바로 매장에 준비된 핸드폰은 단 하나의 예외도 없이 전부 검은색이라는 뜻이 된다.

 따라서 둘로 나뉘지 않고 하나로 파악한다는 것은, 다른 잡념에 빠지지 않고 오로지 하나에만 전념한다는 뜻이다. 그리고 여기서도 주어가 생략되었다는 사실을 인지한다면, 이 문장은 마땅히 "지도자가 자신을 부단히 갈고닦아서 사리사욕을 탐하지 않고 오로지 나라와 백성의 안위만을 생각할 수 있겠는가?"라고 풀이해야 한다. 이와 관련하여 다음 기록을 보면, 그 뜻을 명확하게 이해할 수 있다.

아! 하늘을 믿기 어려운 것은 천명이 변하지 않고 오래가지 않기 때문이니, 그 덕이 변하지 않고 오래가면 그 지위를 보존하고, 그 덕이 변하지 않고 오래가지 못하면, 온 세상이 망하게 됩니다. 하나라 왕이 그 덕을 변하지 않고 오래가지 못하게 하여서 귀신(선조)을 업신여기고 백성들을 해치자, 하늘은 나라를 보호해주지 않았습니다. 이에 하늘은 사방을 살펴보아서 천명을 받은 이를 찾아 가르쳐 새로운 길을 열었고, 순일한 덕이 있는 이를 찾아서 돌보셨으니, 그 사람으로 하여금 귀신(선조)을 받드는 나라의 새로운 주인이 되게 하였습니다. 저 이윤은 몸소 탕임금과 함께 순일한 덕을 갖춰서 천심을 누릴 수 있었으니, 하늘의 밝은 명을 받은 것입니다. (생략) 하늘이 우리 상나라에 사사로움이 있었던 것이 아니라 하늘이 순일한 덕을 도운 것이고, 상나라가 백성들에게 청한 것이 아니라 백성들이 순일한 덕으로 귀속한 것입니다. 덕이 한결같으면 움직여서 길하지 않은 것이 없고, 덕이 두셋으로 나뉘어 한결같지 않으면 움직여서 흉하지 않은 것이 없습니다.

〔상서〕〈함유일덕〉중에서

즉 '하나'란 오직 백성과 나라의 안위만을 생각하는 '순일=순수한 덕'을 나타내는 것인데, 참고로 공자 역시 '하나'만 생각하는 순일한 덕을 대단히 중시했다. 6장에서 이미 설명했듯이, 육체는 음을 나타내고 정신은 양을 나타낸다. 그리고 도를 따르려고 노력하는 것이 가르침의 교(敎)인데, 이는 음의 귀와 양의 신을 합하여 한쪽에 치우치지 않고 둘을 모두 아우르는 대통합의 개념이다. 따라서 노자는 이제 육체인 몸에 이어서 정신인 마음을 이야기하고 있다.

10-2 **專氣致柔, 能嬰兒乎?** (전기치유, 능영아호?)
(지도자가) 마음을 집중해서 유순함에 도달하여, 순수함을
지닐 수 있는가?

유순하다는 것은 부드러운 태도를 뜻하는데, 이는 노자가 끊임없이 강
조하는 세 가지 보물 중 하나인 자애로움의 자(慈)를 가리킨다. 순수하다
는 것은 어떠한 불순물도 섞이지 않은 상태를 일컬으니, 10-1의 순일한
덕을 다시 강조하는 것으로 이해할 수 있다. 즉 이 구절은 "지도자가 백성
을 탄압하지 않고 자애로움으로 다스리는데, 다른 숨겨진 의도 없이 오로
지 나라와 백성을 위하는 일념에서 그럴 수 있는가?"라고 풀이할 수 있다.
따라서 노자는 10-1과 10-2의 두 구절을 통해서, 한 번 더 도를 구성하
는 중요한 요소 중 하나인 항상 그러함의 상(常)을 강조하고 있다.

앞서 언급했던 세 인물이 있었다. 오로지 백성을 위한 일념으로 자신의
건강을 해쳐가면서까지 한글을 창제한 세종대왕, 장군의 자리에서 일개
병졸의 신분으로 좌천당했지만 오로지 나라를 위하는 마음으로 백의종
군조차 감수했던 이순신 장군 그리고 그토록 바라던 나라의 독립이 이뤄
지면 정부청사를 청소하는 사람이 되고 싶다던 김구 선생. 하지만 이들과
달리 초심을 끝까지 지니고 가지 못한 인물도 있는데, 바로 무아마르 카
다피(Muammar Gaddafi)가 대표적이다.

그는 리비아의 군인이자 정치가였다. 1969년 9월 육군 대위의 신분으
로 동료들과 쿠데타를 일으키고, 왕정을 무너뜨리고 권력을 장악해서 국

가원수 자리에 올랐다. 집권 초기에는 석유생산국들의 시장독점에 반대하고 국토개발 사업을 추진하여 빈민국에서 벗어나기 위한 경제개발 정책을 추진하며 긍정적인 평가를 받았지만, 42년간의 장기집권과 철권통치 이념에 반대하는 반정부 시위가 진행되자, 시민군에 대한 유혈 보복을 선언하며 내전을 지속했다. 하지만 2011년 8월 시민군이 나토(NATO)와 세계 각국의 지원 속에서 수도인 트리폴리를 함락시키자, 카다피는 종적을 감췄다. 같은 해 10월 카다피는 자신의 고향 시르테에서 체포되었고 그 과정에서 한 시민군이 쏜 총에 초라한 삶을 마쳤다.

10-3   **滌除玄覽, 能無疵乎?**
(척제현람, 능무자호?)
관직을 줌에 있어서 깨끗하고, 또 이치에 통달하여 자세히
들여다보아, 결점이 없을 수 있는가?

지도자가 관료 임명 과정에 있어서 무엇보다 투명하고 이치에 통달하여 객관적이고도 공정하게 후보를 자세히 살핌으로써, 임명에 어떠한 결점도 없을 수 있겠는가? 예나 지금이나 관료 임명은 항상 세간의 화제가 되었던 것 같다. 그렇다면 동서고금을 막론하고, 이 문제가 그토록 중요한 것일까?

순이 말했다. "그대와 상의할 것이 있소, 사악이여! 힘써 임금의 사업을 변치 않고 빛내고, 관직을 맡기면 진실로 가려서 백성들에게 베풀 수 있는 이가 있겠소?"

〔상서〕〈순전〉중에서

관직은 사사로이 미치지 않도록 해야 하니, 오직 유능한 자를 가까이하고, 작위는 악한 이에게 미치지 않도록 하여야 하니, 오직 현명한 이에게 베풀어야 합니다.

[상서]〈열명〉중에서

많은 세월을 거쳐서 조직 체계가 제아무리 변했다고 해도 결국 신하의 최종 임명권은 최고 지도자인 임금이 가진다. 관직 임명은 최고 지도자의 의중을 무엇보다 분명하게 밝히는 강력한 근거가 된다. 현대사회로 따지면 청렴결백한 인물을 총리로 지명했다는 것은 비리 근절을 강력하게 추진하겠다는 대통령의 의중이 담겨 있음을 의미한다. 물론 비리로 가득한 인물을 임명했다는 것은 그 정반대의 의미를 지닌다.

10-4   **愛民治國，能無知乎?**
(애민치국, 능무지호?)
백성을 사랑하고 나라를 다스림에 있어, 앎이 없을 수 있겠는가?

'알 지(知)'는 지혜라는 긍정의 뜻 외에 얕은꾀라는 부정의 뜻도 있다고 설명했었는데[16], 여기서도 앎은 부정적으로 해석해야 한다. 즉 사리사욕을 탐하려는 욕심이 없는 지도자적 자질을 요구하는 구절이다.

---

16 3-3

10-5   **天門開闔, 能為雌乎?**
(천문개합, 능위자호?)
하늘의 문이 활짝 열림에 있어, 모성이 될 수 있겠는가?

하늘의 도로 나라를 다스림에, 모성과도 같은 자애로움으로 백성들을 품을 수 있겠는가? 하늘의 문은 하늘의 도 즉 천도와 같은 의미를 지닌다. 따라서 노자는 여기서도 자신의 도가 바로 천도임을 분명히 밝히고 있는데 그보다 더 중요한 것은 천도의 주된 특징이 바로 모성을 근거로 한다는 점이다. 6장에서 설명했듯이 계곡은 음을 일컫고 이는 모성, 여성, 부드러움과 같은 의미가 된다. 그리고 부드러움의 상징인 모성은 도와 같은 개념이 되므로 노자는 10-2에 이어서 여기서도 지도자의 주된 특징이 자애로움의 자(慈)에 있다고 강조하고 있다.

10-6   **明白四達, 能無爲乎?**
(명백사달, 능무위호?)
세상을 이해하는 데 있어서, 억지로 작위 함이 없을 수 있겠는가?

이처럼 자애로움으로 세상을 다스려야 하는 것이 하늘의 이치임을 이해한다면, 지도자는 법률과 제도를 세분해서 엄격하게 백성을 통제하려 들면 안 된다.

10-7　　　**生之畜之, 生而不有, 為而不恃, 長而不宰,
是謂玄德。**
(생지휵지, 생이불유, 위이불시, 장이부재, 시위현덕.)
그것을 낳고 기르며, 낳지만 소유하지 않고, 행하지만
의지하지 않으며, 자라게 하지만 지배하지 않으니,
이를 현덕이라고 이른다.

이 구절 역시 "만물을 만들었지만 간섭하지 않았고, 낳아 기르지만 소유하지 않았으며, 행하지만 의지하지 않았고, 공적을 이루지만 머무르지 않았다. 무릇 머무르지 않기에, 이 때문에 사라지지 않는 것이다."[17]의 반복이다. 사실 노자는 [도덕경]에서 중복적으로 이러한 취지의 발언을 계속하고 있는데, 이것이 바로 천도의 핵심인 '무위자연'이 되기 때문이다.

특히 마지막 부분에서 "잘 자라도록 키웠어도 그들 위에서 지배하려 들지 않았으므로, 이를 일컬어서 심오한 덕이라고 한다."라고 했는데, 노자는 여기서 덕이란 다른 사람에게 자신을 드러내지 않고 행하는 음덕(陰德)이어야 함을 강조하고 있다.

17　2-4

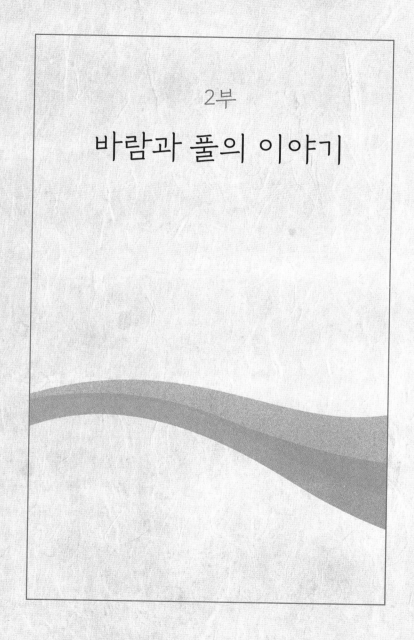

2부

바람과 풀의 이야기

11장
있음과 없음이 공존해야 하는 이유

11-1 　**三十輻共一轂，當其無，有車之用。**
(삼십복공일곡, 당기무, 유거지용.)
서른 개의 바큇살이 하나의 바퀴통에 모였는데,
바퀴통 속이 비어 있어야 수레의 작용이 있다.

 바큇살은 바깥의 둥그런 바퀴 테와 바퀴 가운데에
있는 바퀴통을 연결한다. 바퀴통은 속이 비어 있기
때문에 각각의 바큇살에 힘을 고르게 전달할 수 있
고, 그렇게 해야 바퀴 테가 움직여서 수레가 앞으로 나
가게 된다. 바퀴통은 있어야 하지만 속이 비어 있지 않으면 바큇살에 힘
을 고루 전달할 수 없고, 그러면 결국 수레는 나아가지 않는다.

11-2 　**埏埴以為器，當其無，有器之用。**
(선식이위기, 당기무, 유기지용.)
진흙을 빚어 그릇을 만드는데, 그릇에 공간을 만들어야
그릇의 쓰임이 있다.

진흙을 빚어서 그릇을 만들려면 그릇의 중간 부분을 파서 비워야 비로소 뭔가를 담을 수 있다. 진흙은 있어야 하지만 그 안을 비우지 않으면 그릇이 아니다.

11-3 **鑿互牖以為室, 當其無, 有室之用。**
(착호유이위실, 당기무, 유실지용.)
창문을 내어 집을 짓는데, 집에 공간을 만들어야
집의 쓰임이 있다.

창문을 내어 집을 지을 때 벽과 지붕을 두른 집의 안쪽 부분을 비워야 사람이 살 수 있고, 사는 데 필요한 물건들도 들여놓을 수 있다. 벽과 지붕을 두른 집은 있어야 하지만 그 안을 비워두지 않으면 집이 아니다.

11-4 **故有之以為利, 無之以為用。**
(고유지이위리, 무지이위용.)
그러므로 있음으로써 이롭게 되고, 없음으로써 쓰이게
되는 것이다.

예로부터 내려오는 도리를 이해하기 쉽게 설명하기 위해 왜 수사학이 필요한지 그리고 노자가 왜 수사학의 대가인지 여기서도 확인할 수 있다. 세상의 모든 이치는 있음이 존재하기 때문에 이로움을 주는 것이고, 또 없음이 존재하기 때문에 세상에 쓰임이 있게 된다. 그러므로 한쪽만 존재해서는 안 되고 반드시 양쪽이 존재해야 하는데, 이 역시 음과 양이 공존해야 한다는 음양학의 기본 틀이 된다.

쥐 한 마리가 장난을 치다가 달콤하게 낮잠을 자던 사자를 깨우고 말았다. 화가 난 사자에게 잡힌 쥐는 목숨을 살려주면 나중에 꼭 은혜를 갚겠다고 사정했고, 한 입 거리도 안 되는 쥐의 말에 어이가 없었던 사자는 배도 부르고 해서 쥐를 그냥 놔주었다. 어느 날 사냥꾼이 친 그물에 걸려서 빠져나오려고 안간힘을 쓰고 있는 사자 앞에 그 쥐가 나타났고, 쥐는 날카로운 이빨로 그물의 밧줄을 갈아서 사자를 구해준다.

이는 [이솝우화] 중 하나인 〈사자와 쥐〉 이야기인데 사자는 있음을, 쥐는 없음을 비유적으로 상징하고 있다. 노자와 [이솝우화]가 동일하게 가르치고 있는 것은, 2장과 마찬가지로 가진 자와 그렇지 못한 자가 함께 존재해야 한다는 조화로움의 화(和)이다. 하지만 앞에서도 이야기했듯이, 노자는 역사 기록을 담당하는 사관이었다. 따라서 이러한 조화로움의 화(和) 역시 노자의 독창적인 가치관이 아니라, 이미 수많은 역사 기록에서 끊임없이 강조했었던 덕목이다.

> 사랑할 만한 것이 임금이 아니겠소? 두려워할 만한 것이 백성이
> 아니겠소? 백성은 임금이 아니면 누구를 받들겠소? 임금은 백성이
> 아니면 더불어 나라를 지킬 사람이 없소. 공경하시오!
>
> 〔상서〕〈대우모〉중에서

이처럼 삼황오제 중 하나였던 순임금 역시 있음만으로는 나라를 이룰
수 없고, 없음만으로는 나라를 이끌 수 없음을 잘 알고 있었다. 이렇듯 조
화로움의 화(和)는 대동사회로부터 내려오는 리더십임을 알 수 있다.

원래 갑을 관계는 계약에 있어서 당사자인 쌍방을 단순히 구별하는 칭
호인 갑과 을에서 시작된 단어다. 하지만 일반적으로 갑은 지위가 높거나
유리한 계약자를 지칭하는 반면, 을은 상대적으로 지위가 낮거나 불리한
피계약자를 지칭한다. 그래서 언제부터인가 갑을 관계는 계약에 있어서
지위가 높은 사람과 낮은 사람의 관계를 가리키는 단어가 되었고, 여기서
갑질이라는 단어가 탄생했다.

갑질은 계약 관계의 '갑'에 행동을 뜻하는 접미사인 '질'을 붙여서 만든
단어로, 갑이 자신의 높은 지위나 유리한 입장을 이용해서 상대적으로 약
하거나 불리한 처지에 있는 을에게 부당한 요구를 행사하는 것의 통칭이
다. 그리고 이제 갑질은 단순히 계약상 부당한 요구를 행사하는 수준을
넘어서, 을의 존재 자체를 무시하고 심지어 자신의 심부름꾼이나 하인으
로까지 여겨서 육체적, 정신적 모멸감과 박탈감을 주는 심각한 사회적 문
제가 되고 있다.

이제 지금까지와는 다른 있음과 없음의 상황을 한번 상상해보자. 어느

한 회사의 봉급날, 사장이 직원들에게 월급봉투를 주면서 정중하게 인사한다. "이번 달도 회사의 발전을 위해 노력해주셔서 감사합니다." 그러면 직원들 역시 봉투를 받으면서 이렇게 화답한다. "이번 달도 저희가 열심히 일할 수 있도록 해주셔서 감사합니다."[1] 이 장면은 과연 현실 세계에서는 결코 일어날 수 없는, 그저 꿈같은 이야기로 치부할 수밖에 없는 것일까?

---

[1] 과거 어디선가 이 이야기를 접한 적이 있는데, 출처를 도저히 찾을 수가 없었다. 우선 이렇게나마 각주를 달아 인용 표시를 해둔다.

12장
오감 만족의 결과

12-1 **五色令人目盲, 五音令人耳聾, 五味令人口爽,**
馳騁畋獵令人心發狂, 難得之貨令人行妨。
(오색령인목맹, 오음령인이롱, 오미령인구상,
치빙전렵령인심발광, 난득지화령인행방.)
화려한 색채는 사람의 눈을 현란하게 어지럽혀서 정확하게
보지 못하게 하고, 화려한 소리는 사람의 귀를 현란하게
어지럽혀 정확하게 듣지 못하게 하며, 지나치게 풍성한
음식은 사람의 미각을 상하게 하여 올바르게 음미하지
못하게 하고, 절제 없이 마음껏 하는 사냥은 사람의 마음을
방탕하게 하여 올바른 정치를 펴지 못하게 하며, 진귀한
보물은 사람의 마음을 어지럽혀 규칙을 어기게 한다.

지도자가 오로지 나라와 백성의 안위 하나만을 생각하는 자세에서 벗어나 사리사욕을 탐하려는 두 마음을 품게 되면 나라가 도탄에 빠지게 된다는 사실은, 동서고금을 막론하고 수많은 역사 기록이 증명하고 있다.

태강은 덕이 없었다. 하지만 하나라의 세 번째 임금 자리에 올라서 멋대로 즐기며 놀았고, 오로지 게으름만 피우다가 덕을 망쳤다. 그러

자 이 모습을 본 백성들은 모두가 두 마음을 품게 되었다. 하지만 임금은 여전히 즐거이 놀고 절도가 없어서, 낙수를 건너가 사냥을 가서는 백날이 지나도 돌아오지 않았다.

[상서] 〈오자지가〉 중에서

지도자는 바람이고, 백성은 그 바람의 방향대로 꺾이는 풀이라고 했다. 임금이 바른 모습을 보이지 못하면 신하 역시 사치하여 무절제하게 되고, 또 그러한 모습을 바라보는 백성들 역시 지도자를 본받게 되어서 결국 나라는 도탄에 빠지게 된다. 따라서 태강의 동생은 다음과 같이 경고한 바 있다.

태강의 다섯 아우 중 둘째가 말했다. "예로부터 훈계하심이 있으니, 안으로 여색에 빠지거나, 밖으로 사냥에 빠지거나, 술을 달게 여기거나, 풍악을 즐기거나, 집을 크고 높게 짓거나, 담장에 화려한 무늬를 새기거나, 이들 중 한 가지를 저지름이 있으면, 나라가 망하지 않은 경우가 없다."

[상서] 〈오자지가〉 중에서

그렇다면 실제로 역사상 이런 리더십을 보여준 인물들의 최후는 어떠했을까?

공갑 이후 고임금과 발임금을 거쳐 이계임금에 이르렀는데, 이계는 (하나라 마지막) 걸임금의 이름이다. 걸은 탐욕스럽고도 사나웠으며 힘은 쇠사슬고리로 된 밧줄을 펼 수 있을 정도였다. (생략) 옥으로 장식한 궁궐과 누각을 짓고, 백성들의 재물을 모두 털어내어 고기로 숲을 만들었다. 술로 만든 연못은 배를 띄울 수 있었고, 술을 만들고 남은 술지게미로 쌓은 둑에 오르면 십 리 밖을 내다볼 수 있었다. (생략) 나라 백성들의 신망이 크게 무너졌다.

[십팔사략]〈하왕조〉중에서

태정과 제을을 거쳐 신임금에 이르렀는데, 신은 수라고 하며 (상나라 마지막) 주임금의 이름이다. 주는 천성적으로 말솜씨가 좋고 행동이 빨랐으며 맨손으로 맹수와 맞설 수 있고 남의 간언을 막을 정도로 꾀가 있었으며, 말은 충분히 거짓으로 꾸며낼 수 있었다. 주가 애당초 상아로 만든 젓가락을 사용하자, 기자가 탄식하여 말했다. "주임금이 이제 상아 젓가락을 사용하니, 그다음으로는 분명히 음식을 토기에 담지 않고 옥으로 만든 그릇에 담을 것이다. 옥그릇과 상아 젓가락을 쓰게 되면, 더 이상 명아주와 콩잎으로 국을 끓이거나, 거친 베옷을 입고 이엉으로 덮은 지붕에서 지내는 등, 아래로 모범을 보이지 않을 것이다. 임금이 겹겹의 비단옷과 높은 누각과 넓은 궁궐을 추구하면, 세상의 재물이 부족하게 될 것이다."

[십팔사략]〈은왕조〉중에서

사치스러운 향락 생활을 가리키는 주지(술로 만든 연못)와 육림(고기로 만든 숲)이라는 성어는 여기서 탄생했다. 하나라와 상나라의 마지막 임금인 걸과 주는 사치스러운 생활과 주색에 빠져 나라를 멸망시킨 희대의 폭군으로 알려져 있다. 역사적으로는 종종 걸주라는 이름으로 불리며 태평성대를 지칭하는 요순과 상대되는 개념으로 쓰이는데, 그들은 결국 비참한 최후를 맞이하게 된다. 노자의 가르침이 역사 기록을 근본으로 하는 옛 도리에서 온 것임을 다시 확인할 수 있다. 즉 노자가 [도덕경]에서 말하고자 한 도리는 그의 독창적인 가치관이 아닌, 역사 기록들을 정리하는 과정에서 깨달은 지도자의 도리 즉 리더십이다.

12-2 **是以聖人爲腹不爲目，故去彼取此。**
(시이성인위복불위목, 고거피취차.)
이 때문에 성인은 인간의 가장 기본적인 욕구인 배부름만을 해결하려고 하였지, 눈의 유혹 즉 화려하고 방탕한 생활과 재물에 집착하지 않았다. 따라서 저것 (후자의 눈의 유혹)을 모두 버리고, 이것(전자의 가장 기본적인 욕구인 배부름만을 해결하는 것)을 취하는 것이다.

앞서서 음식은 먹을 것과 마실 것이고, 이는 사람을 죽음에서 구하는 역할을 한다고 했다. 굶주리면 정말 아무것도 눈에 보이지 않는다.

순임금이 열두 고을의 수장인 십이목과 상의하여 말했다. "먹는 것은 때를 맞춰야 하나니! 먼 곳에 있는 이들을 편안하게 하여 우리에게 가까이 다가설 수 있도록 하고, 또 덕에 힘써 우리 백성들에게 진심으로 대하며 사람을 씀에 삼간다면, 오랑캐들이 우리를 좇아 복종할 것이오."

〔상서〕〈순전〉 중에서

    따라서 지도자는 백성들의 삶에 있어서 가장 필수적인 배고픔의 문제를 해결하도록 노력하고, 스스로 솔선수범하여 다른 사치스러운 생활을 극도로 경계했으니, 노자가 12장에서 강조하는 것은 바로 세 가지 보물 중 하나인 검소함의 검(儉)이다. 물론 상아 젓가락을 사용하는 것 자체가 사치를 의미할 수는 없다. 하지만 하나를 얻으면 둘을 원하게 되고, 둘을 얻으면 셋을 원하게 되는 것이 리더와 백성을 불문한 인지상정이다. 따라서 참된 지도자인 성인은 문제가 발생할 소지를 미연에 방지하겠다는 솔선수범의 차원에서 실천한 것이니, 예로부터 지도자의 덕목으로 왜 검소함의 검(儉)을 강조해왔는지 충분히 이해할 수 있다.

13장
리더의 자격

13-1 **寵辱若驚, 貴大患若身。**(총욕약경, 귀대환약신.)
총애와 모욕에 마치 놀란 듯한 것은, 자신을 중시하는
것처럼 큰 재앙을 중시하는 것이다.

노자는 과연 어떠한 의도에서 이런 말을 한 것일까? 먼저 다음의 기록
을 읽어보자.

임금이 교묘한 말에 휘둘려서 예로부터 내려오는 바른 정치를 어
지럽히지 않고, 또 신하가 총애와 이익 때문에 공을 세우는 것에 집착
하지 않으면, 나라가 오래도록 아름답게 빛날 것입니다.

[상서] 〈태갑하〉 중에서

총애를 얻거나 업신여김을 피하는 데 집착하지 말고, 허물을 부끄
러워하여 잘못을 저지르지 말아야 합니다. 자신이 마땅히 머물러야
할 자리만을 생각하면, 정치가 순박해집니다.

[상서] 〈열명〉 중에서

그러므로 노자의 말은 다음과 같이 풀이할 수 있다. "총애를 얻기 위해 급급해하고 또 총애를 얻지 못하는 수모를 겪었다고 실망하는 것은 자기에 대한 집착이다. 이렇듯 국가를 다스리는 일에 종사하는 이가 자기를 버리지 않고 오히려 그 자리에 너무 집착하게 되면, 결국 큰 불행을 당하게 된다."

13-2	**何謂寵辱若驚，寵為下。**

(하위총욕약경, 총위하.)
어떠한 것을 총애를 얻음과 굴욕을 받음에 놀란 듯하다고
일컫는가 하니, 총애를 얻음은 아래에 있는 것이다.

총애를 얻기 위해 급급해하고 또 총애를 얻지 못하는 수모를 겪었다고 실망하는 것은 자기에 대한 집착이다. 이렇듯 나라를 이끄는 일에 종사하는 자가 그저 총애를 얻기 위해 급급해하는 등 자신에 집착하는 것을 하등의 부류라 일컫는다.

13-3	**得之若驚，失之若驚，是謂寵辱若驚。**

(득지약경, 실지약경, 시위총욕약경.)
그것을 얻음에 놀라는 듯하고, 그것을 잃음에 놀라는
듯하니, 이를 총애를 얻음과 굴욕을 얻음에 놀라는
듯하다고 이른다.

총애를 받는다고 크게 기뻐하고 또 총애를 받지 못했다고 크게 실망하

는 것은, 총애를 얻기 위해 급급해하고 또 총애를 얻지 못하는 수모를 겪었다고 실망하는 것이다.

13-4 **何謂貴大患若身?**
(하위귀대환약신?)
어떠한 것을 자신을 중시하는 것처럼 큰 재앙을
중시한다고 이르는가?

나라를 이끄는 일에 종사하는 이가 자기를 버리지 않고 오히려 너무 집착하게 되면, 결국에는 큰 불행을 당하게 된다는 말은 과연 무엇을 의미하는가?

13-5 **吾所以有大患者, 為吾有身。**
(오소이유대환자, 위오유신.)
내게 큰 화가 있는 것은, 나 자신을 돌보기 때문이다.

대동사회를 이끈 지도자들은 자기를 버리고 백성 아래에 처함으로써 그들의 신망과 지지를 받았는데, 그와 반대로 자기를 버리지 않고 집착하여 백성들 위에 군림하려 들면 결국 지도자의 자리를 지킬 수 없거니와 나아가 불행한 최후를 맞이하게 된다.

여임금이 횡포하고 잔악하며 사치스럽고도 오만한 모습을 보이자, 나라 사람들이 임금을 비방하기 시작했다. 소공이 "백성들이 임금의 명령을 견디지 못합니다!"라고 간언하자, 여임금은 오히려 노하여 위나라의 무당을 불러 자기를 비방하는 자들을 감시하게 하고, 또 그 사실을 보고하면 관련자들을 모조리 살해했다. (생략) 이에 소공이 말했다. "임금의 조치는 순리를 거슬러 오히려 막는 것입니다. 백성들의 입을 막는 것은 물을 막는 것보다 더 위험합니다. 물이 막히면 결국 둑이 무너져 내려서 많은 이들이 다치게 되니, 백성 역시 이와 같습니다. 따라서 물을 다스리는 자는 물을 흐르게 하여 인도하고, 백성을 다스리는 자는 백성들을 밝혀 말하게 해야 합니다."

〔사기〕〈주본기〉중에서

주나라의 10대 임금인 여(厲)임금은 백성들의 안위는 살피지 않고 자기 자신만 돌보다가 결국 백성들의 폭동을 유발하게 되었고, 그 결과 임금 자리에서 쫓겨나 '체'라는 지역으로 도망갔다가 거기서 객사하는 불행한 최후를 맞이하게 된다.

앞에서도 설명했듯이 요임금이 곤을 불러서 홍수를 해결하도록 하자, 그는 흙을 쌓아서 물을 막으려고 하다가 실패했다. 반면에 곤의 아들인 우는 땅을 파 물길을 만들어서, 그 물이 자연스레 흘러가도록 하여 치수사업에 성공했다. 곤은 물의 천성을 거슬렀기 때문에 실패한 것이고, 우는 물의 천성을 살렸기 때문에 치수에 성공하여 결국 왕위에까지 오르게 되었으니, 이러한 도리 역시 노자의 천성을 따르는 통치와 무관하다고 볼 수 없다.

及吾無身, 吾有何患?

(급오무신, 오유하환?)

이에 나 자신을 돌보지 않는다면, 내게 무슨 화가
있겠는가?

태평성대를 이끈 지도자들은 이처럼 자기를 버리고, 백성들의 마음을
자기의 마음으로 삼았다. 자기를 아래에 두어 항상 백성들을 두려워하고
공경하였기에, 그들의 신망과 지지를 한꺼번에 받을 수 있었으니, 지도자
에게 어떠한 재앙이 닥칠 수 있었겠는가?

만약 대통령이 나를 장관으로 임명한다면, 나는 아마도 만면에 희색을
띠면서 충성을 다하겠다고 외치며 청와대로 달려갈 것이다. 또 만나는 사
람마다 악수를 청하며 "역시 각하께서는 사람 보는 안목이 탁월하십니
다!"라고 떠들고 다닐 것이다. 하지만 얼마 가지 않아서 해임된다면, 바로
자세를 바로 바꿔서 "대통령이 말이야, 사람 보는 안목이 없어!"라고 불평
을 늘어놓을 것이다. 바로 이런 모습이 총애를 얻음과 굴욕을 받음에 놀
란 듯하다는 것이고, 자신을 중시하는 것이 된다. 만약 내정된 인물이 참
된 지도자라면 오히려 자신이 과연 그 자리를 감당할 수 있을지 걱정하여
삼갈 것이고, 해임되더라도 다시 담담하게 그 자리에서 내려올 것이다.
이는 나라를 돌보는 자리에 나아가게 되면 오로지 나라와 백성의 안위만
을 위해 일하고, 물러나면 사심 없이 자기 본연의 자리로 돌아와서 한결
같은 마음으로 최선을 다하는 것이다.

여기서 충성이라는 단어의 뜻을 잠시 짚고 넘어가자. 우리는 충성을 다

한다는 표현을 의외로 많이 접하는데, 사실 이 단어는 맹종과 비슷한 의미로 쓰여서 긍정보다는 부정적 이미지가 더 크다. 과연 충성의 진정한 의미는 무엇일까? '충성 충(忠)'은 '가운데 중(中)'과 '마음 심(心)'이 합해진 형성(形聲) 문자이므로, 마음이 한쪽으로 치우치지 않고 공평하다는 뜻이다. 또한 '정성 성(誠)' 역시 '말씀 언(言)'과 '이룰 성(成)'이 합해진 형성문자이므로, 내뱉은 말은 반드시 이룬다는 의미를 지닌다. 따라서 허신은 [설문해자]에서 "'믿을 신(信)'과 '정성 성(誠)'은 같은 의미를 지닌다." 라고 설명한 바 있다.

13-7　　　**故貴以身爲天下，若可寄天下；愛以身爲天下，若可託天下。**
(고귀이신위천하, 약가기천하; 애이신위천하, 약가탁천하.)
그러므로 귀히 여긴다는 말은 자신을 돌보듯 세상을 귀히 여기는 것이니, 만약 그럴 수 있다면 세상을 맡길 수 있다. 우러러 섬긴다는 말은 자신을 돌보듯 세상을 사랑하는 것이니, 만일 그럴 수 있다면 세상을 부탁할 수 있다.

　세상을 맡기고 부탁할 수 있다는 말은 바로 지도자의 자격을 의미하는데, 이와 관련해서 [맹자] 〈이루〉에 나오는 "우직안자역지즉개연(禹稷顔子易地則皆然)" 구절을 살펴보자. 이 말은 "우와 후직과 안자는 입장을 바꿔도 곧 모두 그러했다."라고 직역할 수 있는데, "입장을 바꿔서 생각한다." 라는 뜻의 역지사지(易地思之)라는 성어가 여기에서 비롯되었다. 하지만 오늘날 역지사지라는 표현은 원래 의미인 "입장을 바꿔도 그렇게 생각한다."라는 뜻과는 분명한 차이가 있는데, 하긴 의미가 변용된 것이 어디 이 뿐이겠는가? "사촌이 땅을 사면 배가 아프다."라는 속담 역시 본래는 "사촌이 밭을 사면 그 밭에 가서 배가 아플 정도로 대변을 보아 거름이 되도록 보태준다."라는 의미였는데, 언제부터인가 이기적인 뜻으로 변질되지 않았던가!

다시 돌아와서, 좀 더 구체적으로 풀어보자. 요임금의 명령으로 아버지 곤은 홍수를 막을 방도를 찾았는데, 흙을 쌓아 올려서 물길을 막는 것이었다. 그렇지만 이 방법이 통하지 않자 뒤를 이은 순임금은 그를 처벌하고 아들 우에게 그 자리를 이어받도록 했으니, 우는 아버지를 잃은 슬픔이 컸다. 이후 그는 13년 동안 전국을 돌아다니면서 치수에 힘썼는데, 하루는 백성들이 홍수에 떠내려가는 모습을 보고는 그 자리에서 주저앉아 대성통곡을 했다고 한다. "내 탓이다, 내 탓이다! 내가 일을 바로 하지 못해서, 죄 없는 백성이 피해를 봤다!"라고.

후직은 우와 같은 시절 농업을 관장하던 인물이었는데, 하루는 기근으로 굶주리는 백성들의 모습을 보자 역시 그 자리에 주저앉아 대성통곡을 했다고 한다. "내 탓이다, 내 탓이다! 내가 일을 바로 하지 못해서 죄 없는 백성이 굶어 죽었다!"라고.

안자는 공자가 가장 아끼던 제자 안회를 말하는데, [논어] 〈옹야〉를 보면 다음 기록이 남아있다.

공자가 이르셨다. "현명하구나, 안회여. 대나무로 만든 밥그릇에 담은 밥과 표주박에 든 물로 끼니를 때우며 누추하고 좁은 마을에 사는 것, 사람들은 그 고통을 견디지 못한다. 하지만 안회는 그런 환경

속에서도 도를 배우는 즐거움을 바꾸려 들지 않으니, 현명하구나, 안회여."

만약 우가 후직이었다면, 후직이 안회였다면, 안회가 우였다면 그들은 본래의 자세를 달리하였을까? 아니, 그들은 서로의 입장이 바뀌었어도 똑같이 자신을 아끼듯 타인을 아끼는 마음으로 임했을 것이다. 노자는 여기서도 지도자의 자세를 언급하여, "백성을 어려워하고 자신을 사랑하듯 그들을 사랑할 수 있다면, 이 세상을 그에게 부탁할 수 있다." 즉 백성의 지도자가 될 수 있다고 목소리를 높인다. 국가의 부름은 일개인의 영달이나 가문의 영광을 위한 것이 아니라, 오로지 나라와 백성의 안위를 위해서 전심전력하라는 것으로 이해해야 한다. 그런데 요즈음 언론을 접하노라면 일부 정치인들이 "자리에 연연하지 않겠다!"라고 말하면서도 정작 그 자리에 지나치리만큼 연연하는 모습들을 심심치 않게 찾아볼 수 있다. '자리에 연연하지 않는 자세'의 진정한 의미가 무엇인지 다시 마음에 새겨야 할 때다.

14장
도의 세 가지 특징

14-1 **視之不見名曰夷, 聽之不聞名曰希, 搏之不得名曰微。**
(시지불견명왈이, 청지불문명왈희, 박지부득명왈미.)
도는 보아도 볼 수 없으니 (끝없이) 평탄하다고 이름하고,
들어도 들을 수 없으니 희미하다고 이름하며,
잡아도 가질 수 없으니 미세하다고 이름한다.

흔히 물결이 잔잔하여 평탄하고도 끊임없이 이어져 있는 바다를 망망대해라고 한다. 노자는 도의 평탄함을 설명하면서 어쩌면 끝없이 아득하게 펼쳐진 망망대해를 떠올렸을지도 모른다. 만약 그렇다면 망망대해는 이제 도의 메타포가 된다. 또한 사람의 청력은 20,000hz까지는 가능하지만 그 이상 음역대의 소리는 들리지 않는다. 이처럼 도는 들으려고 귀를 기울여도 들을 수 없는데, 내용이 워낙 고차원적이라서 알 듯 말 듯 정확하게 이해하기 힘들기 때문이다. 그리고 잡아도 가질 수 없다는 구절을 통해 노자는 도가 물질명사가 아닌 형이상학적 추상명사임을 다시 강조하고 있다.

14-2   **此三者不可致詰，故混而為一。**
(차삼자불가치힐, 고혼이위일.)
이 세 가지는 따질 수 없으니, 그러므로 뒤섞여서
하나가 된다.

평탄함, 희미함, 미세함은 서로 분리될 수 없으며 하나로 뒤얽혀서 도의 세 가지 특징이 된다. 즉 시각, 청각, 촉각으로는 도를 파악할 수 없으니, 노자는 도가 물질명사가 아님을 재차 밝힌다. 다만 언어의 발전 과정으로 미뤄보았을 때, 노자가 살던 시대에는 시각, 청각, 촉각이니 물질명사, 추상명사 등을 직접 표현하는 단어가 없었다. 서양도 마찬가지지만 노자의 [도덕경]이나 공자의 [논어] 등 동양고전들 역시 하나같이 운문으로 적혀 있다. 그 이유는 그 시대에는 아직 언어와 문장의 형태, 좀 더 구체적으로는 인류의 언어와 문장 표현력이 산문 형태로까지는 발전하지 못했기 때문이다. 따라서 노자가 제한된 표현력으로나마 얼마나 최선을 다해서 설명하고 있는지 이해해야 할 필요가 있다.

14-3   **其上不皦，其下不昧，繩繩不可名，復歸於無物。**
(기상불교, 기하불매, 승승불가명, 복귀어무물.)
그 위는 밝지 않고, 그 아래는 어둡지 않으며, 끊임없이
이어져 이름 지을 수 없으니, 외형이 없는 상태로 다시
돌아간다.

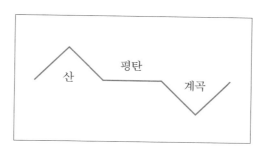

그렇다면 노자는 왜 도가 끝을 볼 수 없을 만큼 평탄하다고 설명했을까? 볼록 튀어나온 양각의 산은 햇빛을 더 많이 받기 때문에 밝고, 움푹 들어간 음각의 계곡은 햇빛을 덜 받기 때문에 어둡다. 하지만 평평한 부분은 튀어나오거나 들어간 부분이 없어서 더 밝거나 어둡다는 개념이 존재하지 않는다. 즉 대동사회 통치이념인 도는 양의 밝음과 음의 어두움, 가짐의 유와 그렇지 못한 무의 개념들이 한데 어우러져 평등하고도 조화롭게 이루어진 총체이다. 따라서 도의 특징이 마치 망망대해나 끝없이 펼쳐진 평야와 비슷하다고 여겼다. 이처럼 도는 모두가 평등하고 조화롭게 함께하면서 끊임없이 변치 않고 이어져 내려왔다. 그리고 도는 우리가 알고 있는 상식이나 이름으로 표현할 수 없으므로, 어떤 방법으로도 그 형태를 묘사할 수가 없다.

14-4 **是謂無狀之狀，無物之象，是謂惚恍。**
(시위무상지상, 무물지상, 시위홀황.)
이를 일컬어 형태가 없는 상황이라 하는데, 외형이 없는
형태이니, 이를 일컬어 희미하고도 어렴풋하다고 일컫는다.

도는 이처럼 삼가고 노력하며 몸소 실천하는 내적인 모습을 통해서 실현되는 추상명사이다. 따라서 어떠한 방법으로도 외적인 모습을 묘사할 수가 없어서, 희미하고 모호하다고 말할 수밖에 없다.

14-5 **迎之不見其首, 隨之不見其後。**
(영지불견기수, 수지불견기후.)
앞에서 도를 맞이해도 그 앞부분이 보이지 않고,
뒤에서 도를 뒤따라도 그 뒷부분이 보이지 않는다.

이처럼 대동사회의 통치이념인 도는 어떠한 방법으로도 외적인 모습을 묘사할 수 없다. 희미하고도 모호하기 때문에, 앞에서 보아도 앞모습을 볼 수 없고 뒤에서 따라가도 뒷모습을 볼 수가 없다.

14-6 **執古之道, 以御今之有, 能知古始, 是謂道紀。**
(집고지도, 이어금지유, 능지고시, 시위도기.)
옛날의 도를 파악하여 오늘날의 구체적인 제도를 다스리면
옛날의 시작을 알 수 있으니, 이를 도의 규율이라고 한다.

노자는 주나라, 구체적으로 춘추의 동주 시대 사관이었다. 그런 그가 옛날이라고 표현하고 있으므로, 이 시기는 하, 상, 주 삼대보다도 더 오래된 역사 이전의 선사시대로 성인이 다스리던 대동사회를 지칭하고 있음을 알 수 있다. 따라서 노자는 "상고시대 대동의 통치이념인 도를 온전히 파악하여 오늘날의 법과 제도를 조율하게 되면, 대동사회에 성인들이 어

떻게 나라를 다스렸는지 비로소 명확하게 이해할 수 있다. 바로 이것을
도의 규율이라고 한다."라고 설명하고 있다.

15장

수사학의 존재 이유

15-1 **古之善爲士者, 微妙玄通, 深不可識。**
(고지선위사자, 미묘현통, 심불가식.)
옛날의 뛰어난 선비는 섬세하고 훌륭하여 도에 깊이
통달하였으나, 그 수준이 너무나도 심오하여 일반인들은
쉬이 이해할 수 없었다.

줄곧 지도자의 도리를 언급해왔던 노자가 왜 여기서는 갑자기 주어를 선비라고 바꿔서 언급한 것일까? '선비 사(士)'의 뜻에 대해서는 대체로 두 가지 이론이 있는데, 첫 번째는 남성의 생식기 또는 손으로 무기를 쥔 모습을 문자로 그려낸 상형문자라는 설이다. 즉 남성은 무기를 들고 가족과 나라를 지키며 나아가 나랏일을 하는 존재라는 의미가 담겨 있다. 또 한 가지 설은 '열 십(十)'과 '한 일(一)'이 합쳐진 회의문자로서, 수많은 일을 하나로 추릴 수 있는 인물이 바로 선비라는 뜻이다. 지도자는 사리사욕을 탐하지 않고 오로지 나라와 백성의 안위만을 생각해야 하는 인물이다. 따라서 선비는 관리의 또 다른 이름이기도 한데, 좀 더 구체적으로는 관리로서 미래의 지도자가 될 신분의 인물이라는 뜻이다.

종법 제도는 주나라 주공이 처음 확립했는데 간단하게 말하면 적장자 상속제이다. 천자가 죽으면 장남이 그 자리를 계승하고, 둘째부터 나머지는 공(公)이 된다. 공의 장남은 공이 되고, 나머지는 경(卿)이 된다. 경의 장남은 경이 되고, 나머지는 대부(大夫)가 된다. 대부의 장남은 대부가 되고, 나머지는 선비인 사(士)가 된다. 사의 장남은 사가 되고, 나머지는 일반 서인인 민(民)이 된다. 따라서 우리나라도 마찬가지였지만, 선비는 과거에 응시하여 벼슬을 할 수 있는 최소의 신분이었다.

15-2   **夫唯不可識，故强為之容。**
(부유불가식, 고강위지용.)
무릇 쉬이 이해할 수 없으므로, 억지로 도의 형태를 만들었다.

여기서 노자는 두 가지 취지의 발언을 하고 있다. 지도자의 통치이념인 도가 쉽게 이해할 수 없는 개념이라는 것과 그렇기에 수사학으로 쉽게 설명하겠다는 것이다. 노자의 시대에는 인류의 언어와 문장 표현력이 산문 형태로까지는 발전하지 못했다고 했었다.[2] 오늘날의 수준이 그때보다 훨씬 더 낫다고 말할 수도 없지만. 아무튼 노자는 포기하지 않고 도가 무엇인지를 설명하려고 노력하고 있다. 만약 인류 발전에 있어 노자와도 같은

---

2   14-2

노력이 없었다면, 우리는 지금까지도 도가 무엇인지 알 수 없었을지도 모를 일이다.

예컨대 누군가 사랑이 뭐냐고 묻는다면, 나는 '자기 자신이 잘되고 행복하기를 바라는 마음을 오롯이 타인에게 전하는 것'이라고 말할 것이다. 물론 이처럼 일개인이 내리는 정의가 사랑을 온전히 대표할 수는 없겠지만, 이 자그만 노력은 다른 이를 이해시킬 수 있는 첫걸음이 될 것이고, 훗날 또 누군가가 여기에 더 살을 붙여서 좀 더 나은 표현으로 거듭나게 될 것이므로 노자의 이러한 노력이 결코 헛된 것은 아니리라.

15-3 　　**豫焉若冬涉川。**(예언약동섭천.)
　　코끼리가 마치 겨울철 강을 건너는 듯하다.

덩치 큰 코끼리가 얼어붙은 강을 건너려고 한다. 이 코끼리는 과연 성큼성큼 강을 건널까, 아니면 한 걸음 한 걸음 조심스레 발걸음을 뗄까? 노자는 직유의 수사법을 활용하여 지도자의 신중함을 설명하고 있다.

15-4 　　**猶兮若畏四鄰。**(유혜약외사린.)
　　원숭이가 마치 사방을 두려워하는 듯하다.

원숭이는 보통 나무 위에서 지낸다. 하지만 땅바닥에 바나나가 떨어져 있고, 원숭이 한 마리가 그것을 발견했다고 가정해보자. 그 원숭이는 태연자약하게 나무에서 내려와 아무 거리낌 없이 그 자리에서 바나나를 까 먹을까, 아니면 끊임없이 주변을 살피며 다가가 조심스레 바나나를 집고는 재빨리 다시 나무에 오를까? 노자는 여기서도 직유의 수사법으로 지도자의 신중함을 다시 강조하고 있는데, 물론 코끼리와 원숭이는 모두 신중함의 메타포가 된다. 나아가 원문에 나와 있는 '원숭이 유(猶)'와 '코끼리 예(豫)'를 합치면 오늘날의 '유예' 즉 "신중하여 함부로 결정하지 못한다."라는 뜻이 되는데, 이를 통해서 법정의 '집행유예' 판결이 지니는 신중함의 취지를 다시금 이해할 수 있다. 원칙적으로 피의자가 법정에서 최종 유죄를 선고받으면, 모두 교도소에서 복역해야 한다. 하지만 죄질이 비교적 가볍고 또 잘못을 진심으로 뉘우치고 있는 초범인 경우, 국가는 그들을 굳이 교도소로 보내 개과천선시킬 필요는 없다고 판단한다. 따라서 정해진 기간에 재차 범행 여부를 지켜보면서 실형 집행을 결정하겠다는 것이 집행유예의 취지이다. 노자는 여기서 또 하나, 도의 중요한 구성요소인 신중함의 신(愼)을 설명하고 있다.

15-5 **儼兮其若容。**(엄혜기약용.)
마치 포용하듯이, 모두를 정중히 대한다.

예나 지금이나 포용의 리더십은 끊임없이 강조되는 대목이다. 왜 그럴까?

2009년 미국 제44대 대통령에 취임한 민주당의 버락 오바마(Barack Obama)는 취임 전날 워싱턴의 힐튼 호텔에서 대선 때 치열하게 싸웠던 공화당 후보 존 매케인(John McCain) 상원의원을 위한 만찬을 열었다. 그 자리에서 오바마는 매케인을 평생 미국을 위해 봉사한 위대한 인물이라고 치켜세웠고, 이에 매케인은 오바마의 성공을 기원하고 필요한 것이 있다면 전적으로 협력하겠다며 화답했다. 이후 오바마 대통령은 시카고의 정권인수위 사무실에서 매케인과 별도로 만나는가 하면, 이라크와 파키스탄을 방문하고 온 매케인에게 곧바로 전화를 걸기도 하는 등 적극적인 만남을 가졌다. 그리고 그 결과 여론조사에서 미국인의 75%와 공화당원의 57%가 오바마 대통령의 행정에 긍정적이라고 답했다.

15-6 　　**渙兮若冰之將釋。**(환혜약빙지장석.)
　　　　마치 얼음이 장차 녹는 것처럼, (서로 간의 장벽이) 풀어진다.

얼음은 딱딱한 고체라서 다른 물질과 섞일 수 없다. 하지만 얼음이 풀어져 녹아내리면 액체로 바뀌어서 다른 물질과 섞일 수 있다. 이를 통해 노자는 조화로움의 화(和)를 설명한다. 참된 세상은 누구 하나 버려지지 않고 모두가 어우러져 함께 살아가는 것이라고.

15-7 　　**敦兮其若樸。**(돈혜기약박.)
　　　　마치 아직 사람의 손을 타지 않은 통나무처럼, 순박하고
　　　　도타워서 인정이 많다.

'통나무 박(樸)'은 사람의 손을 타지 않은 통나무인데, 이는 사람의 손

길을 아직 거치지 않아서 억지로 다듬어지지 않은 상태를 뜻한다. 오늘날처럼 복잡한 법률과 제도들로 통제하는 세상에서 도로 나라를 다스렸던 시절을 상상해보면 상당히 엉성하고도 소홀해 보일 수 있다. 하지만 이는 백성을 공경하고 삼감으로써 그들의 뜻에 따라서 다스리는 것이기 때문에, 오히려 법률이나 제도로 억압하는 것보다 백성들이 더 따르게 된다.

노자는 결코 무법 주의자가 아니다. 그는 최소한의 누구나 공감하고 따라야 하는 기본적인 원칙을 주장했고, 그러한 원칙을 자꾸 세분해서 정형화하는 것을 반대할 뿐이었다. 앞에서 이야기했던 고조선의 팔조법을 떠올리면 쉽게 이해할 수 있다.

15-8   **曠兮其若谷。**(광혜기약곡.)
마치 깊은 계곡과도 같이, 깊고도 넓다.

움푹 들어가서 다른 존재들을 포용하여 담을 수 있는 계곡의 모습은 자애로움의 자(慈)를 떠올리게 한다. 여기서 계곡은 도의 중요한 구성요소인 부드러움과 자애로움의 자(慈)의 메타포가 된다.

15-9   **混兮其若濁。**(혼혜기약탁.)
혼탁하니 그것은 마치 흐린 듯하다.

도는 형이상학의 추상명사라고 했다.[3] 시각이나 청각, 촉각 그 어떠한 방법으로도 외적인 모습을 묘사할 수가 없으니, 마치 뿌옇게 흐려져서 잘 보이지 않는 물체인 것처럼 모호하다고 표현할 수밖에 없다.

15-10   **孰能濁以靜之徐淸, 孰能安以久動之徐生?**
(숙능탁이정지서청, 숙능안이구동지서생?)
누가 이처럼 모호한 도를 고요하게 하여 서서히 명확하게 밝힐 수 있고, 또 누가 평안하게 숨어있는 도를 장구히 꿈틀거리게 하여 서서히 회생시킬 수 있는가?

과연 누가 이 모호한 형이상학적 추상명사인 도의 개념을 명확하게 깨달아서 밝히고, 또 과연 누가 그동안 지켜지지 않아서 긴 세월을 잠자고 있던 도를 깨워서 변치 않고 부단히 실천함으로써 이 세상을 다시 대동사회로 복귀시킬 수 있겠는가?

15-11   **保此道者不欲盈, 夫唯不盈, 故能蔽不新成。**
(보차도자불욕영, 부유불영, 고능폐불신성.)
따라서 이러한 대동의 도를 견지하는 이는 가득 채우려 하지 않고, 무릇 가득 채우지 않으므로 능히 포괄하여 새로이 만들지 않는다.

---

3   14-4

만족하지 못하거나 부족함을 느끼면 자꾸 새로운 것을 추구하고 만들어 채우게 되지만, 비움으로써 모든 것을 포용할 수 있다면 굳이 새로운 것을 찾아 만들 필요가 있겠는가? 대동사회의 성인들은 예로부터 내려오는 대원칙만을 중시했지, 자꾸 새로운 제도를 만들어 백성들을 통제하려 들지 않았다. 따라서 대동의 도를 이해하여 실천하려는 지도자들은 대원칙을 중시하는 데 모든 심혈을 기울이지, 자꾸 법과 제도를 세분하여 백성을 통제하려 들지 않는다.

　　15장에서 보다 구체적으로 수사학의 존재 이유를 이해할 수 있게 되었다. 만약 노자가 수사학으로 도의 개념을 설명하지 않았다면, 우리는 지금까지도 도를 그저 막연한 그 무엇 정도로만 이해했을 것이다. 이처럼 수사학은 단독으로 존재할 수 없고 문학, 사학, 철학, 정치학, 법학 등 다양한 독립적인 학문 영역들과 공존할 수밖에 없는 운명을 지녔다. 그렇다고 해서 수사학이 없어도 되거나, 혹은 부차적이고 피동적인 지위를 갖는다고 할 수도 없다. 각각의 독립적인 학문 영역들 역시 수사학 없이는 그 수없이 난해한 개념들을 명확하게 드러낼 수 없으니 그 자체만으로는 빛을 발하기가 어렵다. 따라서 이들 역시 공생관계라고 표현할 수도 있다. 또한 15장을 통해 노자는 도를 설명하는 과정에서 굉장히 다양한 특징들을 열거하고 있는데 이 점에 대해서는 28-7에서 더 구체적으로 알아보자.

16장
다시 기본이다

16-1   **致虛極, 守靜篤。**(치허극, 수정독.)
　　　　지극히 공허함에 도달하고, 지극히 고요함을 견지한다.

　대동사회의 통치이념인 도는 새로운 법과 제도를 자꾸 만들어 백성들을 통제하지 않으므로, 마치 텅 비어있는 것 같은 경지에 이른다. 또 지도자는 백성들이 천성에 순응하여 살도록 말이나 명령을 함부로 하지 않으므로, 마치 고요한 정적과도 같은 상황을 유지한다. 따라서 이는 사실상 "가장 훌륭한 지도자는 아랫사람들이 그 존재만을 안다.[4]"라는 구절과 같은 의미를 지닌다.

16-2   **萬物並作, 吾以觀復。**(만물병작, 오이관복.)
　　　　만물은 견주어 만들어지는데, 나는 그럼으로써
　　　　반복함을 본다.

4　17-1

세상에 존재하는 모든 것들은 상호작용을 통해서 만들어지므로, 없으면 생기고 있으면 사라진다. 따라서 노자는 역사의 순환원칙을 통해서 무(無)에서 유(有)로, 다시 무로 돌아가야 한다고 말한다.

16-3 **夫物蕓蕓，各復歸其根。**
(부물운운, 명복귀기근.)
만물이 무릇 무성해졌으니, 이제 각자 다시 그 근본으로 돌아간다.

세상에 법과 제도가 지나치게 많아지면, 백성들의 불만이 넘치게 된다. 따라서 무에서 유가 만들어진 것처럼 다시 유에서 무로 돌아가야 한다. 즉 지나치게 번거롭고 엄격한 법과 제도를 자꾸 만들어서 통제하기보다는, 기본과 원칙을 중시하고 따르는 사회로 돌아가야 한다.

16-4 **歸根曰靜；是謂復命。**
(귀근왈정; 시위복명.)
근본으로 돌아감을 고요함이라고 하니, 이를 복명이라고 한다.

이 구절을 논하기 전에 먼저 다음 기록을 다시 살펴보자.[5]

---

5 6-1

하늘이 명한 것(天命)을 천성(性)이라 하고, 천성을 따르는 것을
도(道)라 하며, 도를 닦는 것을 가르침의 교(敎)라고 한다. 도라는 것
은 잠시도 떠날 수 없으니, 떠날 수 있다면 도가 아니다.

[예기] 〈중용〉 중에서

하늘이 정해준 천명은 억지로 하지 않고 타고난 성질 즉 천성을 따르는
것이다. 그것이 바로 하늘의 도이므로, 노자의 도는 하늘의 도이다. 따라
서 근본으로 돌아간다는 것은 법과 제도를 세분하여 통제하지 않고, 대원
칙인 천성에 순응하여 통치하던 대동사회로 돌아감을 의미한다. 그렇게
되면 백성들은 천성에 따라서 즐거이 살아가고 지도자는 명령할 일이 없
어져서 온 세상이 고요함을 유지하게 될 터이니, 이를 복명(復命) 즉 천명
에 따른다고 한다.

16-5   **復命曰常, 知常曰明 ; 不知常, 妄作, 凶。**
(복명왈상, 지상왈명; 부지상, 망작, 흉.)
복명을 변치 않음의 상(常)이라고 하고, 변치 않음의
상(常)을 깨닫는 것을 일컬어서 덕을 밝힌다고 하는데,
변치 않음의 상(常)을 이해하지 못하면 경거망동하게
되고, 그렇게 되면 결국 불행해진다.

하늘이 부여한 천성에 따르는 것을 일컬어서 두 마음을 품지 않고 일
관되게 변치 않는 자세라고 하고, 끊이지 않고 덕을 쌓아 밝히는 것을 일
컬어서 일관되게 변치 않는 상(常)의 태도를 깨닫는 과정이라고 한다. 변

치 않고 일관된다는 것이 무엇인지 이해하지 못하면 중간에 변해서 두 마음을 품게 되어 백성을 끝까지 평안하게 다스리지 못하고, 그렇게 되면 나라를 장구히 보존하지 못하게 되며, 결국에는 지도자의 끝이 불행해진다.

알리 압둘라 살레(Ali Abdullah Saleh)는 군인이자 정치가로서, 1978 년부터 2011년까지 33년간 예멘을 통치한 최장기 집권 대통령이다. 1978년 폭탄 테러로 당시 대통령이 사망하자 사령관이었던 살레가 임시 대통령이 되었고, 이후 재선과 삼선을 통해 장기 집권하게 된다. 특히 1990년에는 남예멘과 북예멘을 통일하여 예멘공화국을 수립하고, 그 공로를 인정받아서 통일 예멘의 초대 대통령으로 선출되었다. 하지만 그동안 쌓인 가난과 내전에 대한 시민들의 불만이 터지고, 급기야 '아랍의 봄' 영향으로 2011년 1월 대규모 반정부 혁명 시위가 발발하는 등 살레 정부는 국민의 대규모 퇴진 요구에 직면한다. 이에 버티지 못한 살레는 2011 년 11월 정권 이양서에 서명하고 미국으로 망명했다. 2014년 이슬람 시아파 반군이 예멘의 수도를 공격하자 살레는 공개적으로 반군을 지지하며 권력 탈환을 노렸는데, 오히려 반군이 수세에 몰리자 입장을 철회하여 반군과 대립하던 사우디아라비아와 동맹을 맺자고 제안하는 등 스스로 화를 키웠다. 그리고 2017년 12월 그는 수도에서 빠져나가다가 반군이 쏜 총에 결국 사망했다. 이처럼 처음부터 일을 그르치고자 하는 사람은 없다. 그저 중간에 변한 것일 뿐.

16-6 **知常容, 容乃公, 公乃王, 王乃天, 天乃道, 道乃久。**
(지상용, 용내공, 공내왕, 왕내천, 천내도, 도내구.)
변치 않음의 상(常)을 깨달으면 타인을 포용하고,
타인을 포용하면 공정해지며, 공정하면 이에
군주가 되고, 군주가 되면 이에 하늘에 순응하게 되며,
하늘에 순응하면 이에 도를 따르게 되고, 도를 따르게
되면 이에 장구하게 된다.

일관되게 변치 않는 자세가 무엇인지 이해하게 되면, 모두를 포용하여 함께하게 된다. 누구 하나 버리지 않고 함께하게 되면 사적인 감정에 휘둘리지 않게 되어서, 객관적이고도 공정하게 일을 처리하게 된다. 객관적이고도 공정하게 일을 처리하게 되면, 나라를 이끄는 지도자가 된다. 공정하게 나라를 이끄는 지도자가 되면, 하늘이 부여한 천성에 따라 백성들을 다스리게 된다. 하늘이 부여한 천성에 따라 백성들을 다스리게 되면, 대동의 통치이념을 따르게 된다. 대동의 통치이념을 따르게 되면, 나라를 오랫동안 평안하게 유지할 수 있게 된다. 다음의 기록을 읽으면 노자의 가치관이 역사에서 비롯된 것임을 다시 확인할 수 있다.

주공이 말했다. "아! 제가 듣건대, 옛날 상나라 임금 중종은 엄숙히 삼가고 공경하며 두려워하여 천명을 스스로 헤아렸고, 백성들을 다스림에 공경하고 두려워하여 감히 편안함에 빠지지 않았습니다. 이에 드디어 중종은 나라를 칠십오 년 동안 잘 다스렸습니다. 고종은 오랫동안 밖에서 수고로우셨고, 이에 소인 즉 신분이 천한 이들과도

함께했습니다. 임금에 즉위하여 부친상을 입자, 빈소에 들어가 삼 년 동안 말하지 않으셨습니다. 정치를 도와줄 인재를 찾지 못해서 삼 년 동안 총재에게 일임하고 자신은 말하지 않았지만, 일단 말을 하면 온화하고도 감히 편안함에 빠지지 않았으니, 상나라가 아름답고도 평안해졌습니다. 낮은 사람이건 높은 사람이건, 원망하는 이가 없게 되었습니다. 드디어 고종은 나라를 오십구 년 동안 잘 다스렸습니다. 고종의 아들 조갑은 자신이 의로운 왕이 아니라 하고는 오랫동안 소인이 되었습니다. 임금에 즉위해서는 소인들이 자신을 의지함을 깨달아서 백성들을 보호하고 사랑하였으며, 감히 홀아비나 과부를 업신여기지 않았습니다. 드디어 조갑은 나라를 삼십삼 년 동안 잘 다스렸습니다."

〔상서〕〈무일〉중에서

16-7 **沒身不殆。**(몰신불태.)
평생 위험이 없다.

따라서 끊이지 않고 덕을 밝혀서 하늘이 부여한 천성에 따르는 대동의 통치이념으로 다스리면 나라를 오랫동안 보존할 수 있게 되므로, 지도자 역시 그 자리를 오래 할 수 있거니와 어떠한 위험도 극복할 수 있게 된다.

17장
존재감의 역설

> **17-1**　**太上，下知有之。**
> (태상, 하지유지.)
> 가장 훌륭한 지도자는, 아랫사람들이 그 존재만을 안다.

어떠한 분야에서 한 사람이 중요한 인물인지 아닌지를 논할 때마다 우리는 보통 그의 존재감에 대해서 종종 이야기한다. 그런데 노자는 가장 훌륭한 지도자란 백성들이 단지 그가 있다는 사실만 인지하고 있다고 말하니, 이는 가장 뛰어난 지도자는 오히려 존재감이 없음을 의미한다. 무엇을 뜻하는 것일까?

　　요임금이 세상을 다스린 지 50년째 되던 해. 세상이 잘 다스려지는지 다스려지지 않는지, 백성들이 자기를 원하는지 원하지 않는지 도무지 알 수가 없었다. 그래서 조정의 좌우 인물들에게 물었으나 알지 못하고, 조정 바깥으로 물었으나 알지 못했으며, 재야에 물었으나 역시 알지 못했다. 그래서 요임금이 변장을 하고는 큰 거리로 나가니, 마침 동요가 들렸다. "우리 많은 백성을 일으킴에, 그대의 지극함이 아닌 것이 없네. 우리가 알지 못하는 사이에, 임금의 법을 따르네." 자리를 옮기니 이번에는 저쪽에서 한 노인이 걸어오는데, 그는 입에 음식을 잔뜩 물고 배를 두드리며 땅을 치며 노래하기 시작했다. "해가 뜨면 일하고, 해가 지면 집에 돌아가 쉬며, 목이 마르면 우물을 파서 마시고, 배가 고프면 밭을 갈아서 먹으니, 임금의 힘이 어찌 나에게 있을까?"

[십팔사략] 〈오제〉 중에서

이 글의 마지막 부분에서 노인이 배를 두드리고 발로 땅을 구르며 부른 노래는 바로 고복격양가(鼓腹擊壤歌)이다. 요임금도 결국에는 우리와 같은 사람인지라, 그 역시 자기가 정치를 잘하고 있는지 아닌지 궁금했다. 하지만 주변 사람들도 알지 못했다. 왜 그런 것일까? 정답은 의외로 간단하다. 최고 지도자가 이처럼 자만하지 않고 항상 삼가는 자세로 나랏일을 돌보는데, 그 아래에서 일하는 신하들 가운데 과연 임금의 뜻을 따르지 않는 이들이 있을 수 있을까? 따라서 항상 최선을 다하면서도 자신이 잘하고 있다고 생각하지 않기 때문에, 그들 역시 정치를 잘하고 있는지 알 수 없었을 것이다.

요임금은 결국 백성들이 알아보지 못하도록 변장을 하고 거리로 나갔는데, 뜻밖에도 자신을 찬양하는 동요를 듣게 된다. 만약 내가 요임금이었다면, 우쭐한 기분마저 느끼면서 흐뭇한 마음으로 궁궐로 돌아갔을 것이다. 하지만 요임금은 오히려 미덥지 못한 마음에 장소를 옮겨서 또 다른 백성들의 의견을 듣고자 했다. 그랬더니 이번에는 한 노인이 세상이 이처럼 태평한데, 도대체 우리 임금이 나한테 해준 게 뭐냐고 불평을 늘어놓는 게 아닌가? 요임금은 그제야 비로소 마음을 놓고 돌아갈 수 있었다.

노자는 대동사회로 복귀할 것을 일관되게 강조하는데, 그 이유는 그것이 바로 인류가 상상할 수 있는 가장 이상적인 세계이기 때문이다. 따라서 대동사회는 존재감이 없는 인물이야말로 최고의 존재감을 발휘한다는 역설이 충분히 가능했던 시대였다.

17-2 **其次, 親而譽之。其次, 畏之。其次, 侮之。**
(기차, 친이예지. 기차, 외지. 기차, 모지.)
그 다음가는 지도자는, (아랫사람들이) 그와 친근하고
그를 칭찬한다. 그 다음가는 지도자는, (아랫사람들이) 그를
두려워한다. 그 다음가는 지도자는, (아랫사람들이)
그를 경멸한다.

그다음으로 뛰어난 지도자는 백성들이 그와 가까워지려고 하고, 그의 지도력과 행정 능력을 찬양한다. 또 그다음으로 뛰어난 지도자는 엄격한 법률과 제도로 통제하고 억압하기 때문에 백성들이 그를 두려워하고 피한다. 그리고 가장 하등의 지도자는 백성들이 그를 깔보아 업신여긴다. 그런데 사실 백성이 두려워하는 지도자와 경멸하는 지도자는 결코 다른 인물이 아니다. 왜냐면 지도자가 무력으로 통제하고 탄압하면 처음에는 백성들이 두려움에 떨겠지만, 시간이 지나면서 결국에는 그러한 지도자를 경멸할 것이기 때문에.

17-3　　**信不足焉，有不信焉。**
　　(신부족언, 유불신언.)
　　(지도자가) 신용이 부족하면 , (백성은 지도자에 대해서)
　　불신이 생긴다.

　　이미 설명했듯이[6], '믿을 신(信)'은 사람이 말한 것은 모두 믿을 수 있다는 의미에서 왔다. 따라서 특히나 지도자는 자기가 한 말에 반드시 책임을 져야 한다. 그러므로 '믿을 신(信)'은 사실상 '정성 성(誠)'과 같은 의미를 지닌다고도 강조했었다[7].

17-4　　**悠兮，其貴言。功成事遂，百姓皆謂我自然。**
　　(유혜, 기귀언. 공성사수, 백성개위아자연.)
　　(지도자는) 애를 태워서 , 말을 귀히 여긴다. (지도자는) 공을
　　세우고 일을 완성해도, 백성들은 모두 우리가 본래 이러한
　　것이라고 말한다.

　　참된 지도자는 말의 무서움을 잘 알았기 때문에 항상 삼가 애를 태우며 감히 함부로 말을 내뱉거나 명령하지 않았다. 이에 백성들은 지도자의 존재만 알고 있을 뿐 그의 뛰어난 지도력에 대해서는 절실하게 느끼지 못했

6　8-3
7　13-6

던 것이니, 지도자가 삼가 노력하여 일을 완성하여도 백성들은 이를 당연하게 여겼다. 여기서 바로 자연(自然)이 어떤 뜻을 갖는지 드러나는데, 다름 아닌 '스스로 자(自)'와 '그러할 연(然)'이 합쳐져서 스스로 그러하다는 의미를 지니게 된다. 우리가 산이나 바다 등을 자연이라고 부르는 이유는 바로, 스스로 그렇게 이뤄진 것들이기 때문이다.

앞에서 [도덕경]의 대표적인 키워드는 무위(無爲)와 자연(自然)이라고 했다. 그리고 무위는 아무것도 하지 않는다는 뜻이 아니라, 법률과 제도를 통해서 억지로 통제하지 않고 오히려 백성의 천성에 따라서 나라를 다스린다는 의미라고 설명했다[8]. 따라서 노자에게 있어서 무위와 자연은 사실상 그 의미가 서로 통하는 단어가 된다. 그렇다면 백성들은 정녕 지도자의 그러한 노고를 몰라주는 존재인가?

> 요는 임금 자리에서 내려온 지 28년 만에 죽었다. 백성들이 모두 마치 부모를 잃은 듯 슬퍼했다. 그래서 3년 동안 곳곳에서 삼가 음악을 끊고 요임금을 그리워했다.
>
> [상서] 〈요전〉 중에서

백성들이 잠시나마 지도자의 노력을 인지하지 못할 수는 있다. 하지만 숨겨진 공로와 덕을 언제까지고 몰라주는 그런 우매한 존재는 아니다.

---

8   2-3

18장

조커 없는 고담시의 배트맨

18-1   **大道廢, 有仁義。**(대도폐, 유인의.)
큰 도가 폐기되면, 어짊과 의로움이 출현한다.

노자는 도를 설명할 때 큰 도라는 표현을 쓴 경우가 있는데, 이와 관련
하여 아래의 기록을 다시 확인해보자.

> 공자가 대답했다. "큰 도가 실시될 때와 하나라, 상나라, 주나라 세 왕
> 조의 훌륭한 인물들이 통치할 때는 비록 내가 그 시대로 돌아가 볼 수는
> 없으나 기록에 보존되어 있으므로, 그 시대 상황이 어땠는지 알 수 있다."
>
> [예기]〈예운〉중에서

따라서 노자의 도는 큰 도 즉 대도(大道)이고, 이는 대동사회의 도임을
알 수 있다. 그렇다면 도에는 몇 가지가 있는 것일까?

> 스스로 진실한 것은 하늘의 도이고, 애써서 진실하게 하는 것은 사
> 람의 도이다. 스스로 진실한 사람은 굳이 힘쓰지 않아도 객관적이고

도 공정하여 중(中)하고, 생각하지 않아도 자연스레 얻게 되어서 차분하게 도에 들어맞는데, 이는 성인들만이 할 수 있다. 애써서 진실하게 한다는 것은, 선한 것을 가려서 흔들리지 않도록 굳건히 잡는 것이다.

[예기] 〈중용〉 중에서

이처럼 도에는 두 가지가 있는데, 스스로 그런 자연스러운 도는 '하늘의 도(天道)'이고, 애써서 바로잡으려고 노력하는 도는 '사람의 도(人道)'이다. 그런데 천성에 따르는 하늘의 도는 오직 성인만이 행할 수 있으므로, 9-5를 설명할 때도 노자의 도는 '하늘의 도'라고 했다.

따라서 노자는 대동사회의 통치이념인 커다란 도가 사라져야 비로소 소강사회의 특징인 어짊의 인(仁)과 의로움의 의(義)를 강조하게 된다고 설명하는데, 여기서 두 가지 사실을 유추해낼 수 있다. 첫째, 노자가 강조하는 대동사회의 큰 도는 어짊의 인(仁)과 의로움의 의(義)를 포함하지 않는다. 둘째, 어짊의 인(仁)과 의로움의 의(義)를 강조한 공자가 추구한 도는 애써 바로잡으려고 노력한 소강사회 사람의 도이다. 즉 공자의 목표는 대동으로의 복귀가 아닌, 소강의 회복에 있었다.

그렇다면 노자는 왜 어짊의 인(仁)과 의로움의 의(義)가 하늘의 도가 아니라고 한 걸까?

어짊의 인(仁)은 집에서 부모에게 효도(孝)하고 밖에서 웃어른을 공경(悌)하며 조정에서 이런 마음가짐으로 윗사람을 진심으로 섬기고 따르는 것, 즉 신하가 자기의 임금을 진심으로 따르고 섬김으로써 나라를 안정시켜 궁극적으로는 백성들을 평안하게 하는 것이다. 어짊의 인(仁)의 이체자가 忈인데, 이는 위(二)로 마음(心)을 향하게 한다는 뜻이다.

의로움의 의(義)에 대해서는, 먼저 다음의 기록을 보자.

> 무엇을 의로움이라고 일컫는가? 아버지는 자애롭고 아들은 효도하며, 형은 착하고 아우는 공경하며, 남편은 합당한 행동을 하고 아내는 순종하며, 어른은 은혜를 베풀고 어린이는 따르며, 임금은 어질고 신하는 충직해야 하니, 이 열 가지를 사람의 의라고 일컫는다.
>
> 〔예기〕 〈예운〉 중에서

의로움의 의(義)는 사람 관계에 있어서 열 가지 태도를 뜻한다. 아버지, 형, 남편, 어른, 임금이라는 윗사람이 지켜야 할 도리와 아들, 아우, 아내, 어린이, 신하라는 아랫사람이 지켜야 할 도리로 나눌 수 있다. 따라서 의로움의 의(義)는 먼저 자신이 처한 신분상의 서열을 명확하게 하고, 그 서열에서 마땅히 지켜야 할 바를 목숨을 걸고 지키는 것이다. 조국을 위해서 목숨을 바친 순국선열들이나 약자 또는 위험에 처한 이를 돕다가 유명을 달리한 사람을 의로움을 행하다 죽었다고 해서 '의사자'라 부르는 이유는 바로 이 때문이다. 이와 관련해서 다음 구절을 살펴보자.

> 제나라 경공이 공자에게 정치에 대해서 물었다. 공자가 대답했다.

"임금은 임금다워야 하고, 신하는 신하다워야 하며, 아비는 아비다워야 하고, 자식은 자식다워야 합니다."

[논어] 〈안연〉 중에서

공자는 여기서 윗사람과 아랫사람이 각자 자기가 맡은 바에 충실하면 정치가 바로잡힌다는 의미를 강조했다. 그런데 바로 앞에서 설명했듯이 아랫사람의 도리는 어짊의 인(仁)이 되므로, 사실상 순수한 의로움의 의(義)는 바로 윗사람의 도리가 된다.

'의로울 의(義)'는 뿔 달린 양 머리를 창끝에 매달아서 그 창을 쥐고 있는 모습을 묘사한 상형문자[9]이다. 이는 권위를 상징하는 창을 쥔 지도자를, 무리를 지키는 큰 뿔 양의 위풍당당한 모습에 비유한 단어이다. 따라서 의로움의 의(義)는 엄격하게 말해서 다섯 가지인데, 굳이 아랫사람의 도리와 윗사람의 도리를 합쳐서 열 가지라고 설명하는 이유는 무엇일까?

---

9   오늘날의 형태로 보면, 마치 '양 양(羊)'과 '나 아(我)'가 합쳐져서 새로운 의미를 파생시킨 회의문자처럼 보일 수도 있다.

어짊이라는 것은 의로움의 근본이며, 또 순응하여 따르는 방식이다.

[예기] 〈예운〉 중에서

윗사람의 도리인 의로움의 의(義)는 어디까지나 아랫사람의 도리인 어짊의 인(仁)을 근본으로 해야만 존재할 수 있다. 이 둘은 서로 떨어질 수 없는 관계에 있지만, 의로움의 의(義)의 목표는 기초가 되는 어짊의 인(仁)을 지키는 데 있으므로, 아랫사람이 먼저 윗사람을 진심으로 섬기고 따를 때 비로소 윗사람도 목숨을 걸고 아랫사람을 지킬 수 있다는 논리가 생긴다. 물론 이러한 개념은 오늘날에는 다소 받아들이기 어려울 수도 있지만, 신하가 임금을 몰아내거나 심지어 시해하는 일이 비일비재하던 춘추시대에서는 부득이한 고육지책이 아니었나 생각해본다. 그리고 어짊의 인(仁)과 의로움의 의(義)가 하늘의 도가 아닌 이유는 애써서 바로잡으려고 노력하는 자세이고, 이는 노자가 강조하는 억지로 하지 않는 자연스러움에 어긋나기 때문이다.

18-2 **智慧出，有大僞。**
(지혜출, 유대위.)
지혜가 나타나면, 심각한 허위가 발생한다.

여기서도 지혜는 얕은꾀라는 부정의 뜻으로 해석된다[10]. 따라서 노자는 지도자가 오로지 백성과 나라만을 생각하는 일념으로 정치에 임하지 않

---

10 3-3에서 설명한 바 있다.

고 얕은꾀를 부려서 사리사욕을 채우려고 들면, 심각한 문제들이 발생하게 된다고 경고하고 있다.

페르디난드 마르코스(Ferdinand Marcos)는 필리핀의 항일 게릴라 지도자이자 정치인이었다. 1965년 대통령이 된 그는 경제 개혁 등 사회문제들을 해결하는 데 성공했고, 1969년 필리핀 역사상 최초로 연임에 성공한다. 하지만 1972년 계엄령을 공포하고 정적과 언론인을 투옥하는 등 독재체제  를 구축하여 21년 동안 장기 집권하게 되는데, 이때부터 온갖 부정과 부패를 일삼았다. 그는 오로지 권력에만 집중했고, 국민을 자기 밑으로 생각했다. 또 미국에서 받은 지원금을 스위스 은행의 개인 계좌로 빼내는가 하면, 배우자인 이멜다는 엄청난 사치에 빠져 명품 구입에 몰두하는 등 필리핀 경제를 악화시켰다. 한때 일본보다 부유했던 필리핀은 점차 추락하기 시작했다. 이를 견디다 못해 반정부 시위가 일어나자, 그는 자진해서 대통령직을 사퇴하고 하와이로 망명했다가 결국 이국땅에서 사망했다.

18-3 **六親不和，有孝慈。**
(육친불화, 유효자.)
가정이 화목하지 않으면, 효도와 자애로움이 생겨난다.

효(孝)는 아랫사람이 윗사람에게 행하는 도리이다. 그렇다면 자애로움의 자(慈)는 어떤 의미를 지닐까?

이 글자는 소리를 담당하는 '무성할 자(玆)'와 뜻을 담당하는 '마음 심(心)'이 합쳐져서 만들어진 형성문자이다. '무성할 자(玆)'는 '풀 초(艹)'와 '작을 요(幺)'가 합쳐져서 작은 풀들이 많다는 의미도 나타내므로 결국 자애로움의 자(慈)는 작고 여린 풀들에 마음을 주는, 즉 윗사람이 아랫사람을 보살피고 아끼는 자세가 된다. 부모와 자식 간에 화목하지 못할 때, 사회는 자식의 도리인 효(孝)와 부모의 도리인 자애로움의 자(慈)를 강조한다. 즉 화목함이 깨졌을 때 비로소 효도와 자애로움으로 세분하여 요구하게 된다.

서양의 경우 부모와 자식, 스승과 제자, 윗사람과 아랫사람 등의 대인 관계가 우리와 사뭇 다르다. 구성원들 간의 조화를 중시하기 때문에 자식이 부모에게 또는 제자가 스승에게 "하이, 제임스! 하이, 수잔!" 하고 이름을 거리낌 없이 불러도 문제 될 게 없다. 심지어 한 손을 바지 주머니에 넣은 채로 고개를 뻣뻣이 들고 악수까지 청한다. 하지만 한국에서 내 아들이나 딸이 한 손을 주머니에 넣은 채로 "하이, 성재!"라고 부르거나 한 손으로 악수를 청한다면, 내 기분은 과연 어떨까? 아마도 "저 녀석을 당장 호적에서 파내야지!"라며 발끈하지 않을까? 따라서 가정이 화목하면, 아랫사람에게 요구되는 효(孝)와 윗사람에게 요구되는 자애로움의 자(慈)라는 개념은 존재하지 않는다. 가정에 불화가 생겨야 비로소 이러한 것들을 사람들에게 요구하게 된다.

18-4   **國家昏亂 有忠臣。**
(국가혼란, 유충신.)
국가가 혼란에 빠지면, 충신이 나타난다.

화목하게 지내면 아랫사람에게 효도를, 윗사람에게 자애로움을 요구할 필요가 없는 것처럼 나라가 충신들로 가득 차서 임금을 바른길로 인도한다면, 충신이라는 개념은 존재하지 않는다. 임금이 덕을 베풀지 않고 주변에 간신들이 존재해야, 비로소 충신이라는 개념이 생겨난다.

조커가 없는 평화로운 고담시에 나타난 배트맨을 상상해보자. 독특한(?) 옷차림으로 도시 곳곳을 누비는 배트맨을 보고, 시민들은 여전히 "와, 배트맨이다. 악당을 물리쳐주세요!"라며 환호성을 지를까? 아니면 "아니, 멀쩡하게 생긴 젊은이가 어쩌다가 저렇게? 쯧쯧쯧!" 하고 안타까움에 혀를 찰까?

19장

세상에 이로운 선택

19-1 **絕聖棄智，民利百倍。**
(절성기지, 민리백배.)
(지도자가) 슬기로움을 단절하고 지혜를 버리면,
백성들이 백배 이익을 누릴 수 있다.

여기서도 슬기로움과 지혜는 얕은꾀라는 부정의 뜻으로 해석된다. 즉 지도자가 사리사욕을 탐하려는 얕은꾀를 버리고 오로지 한 가지 마음으로 나라를 다스리면, 백성들이 오히려 더 많은 혜택을 누리며 행복하게 지내게 된다. 앞에서 소개했던 스웨덴의 전 총리 타게 엘란데르[11]는 바로 이런 자세로 정치에 임했기에 스웨덴을 복지선진국의 대명사로 만들 수 있었다. 만약 페르디난드 마르코스 전 대통령과 이멜다 여사[12]가 그때와는 다른 지도자의 길을 걸었더라면, 아마도 필리핀의 국제적 위상은 지금보다 훨씬 나아지지 않았을까? 이런 차원에서 본다면, 요임금이 왜 지금까지도 존경받는 지도자인지 쉬이 이해할 수 있다.

---

11 7-2
12 18-2

요임금은 아들 단주가 못나고 어리석어서 세상을 넘겨주기에 부족하다는 것을 알았다. 그래서 정권을 순에게 주었다. 순에게 임금 자리를 주면 세상 모두가 이로움을 얻는 대신 단주는 원망하겠지만, 단주에게 임금 자리를 주면 세상 모두가 원망하겠지만 단주는 이로움을 얻게 되는 것이다. 따라서 요임금이 말했다. "결국 세상 모든 이들이 원망하는데 내 아들 한 사람만을 이롭게 할 수는 없다." 그래서 마침내 세상을 순에게 주었다.

[사기] 〈오제본기〉 중에서

19-2　　**絶仁棄義, 民復孝慈。**
(절인기의, 민복효자.)
(지도자가) 어짊을 단절하고 의로움을 버리면,
백성들이 효도와 자애로움으로 돌아간다.

어짊의 인(仁)은 부모에게 효도(孝)하고 밖에서 웃어른을 공경(悌)하는 모습이 사회적으로 확대된 것이다. 바꿔 말해서 사회의 최종 확장판인 어짊의 인(仁)이 다시 근본과 대원칙으로 돌아가면 결국 부모에게 효도(孝)하기

만 하면 된다. 의로움의 의(義)는 작고 여린 풀들에 마음을 주는 것으로, 윗사람이 아랫사람을 보살피고 아끼는 자애로움의 자(慈)가 사회적으로 확대된 것이다. 이 역시 바꿔 말해서 사회의 최종 확장판인 의로움의 의(義)가 다시 근본과 대원칙으로 돌아가면 결국 자식들에게 자애롭기만 하면 된다. 따라서 여기서도 노자가 얼마나 기본과 원칙을 강조하고 있는지 확인할 수 있다.

19-3 　　**絶巧棄利，盜賊無有。**
　　　　(절교기리, 도적무유.)
　　　　(지도자가) 재주를 단절하고 이익을 버리면 도적이
　　　　없어질 수 있다.

　지도자는 바람이고, 백성은 풀이다. 백성이란 풀은 지도자라는 바람의 방향에 따라 꺾인다. 지도자가 사치하면 백성도 사치하게 되고 지도자가 검소하면 백성도 검소해지는 것이 역사가 증명해온 불변의 이치이다. 여기서도 지도자라는 주어가 생략되었음을 알 수 있는데, 다음 기록을 살펴보면 이해하기 쉽다.

　　　요순이 세상을 어짊으로 다스리니 백성이 역시 어짊을 따랐고, 걸주가 세상을 포악함으로 다스리니 백성이 역시 포악함을 따랐다. 따라서 지도자가 명령하는 바가 백성이 좋아하는 바에 반하면, 백성은 지도자를 따르지 않는다.

　　　　　　　　　　　　　　　　　　[예기] 〈대학. 전〉 중에서

19-4   **此三者，以為文不足，故令有所屬。**
(차삼자, 이위문부족, 고령유소속.)
이 세 가지로써 수식하기는 부족하기에, 그러므로
속하는 바가 있도록 해야 한다.

하지만 앞에서 설명한 세 가지 원리만으로는 참된 지도자의 리더십을
온전하게 설명할 수 없다. 결국 이 세 가지를 포함하는 대원칙을 이해하
고 유기적으로 실천해야 비로소 참된 지도자가 될 수 있다.

19-5   **見素抱樸，少私寡欲。絕學無憂。**
(견소포박, 소사과욕. 절학무우.)
수수함을 살피면 질박함을 유지하고, 사사로운 마음을
줄이면 욕망이 줄어들며, 배우려는 마음을 버리면
근심이 없어진다.

수수함을 추구하면 순박한 마음가짐을 지킬 수 있게 되고, 사리사욕을
추구하는 마음을 버리면 욕심이 사라지게 된다는 것이 대원칙이다. 따라
서 자꾸 나아가 배워서 새로이 만들려는 태도를 버리고 다시 돌아와서 근
본과 대원칙을 따르게 되면 오히려 근심이 사라지게 된다. 이처럼 노자는
파생되는 것은 끊임이 없거니와 진리에서 점점 더 멀어져 사람의 눈을 멀
게 한다고 말한다. 따라서 가장 현명한 방법은 예로부터 내려오는 대원칙
즉 도의 핵심을 이해하고 실천하는 것임을 설파한다.

20장
노자의 시대적 배경

20-1 　　**唯之與阿，相去幾何？** (유지여아, 상거기하?)
　　　공손히 대답하는 것과 소홀히 대답하는 것은,
　　　서로 떨어짐이 얼마일까?

　　하늘이 부여한 천성인 도로 나라를 다스려야 한다는 원칙을 믿는 것과 그렇지 못한 것 사이에는 얼마나 큰 차이가 있을까?

20-2 　　**善之與惡，相去若何？** (선지여오, 상거약하?)
　　　옳다고 여기는 것과 싫어하는 것은, 서로 떨어짐이
　　　어떠한가?

　　하늘이 부여한 천성인 도로 나라를 다스려야 한다는 원칙을 실천하는 것이 옳다고 여기는 것과 그러지 못해서 저버리는 것 사이에는 얼마나 큰 차이가 있을까? 다음 기록을 살펴보자.

　　태갑으로부터 옥정, 태경, 소갑, 옹기를 거쳐서 태무임금에 이르러, (도읍지) '박' 지역에 어느 날 아침 요망한 뽕나무와 닥나무가 함께 나서, 하루가 지나 저물녘에 크게 한 아름만 해지니, 이윤의 아들 이척이 말했다. "요망함은 덕을 이기지 못하니, 임금에서는 그 덕을 닦으소서." 이에 태무가 선왕들의 정치를 닦아서 이틀 만에 요망한 뽕나무가 말라 죽고 상나라의 왕도가 다시 일어나니, 역사상 그를 중종이라고 일컬었다.

[십팔사략] 〈은왕조〉 중에서

이처럼 노자는 역사 기록을 통해서 천명에 따라 다스리는 것과 그렇지 못한 것의 결과 차이를 설명하였다. 특히 여기서 덕(德)이 무엇인지 명확하게 알 수는 없지만, 최소한 정치와 직결된 개념임을 짐작할 수 있다.

20-3   **善之與惡, 相去若何**。(인지소외, 불가불외.)
사람들이 두려워하는 바는, 두려워하지 않을 수 없다.

예로부터 태평성대를 이끈 성인들이 두려워한 바는 오늘날의 지도자 역시 두려워해야 하는데, 그것은 백성의 뜻을 크게 두려워해야 한다는 의미이다. 노자는 사람들이 두려워하는 바는 모두가 반드시 두려워해야 한다고 말하고 있는데, 두려워해야 하는 바가 무엇인지에 대해서는 공자의 말을 빌려서 설명할 수 있다.

공자가 말씀하셨다. "재판하기 위해 송사를 듣게 되면 나 역시 다른 사람과 같을 것이지만(마찬가지로 처리하겠지만), (그보다 먼저) 반드시 송사가 없도록 하겠다!" 정성스러운 마음이 없는 이는 자기가 뱉은 말을 완수하지 못한다. 백성의 뜻을 크게 두려워하는 것, 이를 일컬어서 근본을 안다고 한다.

[예기] 〈대학, 전〉 중에서

20-4   **荒兮, 其未央哉!** (황혜, 기미앙재.)
황량하니, 그것이 끝나지 않았도다!

세상이 여전히 혼란스러우니, 대동의 통치이념인 도를 망각하고 제멋대로 날뛰는 풍조가 아직 그치지 않았도다!

20-5   **衆人熙熙, 如享大牢, 如春登臺。**
(중인희희, 여향대뢰, 여춘등대.)
많은 이들이 화목하고 즐거워하는 것이, 마치 잘 차린
음식을 즐기는 듯하고, 봄날에 누각에 오르는 듯하다.

노자는 당시의 상황을 이렇게 회상하고 있다. 도를 망각하여 세상이 혼란스러움에도 많은 이들이 깨닫지 못하고, 풍성하게 차린 음식을 즐기고 봄날 누각에 오르는 것처럼 오히려 더 희희낙락하게 지낸다. 그렇다면 당시 춘추시대의 사회상이 어땠기에 노자가 이처럼 말한 것일까? 춘추시대가 역사상 가장 혼란스럽고도 반인륜적인 시기로 기억될 수밖에 없었던 몇 가지 일례들을 소개하겠다.

1) 자조는 본래 송나라 공자였다. 후에 위나라 대부가 되었는데, 잘생긴 외모로 명성이 자자했다. [좌전] 〈애공 11년〉에 의하면, 위나라의 대숙질이 송나라로 도망가 자조의 딸과 결혼했는데, 당시 관습에 따라 그녀의 여동생 역시 언니를 따라 대숙질에게 시집을 갔다. 그런데 이 둘째 딸이 매우 예뻤다. 후에 자조가 위나라로 망명을 가니, 위나라의 대부였던 공문자는 대숙질의 부인을 쫓아내고 자기의 딸을 대숙질에게 시집보냈는데, 대숙질은 오히려 자조의 둘째 딸 즉 옛 부인의 여동생을 몰래 불러내어 집까지 제공했다.

2) 자조는 위나라로 망명을 가서 임금인 영공의 총애를 받게 되는데, 그는 오히려 잘생긴 외모를 이용하여 영공의 젊고 예쁜 후처인 남자(南子)와 사통하게 되었다. 하지만 이러한 일이 발각되어 자조는 이웃 나라로 도망쳤는데, 남자는 자조의 잘생긴 외모를 잊지 못하여 영공에게 자조를 용서해달라고 부탁하게 되고, 영공은 남자의 부탁을 거절하지 못해서 자조를 다시 위나라로 불러들이게 되었다.

3) 위나라 영공의 아들 괴외는 자신의 계모인 남자(南子)가 끊임없이 주변의 남성들과 사통하여 평판이 좋지 않자, 이를 부끄러워하여 남자를 죽이려고 하였다. 하지만 일이 실패로 돌아갔고 이에 괴외는 이웃 나라로 도피했다.

4) [좌전] 〈환공 16년〉과 [사기] 〈위강숙세가〉에 따르면, 위나라 선공은 그의 부친 위장공의 첩 이강과 사통했고, 둘 사이에 태자 급을 두게 되었다. 태자 급이 장성하여 제나라 희공의 딸을 며느리로 맞이하려 했으나, 선공이 그녀의 미모에 반해서 자기의 아내로 맞이하게 되었으니, 그녀가 선강이다. 선강은 삭과 수를 낳았는데 세월이 흘러서 본래 선공

의 정실인 이강이 총애를 잃은 나머지 자살하자, 선강과 삭이 음모를 짜고는 태자 급을 모해한다. 이에 선공은 태자 급을 미워하게 되어서 제나라로 쫓아 보내면서 그에게 흰 깃대를 들고 가라고 명령했는데, 사실 선공은 사전에 강도들을 매수하여 국경에서 흰 깃대 장식을 들고 가는 이를 죽이라고 사주했었다. 하지만 이를 알아챈 수가 쫓아가 급을 술에 취하게 하고는 자신이 급인 것처럼 꾸미고 대신 흰 깃대 장식을 들고 제나라로 가다가 강도들에게 죽임을 당했다. 뒤늦게 국경에 도착한 태자 급은 강도들에게 자신이 위나라 태자임을 밝혔다가 역시 죽임을 당하게 된다.

5) [좌전] 〈은공 1년〉에 의하면, 정나라 장공은 아버지 무공에 이어서 임금이 된 인물인데, 어머니 무강은 장공을 낳을 때 너무 고생해서 비록 아들이기는 하지만 장공을 미워했다. 그래서 무강은 후에 남편 무공에게 왕위를 차남 공숙단에게 물려주라고 간청했지만 거절당했다. 결국 장공이 임금이 되자 무강은 장공을 닦달하여 동생에게 도읍지를 봉지로 주게 하고는 그곳에서 공숙단과 왕위를 뺏을 음모를 짰는데, 사실 장공은 이미 그 계략을 간파하고 있었지만 때를 기다리며 내색을 하지 않았었다. 당장 어머니와 동생의 음모를 미리 들춰내면 자기만 불효자가 될 수도 있기 때문이었다. 따라서 대부 제중이 누차 공숙단의 음모에 대해서 간언을 했을 때도 그저 묵묵부답일 뿐이었다. 마침내 공숙단이 난을 일으키자 장공은 기다렸다는 듯 그를 처단했고, 동생을 부추긴 어머니를 감금하여 황천에 이르기 전에는 결코 다시 보지 않겠다고 맹세했다. 세월이 흘러서 장공은 어머니를 그리워했지만, 자신이 한 맹세 때문에 이러지도 저러지도 못한 채 고민의 세월만 보내고 있었다. 이때 영고숙이라

는 인물이 장공을 찾아가 "샘물이 나오는 땅속이 황천이니, 샘이 나올 때까지 땅을 파서 그곳에 방 하나를 만들어 모친을 만난다면 맹세를 어기는 일이 아닙니다."라고 묘책을 일러줌으로써, 결국 장공은 어머니와 재회하게 되었다.

6) [좌전] 〈희공〉과 〈장공 28년〉에는 다음과 같은 기록이 있다. 진(晉)나라 헌공이 여희를 총애했는데, 여희는 자기가 낳은 아들인 해제를 태자로 세우고자 했다. 이에 헌공의 전처가 낳은 아들들을 모함하여 결국 태자이던 신생은 죽고, 중이와 이오는 진나라를 떠나 도망치게 되었다.

7) 최저는 제나라 대부이다. 자신의 아내와 임금 장공이 사통한다는 사실을 알고는 임금을 시해하고 경공을 새로운 임금으로 세웠는데, 경공은 오히려 안영을 총애하여 결국 최저를 제거한다.

8) 제나라 양공은 제나라를 혼란에 몰아넣은 대단히 무도한 인물이었는데, 심지어 자기 여동생과 사통하는 사이였다. 훗날 여동생이 노나라 환공에게 시집을 갔음에도 이러한 패륜을 멈추지 않다가 결국 환공에게 발각되었다. 하지만 양공은 부끄러워하기는커녕 오히려 환공을 죽이는 등 제나라를 혼란에 몰아넣었다.

20-6   **我獨泊兮，其未兆，如嬰兒之未孩。**
(아독박혜, 기미조, 여영아지미해.)
나 홀로 담담하여 그러한 조짐이 없으니, 마치 순수함을
지녀서 아직 달래지지 않은 듯하다.

사탕으로 우는 아이를 달래면 울음을 그친다. 즉 달랜다는 것은 일종의 타협을 의미한다. 여기서 노자는 홀로라도 그들과 타협하여 희희낙락하지 않고, 굳건히 도를 추구하는 모습을 유지하겠다고 다짐한다.

20-7   **儡儡兮，若無所歸。**(뢰뢰혜, 약무소귀.)
지쳤으니, 마치 돌아갈 곳이 없는 듯하다.

하지만 노자 역시 사람인지라, 홀로 그 의지를 지탱하기가 어렵다고 고백하기도 한다.

20-8   **衆人皆有餘，而我獨若遺。**(중인개유여, 이아독약유.)
많은 이들이 모두 남음이 있는데, 그러나 나 홀로
빠진 듯하다.

많은 이들은 마치 아무 일도 없는 것처럼 대수롭지 않게 희희낙락거리니, 노자는 오히려 그들과 타협하지 않고 홀로 도를 추구하는 자신의 모습이 마치 도태된 사람처럼 보인다고까지 하소연한다.

20-9   **我愚人之心也哉，沌沌兮。**(아우인지심야재, 돈돈혜.)
내 우직한 이의 마음이여, 혼란스럽도다.

그리고 이렇게 홀로나마 우직하게 대동의 통치이념인 도를 지키려고 애쓰는 것이 과연 올바른 선택인지 때로는 몹시 혼란스럽기까지 하다.

> **俗人昭昭，我獨昏昏。**(속인소소, 아독혼혼.)
> 20-10 세속의 사람들은 명확하게 이해하는데, 나 홀로 혼미하도다.

세상 사람들은 이 혼란스러운 세상에서 마치 아무 일도 없는 것처럼 희희낙락하니, 마치 세상의 이치를 명확하게 깨달은 것 같기조차 하다. 그들과 어울리지 못하는 자기 자신이 오히려 더 이상하게 느껴진다.

> **俗人察察，我獨悶悶。**(속인찰찰, 아독민민.)
> 20-11 세속의 사람들은 너무나 똑똑하게 분별하는데,
> 나 홀로 매우 딱하구나.

세상 사람들은 어느 것이 옳고 어느 것이 그른지 너무나도 명확하게 구별하는데, 노자는 자기 홀로 어리석고 미련해서 끝없이 번민하고 있다고 토로한다.

> **澹兮，其若海。**(담혜, 기약해.)
> 20-12 평안하고 고요하니, 그것은 마치 바다와도 같다.

하지만 대동의 통치이념인 도는 마치 잔잔한 바다와도 같이 평안하고

고요하므로, 잘 차린 음식이나 봄날에 누각에 오르는 것처럼 화려하고 자극적인 것이 아니다. 또 노자는 여기서 도의 특징인 고요함의 정(靜)을 바다에 빗대어 설명하고 있다.

> 20-13 **飂兮，若無止。**(류혜, 약무지.)
> 높이 부는 바람이니, 마치 그침이 없는 듯하다.

앞에서 노자는 도의 특징으로 고요하고 잔잔한 바다를 떠올렸고, 여기서는 높이 부는 바람을 떠올리고 있다. 여기서 바다와 높이 부는 바람은 도의 메타포가 된다. 특히 높이 부는 바람은 주변에 가로막는 걸림돌이 없으므로, 여기서도 도의 중요한 구성요소인 변치 않음의 상(常)을 강조하고 있음을 알 수 있다.[13]

> 20-14 **衆人皆有以，而我獨頑似鄙。**
> (중인개유이, 이아독완사비.)
> 많은 사람이 모두 근거로 함이 있는데, 나만 홀로
> 완고하여 궁색한 듯하다.

그럼에도 불구하고 세상 사람들은 마치 수완이 있는 것처럼 거침없이 행동하니, 나 혼자 미련하고 고루해 보이기조차 한다.

---

13 16-5에서 이미 강조한 바 있다.

20-15 **我獨異於人，而貴食母。**

(아독이어인, 이귀사모.)

나 홀로 사람들과 달라서, 근본을 기르는 것을 귀히 여긴다.

세상 사람들이 추구하는 바와 달리, 노자는 이처럼 홀로라도 근본과 원칙을 중시하는 도를 따르겠노라고 다시 다짐한다.

3부

노자 리더십의
현대적 해석

21장

노자는 누구인가?

21-1 　**孔德之容，惟道是從。**(공덕지용, 유도시종.)
　　　큰 덕의 모습은, 오로지 도를 따를 뿐이다.

이와 관련하여 다음의 두 기록을 살펴보자.

　　우가 말했다. "아, 임금께서는 기억하소서! 오직 덕행을 해야 잘 다
　스릴 수 있으니, 정치는 백성을 기르는 것입니다. 물, 불, 쇠, 나무,
　흙과 곡식을 다스리고 덕을 바로 잡고 쓰임을 이롭게 하며, 살림을 안
　정시키고 조화롭게 해야 합니다."

　　　　　　　　　　　　　　　　　　　　　　　　〔상서〕〈대우모〉 중에서

　여기서도 확인할 수 있듯이[1], 덕은 정치와 직결되는 개념이며 그 역사
는 대동사회로까지 거슬러 올라간다.

1　20-2

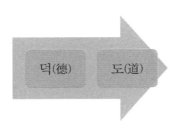

이처럼 덕을 이룬 후에야 비로소 도에 도달할 수 있으므로, 도는 덕보다도 하나 더 높은 단계에 있는 개념이 된다. 이를 통해 노자와 공자의 도와 덕에 대한 가치관이 일치하고 있음을 확인할 수 있다.

21-2　　**道之爲物，惟恍惟惚。**
（도지위물, 유황유홀.）
도의 실제 내용은 모호하고도 명확하지 않다.

도는 추상명사이다. 하늘로 올라가는 기운을 오늘날의 ♨ 표시와 같은 小 형태로 표시했다고 설명했었다.[2] 이제 봄날의 아지랑이를 한번 생각해 보자. 아지랑이는 분명 존재하지만, 형태를 설명하기는 여간 어렵고 애매한 것이 아니다.

2　6-1

21-3   **惚兮恍兮, 其中有象。**
(홀혜황혜, 기중유상.)
모호하고도 명확하지 않으나, 그중에 형태가 있다.

하지만 옛날 사람들은 결국 아지랑이를 오늘날의 ♨ 표시와 같은 小 모양으로 표시하는 방법을 찾아냈다. 마찬가지로 노자는 줄곧 도가 추상명사라고 말해왔는데, 여기서는 하나 더 나아가 도에는 마치 어떠한 형태가 있는 것 같다고까지 설명하고 있다. 비근한 예를 들자면, 사랑은 볼 수도 들을 수도 만질 수도 없는 대표적인 추상명사이다. 그렇지만 우리가 사랑이라는 단어를 떠올릴 때면, 항상 붉은 하트 모양을 머릿속에 그리는 것처럼 말이다.

21-4   **恍兮惚兮, 其中有物。**(황혜홀혜, 기중유물.)
모호하고도 명확하지 않으나, 그중에 실제 내용이 있다.

지금까지 도의 구성요소들에는 객관적이고도 공정한 중(中), 조화로움

의 화(和), 검소함의 검(儉), 자애로움의 자(慈), 겸손함의 겸(謙), 고요함의
정(靜), 변치 않음의 상(常) 등이 있음을 확인했었다. 즉 도를 닦는다는 것
은 결국 도를 이루는 구성요소들의 실천이다.

> **21-5** **窈兮冥兮, 其中有精。**(요혜명혜, 기중유정.)
> 심원하고도 심오하나, 그중에 정교함이 있다.

이처럼 대동사회를 이끈 지도자의 통치이념인 도는 마치 봄날의 아지
랑이처럼 설명하기가 너무나도 어렵고 막연하지만, 그럼에도 불구하고
정교한 핵심이 존재한다.

> **21-6** **其精甚眞, 其中有信。**(기정심진, 기중유신.)
> 그 정교함이란 대단히 진실 되어서, 그중에 믿음이 있다.

그리고 그것은 이론으로만 아는 것이 아니라, 몸으로 직접 실천해야 함
이다. 아무리 상대방에게 사랑한다고 말해도, 그 마음을 몸으로 실천하여
보여주지 않으면 무의미한 것과 마찬가지다. 노자는 '믿을 신(信)'을 강조
했었는데[3], 여기서 그 이유를 명확하게 이해할 수 있다. 즉 노자는 신뢰의
신(信) 역시 도의 중요한 구성요소라고 강조하고 있으며 이는 지도자가

---

3 8-3, 17-3

자기가 한 말에 반드시 책임을 져야 함을 의미한다.

21-7   **自古及今，其名不去，以閱衆甫。**
(자고급금, 기명불거, 이열중보.)
옛날부터 지금까지 그 이름은 사라지지 않으니,
그 이름으로 많은 일을 관찰한다.

대동시대부터 지금까지 도는 끊이지 않고 전해져 내려왔는데, 도가 있는지 없는지를 살피면 지도자와 백성의 관계 즉 그 나라 사정이 어떻게 돌아가는지 알 수 있다. 1장에서 설명했듯이 도와 무명은 표면적인 이름만 다를 뿐 실제로는 같은 존재이자 개념이다. 따라서 신뢰의 신(信)을 포함하는 도는 예로부터 지금까지 그치지 않고 내려왔기 때문에, 도를 통해서 세상이 어떻게 돌아가는지 살펴볼 수 있다. 구체적으로는 지도자가 도로 나라를 다스리면 백성들도 지도자의 모습을 닮아가면서 흥하게 되지만, 반대의 경우에는 결국 망하게 된다.

21-8   **吾何以知衆甫之狀哉？以此。**
(오하이지중보지상재? 이차.)
내가 어찌 많은 일의 상황을 알겠는가? 이 때문이다.

노자 역시 일개 사람인데 어떻게 이렇듯 심오한 도리를 깨달을 수 있었겠는가? 바로 여기서 상고시대로부터 내려오는 역사의 실례들을 통해서 깨달을 수 있었다고 고백한다. 이와 관련하여 다음의 기록을 살펴보자.

> 노자라는 사람은 초나라 고현의 여향 곡인리 사람으로, 성은 이
> (李)씨이고 이름은 이(耳), 자는 담(耼)이었으며 주나라의 서고(書庫)
> 를 지키는 사관이었다.
>
> [사기] 〈노자한비열전〉 중에서

사마천은 노자의 직분이 사관(史官)이었다고 밝히고 있다. 그렇다면 노자는 다양한 사관의 직함 중에서도 구체적으로 어떠한 역할을 맡고 있었을까? 다음의 기록을 살펴보자.

> 외사는 책에 기록되지 않은 그 밖의 명령들을 관장하고, 사방의 기
> 록들을 관장하며, 삼황오제의 책을 관장하고, 사방으로 책 목록을 전
> 달하는 일을 관장한다. 만약 책을 가지고 사방으로 사절을 보내게 되
> 면, 그 명령을 기록한다.
>
> [주례] 〈춘관종백〉 중에서

대동사회는 삼황오제가 통치하던 시기를 일컫고, 노자는 이들의 치세 업적을 통해서 궁극적으로는 대동사회로 복귀할 것을 주장하고 있다. 그리고 [주례]에는 외사(外史)의 직무가 기록되어 있는데, 노자가 누구보다도 삼황오제 시대의 기록을 명확하게 이해하는 인물이었음을 짐작할 수 있다. 따라서 사마천의 기록을 통해 구체적으로 추론해보자면, 노자는 주나라의 외사였을 가능성이 대단히 농후하다.

22장
상식을 뒤집는 도

<table>
<tr>
<td>22-1</td>
<td>**曲則全，枉則直，窪則盈，敝則新，少則得，多則惑。**
(곡즉전, 왕즉직, 와즉영, 폐즉신, 소즉득, 다즉혹.)
굽히면 도리어 온전할 수 있고, 휘면 도리어 곧을 수
있으며, 움푹 파이면 도리어 가득 찰 수 있고, 낡고 해지면
도리어 참신할 수 있으며, 적으면 도리어 얻을 수 있고,
많으면 도리어 홀린다.</td>
</tr>
</table>

굽히면 도리어 온전할 수 있고, 휘면 도리어 곧을 수 있다는 말은 무슨 뜻일까? 뒤에서[4] 구체적으로 설명하겠지만, 덕은 대동사회를 이끈 성인들이 행한 강함과 부드러움의 통치법을 조화롭게 실천하려는 절조(절개와 지조)로서, 자기에게는 엄격하지만 타인에게는 관대한 태도를 보이는 것이다. 따라서 이 말은 "진정으로 올곧은 이는 원칙을 굽혀서 타인의 잘못을 너그럽게 대하는 덕을 실천하고, 그렇게 되면 지도자의 자리를 온전히 보존할 수 있다."라는 뜻이 된다.

움푹 파이면 도리어 가득 찰 수 있다는 말의 의미는 무엇일까?

---

4   27-4

1952년 미국의 한 샐러리맨이 그동안 다니던 P&G 회사를 그만두고 새로운 직장을 얻었다. 그는 입사하자마자 먹는 아스피린을 마시는 상품으로 개발하는 일을 맡았다. 그는 신상품을 출시해 본 경험이 없었지만 강행했고, 결국 이 제품은 회사에 적잖은 손해를 끼치게 되었다. 다음 날 회장이 자신을 찾는다는 소식을 접한 그는 착잡한 심정으로 회장실로 들어가면서 생각했다. '이제 이 회사도 끝이네. 내일부터 새 직장을 찾아봐야겠군.' 그런데 회장은 이렇게 이야기했다. "사업은 의사 결정에 의해서 이뤄지고, 의사 결정은 실수 없이 이뤄질 수 없습니다. 앞으로 더 나은 의사 결정을 위해 계속 실수해주세요. 단 똑같은 실수는 하지 말기 바랍니다."

그 회장은 훗날 세계에서 가장 존경받는 기업 중 하나가 되는 존슨앤드존슨(Johnson & Johnson)의 경영자 로버트 우드 존슨 2세(Robert Wood Johnson II)였고, 샐러리맨은 20여 년 후인 1976년 회장 자리에까지 올라서 1989년 은퇴한 제임스 버크(James Burke)였다. 제임스 버크는 경제 전문잡지 '포춘(Fortune)'지가 선정한 '역사상 최고의 CEO 10인'에도 선정된다. 그런데 생각해보자. 만약 당시 회장이 이 샐러리맨을 내쳤다면 지금의 존슨앤드존슨이 있을 수 있었을까?

그릇이 움푹 파여서 공간이 생기면 오히려 가득 담을 수 있듯이, 자기 자신을 챙기지 않고 비움으로써 백성만을 생각하면 오히려 많은 이들이 나를 신뢰하여 모여들게 된다. 다시 말해 자애로움으로 상대방의 잘못을 너그러이 포용하고 감싸준다면, 오히려 사람들이 몰려와 비어있는 공간을 가득 채우게 된다.

그렇다면 낡고 해지면 도리어 참신할 수 있다는 말은 또 어떤 의미를 함축하고 있을까?

　지금은 낡고 해진 유네스코 세계유산들. 하지만 유구한 세월의 역사를 견딘 모습들이 오늘날 현대식 건물에 익숙해진 우리에게는 오히려 더 참신한 느낌으로 다가온다. 마찬가지로 대동으로부터 전해 내려온 도는 너무 오래되고 간략해서 고루한 느낌을 주기도 한다. 하지만 지나치게 복잡하고 세분화한 사회를 살아가는 현대인에게는, 오히려 도가 나아갈 길을 더 크고 선명하게 제시할 수도 있다.

　마지막으로 적으면 도리어 얻을 수 있고 많으면 도리어 홀린다는 말의 의미와 관련해서는, 스웨덴의 전 총리 타게 엘란데르[5]와 필리핀의 전 대통령 마르코스[6]를 기억해보자. 엘란데르가 총리직을 퇴임할 때 기거할 집이 없자, 스웨덴 국민들이 그에게 별장을 지어 줬다. 그러나 마르코스는 하와이로 망명하여 객지에서 초라한 삶을 마쳤다. 따라서 지도자가 자신을 버려서 적게 취하면, 오히려 더 많은 것들을 얻을 수 있다. 반면에 지도자가 사리사욕을 탐하여 많이 취하면, 오히려 현혹되어서 결국에는 다 잃게 된다.

5　　7-2
6　　18-2

22-2 　是以聖人抱一，為天下式。不自見故明，
不自是故彰，不自伐故有功，不自矜故長。
夫唯不爭。故天下莫能與之爭。
(시이성인포일, 위천하식. 불자견고명, 불자시고창, 불자벌고유공,
불자긍고장. 부유부쟁, 고천하막능여지쟁.)
이 때문에 성인은 하나로 파악하여, 세상을 다스리는
규범으로 삼는다. 자기의 안목에만 의존하지 않기 때문에
명확하게 판단하고, 스스로 옳다고 여기지 않기 때문에
분명히 하며, 스스로 자랑하지 않기 때문에 공로가 있고,
거만하지 않기 때문에 서열이 높아진다. 무릇 다투지 않기
때문에, 그러므로 세상은 그와 다툴 수가 없다.

앞에서[7] 설명했듯 '하나'는 전부 즉 다른 잡념에 빠지지 않고 오로지 하나에만 전념하는 자세이다. 대동사회를 이끈 올바른 지도자 성인들은 이러한 도리들을 깨달았기 때문에 사리사욕을 버리고 오로지 나라와 백성의 안위만을 생각하는 자세를 지도자의 규율로 여겼다. 또 자기의 안목에만 의지하지 않고 많은 이들에게 물어서 옳은지 그른지를 구별했기 때문에 명확하게 판단했고, 스스로 옳다고 여기지 않아서 항상 많은 이들에게 상의했기 때문에 시비를 분명히 가렸으며, 자기가 뛰어나다고 자랑하지 않고 항상 삼가 노력했기 때문에 위대한 업적을 세울 수 있었고, 자신의 지위에 거만해하지 않았기 때문에 오히려 남들보다 더 두각을 나타나게 되었다. 이처럼 자기를 뒤로하고 백성들 아래에 두었기 때문에 백성들

7　10-1

의 신뢰와 지지를 얻었고, 세상 누구 하나 감히 그에게 시비를 걸지 못하고 따르게 되었다.

특히 많은 이들에게 묻는 태도는 공자가 강조한 호문(好問) 즉 묻기를 좋아하는 자세이기도 하다. 이는 자기 생각이 틀릴 수 있다고 조심하는 신중함의 신(愼)과 자기 생각만이 옳다고 여기지 않는 겸손함의 겸(謙)을 포함한다.

타르야 할로넨(Tarja Halonen)은 2000년부터 2012년까지 제11대, 12대 핀란드 최초의 여성 대통령을 역임한 정치인이다. 그녀는 국가 안보를 위해 나토(NATO) 가입 필요성을 역설했지만, 국민의 60%가 반대하자 그 의견을 존중하여 무리하게 추진하지 않았다. 또 여성 교육, 동일한 고용기회 보장, 임금 차별 및 양성평등 할당제를 위해 노력했다. 특히 그간 은퇴한 정치인을 중앙은행 경영인으로 임명하던 관례를 깨고 금융전문가를 임명하는가 하면, 사업가들에게 좋은 것이 국민에게 가장 좋은 것은 아니라고 생각해서 기업 규제에 단호한 의지를 보이기도 했다. 이에 국민은 그녀를 무민 마마(Moomin mamma)라고 불렀고, 그녀는 핀란드를 국가 청렴도, 국가경쟁력, 교육경쟁력 1위 국가로 만들었다. 2002년 대한민국을 방문했을 때는 호텔 객실에서 손수 옷을 다려 입고 자신이 직접 머리를 손질하는 등 크고 작은 화제를 불러일으키기도 했다. 이처럼 재임 내내 소탈한 모습을 보인 그녀는 은퇴 당시 지지율 80%라는 경이로운 수치를 기록했다.

22-3   **古之所謂曲則全者, 豈虛言哉?**
(고지소위곡즉전자, 기허언재?)
옛 사람들이 말하는 굽히면 도리어 온전할 수 있다는 것이,
어찌 빈말이겠는가?

"자기 뜻을 굽히고 도에 따라서 통치하게 되면, 성기고 불완전해 보여
서 불합리한 것 같지만 오히려 흠 없이 나라를 온전히 다스릴 수 있다."라
는 옛 사람들의 말이 어찌 틀린 말이겠는가?

22-4   **誠全而歸之。**(성전이귀지.)
진정으로 보존하면 그것으로 돌아간다.

간절히 원하면 이뤄진다고 했던가? 그러므로 앞에서 한 말들을 진심으
로 이해하고 따르려고 노력하면 결국 대동사회 통치이념인 도를 깨닫고
실천할 수 있게 된다.

23장

말을 아끼는 것이 리더의 자연

23-1
希言自然, 故飄風不終朝, 驟雨不終日。
(희언자연, 고표풍부종조, 취우부종일.)
(지도자가) 말을 드물게 하는 것이 스스로 그러하게 하는
것이니, 그러므로 광풍은 아침까지 불 수 없고, 폭우는
온종일 내릴 수 없다.

무위와 자연은 사실상 의미가 서로 통하는 단어로서, 억지로 법률과 제
도를 강화하여 통제하지 않고 그 천성에 따라서 다스린다는 의미를 지녔
다고 했다[8]. 이 구절에서 정말로 무위와 자연이 같은 의미라는 걸 확인할
수 있다. 그러므로 다음과 같이 풀어볼 수 있다.

---

8   17-4

"지도자가 말과 명령을 함부로 하지 않는 것이, 바로 하늘이 부여한 천성에 따르는 것이다. 광풍이나 폭우 같은 자연의 난폭함조차도 계속될 수 없는데, 하물며 사람이 만든 법률과 제도로 누르면 오래갈 수 있겠는가? 즉 억지로 누르면 일시적으로 작용할 뿐, 계속될 수는 없다." 여기서도 노자는 지도자의 말과 명령을 광풍과 폭우에 빗대어 진정한 리더십이 무엇인지를 설명했다.

23-2 　　**孰爲此者？ 天地。**
　　　　(숙위차자? 천지.)
　　　　누가 이렇게 하는가? 바로 천지이다.

어떤 존재가 이처럼 억지로 하지 않고, 천성에 따라 스스로 그러도록 하는가? 바로 이 세상이다.

23-3 　　**天地尙不能久，而況於人乎！**
　　　　(천지상불능구, 이황어인호!)
　　　　천지의 난폭함조차도 오래갈 수 없거늘, 하물며 사람에 있어서야!

이처럼 사람의 능력으로는 어찌할 수 없는 대자연의 광풍과 폭우조차도 오래갈 수 없는 법인데, 하물며 일개 사람이 만든 법률과 제도로 통제하는 것이야 굳이 말할 나위가 있겠는가!

프랑스 대혁명은 절대주의 왕정과 소수의 특권층이 국민의 90%인 평민층을 착취하는 것에 반발하여 일어난 시민혁명이다. 1793년 혁명이 막바지에 접어들자 자코뱅은 실권을 장악했고, 이 단체의 지도자 로베스피에르(Robespierre)는 구습 타파와 루소의 평등주의 이상을 실현하기 위해 반대파인 지롱드파의 핵심 인물들을 필두로 관련자들을 처형시키기 시작했다. 이것을 역사상 공포 정치(Reign of Terror)라고 부르는데 이 기간에 체포된 사람은 50만 명, 사형 선고를 받고 처형된 사람은 약 16,000명이 넘었다. 재판 없이 단두대에 오른 경우들을 포함하면 희생자는 4만여 명에 이르는 것으로 추정된다. 하지만 로베스피에르의 공포 정치는 자신을 고립무원에 빠지게 만들고, 1년 후인 1794년 결국 실각되어 단두대에 올라 형장의 이슬로 사라졌다.

23-4   **故從事於道者, 道者同於道, 德者同於德, 失者同於失。**
同於道者, 道亦樂得之 ; 同於德者, 德亦樂得之 ;
同於失者, 失亦樂得之。

(고종사어도자, 도자동어도, 덕자동어덕, 실자동어실. 동어도자, 도역락득지; 동어덕자, 덕역락득지; 동어실자, 실역락득지.)

그러므로 도를 따르는 사람은 도에 부합되고, 덕을 따르는 자는 덕에 부합되며, 잃음을 구하는 자는 잃음에 부합된다. 도에 부합되는 사람은 도도 역시 기꺼이 그를 얻으려 하고, 덕에 부합되는 사람은 덕 역시 기꺼이 그를 얻으려 하며, 잃음에 부합되는 사람은 잃음도 역시 기꺼이 그를 얻으려 한다.

따라서 대동사회의 통치이념인 도를 진심으로 이해하고 실천하려 노력하는 지도자는 결국 그렇게 된다. 덕치를 이해하고 실천하려고 노력하는 지도자는 결국 그렇게 된다. 법률과 제도를 세분해서 억지로 통제함으로써 천성에 따르지 않는 지도자는 결국 모든 것을 잃게 된다. 삼가 도를 실천하는 지도자는 결국 대동사회를 이룰 수 있게 되고, 삼가 덕치를 실천하는 지도자는 결국 백성들에게 덕을 베풀게 되며, 억지로 하여 천성에 따르지 않는 지도자는 결국 모든 것을 잃게 된다.

23-5   **信不足焉, 有不信焉。**
(신부족언, 유불신언.)
믿음이 부족하면, 불신이 생긴다.

지도자가 가장 기본적으로 갖춰야 할 미덕이 신뢰이다. 그런데 지도자가 백성들에게 믿음을 보이지 못하면, 백성 역시 지도자를 믿지 못해서 따르지 않게 된다. 이 구절은 17-3의 중복이다. 노자는 지도자의 말이 얼마나 중요한지를 거듭 강조하고 있다.

24장
자연스러움과 어색함

24-1
企者不立，跨者不行。
(기자불립, 과자불행.)
까치발을 한 자는 똑바로 설 수 없고, 보폭을 크게 하여
걷는 자는 오래 걸을 수 없다.

까치발을 하고 서 있으면 자연스럽게 서 있는 상태가 아니라서 오래 서 있을 수 없다. 자신의 타고난 보폭보다 더 크게 하여 걷는 사람은 자연스럽게 걷는 상태가 아니라서 결국 오래 걸을 수 없다.

우리는 왜 까치발을 하면 오래 서 있을 수 없을까? 사람의 발바닥은 평평해서 발가락부터 뒤꿈치까지 고루 땅에 닿아야만 무게가 분산되어 편안해지기 때문이다. 마찬가지로 사람의 보폭은 어깨너비만큼 벌어져야 편안하다. 만약 무리해서 보폭을 크게 하면 허리와 골반 등에 무리가 가서 다칠 위험성이 높아진다. 노자는 여기서도 자연스러움이 어떤 것인지를 수사학적으로 쉽게 풀어서 설명하고 있다.

24-2   **自見者不明, 自是者不彰, 自伐者無功, 自矜者不長。**
(자견자불명, 자시자불창, 자벌자무공, 자긍자불장.)
자신의 안목에만 의존하는 이는 명확하게 볼 수 없고,
스스로 옳다고 여기는 이는 분명히 할 수 없으며,
스스로 자랑하는 이는 공로가 없고, 거만한 이는 두각을
나타낼 수 없다.

이 구절은 22-2의 내용을 뒤집어서 정반대로 표현했다. "자기의 안목에만 의지하여 많은 이들에게 옳은지 그른지를 묻지 않는 지도자는 명확하게 판단하지 못하고, 스스로 옳다고 여겨서 많은 이들과 상의하지 않는 지도자는 시비를 분명히 가리지 못하게 되며, 자기가 뛰어나다고 자랑하는 지도자는 결국 위대한 업적을 세울 수 없게 되고, 자신의 지위에 거만해하는 지도자는 결국 두각을 나타내지 못한다." 만약 타르야 할로넨이 이 구절처럼 정치를 했다면, 여전히 핀란드 역사상 가장 존경받는 지도자 중 한 명이 될 수 있었을까? 노자가 전하는 대동사회의 리더십은 오늘날에도 여전히 유효하다.

24-3   **其在道也, 曰餘食贅行, 物或惡之, 故有道者不處。**
(기재도야, 왈여식췌행, 물혹오지, 고유도자불처.)
그것은 도에 있어서 먹다 남은 음식이나 군더더기라고
말하여 만물이 싫어하니, 그러므로 도가 있는 사람은
머물지 않는다.

먹다 남은 음식이나 군더더기를 좋아할 사람은 없다. 노자는 도에 어긋나는 것을 먹다 남은 음식이나 군더더기로, 대동사회의 지도자 성인을 사람으로 빗대어서 수사학적으로 설명한다. "앞에서 언급한 지도자의 태도는 대동사회의 통치이념인 도에 있어서 먹다 남은 음식이나 군더더기처럼 필요 없는 것이라고 말할 수 있으니, 하늘이 부여한 천성을 따르기를 바라는 백성들은 지도자의 그러한 태도를 싫어한다. 따라서 도를 깨닫고 실천하는 지도자는 그런 모습을 보이지 않는다."

25장

크다는 의미

25-1 **有物混成，先天地生。**
(유물혼성, 선천지생.)
뒤섞여서 이뤄진 것이 있는데, 천지가 생겨난 것보다 앞선다.

뒤섞여서 이뤄졌다는 것은 하나가 아닌 수많은 구성요소가 한데 합쳐져서 완성되었다는 뜻이므로, 도는 여러 구성요소의 집합체임을 알 수 있다. 천지가 생겨난 것보다 앞선다는 말은 도가 이 세상의 시작과 동시에 존재한 대동 이전부터 존재해왔다는 내용[9]을 상기하면 쉬이 이해할 수 있다. 즉 이 구절은 도의 특징을 설명하는 25장의 말머리 역할을 하고 있는데, 노자는 도를 이야기할 때마다 습관적으로 앞에서 설명했던 내용을 반복해서 표현하고 있다. 마치 스승이 새로운 이론을 가르치기에 앞서서 제자들이 학습했던 내용을 잘 이해했는지 다시 확인하듯이 말이다.

---

9   4-2

25-2 　**寂兮寥兮，獨立不改，周行而不殆，可以為天下母。**
(적혜료혜, 독립불개, 주행이불태, 가이위천하모.)
소리도 없고 공허하지만, 단독으로 확고히 서서 변하지
않고, 두루 행해져서 위태롭지 않으니, 세상의 근본이
될 수 있다.

도는 들리지 않는다[10]고 했고 비어있는 듯하다[11]고도 했다. 그리고 도는 다른 것에 종속되지 않고 독자적으로 그 존재를 확고히 하여서 변치 않고 존재해왔는데, 이와 관련하여 다음의 기록을 살펴보자.

천지의 도는 넓고, 두터우며, 높고, 밝으며, 아득하고, 불변하다.

[예기]〈중용〉중에서

노자는 도의 주된 특징 중의 하나가 바로 변치 않음의 상(常)이라고 설명하는데, 여기서 노자와 공자의 도에 대한 관점이 일치하고 있음을 확인할 수 있다. 이어서 두루 행해져서 위태롭지 않다는 것은 도가 널리 모두에게 골고루 행해져서 공평무사한 존재라는 뜻인데, 이 역시 공자가 말한 천지의 도는 넓다는 말과 일치한다. 마지막으로 세상의 근본이 될 수 있다고 하고 있으니, 공평무사한 태도야말로 정치의 핵심이 됨을 알 수 있다.

10　14-1
11　4-1, 11-1, 16-1

25-3　　　　　吾不知其名，字之曰道，强爲之名曰大，大曰逝，
　　　　　　　逝曰遠，遠曰反。
　　　　　　　(오부지기명, 자지왈도, 강위지명왈대, 대왈서, 서왈원, 원왈반.)
　　　　　　　나는 그 이름을 알지 못하는데 그것을 일컬어 도라고 하고,
　　　　　　　그것에 억지로 이름을 붙이니 크다고 하는데, 크다는 것은
　　　　　　　지나감을 일컫고, 지나감은 멀어짐을 일컬으며, 멀어짐은
　　　　　　　반대로 됨을 일컫는다.

언뜻 보면 이 구절은 대단히 심오한 철학 이론을 함축하고 있는 듯하다.
그런데 과연 그럴까? 이제 이 말뜻을 그림으로 하나씩 풀어서 설명해보자.

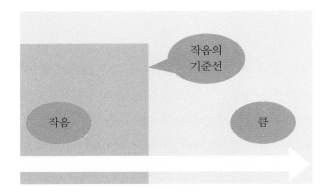

　1) 도는 대단히 크다.

　2) 크다는 것은 작음의 기준을 지난다는 뜻이다.

　3) 작음의 기준을 지난다는 것은 작음의 기준에서 점점 멀어진다는 뜻
이므로, 크다는 것은 작음의 기준선을 넘어서서 나아가 멀어지는 것이다.

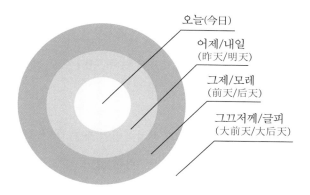

오늘(今日)

어제/내일
(昨天/明天)

그제/모레
(前天/后天)

그끄저께/글피
(大前天/大后天)

따라서 중국어에서 왜 _그끄저께_를 大前天[dà qián tiān] 그리고 글피를 大后天[dà hòu tiān]이라고 하는지 이해할 수 있다. 그 이유는 바로 오늘이라는 기준선에서 벗어나 어제나 내일 심지어 그제나 모레보다도 더 멀어진 날을 뜻하기 때문이다.

4) 작음의 기준에서 멀어진다는 것은 반대로 큼의 기준에 그만큼 가까워진다는 뜻이다.

예를 들어서 도는 지도자의 통치이념 즉 리더십인데, 지도자가 백성의 위에서 군림해야 한다는 것은 편협한, 작은 관점이다. 반면에 지도자는 백성의 아래에서 그들의 뜻에 귀를 기울여야 한다는 관점은 이러한 작은 범위를 넘어서서 점점 멀어진다. 그리고 작은 관점에서 벗어나 멀어질수록 오히려 큰 도의 관점에는 더 가까이 다가서게 된다. 따라서 노자의 커다란 도에 대한 개념은 심오한 철학 이론이 아닌 지극히 단순한 물리 이론에 빗대어 설명한 수사학임을 알 수 있다.

25-4　　**故道大，天大，地大，王亦大。**
(고도대, 천대, 지대, 왕역대.)
그러므로 도가 크고, 하늘이 크며, 땅이 크고, 제왕 역시 크다.

따라서 이처럼 위대한 지도자의 통치이념인 도는 대단히 크고, 그 도는 하늘의 뜻을 따르는 천도이므로 하늘 역시 크며, 하늘과 더불어서 함께 존재하는 땅 역시 크고, 그 하늘과 땅 사이에서 도를 따르는 지도자 역시 큰 존재가 된다.

25-5　　**域中有四大，而王居其一焉。**
(역중유사대, 이왕거기일언.)
세상에는 네 가지 큰 것이 있는데, 왕이 그중에 하나를 차지한다.

이 세상에는 도가 위대하고, 하늘이 위대하며, 땅이 위대하고 그리고 지도자인 임금 역시 위대하다. 그렇다면 임금은 왜 위대한가? 그는 바로 하늘의 도를 따르는 존재이기 때문이다. 다시 말해 '임금 왕(王)'은 맨 위의 하늘(一)과 맨 아래의 땅(一) 그리고 그 사이에서 살아가는 사람(一)을 가운데에서 관통하여(丨) 하나로 잇는 지도자라는 뜻을 가진 지사(指事) 문자이다.

25-6 **人法地, 地法天, 天法道, 道法自然。**
(인법지, 지법천, 천법도, 도법자연.)
사람은 땅을 본받고, 땅은 하늘을 본받으며, 하늘은 도를
본받고, 도는 스스로 그러함을 본받는다.

그런데 이 네 가지 큰 존재 중에서 먼저 지도자인 사람이 땅을 본받고,
그다음 그 땅이 하늘을 본받으며, 그다음 하늘이 도를 본받는다. 그리고
마지막으로 도는 스스로 그러한, 즉 억지로 하지 않고 천성에 따르는 무
위와 자연을 본받는다.

26장
무거운 수레를 떠나면 안 되는 이유

> **26-1** **重為輕根，靜為躁君，是以聖人終日行，不離輜重。**
> (중위경근, 정위조군, 시이성인종일행, 불리치중.)
> 진중함은 경솔함의 뿌리이고 고요함은 조급함의 군주라서,
> 이 때문에 성인은 온종일 길을 가지만 군수물자를 실은
> 무거운 수레를 떠나지 않는다.

진중함은 경솔함의 바탕이 되고 고요함 즉 조용하고 차분함은 조급함을 지배하므로, 대동사회를 이끈 지도자들은 한평생 진중하고도 고요한 모습을 보였다. 이 구절은 다시[12] 도의 구성요소 중 하나인 신중함의 신(愼)과 고요함의 정(靜)을 강조하고 있다. 노자는 지도자의 그런 모습을 군수물자를 실은 무거운 수레에 빗대어서 수사학적으로 설명하는데, 어째서 무거운 수레가 지도자의 진중함과 고요함을 상징하는 메타포가 된 것일까?

군대가 원정을 가면 짐을 실은 수레들도 함께 길에 오른다. 그중에서

---

12 21-4, 22-2

어떤 짐을 실은 수레가 가장 무거울까? 바로 식기와 병기를 실은 수레이다. 식기와 병기를 실은 수레가 없으면 군대는 원정을 할 수 없다. 그리고 무거운 수레는 시끄럽지 않다. 오히려 빈 수레가 요란한 법이다. 노자는 지도자의 진중함과 고요함을 군대의 무거운 수레에 빗대어서 설명한다. 식기와 병기를 실은 무거운 수레가 없으면 군대가 전쟁에서 이길 수 없듯이, 진중하고 고요함이 없으면 지도자는 자리를 잃게 된다. 노자가 왜 지도자의 진중함과 고요함을 강조하는지 다음의 기록들로 되새겨보자.

　　순임금은 법에 따라 형벌을 내렸는데, 얼굴에 죄명 문신하기와 코 베기 그리고 거세와 발뒤꿈치 베기 및 사형의 다섯 가지 형벌은 유배형으로 용서하고, 채찍질로 관형 즉 관아의 형벌을 삼았으며, 회초리로 교형 즉 학교의 형벌을 삼았고, 금전으로 죄를 면하는 속형을 삼았다. 과실로 일어난 재해는 사면해주었으나, 뉘우치지 않으면 형벌로 다스렸다. "삼갈지니, 삼갈지니, 형벌의 신중함이여!"

〔상서〕〈순전〉중에서

　　그래서 기가 악기를 연주하자 돌아가신 선조(귀신)께서 이르고 모든 왕후가 서로 양보하였으며 새들이 날고 들짐승들이 춤추었는데, 순임금 음악인 소 아홉 곡 연주가 끝나자 봉황이 와서 예절을 갖추고 모든 짐승이 춤추었으며 모든 관리가 믿고 화합했다. 순임금은 이에 노래를 지어서 불렀다. "하늘의 명을 공경하여 받들어, 때에 맞추기를 살피리니." 이에 노래하여 불렀다. "대신들이 행복하니 임금이 입신하고, 온갖 장인이 흥성하리니!" 고요가 손을 들어서 맞잡고 절하며 머리를 조아려 소리 높여 말했다. "삼가소서! 대략 국가의 대사를 일으킴에, 삼가면 이에 흥성합니다. 공경하소서!" 이에 다시 노래를 불렀다. "임금이 총명하고 사리에 밝으면 대신들이 어질어져서, 모든 일이 편안하네!" 또 노래를 불렀다. "임금이 통일성이 없으면, 대신들이 불경해져서 만사가 무너지네!" 그러자 순임금이 절하며 말했다. "그렇소, 가서 삼가시오!"

[사기] 〈하본기〉 중에서

26-2   **雖有榮觀, 燕處超然。**(수유영관, 연처초연.)
        설령 영화로운 환경이 있더라도, 편안하게 처하여 초연하다.

대동사회를 이끈 성인들은 최고 지도자의 지위에 올랐지만, 지위나 부귀영화에 집착하지 않고 하늘이 부여한 천성에 따라 마음을 편하게 하여 초연한 삶을 살았다. 다음 기록을 보면 그 뜻을 명확하게 이해할 수 있다.

요임금이 화 지역을 살피자, 화의 봉인(수령)이 말했다. "아, 성인을 축복하나니, 성인께서 장수하고 부유하며 아들이 많기를 바랍니다." 그러자 요임금이 말했다. "사양하겠소. 아들이 많으면 곧 두려워할 일이 많고, 부유하면 곧 일이 많으며, 장수하면 곧 욕된 일이 많소."

[십팔사략] 〈오제〉 중에서

요임금과 같은 성인들은 이처럼 나라와 백성을 위해서 신중했을 따름이지, 사적인 부귀영화나 장수에는 관심이 없었다. 이것이야말로 영화로운 환경이 있더라도 편안하게 처하여 초연하다는 뜻이 아니겠는가?

26-3 **奈何萬乘之主, 而以身輕天下?**
(내하만승지주, 이이신경천하?)
어찌 만승지국의 주인일진대, 그런 신분으로 세상을
경솔히 대하겠는가?

만승지주는 전쟁용 수레 만 대를 동원할 수 있는 대국 주나라의 임금이라는 뜻으로, 천자(天子)라고도 불렸다. 반면에 천승지주는 천자를 보필하는 제후국의 제후를 지칭한다. 여기서 [도덕경]이 정치 특히 지도자의 리더십에 관한 서적임을 다시 확인할 수 있다. 노자가 동주 즉 춘추시대 인물이었다는 사실도 확인할 수 있는데, 만승지주라는 호칭은 춘추시대를 끝으로 더는 사용되지 않기 때문이다.

26-4 **輕則失本, 躁則失君。** (경즉실본, 조즉실군.)
경솔하면 근본을 잃고, 경박하면 군주의 지위를 잃는다.

다음의 기록을 통해 지도자가 경솔하거나 경박하면 지위를 잃는다는 것이 어떤 의미인지 살펴보자.

소강 이래 왕저, 왕괴, 왕망, 왕설, 왕불항, 왕경, 왕근을 거쳐서 왕공갑에 이르러, 귀신을 좋아하고 음란한 행위를 일삼아서 하나라의 덕이 쇠하였다.

[십팔사략] 〈하왕조〉 중에서

귀신은 돌아가신 선조를 뜻한다고 설명했었다[13]. 그런데 왜 여기서는 선조의 뜻을 따랐는데도 국운이 기울었다고 말하는 것일까? 공자는 일찍이 다음처럼 설명한 적이 있다.

공자가 이르셨다. "그 귀신이 아닌데도 제사 지내면, 간사한 것이다.

[논어] 〈위정〉 중에서

즉 공자의 말은 자기 조상이 아니라 무턱대고 아무 귀신이나 섬기면 오히려 나라가 혼란에 빠지게 된다는 뜻이다.

이와 유사한 사건은 근대사에도 있다. 러시아의 니콜라이 2세는 어렸을 때부터 약자를 도와주는 따뜻한 마음씨의 소유자였다. 하지만 그는 너무 유약했기 때문에 지도자로 적합하지 않았다. 1894년 황제로 즉위한 이후 재위 기간 내내 정치적 무능함을 보였고 급기야 미신을 신봉했는데, 여기서 언급할 인물이 그레고리 라스푸틴(Grigori Rasputin)이다. 그는 혈우병으로 고생하던 황태자 알렉세이의 증세를 매번 기도 요법으로 일시적으로나마 호전시켜 신망을 얻었고, 급기야 귀족 대접을 받기에 이르

---

13 8-3

렀다. 나아가 당시 극심한 신경쇠약으로 고생하던 황후 알렉산드라는 라스푸틴을 맹신하여 그 없이는 하루도 견디지 못하는 지경에 이르렀고, 라스푸틴은 이참에 신의 대변인으로서 니콜라이 2세를 대신해서 실권을 장악해 폭정을 일삼았다. 특히 농민들에게 가혹한 세금을 징수해 사리사욕을 채웠고, 이에 항의하는 농민들에게 총격을 가하기까지 했다. 라스푸틴은 결국 사람들에게 맞아서 네바강에 던져지는 비참한 최후를 맞이했고, 굶주림에 허덕이는 노동자들이 데모를 일으키자 니콜라이 2세도 스스로 왕위에서 내려왔다. 그는 이후 군인들의 감시 아래 근근이 편치 않은 삶을 이어가다가 결국 1918년에 총살당하고 만다. 그리고 몇 달 후 블라디미르 레닌이 주도한 볼셰비키 혁명으로 인해 러시아 왕조는 막을 내리게 되었다.

27장

바퀴 자국이 남지 않는 수레

27-1   **善行無轍跡, 善言無瑕謫。**(선행무철적, 선언무하적.)
길을 잘 다니면 수레바퀴로 남는 흔적이 없고, 말을 잘하면
흠으로 책망당함이 없다.

신중하게 말하면 실수를 줄일 수 있으므로, 상대방에게 흠집을 잡혀 질
책당하지 않을 수 있다. 하지만 어떤 방법으로 수레를 타야 바퀴 자국이
남지 않을까? 설마하니 노자가 살던 시대에 이미 날아다니는 수레가 있
었단 말인가?

[좌전] 〈소공 12년〉에는 다음과 같은 이야기가 있다. 주나라 임금 목왕
이 말했다. "천하를 두루 다녀서 모든 땅에 나의 수레바퀴 자취를 남기고
자 한다." 천자로서 제후국들을 일일이 방문하여 자기의 존재를 널리 과
시하고자 한 것이 목왕의 취지이다. 그러자 제공 모보가 〈기초(祈招)〉라는
시를 지어서 한사코 목왕의 행차를 만류했다. 〈기초〉는 임금의 덕이 널리
울려 퍼지기를 기원하노니, 임금께서는 왕도를 생각하시어 안일함에 빠
지지 말고 백성들을 잘 보살피기를 바란다는 내용이었다.

천자가 제후국들을 방문하겠노라고 하면 제후국들은 그날부터 만사를

제쳐놓고 천자를 맞이할 준비에 여념이 없다. 제후와 신하들은 나랏일에 집중하지 못하고 건축이나 성곽 수리 등에 백성들을 동원할 것이며, 나아가 더 많은 조세를 거두려고 한다. 하지만 백성들이 동원되면 농사를 지을 사람이 없어서 그해는 흉년이 들고, 가뜩이나 없는 살림에 더 많은 조세를 내면 백성들은 굶주림에 허덕이게 된다. 만약 천자가 진정으로 백성들을 생각한다면, 그래도 온 세상에 수레바퀴 자국을 남기면서까지 제후국들을 방문하려고 하겠는가? 따라서 수레바퀴로 남는 흔적이 없게 하는 유일한 방법은, 수레를 타고 행차하지 않는 것이다.

오늘날에도 유사한 일들이 발생하고 있는데, 한 재벌그룹에서 발생한 과잉 의전 강요 문제 때문에 세상이 시끄러웠던 적이 있다. 한 달에 한 번씩 재벌그룹 회장이 계열사를 방문할 때마다 계열사 운영진은 승무원들을 동원해서 "회장님 만날 생각에 밤잠 못 잤습니다. 사랑합니다."라는 표현까지 써 가며 맞이했다고 한다. 심지어는 회장님께 감동을 드려야 한다면서 신체 접촉까지도 강요한 사실이 드러났다. 거기다가 회장 일가의 묘역 관리에 협력업체 비정규직 직원들까지 동원한 사실도 드러났다. 비정규직 직원들은 수년 동안 총수 일가 선산 관리뿐 아니라 묘역 벌초 작업까지 도맡았다고 밝혔다. 과연 이 회사 직원들은 그동안 본연의 업무에 전념할 수 있었을까?

27-2 **善數不用籌策, 善閉無關楗而不可開,**
善結無繩約而不可解。
(선수불용주책, 선폐무관건이불가개, 선결무승약이불가해.)
계산을 잘하는 이는 산가지를 쓰지 않고, 문을 잘 닫는 이는
빗장이 없어도 열 수 없도록 하며, 매듭을 잘 짓는 이는
밧줄이 없어도 풀 수 없도록 한다.

산가지는 숫자를 표시하는 나뭇가지인데 계산을 돕는 도구이다. 빗장
은 문을 닫는 도구이고, 밧줄은 매듭을 짓는 도구이다. 여기서도 천성을
따르면 억지로 그렇게 만드는 도구가 굳이 필요하지 않다고 말하며 무위
와 자연을 강조한다.

계산에 능통하면 굳이 산가지라는 도구가 없어도 계산을 잘한다는 사
실은 누구나 쉬이 이해할 수 있다. 그런데 아무리 문을 잘 닫는 사람일지
라도 어떻게 빗장이 없는 문을 열 수 없게 할 수 있을까? 다음 내용을 다
시 살펴보자.

사람들은 재산을 귀히 여겨서 함부로 대하지 않았지만, 반드시 자기
집에 보관하려 하지는 않았다. 사람들은 또한 자기 힘을 들여 애써 일하
는 것을 중시했지만, 반드시 자기만을 위해서 그런 것은 아니었다. 이 때
문에 얄팍한 계략이 통하지 못하고 도적이나 반란이 일어나지 못했다. 따
라서 사람들이 밖의 대문을 잠그지 않았으니, 이를 대동이라고 일컫는다.

[예기] 〈예운〉 중에서

여러분이 멋진 스포츠카를 한 대 갖고 있다. 어느 날 친구가 찾아와서 저녁에 데이트하는데 여러분의 차를 빌려달라고 한다면 어떻게 하겠는가? 아마도 대다수는 '이 친구 정신이 마실 나갔나?'라고 생각할 것이다. 하지만 대동사회였다면 오히려 흔쾌히 자동차 키를 건네며 "자, 받아. 그럼 데이트 잘해라, 친구!"라고 응원했을 것이다. 귀한 물건을 혼자만 소유하지 않고 함께 공유할 수 있다면 과연 그것을 탐내는 이들이 있을까? 그것을 탐내지 않는데 굳이 남의 집 문을 열고 들어가 훔칠 생각을 할까? 그러므로 여기서 노자는 대동사회를 빗장이 없어도 문이 열리지 않는 세상에 빗대어 설명한다. 그렇다면 어떻게 해야 밧줄이 없어도 풀지 못하게 할 수 있을까?

밧줄은 사람이나 사물이 본래 자기가 속한 범위에서 벗어나지 않도록 묶어서 붙잡아두는 도구이다. [논어] 첫 구절을 살펴보자.

> 공자가 이르셨다. "배우고 늘 그것을 익히면, 또한 기쁘지 아니한가? 무리가 있어서 먼 곳으로부터 찾아오면, 또한 즐겁지 아니한가? 사람들이 알아주지 않아도, 원망하거나 성내지 않으면, 또한 군자가 아니겠는가?"
>
> [논어] 〈학이〉 중에서

지도자가 도를 배워서 실천하려고 부단히 노력한다면 나라가 평안해질 것이니, 이는 기쁜 일이 아니겠는가? 그렇게 되면 주변 사람들이 그 나라가 살기 좋다는 소식을 듣고 몰려와서 백성이 될 터이니, 이 또한 즐거운 일이 아니겠는가? 하지만 도를 배우고 부단히 노력하여 실천하는 올바른 지도자는 남에게 보여주려고 하는 것이 아니라 자기 자신을 위해서 갈고닦는다. 설령 백성들이 노고를 알아주지 않아도 화를 내거나 속상해하지 않으면, 이야말로 참된 지도자가 아니겠는가?

따라서 밧줄이 없어도 풀 수 없도록 한다는 말은, 살기 좋은 나라 백성들은 누가 다른 곳으로 가라고 떠밀어도 가지 않는다는 뜻이 된다. 그런데 대한민국에서 국적을 포기하고 해외로 나가는 국민의 숫자가 매년 2만 명 이상이라고 한다. 구체적으로는 2008년부터 2018년까지 한국 국적을 상실한 인구수가 매년 2만 명 이상 꾸준히 유지되었음이 드러났다. 이 수치의 의미를 한 번쯤 고민할 필요가 있다.

27-3	**是以聖人常善救人, 故無棄人 ; 常善救物, 故無棄物。** (시이성인상선구인, 고무기인 ; 상선구물, 고무기물.) 이 때문에 성인은 항상 사람을 잘 구제해서 버려지는 사람이 없고, 항상 사물을 바로잡아서 버려지는 사물이 없다.

이처럼 대동사회를 이끈 성인들은 누구 하나 버리지 않고 함께했기 때문에 모두가 조화롭게 살았다. 또 하늘이 부여한 천성에 따라 다스렸기 때문에 만물이 조화를 이루게 되었으니, 노자는 여기서 다시 조화로움의 화(和)를 강조하고 있다.

27-4 **是謂襲明。**(시위습명.)
이를 일컬어서 덕을 밝히는 것을 따른다고 하는 것이다.

변치 않음의 상(常)을 깨닫는 것이 덕을 밝히는 것이라고 했으므로[14], '밝을 명(明)'은 덕을 밝힌다는 뜻이다. 즉 덕은 그 자체로 변치 않음의 상(常)을 지니지 못한다는 것을 의미한다. 그리고 도는 덕보다 하나 더 높은 단계에 있는 개념이라고 했으므로[15], 이제 도와 덕의 관계가 한층 명확해진다.

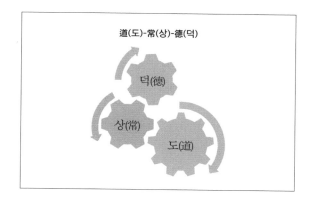

동서고금을 막론하고 처음에는 덕치를 행해서 나라가 흥했지만, 언제부턴가 초심을 잃고 결국에는 불행하게 된 인물이 한둘이었던가? 따라서

---

14 16-5
15 21-1

덕에 변치 않음의 상(常)이 합쳐졌을 때 비로소 도가 완성된다. 그렇다면 27-3과 27-4처럼 누구 하나 버리지 않고 함께하는 조화로움의 화(和)를 실천하는 것이 어째서 덕을 밝히는 것을 따르는 걸까? 덕의 개념을 설명하기 전에 '밝을 명(明)'이 무엇인지부터 짚고 넘어가자.

 '밝을 명(明)'은 '해 일(日)'과 '달 월(月)'이 합쳐져서 만들어진 회의문자로, 낮에는 햇빛이, 밤에는 달빛이 환히 비춘다는 의미를 지니고 있다. 또한 낮은 양, 밤은 음을 뜻하므로 '밝을 명(明)'은 그 자체로 양과 음이 조화를 이루는 화(和)를 상징한다.

德 '덕 덕(德)'은 본래 덕(悳)으로 쓰였다가 후대에 '조금 걸을 척(彳)'이 첨가되었다. 따라서 본래의 문자는 덕(悳)인데, 이는 '곧을 직(直)'과 '마음 심(心)'이 합쳐진 회의문자이다. 또한 '곧을 직(直)'은 '열 십(十)'과 '눈 목(目)', '숨을 은(乚)'이 합쳐져서 만들어진 회의문자로서 열 개의 눈으로 숨은 것을 바라보면 바르고 곧아진다는 뜻을 가진다. 그러므로 결국 덕이란 마음을 바르고 곧게 하는 것인데, 덕을 행하면 타인이 얻는 바가 있거니와 자기 자신도 얻는 바가 있게 된다. 그런데 덕은 정치와 직결된 것이므로, 이 말은 결국 지도자가 덕으로 세상을 이끌면 백성들이 얻는 바가 있고, 지도자 자기 자신도 얻는 바가 있다는 뜻이 된다.

 [상서] 〈고요모〉에 따르면, 덕에는 아홉 가지가 있어서 구덕이라고도 부르는데, 도표로 정리하면 다음과 같다.

치국(治國)
1. 관이율(寬而栗):
   관대하면서도 엄격함
3. 원이공(願而共):
   정중하면서도 함께 함
4. 치이경(治而敬):
   다스리면서도 공경함
5. 요이의(擾而毅):
   길들이면서도 강인함
7. 간이염(簡而廉):
   질박하면서도 청렴함
9. 강이의(强而義):
   굳세면서도 의로움

삼덕

육덕

구덕

제가(齊家)
2. 유이립(柔而立):
   온유하면서도 확고히 섬
6. 직이온(直而溫):
   정직하면서도 부드러움
8. 강이실(剛而實):
   강직하면서도 정성스러움

아홉 가지 덕은 하나같이 강함과 부드러움이 조화를 이루고 있는데, 둘 중 어느 한쪽에 치우치지 않는 중(中)과 둘을 아우르는 조화로움의 화(和)를 모두 포괄하는 개념이다. 즉 중(中)과 화(和)는 덕의 양대 구성요소다. 따라서 덕은 대동사회를 이끈 성인들이 행한 강함과 부드러움의 통치법을 조화롭게 실천하려는 절조(절개와 지조)라고 풀어낼 수 있다. 그런데 어떻게 한 사람이 강함과 부드러움을 두루 갖출 수 있을까? 자기의 잘못은 크게 부끄러워하여 엄격하게 꾸짖고 고치도록 노력하고 타인의 잘못은 너그럽게 감싸주어 관대한 태도를 보이면 된다. 다시 말해 참된 지도자의 모습은 내가 하면 로맨스이고 남이 하면 불륜인 '내로남불'이 아닌, 내가 하면 불륜이고 남이 하면 로맨스인 '내불남로'가 되어야 한다.

그렇다면 리더가 덕으로 세상을 이끌면 백성들이 얻는 바가 있게 되고, 자기 자신 역시 얻는 바가 있게 된다는 말은 무슨 뜻일까? 리더가 자기의 잘못을 크게 부끄러워하여 고치려고 노력하면, 그만큼 리더의 결점이 없어지고 백성들이 더욱 살기 좋은 나라가 된다. 마찬가지로 타인의 잘못을 너그러이 감싸주면, 타인은 그만큼 용서를 받을 수 있으며 더욱 지도자를 믿고 따르게 된다. 그러므로 조화로움의 화(和)를 실천하는 것이 덕을 밝히는 것을 따른다는 말은, 조화로움의 화(和)가 도보다 하나 아래 단계에 있는 덕을 구성하는 양대 요소 중 하나란 뜻이다. 그리고 덕은 도의 구성요소이기에 조화로움의 화(和)는 앞에서 누차 말한 것처럼 도의 중요한 구성요소도 된다.

27-5 **故善人者, 不善人之師 ; 不善人者, 善人之資。**
(고선인자, 불선인지사; 불선인자, 선인지자.)
그러므로 선량한 이는 선량하지 못한 이의 스승이고,
선량하지 못한 이는 선량한 이의 자원이다.

따라서 덕을 밝혀서 따르는 이는 그렇지 못한 이들의 스승 즉 정면교사가 되어서 모범을 보인다. 지금 당장은 그러지 못하는 이들도 언젠가는 덕을 밝혀서 따르는 이가 될 수 있으므로 미래의 자원 즉 밑바탕이 된다. 그러므로 어느 한쪽만 선택적으로 받아들이는 것이 아니라 이들 모두를 포용해야 한다.

27-6 **不貴其師, 不愛其資, 雖智大迷, 是謂要妙。**
(불귀기사, 불애기자, 수지대미, 시위요묘.)
스승을 존중하지 않고 자원을 사랑하지 않으면, 비록
총명하더라도 어리석게 될 수 있으니, 이것을 오묘한
도리라고 한다.

덕을 밝혀서 따르는 이를 모범이 되는 정면교사로 삼지 않고, 또 지금 당장은 덕을 밝혀서 따르지 못하더라도 미래의 자원 즉 밑바탕이 될 이들을 자애롭게 포용하지 못하면 일을 크게 그르칠 수 있다. 이처럼 모두를 포용하고 조화롭게 이끄는 것이야말로 진정한 리더가 갖춰야 할 자세이자 심오한 도리이다.

28장
드래곤볼은 다 모아야 한다

28-1 　**知其雄，守其雌，為天下谿。**(지기웅, 수기자, 위천하계.)
　　그 강함을 알고 그 부드러움을 지키면, 세상의 개울이 된다.

　원문에는 자웅(雌雄) 즉 암컷과 수컷으로 나와 있는데 일반적으로 수컷은 강함의 부성을, 암컷은 부드러움의 모성을 상징한다. 따라서 이 구절은 지도자가 나라를 다스림에 있어서 굳건하고 단호하면서도 자애로움으로 포용하게 되면, 백성들이 그를 지지하고 따르게 된다고 강조하고 있다. 그런데 강함과 부드러움의 조화는 덕의 특징이므로, 당연히 덕과 관련된 내용이 이어질 것이다. 또 노자는 덕을 개울로 표현하고 있으므로, 이제 개울은 덕의 메타포가 된다. 그렇다면 개울의 특징은 무엇일까? 8장에서 설명했다시피 아래로 흐른다.

28-2 　**為天下谿，常德不離，復歸於嬰兒。**
　　(위천하계, 상덕불리, 복귀어영아.)
　　세상의 개울이 되면 변치 않음의 상(常)의 덕이 흩어지지
　　않으므로, 순수함을 지니는 상태로 돌아가게 된다.

어떤가? 앞에서 언급한 것처럼 이 구절에서 덕에 대해 이야기하고 있다. 세상의 개울이 된다는 것은 지도자가 자신을 백성 아래에 두는 겸손함을 뜻하고, 지도자가 초지일관의 자세로 임하면 항상 덕치를 실행할 수 있다. 즉 인위적으로 법과 제도를 세분해서 통치하는 것이 아닌 사람의 손을 타지 않은 순수한 상태 즉 천성에 따라 나라를 다스린 대동으로 돌아갈 수 있게 된다.

28-3 **知其白, 守其黑, 為天下式。**
(지기백, 수기흑, 위천하식.)
그 밝음을 알고 그 어두움을 지키면, 세상의 규범이 된다.

밝음의 양과 어두움의 음을 조화롭게 하는 것 역시 덕의 특징이다. 따라서 이 뒤의 내용도 덕과 관련된 내용이다. 또 노자는 이제 덕을 규범으로 표현하고 있는데, 바로 여기서 덕이란 지도자가 지켜야 할 도리임이 자명해진다. 이미 27장에서 덕은 대동사회를 이끈 성인들이 행한 강함과 부드러움의 통치법을 조화롭게 실천하려는 절개와 지조라고 설명했었다.

28-4 **為天下式, 常德不忒, 復歸於無極。**
(위천하식, 상덕불특, 복귀어무극.)
세상의 규범이 되면 변치 않음의 상(常)의 덕이 어긋나지
않게 되어서, 무극으로 돌아가게 된다.

지구의 북쪽 끝은 북극, 남쪽 끝은 남극이다. 이처럼 어느 한쪽으로 치우치는 극단이 없는 상태가 바로 무극이다. 앞에서 어느 한쪽에 치우치지 않는 중(中)과 모두를 아우르는 조화로움의 화(和)는 덕의 양대 구성요소라고 했었다. 따라서 대동사회를 이끈 성인들이 행한 강함과 부드러움의 통치법인 덕을 조화롭게 실천하려는 절조(절개와 지조)가 지도자의 규범이 되면, 극단으로 치달아 서로 반목하고 분열되지 않고 더불어 조화롭게 살아가는 세상을 만들 수 있다.

대한민국의 화두는 대통합이다. 그러나 현실은 조화로움의 '화(和)'를 강조하는 상생과 공생을 추구하기보다 편 가르기로 갈등을 조장하고 있다. 좌파의 진보주의적 관점은 틀린 것일까? 우파의 보수주의적 관점은 과연 고리타분한 것일까? 왜 서로의 장점을 살리고 단점을 보완하는 데 협력하지 못할까? 그리고 그러한 모습을 바라보는 국민의 마음은 왜 헤아리지 못하는 것일까? 좌파와 우파를 나누는 갈림길에서 국민에게 둘 중 하나만 선택하라고 종용하는 것은, 그 자체만으로도 올바른 정치가 아니다.

28-5　　**知其榮, 守其辱, 為天下谷。**
(지기영, 수기욕, 위천하곡.)
그 영화로움을 알고 그 치욕을 지키면, 세상의 계곡이 된다.

앞에서 설명했듯이 계곡은 움푹 파여서 안이 비어있기 때문에 모든 것을 받아들일 수 있으며, 수용과 포용의 메타포가 된다. 또한 계곡은 밝음을 상징하는 영화로움과 어두움을 상징하는 치욕을 모두 받아들이므로, 덕을 나타낸다. 다시 말해 최고 지도자의 자리에 올랐으나 지위와 부귀영화에 집착하지 않고 오히려 자신을 낮추고 백성들을 공경하게 되면, 한쪽으로 치우치지 않고 모두를 포용하는 조화로움으로 덕치를 행할 수 있게 된다. 그렇게 되면 세상 사람들 모두가 그를 자애롭다고 여겨서 신뢰하고 지지하여 따른다.

28-6　　**為天下谷, 常德乃足, 復歸於樸。**
(위천하곡, 상덕내족, 복귀어박.)
세상의 계곡이 되면 변치 않음의 상(常)의 덕이 이에
충족되어서, 아직 사람의 손을 타지 않은 통나무와도 같은
상태로 돌아가게 된다.

여기서도 덕을 이야기하고 있다. 그런데 덕과 통나무는 무슨 관련이 있는 걸까? '통나무 박(樸)'은 사람의 손길을 아직 거치지 않아서 억지로 다

듣어지지 않은 순수한 상태라고 했다[16]. 따라서 노자는 지도자가 마치 계곡과도 같은 덕으로 나라를 다스리게 되면, 복잡한 법률과 제도들로 통제하지 않는 대동사회로 돌아갈 수 있다고 설명하고 있다.

28-7 　**樸散則為器，聖人用之則為官長，故大制不割。**
(박산즉위기, 성인용지즉위관장, 고대제불할.)
아직 사람의 손을 타지 않은 통나무와도 같은 상태가
흩어지면 곧 도구(그릇)가 되고, 성인이 그것을 이용하면
곧 백관의 수장이 되니, 그러므로 커다란 법도는
분할되지 않는다.

이 구절은 사실 42-1과 연결해서 이해해야 하는데, 자세한 내용은 42장에서 설명하기로 한다. 일단 이 구절을 풀이하기 전에 다음 [논어] 구절을 살펴봐야 한다.

　　공자가 이르셨다. "성인은, 내가 만나볼 수 없구나. 군자를 만나볼
　수 있다면, 이것만으로도 좋겠다."

　　　　　　　　　　　　　　　　　　　　　　　　[논어] 〈술이〉 중에서

공자도 언급하고 있듯이, 성인과 군자는 다르다. 위 구절을 통해 성인은 군자보다 더 높은 개념임을 알 수 있다.

_____

16　15-7

공자가 이르셨다. "군자는 그릇으로 쓰이지 않는다."

〔논어〕〈위정〉중에서

그런데 군자 양성이라는 일념으로 교육에 헌신했던 공자가, 군자는 그릇과 전혀 다르다고 말하고 있다. 군자는 그릇과 수준이 다른 훨씬 더 높은 존재란 뜻이다. 이제 도구를 뜻하는 '그릇 기(器)'의 뜻에 주목하자.

자공이 물었다. "저는 어떻습니까?" (그러자) 공자가 이르셨다. "너는, 그릇이다." (이에 자공이 다시) 말했다. "어떤 그릇입니까?" (공자가) 이르셨다. "호련이다."

〔논어〕〈공야장〉중에서

호련은 제사를 지낼 때 오곡을 담아 신께 바치던 귀한 그릇이다. 여기서 공자는 자공의 능력을 높이 평가했음을 알 수 있다. 그렇다면 이 말을 들은 자공은 기뻐했을까? 다시 강조하지만 공자의 교육목표는 군자 양성에 있다.

성인(聖人): 대동 사회 지도자

군자(君子): 소강 사회 지도자

그릇(器): 한 방면의 전문가

뒤에서[17] 구체적으로 언급하겠지만, 군자는 대동사회를 다스렸던 성인과 달리 소강사회를 이끌었던 지도자이다. 하지만 이 둘에는 도를 깨닫고 실천한 지도자라는 공통점이 존재한다. 반면에 그릇은 도를 깨닫지는 못했지만, 도의 구성요소 중 몇몇을 실천했던 인물들을 뜻한다. 그리고 도의 구성요소에는 객관적이고도 공정한 중(中), 조화로움의 화(和), 검소함의 검(儉), 자애로움의 자(慈), 겸손함의 겸(謙), 신뢰의 신(信), 신중함의 신(愼), 고요함의 정(靜), 변치 않음의 상(常) 등이 있으며 도를 닦는 것은 결국 도의 구성요소들을 실천하는 것이라고 설명했었다[18].

도의 구성요소 전부를 실천하는 것과 일부만 실천하는 것의 차이가 무엇인지 다음 예로 살펴보자. 1990년대 한국에서 큰 인기를 끌었던 [드래곤볼(Dragon ball)]이란 만화가 있는데, 일곱 개의 여의주를 다 모으면 용이 나타나 어떤 소원도 들어준다는 내용이다. 그래서 주인공들은 일곱 개의 여의주를 모으기 위해서 서로 협력하거나 싸우는데, 이 중 단 하나라도 부족하면 아무런 소용이 없다는 것이 핵심이다.

바로 여기서 '그릇'의 의미가 확연히 드러난다. 즉 그릇이란 성인이나 군자처럼 도의 모든 구성요소를 유기적으로 조화롭게 실천하지는 못하지만, 최소한 이들 중 몇몇 개는 실천함으로써 일개 기관의 수장은 맡을 수 있는 사람이다. 우리 주변에서도 이런 인물들을 간혹 볼 수 있지 않은가? 다른 건 몰라도 검소한 리더, 겸손한 리더, 공정한 리더 등등.

---

17 31장
18 21-4, 26-1

따라서 노자는 말한다. "대동을 이끈 성인의 큰 도는, 사람 손을 아직 타지 않은 순수한 하늘의 도이다. 그런데 도의 구성요소들이 유기적으로 조화를 이루지 못하고 한둘 혹은 일부만 실천된다면, 제아무리 성인이 다시 등장한다고 할지라도 일개 기관장이 될 수밖에 없다. 따라서 무엇보다도 도의 구성요소들을 유기적으로 조화롭게 실천하는 것이 중요하다."

29장

만에 하나

29-1　**將欲取天下而為之，吾見其不得已。**
(장욕취천하이위지, 오견기부득이.)
(지도자가) 장차 세상을 다스리고자 하면서 작위 하는 바가
있으면, 나는 그가 얻을 수 없다고 본다.

장차 나라의 지도자가 되고자 하는 이가 백성이 바라는 바를 따르지 않고 법률과 제도를 강화하여 억지로 통제하려 들면, 나는 그가 뜻대로 할 수 없다고 본다.

29-2　**天下神器，不可為也。**
(천하신기, 불가위야.)
세상의 오묘한 도구는, 작위 할 수 없다.

대동사회를 이끌었던 성인의 도는 타고난 천성을 거슬러 억지로 작위 할 수 없다.

29-3   **爲者敗之, 執者失之。**
(위자패지, 집자실지.)
(지도자가) 작위 하면 실패하고, 집착하면 잃는다.

주어진 천성을 따르지 않고 억지로 작위 하여 백성을 통제하려 들면 결국 나라를 잘 다스리지 못하게 되어서 지도자의 자리를 지키지 못하게 된다. 또 재물과 권력에 집착하면 결국 모든 것을 잃게 된다.

29-4   **故物或行或隨, 或歔或吹, 或强或羸, 或挫或隳。**
是以聖人去甚, 去奢, 去泰。
(고물혹행혹수, 혹허혹취, 혹강혹리, 혹좌혹휴. 시이성인거심,
거사, 거태.)
그러므로 사물은 앞서기도 하고 뒤따르기도 하며, 가볍게
내쉬기도 하고 급하게 내뿜기도 하며, 강건하기도 하고
허약하기도 하며, 억누르기도 하고 파괴하기도 한다.
이 때문에 성인은 과도함을 멀리하고, 사치를 멀리하며,
안락함을 멀리한다.

사물 즉 물질세계의 모든 존재는 따로 순서가 정해져 있지 않고, 일정한 흐름이 없으며, 고정된 모양이나 속성이 있지 않다. 이렇듯 하늘의 뜻이 일정하지 않기 때문에 대동사회를 이끈 지도자들은 오히려 더욱 삼가고 항상 노력하였는데 특히나 과도함, 사치함, 나태함을 멀리했다.

변방 노인의 말이라는 뜻의 사자성어인 '새옹지마(塞翁之馬)' 혹은 변

방 노인이 말을 잃었다는 뜻의 '새옹실마(塞翁失馬)'는 [회남자] 〈인간훈〉에 등장한다. 중국 국경 지방에 살고 있던 노인이 기르던 말이 오랑캐 땅으로 도망쳤다. 이웃 사람들이 위로하자, 노인은 좋은 일이 일어날 수도 있다면서 태연자약한 것이 아니겠는가. 몇 달 후 도망쳤던 말이 다른 준마 한 필과 함께 돌아왔다. 이번에는 이웃 사람들이 축하의 말을 건네자, 노인은 이 일이 오히려 화가 될 수 있다면서 근심 어린 표정을 지었다. 세월이 흘러서 노인의 집에는 좋은 말들이 많아지게 되었는데, 어느 날 노인의 아들이 말을 타다가 낙마하여 그만 넓적다리가 부러지고 말았다. 이웃 사람들이 안타까운 마음에 위로를 전하자, 노인은 오히려 이 일로 인해 더 좋은 일이 생길 수도 있다면서 담담한 표정으로 말했다. 일 년 후 오랑캐들이 쳐들어오자, 젊은이들은 모두 활을 들고 나가서 싸웠는데 국경으로 파견된 이들은 열에 아홉이 살아서 돌아오지 못했다. 하지만 노인의 아들은 절름발이가 되었기 때문에 살아남을 수 있었다. 따라서 이 사자성어는, 하늘의 뜻이 일정치 않으므로 집착하지 말고 항상 신중함을 잃지 말라는 것을 시사한다.

한자어에서 가정의 상황을 말할 때 쓰는 단어 중 하나가 만일(萬一)이다. 만일은 만 가지 중 하나라는 말을 줄인 것인데, 사실 이 단어는 '일만은 두렵지 않고, 단지 만에 하나가 두려울 뿐이다(不怕一萬 , 只怕萬一).'라는 표현에서 나왔다. 생각해보자. 만 명이 나쁜 짓을 해서 만 명 모두가 지옥에 간다면, 그것은 두려운 일일까? 아닐 것이다. 왜냐면 모두가 예상 가능한 너무나도 명명백백한 결과이므로. 그런데 9,999명이 나쁜 짓을 했는데 모두 아무런 문제가 없다가 단 한 명, 그것도 나 혼자만 지옥에 가게 된다면? 그건 두려운 일일까? 두렵지 않다면 그게 더 이상한 일이다. 나쁜 짓을 한 사람 모두가 지옥에 간다면 세상에 나쁜 짓을 할 바보는 없다. 하지만 똑같은 잘못을 저질렀는데 어떤 이는 천벌을 받고 어떤 이는 마치 아무 일도 없었던 것처럼 희희낙락하면서 잘 먹고 잘 산다면? 그렇다면 우리는 과연 어떤 인생을 살아야 할 것인가? 매번 노심초사하며 요행만 바랄 것인가, 아니면 지금이라도 마음을 바꿔서 더욱 진지한 마음으로 삶을 대할 것인가? 이것은 철저히 본인의 선택에 달려있다.

30장

부득이한 무력

30-1 **以道佐人主者，不以兵强天下，其事好還。**
(이도좌인주자, 불이병강천하, 기사호환.)
도로써 군주를 보좌하는 이는 무기로 세상을 강박하지
않으니, 그러한 일은 좋은 보답을 받는다.

누차 말했지만 노자는 주나라 사관의 신분으로 대동사회의 역사 기록을
토대로 [도덕경]을 집필했다. 그렇다면 이 구절은 무엇을 말하는 것일까?

십 일 동안 묘족이 명을 거역했다. 이에 익이 우를 도와 말했다.
"오직 덕만이 하늘을 움직이니, 먼 곳이라도 굴복합니다. 자만은 손
해를 부르고, 겸손은 이익을 받으니, 늘 이와 같은 하늘의 도리입니
다. 순임금께서는 처음 역산에서 밭에 나가셨을 때, 매일 하늘과 부모
에게 울부짖으시며 모든 죄를 자기 탓으로 돌렸습니다. 부친인 고수
를 공경하여 받들고, 조심하고 재계하여 삼가시니, 고수 역시 진실로
따르게 되었습니다. 지극한 정성은 귀신도 감동하는데, 하물며 이 묘
족이야 말할 나위가 있겠습니까?" 우는 훌륭한 말에 절하며 말했다.

"그렇습니다!"그러고는 군사를 돌려 철수하고, 제사를 바로잡았다. 순임금은 이에 위엄과 덕망을 넓게 펴고 두 섬돌에서 방패춤(武舞)과 깃털 춤(文舞)을 추시니, 칠십 일이 지나서 묘족들이 감복했다.

〔상서〕〈대우모〉 중에서

순임금은 우에게 명하여, 오직 묘족만이 다스려지지 않으므로 가서 정벌하라고 했다. 우는 군대를 이끌고 묘족을 치려고 하였으나, 쉽게 정복하지 못했다. 이때 익이 우에게 충언하여 덕으로 상대방을 감화시켜야 한다고 말했다. 이처럼 노자는 태평성대 성인들의 행적을 빌려서, 전쟁이나 무력으로 상대방을 강박하거나 제압하는 것을 대단히 반대했다. 특히 마지막 부분의 방패춤은 무(武)의 강함을 그리고 깃털 춤은 문(文)의 부드러움을 뜻하므로, 이 역시 강함과 부드러움의 통치를 조화롭게 실천하는 덕을 상징하는 표현임을 알 수 있다.

따라서 노자는 말한다. "대동의 통치이념인 도로써 임금을 보좌한 이들은 무력으로 세상을 억압하지 않고 오히려 덕을 베풀어서 문제를 해결했기 때문에, 결국 세상이 그들에게 감화되어 복종하게 되었다."

30-2 　師之所處，荊棘生焉。(사지소처, 형극생언.)
　　　　군대의 주둔지에는, 가시덤불이 자란다.

군대가 주둔한 지역은 전쟁으로 황폐해진다. 점차 사람의 발길이 끊기고 결국 가시덤불로 뒤덮인 황량한 곳이 된다.

30-3 **大軍之後, 必有凶年。**(대군지후, 필유흉년.)
큰 전쟁 후에는, 반드시 흉년이 든다.

큰 전쟁이 일어나면 농지는 쑥대밭이 되고, 백성 또한 군대에 동원되어서 농사를 지을 수가 없으므로 흉년이 들 수밖에 없다. 이에 노자는 무력을 통한 전쟁은 통제와 억지로 작위 함을 뜻하므로, 자애로움의 덕치로써 교화해야 함을 강조하고 있다.

30-4 **善有果而已, 不敢以取强。**(선유과이이, 불감이취강.)
병력을 잘 쓰는 이는 결과가 있으면 그뿐이지, 감히 강제로 취하지 않는다.

하지만 대동사회에서도 무력을 통해 일을 해결해야 하는 경우가 있었을 수 있다. 이처럼 도저히 다른 방법으로 해결할 수 없는 부득이한 경우에는 무력을 행사할 수밖에 없는데, 설령 그렇더라도 거기에서 멈춰야지 강압적으로 다른 사리사욕을 채워서는 안 된다.

그렇다면 부득이한 상황에서 무력을 사용한다는 것은 무엇을 뜻할까? 동서고금의 역사가 증명하는 대표적인 경우는 외부의 침략에 맞서거나 지도층의 폭정과 부패에 항거하는 경우다. 그런 상황에서는 너 나 할 것 없이 내 나라와 내 삶의 터전, 내 가족을 위해서 들고일어나는 것이 당연한 일이다.

30-5   **果而勿矜，果而勿伐，果而勿驕，果而不得已，**
果而勿强。
(과이물긍, 과이물벌, 과이물교, 과이부득이, 과이물강.)
결과가 있어도 자랑하지 말 것이고, 결과가 있어도
우쭐대지 말 것이며, 결과가 있어도 거만하지 말 것이고,
결과가 있어도 부득이한 것으로 보며, 결과가 있어도
강제로 하지 말아야 한다.

하지만 무력은 아주 부득이한 경우에 쓰는 일시적인 도구일 뿐이다. 설령 이기더라도 자랑할 만한 것이 못 되고, 설령 이기더라도 우쭐댈 만할 것이 못 되며, 설령 이기더라도 거만해서는 안 되고, 설령 이기더라도 아주 부득이한 것으로 인식해서 그 결과에 그쳐야지, 그 결과로 상대방에게서 강제로 뭔가를 얻어내려 하면 안 된다.

2003년 초, 미국은 이라크가 핵무기 개발 재개와 더불어서 화학무기를 만들고 있다는 정보를 입수했다. 이에 조지 W 부시(George W Bush) 대통령 행정부는 이라크를 악의 축으로 규정하고 국제 사회의 반대에도 불구하고 독단적인 이라크 침공을 결정했다. 그러나 이라크전은 실질적으로는 석유와 중동을 장악하기 위한, 말 그대로 미국을 위한 전쟁이었다. 다시 말해 미국은 세계 2위의 석유 매장량과 중동 한복판이란 전략적 요충지인 이라크를 자국의 영향력 아래에 두기 위해서, 대량의 살상 무기 개발 억제라는 명분 아래에 공격을 감행했다. 그해 3월 20일 시작된 전쟁은 2주 만에 수도 바그다드가 함락되고 후세인 정부가 무너져서 싱겁게

끝을 맺었다. 하지만 문제는 그 뒤였다. 전쟁이 끝난 후 대량 살상 무기 보유 주장은 거짓으로 밝혀졌다. 미국, 영국, 호주 정보기관이 중심이 된 사찰단은 어떠한 무기도 찾지 못했고, 2004년 10월 미국 상원 군사위원회에 제출된 최종보고서도 무기가 없었다는 결론을 채택했다. 향후 미국 내에서는 정부가 전쟁을 위해서 국민을 기만했다는 여론이 조성됐고, 이후 부시 행정부는 거센 비난에 휩싸이게 되었다.

30-6   **物壯則老, 是謂不道, 不道早已。**
(물장즉로, 시위부도, 부도조이.)
사물이 강대해지면 곧 쇠퇴하는데, 이는 도에 부합되지 않는다고 일컫는다. 도에 부합되지 않으면 일찌감치 사라진다.

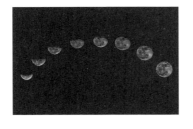

이라크전에서 미국이 세계평화를 위협하는 악의 축을 제거한 전승국이라는 찬사를 받은 건 그리 오래가지 못했다. 지금은 그저 석유를 위한 침략국이라는 비난과 오명만이 역사에 남아있다. 물극필반(物極必反)이라는 말이 있는데 "달이 차면 기울기 마련이다."라고 풀이할 수 있다. 왜 여기서는 이러한 현상이 대동의 통치이념인 도에 부합되지 않는다고 말하는 것일까? 그 이유는 변치 않음의 상(常)에 어긋나기 때문이다. 따라서 노자는 말한다. "변치 않고 장구히 유지하는 것이 대동의 통치이념인데, 이처럼 강대하다가 곧 쇠퇴하는 것은 대동의 통치이념인 도에 부합되지 않으므로, 일찌감치 사라지게 된다."

4부

도덕경을 정치서로
읽어야 하는 이유

31장

성인 그리고 군자

31-1   **夫佳兵者, 不祥之器。**(부가병자, 불상지기.)
무릇 훌륭한 무기라는 것은, 상서롭지 못한 기구이다.

31장은 30장과 연결된, 사실상 한 부분으로 봐야 한다. 따라서 노자는
계속해서 말한다. "참된 지도자는 천성에 따라서 다스리지, 무기로 위협
하지 않는다. 따라서 무기를 사용하는 전쟁은 상대방이 따르도록 억지로
강압하는 것이므로, 세상에 도움이 되지 않는 불길한 존재다."

31-2   **物或惡之, 故有道者不處。**(물혹오지, 고유도자불처.)
세상 만물이 그것을 싫어하기에, 그러므로 도가 있는 이는
머물지 않는다.

이 세상에 존재하는 모든 만물이 무기를 사용하는 전쟁을 꺼리기 때문
에, 대동의 통치이념을 이해하는 참된 지도자인 성인은 이러한 무력을 멀
리한다.

31-3 **君子居則貴左, 用兵則貴右。**(군자거즉귀좌, 용병즉귀우.)
군자는 자리함에 곧 왼쪽을 귀히 여기고, 무기를 쓰는 이는
곧 오른쪽을 귀히 여긴다.

뒤에서 상세히 설명하겠지만 상고시대의 예의와 풍습에서 왼편은 양
(陽: 삶)을, 오른편은 음(陰: 죽음)을 나타냈다. 따라서 군자는 길함을 나타
내는 왼편을 중시하고 전쟁을 일삼는 지도자는 불길함을 나타내는 오른
편을 중시한다.

그런데 노자는 지금까지 줄곧 성인의 자세를 설명하다가, 왜 갑자기 여
기서 무력을 이야기하면서 주어를 군자로 바꿨을까? 그 이유는 의외로
간단하다. 31장의 주제는 무력이고, 무력을 쓰는 것은 성인의 원칙에 벗
어나기 때문이다. 따라서 노자는 이 장에서 부득이하게 무력을 행사하는
경우를 설명하면서, 주어 역시 그동안 자애로움의 이미지로 설명해온 성
인에서 확연하게 무력을 행사한 경력이 있는 군자로 바꾸었다. 역사 기록
에도 남아있듯이, 공자가 언급한 여섯 군자 중에서 상나라의 탕은 하나라
마지막 임금인 걸(桀)을, 주나라 무왕은 상나라 마지막 임금인 주(紂)를
끌어내렸다. 그리고 주공은 삼감(三監)의 난[1]을 진압했었다.

다시 말하지만 [도덕경]에서 성인이라는 단어가 31차례 등장하는 것
과 달리 군자는 단 2차례만 보인다. 그것도 오로지 이 31장에만. 그렇다

---

1 주나라 무왕이 죽은 후 동생 주공이 무왕의 어린 아들 성왕을 도와 섭정하자, 무왕의 또 다른 동생인 관
   숙과 채숙 그리고 곽숙은 주공이 왕위를 찬탈하려 한다는 소문을 퍼뜨렸다. 또 이를 바로잡는다는 명분
   으로 상나라 유민들을 이끌던 무경과 함께 반란을 일으켰는데, 주공은 소공의 도움으로 이를 진압했다.

면 성인과 달리 군자는 어떠한 인물을 가리키는 것일까?

 '임금 군(君)'은 '다스릴 윤(尹)'과 '입 구(口)'로 나뉘는 형성문자이다. 그런데 소리를 담당하는 '다스릴 윤(尹)'은 보통 뜻도 함께 제공하므로, 이 문자에 대해서 좀 더 분석해보자.

 '다스릴 윤(尹)'은 다시 '또 우(又)'와 '한 일(一)'로 나뉘는 회의문자이다.

 그런데 '또 우(又)'는 본래 오른손을 가리키므로, '다스릴 윤(尹)'의 뜻인 다스림이란 바로 지도자가 오른손으로 하나를 움켜쥐는 것이다. 또 하나란 오직 백성과 나라의 안위만을 생각하는 것이므로[2], 다스린다는 것은 지도자가 오로지 백성과 나라의 안위만을 생각하고 정사에 임하는 것임을 알 수 있다. 여기까지는 성인과 군자의 차이점이 드러나지 않는데, 문제는 '임금 군(君)'은 '다스릴 윤(尹)' 이외에 '입 구(口)'도 있다는 사실이다. 그렇다면 입은 무엇을 의미하는가? 입의 주된 기능 중 하나는 말하기이다. 그리고 고대의 지도자 즉 임금의 말은 곧 명령이자 법이 된다. 그러므로 '임금 군(君)'이란 명령을 해 통제함으로써 다스리는 지도자를 뜻하는데, 바로 이것이 군자와 성인을 구분하는 중요한 차이점이다.

성인과 군자는 모두가 도를 따르며 오로지 나라와 백성만을 생각한 공

---

2 10-1

통점이 있다. 그런데 복희씨와 여와씨는 인류를 창조한 후 도로 세상을 다스렸다고 했으므로[3], 대동을 이끈 지도자인 성인은 누구에게서 도를 배운 것이 아니라 스스로 깨달았던 존재임을 알 수 있다. 하지만 이처럼 나면서부터 도를 이해하고 실천한 성인과 달리, 군자는 후천적인 학습을 통해 성인의 도를 배우고 실천하려고 노력한 인물이다. 또 아랫자리에서 백성을 섬기는 성인과 달리, 군자는 윗자리에서 명령함으로써 통제하는 차이가 있다. [논어]에는 군자가 107차례 나오는 반면 성인은 4차례 등장한다.[4] 그중 공자가 직접 성인을 언급한 것은 3차례에 불과하다. 이제 다음에 제시하는 세 문장을 차례로 읽으면, 노자와 공자의 도에는 어떠한 공통점과 차이점이 있는지 어느 정도 가늠할 수 있다.

> 스스로 진실한 것은 하늘의 도이고, 애써서 진실하게 하는 것은 사람의 도이다. 스스로 진실한 사람은 굳이 힘쓰지 않아도 객관적이고도 공정하여 중(中) 하고, 또 생각하지 않아도 자연스레 얻게 되어서 차분하게 도에 들어맞는데, 이는 성인들만이 할 수 있다. 애써서 진실하게 한다는 것은, 선한 것을 가려서 흔들리지 않도록 굳건히 잡는 것이다.
>
> 〔예기〕〈중용〉 중에서

> 공자가 노나라 애공을 모시고 앉았다. 애공이 물었다. "감히 묻노니 사람의 도는 누구를 큰 것으로 여기오?" 그러자 공자가 엄정하게

---

3   4-2
4   2-3

낯빛을 고치고는 대답했다. "임금께서 이 말씀에 이르신 것은 백성들의 덕입니다. 진실로 신은 감히 사양치 않고 대답하겠습니다. 사람의 도는 정치를 큰 것으로 여깁니다." 그러자 애공이 다시 물었다. "감히 묻겠는데, 어떤 것을 이르러 정치한다고 일컫소?" 이에 공자가 대답했다. "정치는 바로잡는 것입니다. 임금이 바르게 하면, 곧 백성들이 정치에 따릅니다. 임금이 행하면, 백성들은 따릅니다."

〔예기〕〈애공문〉중에서

하나라의 우, 상나라의 탕, 주나라의 문왕과 무왕, 성왕, 주공은 모두 예의와 의로움으로 시비를 가렸다. 이 여섯 군자는 하나도 빠짐없이 모두 예의를 대단히 중시했다. 이 여섯 군자는 의로움의 경계를 분명히 하고, 신용을 중시하며, 잘잘못을 명확하게 가리고, 죄를 질책하며, 윗사람을 진심으로 섬기고 따름으로써, 항상 백성들에게 본보기를 보였다. 이를 따르지 않는 이가 있다면, 설령 그가 권세가 있는 사람일지라도 처벌하여, 백성들이 그것을 재앙으로 삼았으니, 이를 소강이라고 일컫는다.

〔예기〕〈예운〉중에서

즉 하늘의 도인 '천도'는 천성에 따라서 다스리는 이른바 무위자연의 도인 반면, 사람의 도인 '인도'는 통제하여 바로잡으려고 애쓰는 인위적인 도이다. 그리고 성인은 천도로 대동사회를 이끌었던 삼황오제를 지칭하는 반면, 군자는 인도로 하, 상, 주 삼대의 소강사회를 다스린 뛰어난 지도자 여섯 명을 지칭한다. 아울러서 하나 더 말하자면 공자는 대동사회로

의 복귀를 목표로 한 적이 없다. 그의 최종 목표는 오로지 소강사회로의
복귀에 있었다.

이어서 다음 문제를 살펴보자. 그렇다면 왜 군자는 왼쪽을 귀히 여기
고, 무력을 쓰는 폭군은 오른쪽을 귀히 여긴다고 하는 걸까?

 왼편의 갈고리처럼 생긴 것은 왼손을 나타낸다. 오른편의
'장인 공(工)'은 장인이 물건을 만들 때 사용한 도구의 모습을
그대로 문자로 옮긴 상형문자이다.

옛날 장인들은 삼각형, 사각형, 원형을 그리거나 가로줄과
세로줄을 그을 때 정확도를 높이기 위해서 곱자와 그림쇠, 먹
줄과 저울추를 사용했으므로 '장인 공(工)'은 규격 또는 규격
있는 행동을 뜻한다. 따라서 '왼 좌(左)'의 본래 의미는 손으로 규격 있는
행동을 장악한다는 의미를 지닌 회의문자가 된다.

반면에 '오른 우(右)'는 '임금 군(君)'을 설명할 때 언급했듯
이 오른손을 나타내는 '또 우(又)'와 '입 구(口)'가 합쳐진 회의
문자이다. 그리고 입의 주된 기능 중 하나는 말하는 것이다.
따라서 '오른 우(右)'의 본래 의미는 '왼 좌(左)'와 달리, 손으로 말을 장악
한다는 의미를 지닌 회의문자가 된다.

고대에는 왼쪽과 오른쪽에서 임금의 행동과 말을 기록하는 사관 즉 좌
사(左史)와 우사(右史)가 있었는데, 좌사는 임금의 행동을 기록하고 우사는
임금의 말을 기록했다. 이러한 전통은 조선 시대 [태종실록]에도 보인다.

태종 4년 때인 1404년, 태종이 사냥을 하느라 노루를 쫓다가 그만 말에서 떨어졌다. 그런데 뜻밖에도 태종이 주위 사람들에게 처음 한 말은 이 일을 사관에게 알리지 말라는 것이었다. 그만큼 한 나라의 임금조차도 사관들의 공정하고 객관적인 기록을 두려워했는데, 어찌 된 이유인지 결국 이 사실은 사관의 귀에 들어갔고 그 내용이 기록에 남아있다. 이를 통해서 태종이 말에서 떨어진 사실은 좌사에 의해 기록된 반면, 태종이 사관에게 알리지 말라고 한 말은 우사에 의해 기록되었을 거라고 짐작할 수 있다.

이제 31-3을 간략하게 정리하면, 지도자는 말보다 행동이 더 중요하다. 따라서 노자는 31-7에서도 "좋은 일은 왼쪽을 존중하고, 불행한 일은 오른쪽을 존중한다."라고 말하여 말보다 행동이 우선해야 함을 거듭 강조하고 있으므로 이 두 구절은 연결하여 이해해야 한다. 다시 말해 지도자가 말보다 행동으로 보이는 것은 좋은 일이므로 이는 왼쪽과 연결된다. 그러므로 참된 지도자인 군자는 왼쪽을 귀히 여긴다. 반면 지도자가 행동보다 말을 앞세우는 것은 좋은 일이 아니므로 이는 오른쪽과 연결된다. 그러므로 무력으로 누르려는 지도자인 폭군은 오른쪽을 귀히 여긴다.

사실 노자는 이 구절이 아니더라도 [도덕경] 전반에 걸쳐서 지도자란 말이 아닌 행동으로 보여야 한다고 계속 언급하며 강조한다.[5]

---

5   2-3, 5-4, 17-4, 23-1, 27-1, 43-4, 56-1, 66-2

31-4　**兵者, 不祥之器, 非君子之器, 不得已而用之,**
恬淡為上。

(병자, 불상지기, 비군자지기, 부득이이용지, 념담위상.)

무기는 상서롭지 못한 기구이고 이는 군자의 기구가
아니라서, 부득이한 경우에 그것을 씀에, 사리사욕이
없음이 상위에 있게 된다.

　

두 번째로 군자라는 단어가 나타난다. 물론 군자도 후천적으로나마 성인의
도를 배우고 실천하려 노력했기 때문에 함부로 무력을 사용하지는 않았다.
하지만 외부의 침략에 맞서거나 지도층의 폭정과 부패에 항거하는 것[6] 그리
고 하나 더하자면 주공처럼 명분 없는 반란을 진압한 것도 부득이한 경우라
고 할 수 있다. 이러한 무력은 모두 개인의 이익을 위한 것이 아니라, 오로지
백성과 나라를 위한 일념으로 어쩔 수 없이 사용한 부득이한 경우가 된다.

　

31-5　**勝而不美, 而美之者, 是樂殺人。**

(승이불미, 이미지자, 시락살인.)

승리하여도 의기양양하지 않아야 하는데, 하지만
의기양양한 자는 살인을 즐기는 것이다.

　

조지 W. 부시 미국 대통령은 2003년 4월 15일 백악관 로즈가든에서
행한 연설에서 "미국은 명백한 승리를 거두었고, 이라크에서 사담 후세인

6　30-4

체제는 이제 존재하지 않는다."라며 승리를 공식적으로 선언했다. 또 그는 "1개월 전만 하더라도 이라크는 자국민에게는 감옥이었고, 테러리스트들에게는 천국이었으며, 세계 평화를 위협하는 대량 파괴 무기의 창고였다."라고 강조한 뒤 "지금 세계는 더욱 안전해졌고 테러 국가들은 이제 동맹국 하나를 잃었다."라고 역설했다.

31-6   **夫樂殺人者，則不可以得志於天下矣。**
(부락살인자, 즉불가이득지어천하의.)
무릇 살인을 즐기는 자는, 곧 세상에서 뜻을 이룰 수 없다.

따라서 전쟁에서 이겼다고 기뻐하며 의기양양한 지도자에게 세상은 결국 등을 돌리게 된다고 노자는 말한다. 그렇다면 노자의 이 말은 과연 오늘날에도 통할까?

이라크전 이후 2006년 조지 W. 부시 대통령의 지지율은 통계학적으로 통치 불능의 마지노선이라고 불리는 30%를 넘어서 29%로 주저앉았다. 그뿐만이 아니다. 그가 대통령직에서 물러난 후 치러진 정례 미국 역대 대통령 선호도 투표에서 조지 W. 부시 전 대통령은 43%를 기록했다. 단순히 수치로만 보면 그리 나쁜 성적이 아닌 듯하지만, 역대 대통령 중에서 선호도 50% 미만을 기록한 유일한 인물임을 알게 된다면 현대사회에서도 노자의 발언은 여전히 유의미하다는 것을 새삼 깨닫게 된다.

31-7   **吉事尚左，凶事尚右。**
(길사상좌, 흉사상우.)
좋은 일은 왼쪽을 존중하고, 불행한 일은 오른쪽을
존중한다.

바로 이러한 이유로 예로부터 중국에서 공수(拱手)의 예절[7]을 보일 때
는 일반적으로는 왼손으로 오른손을 감싸지만, 상례 등 애도를 표할 때는
오른손으로 왼손을 감싼다.

31-8   **偏將軍居左，上將軍居右。**
(편장군거좌, 상장군거우.)
편장군은 왼쪽에 있고, 상장군은 오른쪽에 있다.

편장군은 9품의 하위직이고, 상장군은 1품의 고위직 장군이다. 무력을
행사하는 전쟁은 본래 해서는 안 되지만, 상대방이 침략해 오는 등의 특
수한 상황에서는 부득이한 경우로 여기고 최선을 다해 싸운다. 따라서 전
쟁터에 직접 나가 싸우는 9품 하위직의 편장군은 왼편에 서서 부득이한
전쟁에서 최선을 다해 싸운다. 반면 군대를 통솔하여 명령하는 1품 고위
직의 상장군은 오른편에 서서 이 전쟁을 매우 불행한 것으로 여기고 조의

---

7   한국에서는 포권(包拳)이라고 부른다.

를 표하고 있다는 상징적인 역할을 한다.

31-9　　**言以喪禮處之。**(언이상례처지.)
　　　　상례로써 그를 처리한다는 것을 이른다.

　이처럼 전쟁은 아주 부득이한 경우에만 행하는 것이라서, 희생자가 생기면 아군과 적군을 불문하고 모두 상례로 경건하게 애도의 뜻을 표해야지, 결코 전쟁에서 이겼다고 기뻐하며 우쭐하면 안 된다. 이처럼 노자는 예(禮)를 매우 중시하고 있다.

31-10　　**殺人之衆，以哀悲泣之。戰勝，以喪禮處之。**
　　　　(살인지중, 이애비읍지. 전승, 이상례처지.)
　　　　많은 사람을 죽이면, 애통함으로 그들을 걱정한다.
　　　　전쟁에서 승리하면, 상례로 그들을 처리한다.

　전쟁에서 승리하더라도 사람이 죽었다고 애통해하는 것이 도리이다. 전쟁에서 이기더라도 먼저 상례로써 희생자들을 경건하게 애도하는 것이 도리이다. 즉 이 구절은 앞에서 계속 지적한,[8] 이른바 부득이한 경우에서 무력을 행사하고 나면 바로 그쳐야 한다는 말의 참뜻이다.

8　　30-4, 30-5, 31-5

영화 〈챈스 일병의 귀환(Taking Chance)〉(2009년 작)은 노자의 이러한 가치관을 잘 반영했다. 이 영화는 2004년 이라크 전쟁에서 전사한 미국 해병대 챈스 펠프스 이병[9]의 유해를 운구하는 임무에 자원했던 마이클 스트로블(Michael Strobl) 해병대 중령의 실화를 바탕으로 제작되었다. 스트로블 중령은 야전부대에서 근무하던 경력을 뒤로하고, 당시 교관과 참모 업무를 맡고 있었다. 하지만 전쟁터에서 고생하는 전우들에 대한 미안한 마음 때문이었는지, 매일 전사자 명단을 들춰 보며 아는 이름이 없기를 기도했다. 그러던 어느 날 그는 자신과 같은 고향 출신인 챈스 펠프스 이병의 이름을 보고, 보통은 부사관급이 하는 유해 운구 임무에 자원한다. 특히 콜로라도로 갈 줄 알았던 예상과 달리 챈스 이병 가족들의 당시 거주지인 와이오밍주로 가게 되면서 여정이 상당히 길어지는데, 그 과정에서 미국인들이 얼마나 전사자를 진심으로 애도하고 나아가 존경심을 보이는지를 잘 묘사했다. 허허벌판 고속도로에서 운구 차량을 본 운전자들이 자발적으로 대낮에 자동차 라이트를 켜고, 운구 차량 앞뒤로 호송 대열을 만들어 전사자에 대해 예우를 표하는 장면 등은 매우 인상 깊다. 그리고 이러한 장면들은 왜 미국이 선진국인지를 단적으로 잘 보여준다.

---

9   전사 당시 19세였지만 사후 1계급 특진 되어서, 최종 계급은 일병이다.

32장
약하지만 강하다

32-1 **道常無名，樸雖小，天下莫能臣也。**
(도상무명, 박수소, 천하막능신야.)
도는 영원히 이름 지을 수 없으니, 아직 사람의 손을 타지
않은 통나무와도 같은 상태라서 비록 미약하지만, 세상이
굴복시킬 수는 없다.

1장에서 설명했듯이, 도는 이름이 없어서 이름을 지을 수 없는 것이 아니다. 이름 즉 통제의 명분을 오늘날 법과 제도처럼 몇 조 몇 항으로 세분해서 강화하지 않기 때문에 무명이다. 그런데 노자는 여기서 도라는 것이 아직 사람의 손을 타지 않은 통나무처럼 너무나도 순수한 것이라서 미약하지만, 또 그 무엇도 굴복시킬 수 없는 강한 것이라고 설명하고 있다. 도는 약하지만 강하다는 것인데, 이게 과연 무슨 의미일까?

우리는 보통 '순진'하다는 말을 들으면 왠지 모를 불쾌함을 느끼지만 '순수'하다는 말을 들으면 기분이 좋아진다. 왜 그런지 예를 들어 살펴보자.

두 개의 비커에 맑은 물을 담아보자. 그런 후에 한쪽 비커에 흙을 한 숟가락 넣으면 처음에는 흙탕물이 되지만, 시간이 지나면 흙은 가라앉고 위

쪽은 다시 맑아진다. 이때 맑은 물만을 넣은 비커는 '순진'인 반면 흙탕물 상태에서 시간이 지나 맑아진 비커는 '순수'가 된다. '순진'이란 세상의 모질고 각박함을 겪어보지 못한 천진한 상태지만, '순수'는 온갖 세상 물정을 다 겪고도 이를 극복해 다시 맑음을 회복한 상태가 된다. 즉 '순진'은 아무것도 모르는 순진무구함이므로, 다가올 세상의 온갖 유혹을 이겨내고 여전히 맑음을 유지한다는 보장이 없다. 하지만 '순수'는 이미 세상 물정을 겪고 나서도 맑음을 유지하는 것이므로, 앞으로도 세상의 모든 유혹을 이겨내고 맑음을 유지할 수 있다는 검증을 받았다. 다시 말해 약해 보이지만 사실은 그 어떤 것으로도 굴복시킬 수 없는 진정한 강함이다. 그렇다면 진정한 강함이란 또 무엇일까? 다음 기록을 살펴보자.

자로가 강함이란 무엇인지 물었다. 이에 공자가 말씀하셨다. "네가 묻고자 하는 것은 남방의 강함인가, 북방의 강함인가, 아니면 너스스로 생각하는 강함인가? 너그럽고 부드러움으로 가르치고 무도함에 보복하지 않는 것은, 남방의 강함이라서 군자가 머문다. 병기와 갑옷을 착용하여 늘 전쟁을 하고 죽어도 싫증 내지 않는 것은, 북방의 강함이라서 흉포한 자가 머문다. 따라서 군자는 중(中)에 서지 한쪽에 기대지 않으니, 강하도다 그 꿋꿋함이여! 중(中)에 서서 한쪽으로 기울어지지 않으니, 강하도다 꿋꿋함이여! 나라에 도가 있으면 성실함이 변하지 않으니, 강하도다 꿋꿋함이여! 나라에 도가 없으면 죽음에 이르러도 변하지 않으니, 강하도다 꿋꿋함이여!

[예기] 〈중용〉 중에서

즉 진정한 강함의 강(强)이란 힘으로 상대방을 제압하는 것이 아니라, 부드러움으로 약자를 지켜주고 포용하는 자애로움의 자(慈)와 서로 통한다. 따라서 자애로움으로 상대방을 지키는 태도는 언뜻 보기에는 미약한 듯하지만, 이것이야말로 그 누구도 굴복시킬 수 없는 진정한 강함이 된다는 의미이다.

이제 본문의 '사람의 손을 타지 않은 통나무와도 같은 상태라서 비록 미약하지만, 세상이 굴복시킬 수는 없다.'라는 말뜻을 풀이하면 다음과 같다. "순진함이 아닌 순수함에서 비롯된 자애로움은 언뜻 보기에는 약하고 보잘것없는 듯하지만, 진심으로 약자를 보호하고 포용하기 때문에 그 어떤 것도 자애로움을 능가할 순 없다."

32-2　**侯王若能守之，萬物將自賓。**(후왕약능수지, 만물장자빈.)
한 나라의 왕이 만약 이를 지킬 수 있다면, 만물이 장차 스스로 따를 것이다.

노자는 이처럼 [도덕경]이 리더를 위한 지침서임을 명확하게 밝히고 있다. 따라서 지도자가 자애로움으로 약자를 지키는 대동의 도를 이해하고 실천해나가면, 세상 모두가 그를 믿고 의지하며 따르게 된다.

32-3　**天地相合，以降甘露，民莫之令而自均。**
(천지상합, 이강감로, 민막지령이자균.)
천지가 서로 합해지면 그럼으로써 감로가 내리고,
백성들은 명령하지 않아도 스스로 평등해진다.

이처럼 사람의 지도자가 하늘의 도인 천성에 따라서 자애로움으로 다스리면 하늘에서 단비가 내리게 되고, 백성들이 명령하지 않아도 스스로 차별 없이 서로 조화를 이루는 진정한 대동사회가 실현된다.

32-4 **始制有名, 名亦既有, 夫亦將知止, 知止可以不殆。**
(시제유명, 명역기유, 부역장지지, 지지가이불태.)
(지도자가) 통제하기 시작하면 이름이 있게 되고, 이름이
이미 있으면 무릇 장차 멈출 줄 알아야 하니, 멈출 줄 알면
위태롭지 않을 수 있다.

백성을 다스리려면 그에 합당한 명분인 법과 제도들이 있어야 하는데, 앞서 소개한 고조선의 팔조법처럼 기본 원칙을 지키는 데 필요한 최소한만 있으면 된다. 하지만 통제를 강화하기 위해서 자꾸 법과 제도들을 세분하면 백성의 원성이 높아진다. 따라서 법과 제도들을 세분해서 통제하지 말아야 한다. 그렇게 그들의 천성에 따라 다스리게 되면 백성들이 지도자를 따르게 되어서 나라를 오랫동안 평안하게 유지할 수 있게 된다.

2014년 개봉한 영화 〈더 기버(The Giver)〉는 1993년 출판된 로이스 로우리(Lois Lowry)의 동명 소설을 원작으로 했다. 인류는 대파멸을 겪은 후 모든 것을 통제하는 '커뮤니티' 시스템을 선택했는데, 이는 모두의 행복을 위한 명분으로 탄생한 인위적인 설정이었다. '커뮤니티'는 과거 전쟁이나 기아 등의 재앙들이 재현되는 것을 방지하고 완벽한 평등 상태를 유지하기 위해서 늘 같은 상태(Sameness)라는 개념을 창시하고, 이를 방

해하는 모든 원인을 통제한다. 특히 사람들의 행동, 언어, 직업, 피부색 심지어 날씨와 감정까지도 철저히 통제하여 완벽한 세상을 꿈꾸지만, 주인공 조나스(Jonas)가 '기억 보유자'라는 직위를 받게 되면서 상황은 급변한다. 그는 그간 통제 속에서 잃어버린 사랑과 슬픔, 고통 등의 감정들을 서서히 되찾게 된다. 그 과정에서 '커뮤니티'의 모순을 깨닫고 개인의 삶과 행복을 훼손하는 시스템에 반기를 들게 되자 결국 '커뮤니티'는 붕괴의 운명을 마주하게 된다.

32-5 **譬道之在天下，猶川谷之於江海。**
(비도지재천하, 유천곡지어강해)
비유컨대 도가 세상에 존재하는 것은, 마치 하천과 계곡이 강과 바다로 유입되는 것과도 같다.

여기서도 참된 지도자를 아래에서 모두를 포용하는 거대한 바다에 빗대어 수사학적으로 설명하고 있다. 따라서 노자는 말한다. "지도자가 몸을 낮춰 천성에 따라서 다스리면 백성이 지도자를 믿고 의지하여 따르게 되므로, 이러한 도리를 비유적으로 말하자면 마치 높은 곳에 있는 하천과 계곡의 물이 아래쪽에 있는 강과 바다로 흘러 들어가는 것과도 같게 된다."

33장
죽었지만 장수하는 법

33-1 **知人者智，自知者明。**
(지인자지, 자지자명.)
타인을 이해하는 이는 지혜롭고, 자기 자신을 이해하는
이는 고명하다.

대동사회를 이끌었던 성인은 백성들의 마음을 이해하려고 노력했으므로, 진정 지혜로운 인물이었다. 또 항상 자만하지 않고 자신의 단점을 찾아서 고치려고 노력했으므로, 진정 현명한 인물이기도 했다.

33-2 **勝人者有力，自勝者強。**
(승인자유력, 자승자강.)
타인을 이기는 이는 힘이 있고, 자기 자신을 이기는 이는
굳건하다.

성인은 백성들의 마음을 이해하고 나아가 그들을 이끌었으므로, 진정한 리더십이 있는 인물이었다. 또 부단히 자신의 단점을 찾아서 고쳐 나

갔으므로, 진정 강한 인물이기도 했다.

33-3　　**知足者富, 强行者有志。**
　　　　(지족자부, 강행자유지.)
　　　　만족함을 아는 이는 풍요롭고, 굴건히 행하는 자는
　　　　의지가 있다.

성인은 욕심을 부리지 않고 스스로 만족할 줄 알았기 때문에 항상 마음이 넉넉할 수 있었다. 또 처음부터 끝까지 변치 않고 부단히 실천하는 초지일관의 정신을 지켰기 때문에 의지가 강했던 인물이라고 할 수 있다.

　　요임금이 화 지역을 살피자, 화의 봉인(수령)이 말했다. "아, 성인을 축복하나니, 성인께서 장수하고 부유하며 아들이 많기를 바랍니다." 그러자 요임금이 말했다. "사양하겠소. 아들이 많으면 곧 두려워할 일이 많고, 부유하면 곧 일이 많으며, 장수하면 곧 욕된 일이 많소."

　　　　　　　　　　　　　　　　　　　[십팔사략]〈오제〉중에서

앞서 소개한 이 기록을[10] 여기서 다시 읽으면 만족함을 안다는 것이 무엇인지 보다 명확하게 이해할 수 있다.

　　부열이 절하고 머리를 조아리며 말했다. "아는 것이 어려운 것이

10　26-2

아니라, 행하는 것이 어려운 것입니다. 임금께서 정성껏 하여 어렵다고 여기지 않으시면(어렵다고 여기지 않고 부단히 노력하시면), 능히 선왕이 이루신 덕을 따를 (수 있을) 것이니, 저 부열이 (이처럼 충언을) 말씀드리지 않는다면 저에게 허물이 있는 것입니다."

〔상서〕〈열명〉 중에서

역시 앞에서 소개한[11] 부열의 이 말은 말보다 행동이 더 중요하다는 뜻이다. 따라서 굳건히 행하는 자에게 의지가 있다는 말로 실천의 중요성을 강조했다.

> 33-4 **不失其所者久, 死而不亡者壽。**
> (부실기소자구, 사이불망자수.)
> 그 처한 위치를 잃지 않는 이는 오래 하고, 죽었으나
> 없어지지 않는 이는 장수한다.

성인은 자기가 처한 위치를 망각하지 않고 그 외의 것을 바라지 않았기 때문에 지도자의 지위를 오랫동안 보존할 수 있었다. 또 성인은 죽어서 육신이 사라졌어도 명성만은 사라지지 않았기 때문에 지금까지도 잊히지 않고 사람들의 마음속에 살아있다. 처한 위치를 잃지 않는 이는 오래 한다는 말뜻은 다음 기록을 통해 이해해보자.

---

11 8-2

군자는 그 처한 자리에서 정성을 다해 행동하고, 처한 자리 이외의 것을 바라지 않는다.

[예기] 〈중용〉 중에서

이처럼 지도자는 자신에게 주어진 자리에 사심 없이 최선을 다하고, 그 자리에 집착하거나 연연하지 말고 때가 되면 물러나야 하며, 그 자리에 있지 않으면 그 일에 관여하지 말아야 한다. 성인은 이 말을 실천했기 때문에 그 자리를 오랫동안 지킬 수 있었다. 그리고 얼마나 수많은 세월이 흘렀는지도 모를 지금까지도 우리는 요순시대라는 이름으로 그들을 기억하고 그 시절을 흠모하고 있다.

"우리는 누에가 마지막 한 오라기의 실까지 토해내듯, 인민을 위해 공헌해야 한다." 중국인들이 가장 존경하는 인물 중 하나인 저우언라이(周恩來)가 평생 입에 달고 다닌 말이다. 그가 세상을 떠난(1976년 사망) 지 40년이 더 되었지만 아직도 중국인들은 그를 '저우 총리'라고 부르며 존경심을 표한다. 그는 생전에 대단히 청렴했고 조용하면서도 포용력 있는 성품을 지녀서 내전 당시에도 국민당과 공산당 모두에게 폭넓은 존경을 받았다. 특히 중국의 배타적 민족주의와 우월주의를 극도로 경계하여 반대했고, 문화대혁명 기간에는 마오쩌둥의 급진정책을 최대한 유화시킴으로써 홍위병들이 마구잡이로 문화 유적을 파괴하는 것을 막기도 했다. 또 많은 중국 지도자들이 사후 여성 편력이나 비위 등 추문들이 연달아 드러나면서 애를 먹었지만, 저우언라이는 이들과 달리 청빈한 삶을 추구함으로써 예나 지금이나 여전히 중국인들의 사랑과 존경을 한 몸에 받고 있다.

34장

위대하지 않아서 위대하다

34-1 **大道氾兮, 其可左右。萬物恃之而生而不辭,**
功成不名有。衣養萬物而不為主, 常無欲, 可名於小。
萬物歸焉而不為主, 可名為大。

(대도범혜, 기가좌우. 만물시지이생이불사, 공성불명유.
의양만물이불위주, 상무욕, 가명어소. 만물귀언이불위주,
가명위대.)

큰 도는 두루 미치기 때문에, 그가 지배할 수 있다.
만물은 그에 의지하여 발생하지만 아무 말도 하지 않고,
공을 이루지만 있다고 일컫지 않는다. 만물을 기르지만
스스로 주재한다고 여기지 않고, 늘 욕망이 없으니,
보잘것없다고 할 수 있다. 만물이 따르지만 스스로
주재자가 되지 않으니 위대하다고 할 수 있다.

노자는 여기서도 자신의 도가 큰 도라고 말하여, 그것이 대동사회를
이끈 성인들의 천도 즉 하늘의 도임을 다시 확인시키고 있다. 대동사회
의 통치이념인 큰 도는 모든 만물에 두루 미치기 때문에 세상 모든 것들
을 다스릴 수 있다. 세상 만물이 도에 기대어 따르지만 도는 그들에게 명
령하지 않고, 천성에 따라 다스림으로써 공을 이루지만 그것이 자기의 공

로라고 여기지 않는다. 세상 만물을 이끌기는 하지만 천성에 따르는 것일 뿐이기에 자신이 이끈다고 생각하지 않고, 오직 삼가고 노력하여 다른 사리사욕을 추구하지 않기 때문에 어쩌면 하찮아 보일 수도 있다. 이처럼 세상 모두가 도를 따르지만 도는 여전히 자기가 이끈다고 생각하지 않으니, 도야말로 진정 위대하다고 할 수 있다.

34-2 **以其終不爲大，故能成其大。**
(이기종불위대, 고능성기대.)
시종 위대하다고 여기지 않기 때문에, 그러므로 위대함을 이룰 수 있다.

이처럼 도는 항상 자만하지 않고 삼가 노력하는 겸손한 자세만을 보이기 때문에, 오히려 세상이 믿고 따르는 위대함을 완성할 수 있다. 따라서 이 구절은 겸손함의 겸(謙)이 도의 중요한 구성요소임을 상기시킨다.

2001년 9·11테러의 주모자로 지목된 오사마 빈 라덴(Osama Bin Laden) 사살 후, 버락 오바마(Barack Obama) 당시 미국 대통령은 겸손한 태도로 공로를 자신에게 돌리지 않았다. 다음은 2011년 5월 진행된 대국민 연설문 중 일부이다. "오늘 밤, 우리는 알카에다의 테러에 사랑하는 사람을 잃은 가족들에게 '정의가 실현됐다'라고 말할 수 있습니다. 오늘 밤, 이러한 성과를 위해서 부단히 노력해온 전문가 분들에게 감사를 표합니다. 우리는 그들의 구체적인 업무와 이름은 알지 못하지만, 그들의 노력이 이뤄낸 성과와 정의 실현을 위해서 앞장선 결과를 느낄 수 있습니다. 우리는 이번 작전을 수행한 이들에게도 감사를 표합니다. 그들은 나라를 위해서 일하는 사람들이 갖는 전문성과 애국심 그리고 비할 데 없는 용기를 보여주었기 때문입니다. 마지막으로 9·11테러로 사랑하는 사람을 잃었던 가족들에게 말씀드리고 싶습니다. 우리는 여러분의 고통을 잊지 않았고, 이 땅에서 다시 그런 일이 일어나지 않도록 모든 노력을 다하는 우리의 의지에도 결코 흔들림이 없습니다." 그는 연설 내내 단 한 번도 '승리'라고 말하지 않았다. 전임자인 조지 W. 부시 대통령이 이라크전 후 '승리' 또는 '임무 완수'라는 표현을 써서 비난을 초래했던 것과는 대조적이다. 또 대국민 연설 전, 그는 전임자인 조지 W. 부시 전 대통령에게 직접 전화를 걸어서 빈 라덴 사살 소식을 전하는 예의를 보여주기도 했다.

35장

과객의 천성은 지나는 것

35-1 **執大象, 天下往 ; 往而不害, 安平太。**
(집대상, 천하왕; 왕이불해, 안평태.)
커다란 형상을 지키면 세상이 향하고, 향하여도 해를
입히지 않으니, 안녕하고 평화롭다.

지도자가 커다란 도인 대동의 통치이념에 따라 실천하면, 세상 모두가
그 지도자를 믿고 따르게 된다. 세상 모두가 그 지도자를 믿고 따르더라도
결코 해로울 것이 없으니, 온 나라가 오랫동안 평화로움을 유지하게 된다.

35-2 **樂與餌, 過客止。** (악여이, 과객지.)
음악과 음식은, 과객을 멈추게 한다.

과객은 지나가는 나그네 즉 길손인데, 과객의 타고난 천성은 머물지 않
고 지나야 한다는 점이다. 과객이 가던 발길을 멈춘다는 것은 그 천성을
거스른다는 것이므로, 음악과 음식은 천성을 따르는 것에 방해물이 된다.
따라서 노자는 이 구절도 수사학으로 표현함으로써, 화려한 음악과 풍성

한 음식 등 자극적인 것들은 지도자가 백성들의 천성 즉 원하는 바를 이해하고 따르지 못하도록 하는 방해물이 된다고 경계하고 있다. 그렇다면 왜 동서고금을 막론하고 주색에 빠진 지도자들은 하나같이 비참한 최후를 맞이한 것일까?

> 상나라 주임금이 유소씨를 정벌하자, 달기라는 여인을 바쳤다. 주임금은 달기에게 빠져서 그녀의 말이라면 모두 따랐다. 부세를 더 걷어 들여서 녹대에 재물을 가득 채우고, 거교에 곡식을 메웠으며, 온갖 짐승과 새를 키우는 사구와 원대를 더 넓히고, 술로 못을 만들고 고기를 매달아 숲을 만들어서 며칠이고 계속 술자리를 벌였으니, 백성들이 원망하고 심지어 제후 중에 배반하는 이들도 생기게 되었다.
>
> [십팔사략] 〈은왕조〉 중에서

백성의 마음을 가슴에 간직하지 않고 떠나보낸 지도자는 누구도 예외 없이 비참한 최후를 피할 수 없다.

35-3　　**道之出口，淡乎其無味。**(도지출구, 담호기무미.)
　　　　도가 입에서 나오는 것은, 담백하여 그 맛이 없다.

반면에 대동사회를 이끈 성인들의 통치이념인 하늘의 도는 지극히 원칙적인 것이라서, 자극적이거나 사람의 눈과 귀를 현혹시키지 않는다.

지금까지 살펴본 도의 구성요소로는 객관적이고도 공정한 중(中)의 자세, 조화로움의 화(和), 검소함의 검(儉), 자애로움의 자(慈), 겸손함의 겸(謙), 신뢰의 신(信), 신중함의 신(愼), 고요함의 정(靜), 변치 않음의 상(常) 등이 있었고, 도를 닦는다는 것은 결국 도의 구성요소들을 실천함이다. 오늘날 우리 모습은 어떠한가? 자극적이지 않은 것이 없다. 마치 자극적이지 못한 것은 곧 도태되는 것처럼 조금이라도 남들보다 더 자극적인 것을 찾아 헤맨다. 하지만 우리는 잘 알고 있다. 자극은 더 큰 자극을 원하고, 더 큰 자극은 그보다 훨씬 더 큰 자극을 끊임없이 원한다는 사실을.

35-4   **視之不足見, 聽之不足聞, 用之不足既。**
(시지부족견, 청지부족문, 용지부족기.)
그것을 보아도 충분히 볼 수 없고, 그것을 들어도 충분히 들을 수 없으며, 그것을 사용해도 충분히 다 쓸 수 없다.

대동의 통치이념인 도는 형이상학적 추상명사이기 때문에 아무리 보려고 해도 명확하게 보이지 않고, 아무리 들으려고 해도 명확하게 들리지 않으며, 아무리 세상에 베풀어도 끊임없이 생성되어서 다 쓸 수 없다. 사랑은 베풀수록 더욱 용솟음친다고 했던가? 특히 마지막 부분에서 도가 마치 사랑과도 같이 베풀수록 더욱 샘솟는다고 표현한 부분은 2,500여 년이 지난 지금 봐도 상당히 인상적이다.

36장
바람과 해님의 차이

36-1

將欲歙之, 必固張之 ; 將欲弱之, 必固强之 ;
將欲廢之, 必固興之 ; 將欲奪之, 必固與之,
是謂微明。

(장욕흡지, 필고장지; 장욕약지, 필고강지; 장욕폐지, 필고흥지;
장욕탈지, 필고여지, 시위미명.)

장차 거둬들이려면 반드시 (먼저) 베풀어야 하고,
장차 약하게 하려면 반드시 (먼저) 강하게 해주어야 하며,
장차 제거하려면 반드시 (먼저) 등용해주어야 하고,
장차 빼앗으려 한다면 반드시 (먼저) 그것을 주어야 하니,
이를 희미하게 밝다고 한다.

봄날에 씨를 뿌리지 않았는데 가을에 곡식을 거둘 순 없다. 강하지도 않은데 약하게 할 순 없다. 오르지도 않았는데 아래로 끌어내릴 순 없다. 없는데 뺏을 순 없다. 봄여름에 백성들이 농사일을 돌볼 겨를을 주지 않고, 가을에 곡물로 세금을 내라고 할 수 없는 노릇 아닌가. 그리고 여기서 씨를 뿌린다는 것은 타인에게 베푸는 것이므로 부드러움을 뜻하고, 곡식을 거둔다는 것은 타인에게서 빼앗는 것이므로 강제적인 힘을 뜻한다. 여기서도 노자는 수사학적 표현으로 뭔가를 얻어내려면 부드러움 즉 자애

로움을 먼저 베풀어야 한다는 도리를 천명하고 있다.

　결국 이 구절은 "세상의 지극히 유약한 것이, 세상의 지극히 단단한 것을 제어한다."라고 표현한 43-1과 같은 의미이다. 그러므로 진정한 강함의 강(強)이란 힘으로 상대방을 제압하는 것이 아니라, 부드러움으로 약자를 지켜주고 포용하는 자애로움의 자(慈)와 서로 통하는 것이라고도 설명했었다[12]. 따라서 이 구절에서는 상대방을 제압하려면 힘으로 누르는 것이 아니라 오히려 부드러움으로 감싸줘야 한다고 말하고 있다. 그리고 이러한 도리는 대단히 심오해서 간단명료하게 설명하거나 쉬이 이해할 수 없다고 말한다. 마치 캄캄한 숲속에서 성냥 하나를 켜면 희미하게나마 앞을 볼 수 있지만, 앞에 무엇이 있는지 뚜렷하게 보이지는 않듯이 말이다.

　다음의 기록을 살펴보자.

　　탕이 나가다가 그물을 사방에 펼쳐놓고는 "하늘과 땅 그리고 세상 사방에서 오는 모든 것들이 내 그물로 들어오게 하소서!"라고 비는 이를 보았다. 그러자 탕이 말했다. "아, 너무하다. 다 잡으려 하는구나!" 이에 삼면에 친 그물을 치우고는, 다시 소원을 빌면서 말했다. "왼쪽으로 가고 싶으면 왼쪽으로 가고, 오른쪽으로 가고 싶으면 오른쪽으로 가게 하소서. 목숨이 필요 없어서 명령을 따르지 않으면, 비로소 내 그물로 들어오게 하소서." 제후들이 그 소식을 듣고 말했다. "탕의 덕이 지극하니, 이제는 금수에게까지 그 덕이 미쳤구나."

　　　　　　　　　　　　　　　　　　　　〔사기〕〈은본기〉 중에서

12　32-1

제후들은 왜 탕의 소식을 듣고 그의 덕이 지극하다고 극찬한 것일까? 덕은 강함과 부드러움의 통치법을 조화롭게 실천하려는 절개와 지조이고[13], 쉽게는 내가 하면 불륜이고 남이 하면 로맨스인 '내불남로'의 태도이다. 탕이 이제는 다른 사람을 배려하고 부드럽게 대하는 태도를 날짐승과 들짐승에까지 확대해서 베풀고 있으니 어떻게 탕을 극찬하지 않을 수 있었겠는가?

36-2 **柔弱勝剛强。**(유약승강강.)
부드러움이 강제로 함을 이긴다.

중국어에서 '강할 강(强)'은 '굳세다, 강하다'라는 뜻의 [qiáng]과 '억지(강제)로 한다.'라는 [qiǎng] 두 가지 성조를 지닌다.[14] 강함에는 부드러움으로 약자를 지키는 남방의 강함과 힘으로 상대방을 누르려는 북방의 강함 두 가지가 있기 때문이다. 여기서는 부정의 의미를 지니므로 후자인 북방의 강함으로 풀이해야 한다.

어느 날 바람과 해님이 길 가는 나그네의 외투 벗기기 내기를 했다. 먼저 바람이 불었는데, 바람이 거세질수록 나그네는 오히려 외투가 벗겨지지 않도록 더 힘을 쓰는 것이 아닌가. 이어서 해님이 조용히 웃으면서 햇

---

13 27-4
14 32-1

볕을 내리쬐자, 나그네는 스스로 외투를 벗어버렸다. 이 이야기는 [이솝우화] 중 〈바람과 해님의 내기〉이다. 따라서 노자는 여기서 바람의 강함보다 해님의 부드러운 리더십을 강조하고 있다.

36-3 **魚不可脫於淵, 國之利器不可以示人。**
(어불가탈어연, 국지리기불가이시인.)
물고기는 깊은 물을 벗어나면 안 되고, 나라의 이로운
그릇은 남에게 보이면 안 된다.

이처럼 타인에게는 관대한 태도를 보이지만, 자기 자신에게는 엄격한 잣대를 적용하는 것이 덕이다. 노자는 이제 지도자의 처신에 대해서 다음과 같이 비유적으로 말한다. "반면에 물고기가 깊은 물을 벗어나 수면으로 모습을 드러내면 쉽게 잡히고, 나라의 귀한 보물을 남에게 보여주면 쉬이 빼앗기듯이, 지도자는 결코 함부로 자신을 드러내면 안 된다." 이와 관련하여 다음의 기록을 살펴보자.

> 내가 들으니, 훌륭한 장사꾼은 깊숙이 숨겨 마치 비어있는 듯하고,
> 군자는 덕이 가득 차면 용모가 우매한 것처럼 보인다고 하오.
>
> 〔사기〕〈노자한비열전〉 중에서

공자가 주나라를 방문하여 노자에게서 예(禮)를 배운 후 노나라로 돌아가려고 하자, 노자는 공자를 떠나보내면서 앞에서 인용한 말을 했다고 기록되어 있다. 따라서 이 두 구절은 공통되게, 참된 지도자란 함부로 자신

을 드러내려고 애쓰면 안 된다는 의미로 풀이해야 맞다.

이와 별개로 노자와 공자의 만남에 대해서 아직도 회의적인 시각이 존재하는데, 공자는 [예기] 〈증자문〉에서 제자 증삼의 질문에 8차례에 걸쳐 노자에게서 배운 예(禮)를 소개했었다.[15]

그렇다면 "지도자는 함부로 자신을 드러내면 안 된다."라는 말의 의미는 과연 무엇일까? 노자는 이어지는 37장에서 구체적으로 설명하고 있다.

---

15 공자는 노자의 말을 인용할 때마다 매번 "노담(老聃)께서 이르셨다."라고 출처를 밝혔었다. 노(老)는 윗사람에 대한 존칭이고, 담(聃)은 노자의 자(字)이다. 고대 중국인들은 인명을 명(名)과 자(字)로 나눠서 표기했는데, 음양학의 영향으로 짝수를 선호하는 중국인들은 오늘날 이 둘을 합쳐서 명자(名字)라고 표현한다.

37장

나는 리더다

37-1

道常無為而無不為，侯王若能守之，萬物將自化。
(도상무위이무불위, 후왕약능수지, 만물장자화.)
도는 항상 행하는 바가 없으나 행하지 않는 바도 없으니,
한 나라의 왕이 만약 이를 지킬 수 있다면, 만물이 장차
스스로 변화할 것이다.

　여기서도 노자는 도라는 것이 지도자가 지켜야 할 리더십임을 명확히 밝히고 있는데, 특히 '윗물이 맑으면, 아랫물도 맑다.'라는 도리를 다시 천명하고 있다. 그런데 그 리더십이란 "행한 바도 없지만, 행하지 않은 바도 없음"이라고 한다. 따라서 36장에서 미처 다 설명하지 못한 "지도자는 결코 함부로 자신을 드러내면 안 된다."라는 말은 바로 이를 두고 한 말이다. 또 지도자가 "행한 바도 없지만, 행하지 않은 바도 없음"을 실천하면 백성이 스스로 변화한다고 하고 있으니, 이는 스스로 그러하게 됨을 뜻한다. 다시 말해 리더가 '무위' 즉 행한 바도 없지만 행하지 않은 바도 없으면 백성은 '자연' 즉 스스로 바뀌게 된다고 설명하고 있으므로, 이제 무위

와 자연은 의미가 서로 통하는[16] 단계를 넘어서 원인과 결과를 나타내는 인과관계에 있음을 알 수 있다.

무위는 법률과 제도로 통제하지 않고 백성의 천성에 따라서 나라를 다스린다는 의미라고 했다[17]. 그렇다면 무위를 더 구체적으로 풀이한 "행한 바도 없지만, 행하지 않은 바도 없는" 경지가 무엇인지 살펴봐야 한다. 이는 당나라와 송나라 때 여덟 명의 뛰어난 문장가를 뜻하는 당송팔대가 중한 명인 유종원의 〈나무 심는 곱사등이 곽씨 이야기(종수곽탁타전)〉를 읽으면 자연스레 이해할 수 있다.

곽탁타의 본래 이름이 무엇인지는 모른다. 그저 곱사병을 앓아 등이 솟아 구부리고 다녀서 탁타(橐駝) 즉 낙타와 비슷했기 때문에, 마을 사람들은 그를 탁타라고 불렀다. 탁타가 듣고는 "참으로 좋구나. 이름이 내게 꼭 맞는다."라고 하여, 본래 이름을 버리고 스스로 탁타라고 불렀다. 그 마을은 풍악이라고 불렸는데, 장안의 서쪽에 있었다. 탁타는 나무를 심는 것을 업으로 삼았는데, 무릇 장안의 세도가들과 부자들 그리고 감상하며 노니는 이들 및 과일을 파는 이들이 모두 다투어 타를 맞이하여 나무를 키우게 했다. 탁타가 심은 나무들은 옮겨 심더라도 살지 않는 것이 없었고, 무성하고 튼실한 과실들이 일찍 열렸다. 하지만 다른 나무 심는 이들이 타를 엿보고 모방해도 같게 할 수는 없었다. 하루는 어떤 이가 물으니, 탁타가 대답했다. "저는 나무

---

16   17-4
17   2-3

를 오래 살게 하고 우거지게 할 수 있는 것이 아니라, 나무의 천성을 능히 따름으로써 그 본성을 다하게 할 따름입니다. 무릇 나무의 본성은 그 뿌리가 퍼기를 바라고, 그 흙을 돋움은 고르기를 바라며, 그 흙은 본래의 것이기를 바라고, 흙을 다짐은 촘촘하기를 바라는 것이지요. 이미 그렇게 했으면 건드려서는 안 되고, 걱정해서도 안 되며, 떠나면 다시 돌아보지 말아야 합니다. 심을 때는 자식같이 하지만, 내버려둘 때는 버린 듯이 하면, 곧 그 천성이 온전해져서 그 본성을 얻게 되는 것이지요. 따라서 나는 그 성장을 해치지 않을 뿐, 크고 무성하게 할 수 있는 것은 아닙니다. 그 열매 맺음을 억누르고 없애지 않을 뿐, 일찍 번성하게 할 수 있는 것은 아닙니다. 반면에 다른 나무 심는 이들은 그렇지 않으니, 뿌리를 구부리고 흙을 바꿉니다. 그 흙을 돋움은 너무 지나치거나, 아예 미치지 못합니다. 모두 저와는 정반대로 하고 있으니, 나무를 사랑함이 지나치게 두텁고, 또 걱정함이 지나치게 부지런합니다. 아침에 보고 저녁에 어루만지며 이미 떠났으나 다시 돌아와서 돌보는데, 지나친 이들은 그 껍질을 긁어서 나무가 싱싱한지 시들었는지 검사해 보고, 그 뿌리를 흔들어서 심어진 상태가 성긴지 촘촘한지 살펴보니, 결국 나무의 본성이 점차 흩어지게 됩니다. 비록 사랑한다고 말하지만, 사실은 해치는 것이요, 비록 걱정한다 말하지만, 사실은 그것을 죽이는 것이지요. 따라서 저와 같게 할 수 없으니, 제가 또 무엇을 어찌할 수 있겠습니까?" 그러자 그가 다시 물었다. "그대의 도를 관청의 다스림으로 바꾸는 것이 가능하겠습니까?" 이에 탁타가 대답했다. "저는 나무 심는 것을 알 따름이지, 관청의 다스림은 저의 본업이 아닙니다. 그런데 제가 이 고을에 살면서 관청의 수장(원님)을 보아하니 명령을 성가시게 하기를 좋아하던데, 이는 백성을 심히 어여삐 여기는 듯하지만 결국에는 화를 입히게 됩니다. 아침저녁으로 관리가 와서, 소리쳐 말합니다. '관청에서 너희들의 경작을 재촉하고, 너희들의 번식을 권면하며, 너희들의 수확을 감독하고, 서둘러서 우선 누에고치를 켜며, 서둘러서 실로 옷감을 짜고, 어린이들을 양육하며, 닭과 돼지를 키우도록 명령하셨다!' 그러고는 북을 울려 백성을 모으고, 목제 악기를 두드려 백성을 소집합니다. 우리 서민들은 저녁밥과 아침밥을 지어서 관리들을 위로하느라 정작 본업에 신경 쓸 겨를이 없으니, 어찌 우리 삶을 번성케 하고 본성을 편하게 할 수 있겠습니까? 그러므로 병들고 게을러집니다. 이와 같으니, 곧 저의 본업과도 비슷한 점이 있지 않을까요?" 그러자 묻는 이가 기뻐하며 말했다. "훌륭하지 않은가! 나는 나무 키우는 것을 물었는데, 이제 사람 돌보는 방법을 얻었다. 이 일을 전하여, 관청의 훈계로 삼겠습니다!"

따라서 "행한 바도 없지만, 행하지 않은 바도 없음"이란 "심을 때는 자식같이 하지만, 내버려 둘 때는 버린 듯이 하는 경지"를 뜻하고, 이것이 무위의 참뜻이다. 또 "지도자가 함부로 자신을 드러낸다."[18]라는 표현은 "고을 관청의 수장이 명령을 성가시게 하기를 좋아한다."라는 개념이 된다.

그런데 이러한 '무위'와 '자연'의 도리는 오늘날 자녀 교육에도 오롯이 적용된다. 자녀가 방에서 공부하면 부모님들은 종종 기특한 마음에 간식

---

18 36-3

을 준비해서 문을 노크하고는 들어간다. "아이고 내 새끼, 공부하는데 배 고프지? 이 빵 좀 먹으면서 하렴." 그러고는 잠시 후 또 자녀의 방을 찾는 다. "아이고, 내 정신 봐라. 빵을 주면서 우유는 깜빡했네. 목마르지? 어서 마시렴!" 또 얼마 후 들어가서는 "뭐 필요한 거 없니? 과일이나 과자라도 줄까? 필요한 것 있으면 언제든지 얘기하렴!"

도대체 부모님들은 자녀를 키우는 것일까, 아니면 돼지를 키우는 것일 까? 따라서 노자의 말은 다음처럼 응용할 수 있다. "부모는 조용한 공간과 교재 등 최선을 다해서 자녀가 공부할 조건을 마련해주었다면, 이제는 마 치 버린 듯이 해야 한다. 그러면 공부할 아이들은 공부할 것이고, 그렇지 않은 아이들은 천성에 따라서 스스로 갈 길을 찾게 될 것이다."라고.

도는 본래 정치 지도자가 걸어야 할 길이자 지켜야 할 통치이념 즉 리 더십을 뜻한다. 하지만 앞에서 부모 교육의 예시를 들어서 응용한 것처 럼, 현대사회에서는 비단 정치뿐 아니라 다양한 분야에서 도가 요구된다. 그렇다면 우리는 왜 도를 배워야 하는가? 과연 우리는 리더인가? "나는 리더가 아닌데, 왜 도를 배워야 하지?"라고 반문하는 이들도 있을 법하다. 하지만 잊지 말아야 할 점이 있다. 현대사회를 살아가는 우리 중에 리더 가 아닌 사람이 없다는 사실을. 리더란 나랏일을 하는 정치인들이나 재계 의 CEO만을 뜻하지 않는다. 리더는 사람이 있는 곳이라면 어느 곳이나 존재한다. 부모는 자식의 리더이고, 교사는 학생의 리더이며, 팀장은 부하 직원들의 리더이고, 대학생은 고등학생들의 리더이며, 중3은 중1의 리더 이고, 숙련된 아르바이트생은 신입의 리더이다. 누군가가 당신을 바라보 고 있다면 당신은 미래가 아닌 바로 지금 이미 리더다.

37-2 **化而欲作，吾將鎭之以無名之樸。**
(화이욕작, 오장진지이무명지박.)
변화하여 욕망이 생기면, 나는 장차 무명의 질박함으로
그것을 억누를 것이다.

무명은 통제의 명분이 되는 법과 제도를 세분해서 강화하지 않음을, 질박함은 아직 사람의 손을 타지 않은 통나무 즉 복잡한 법률과 제도들로 통제하지 않는 상태를 뜻한다. 따라서 무명의 질박함은 무위자연으로 다스리는 대동사회 하늘의 도(천도)와 같은 개념이다. 그리고 '나'는 단순히 노자를 지칭하는 것이 아니라, 노자와 같이 대동사회로부터 이어져 내려온 하늘의 도를 이해하고 실천하고자 노력하는 인물들을 대표하는 명사임에 유의해야 한다.

그러므로 이 구절은 "리더가 중간에 변해서 법과 제도를 강화하여 백성을 통제하려 들면, 나와 같이 대동사회를 추구하는 이들은 하늘의 도로 그의 횡포를 막으려 들 것이다."라고 풀이된다. 그렇다면 한 지도자가 어떻게 중간에 변할 수 있는지, 다음의 두 역사 기록을 통해 살펴보자.

주나라 목왕이 말했다. "교묘하게 꾸미는 말을 하거나 아첨하는 태도나 남의 비위를 맞추거나 아양을 떠는 이는 절대 주변에 거느리지 말고, 어진 선비를 세워야 하오. 따르는 신하가 바르면 그 임금이 능히 바르게 될 것이고, 따르는 신하가 아첨하면 그 임금은 스스로 자기가 성스럽다고 여길 것이니, 임금의 덕은 신하 때문이고, 부덕한 것도 신하 때문이요."

이랬던 지도자가 이렇게 변한다.

   목왕이 장차 견융을 정벌하려 하자, 제공 모보가 간언하여 말했다.
"불가합니다. 선왕께서는 덕을 밝혔지 무력을 보이지는 않으셨습니
다. 무릇 무력이란 거두었다가 때가 되면 움직이는 것이니, 때가 되어
서 움직이면 위엄이 있으나, 아무 때나 보이면 장난이 되니, 장난하면
위엄이 없어지게 됩니다. (생략) 문왕과 무왕에 이르러서 전대의 광명
을 밝히고, 자애로움(慈)과 조화로움(和)을 더하여 신을 섬기고 백성
을 보호하였으니, 기뻐하지 않는 이들이 없었습니다. (생략) 명령을
선포하고 타일러도 이르지 않으면 곧 한층 더 덕을 수양했고, 백성들
이 먼 곳에서 근무하지 않게 했습니다(원정에 동원하지 않았습니다). 이 때
문에 가까이는 듣지 않는 이가 없고, 멀리는 복종하지 않는 이가 없게
되었습니다." (생략) 하지만 목왕은 마침내 그들을 정복하고, 흰 이리
네 마리와 흰 사슴 네 마리를 얻어서 돌아왔다. 그러자 이때부터 황복
지역이 주나라를 따르지 않았다.

변하는 것은 한순간이다. 그래서 변치 않음의 상(常)이 어렵다.

37-3 **無名之樸，夫亦將無欲。**(무명지박, 부역장무욕.)
무명의 질박함은, 무릇 탐욕 역시 없게 할 것이다.

지도자가 무위자연의 도로 나라를 다스리면, 법과 제도를 강화하여 백성을 통제하려는 마음이 사라지게 된다.

37-4 **不欲以靜，天下將自定。**(불욕이정, 천하장자정.)
탐욕이 없게 됨으로써 평정을 찾게 되니, 세상은 장차
스스로 안정되게 된다.

지도자가 억지로 통제하려 들지 않으면 마음의 평온을 되찾게 되고, 백성의 천성에 따라서 다스리게 될 것이며, 나라는 자연스레 대동사회로 돌아가게 된다.

38장

껍데기를 버리고

38-1 **上德不德, 是以有德; 下德不失德, 是以無德。**
(상덕부덕, 시이유덕; 하덕부실덕, 시이무덕.)
상급의 덕은 덕이 있다고 여기지 않으므로 이 때문에
덕이 있고, 하급의 덕은 덕을 잃지 않으려 하므로
이 때문에 덕이 없다.

이 구절에 따르면 덕에는 상급과 하급 두 가지가 있다. 앞에서 언급했던 '구덕'[19]을 기초로 하여 한 단계 더 구체적으로 짚고 넘어가자.

"삼덕 즉 세 가지 덕은 첫 번째 정직함을 말하는 것이요, 두 번째 강직함으로 다스림을 말하는 것이요, 세 번째는 유함으로 다스림을 말하는 것이니, 평화롭고 안락하면 정직함으로 하고, 굳어서 따르지 않으면 강직함으로 다스리며, 화해하여 따르면 부드러움으로 다스리고, 심성이 가라앉아 겉으로 드러나지 않으면 강직함으로 다스리며,

---

19 27-4

식견이 높으면 부드러움으로 다스리는 것입니다."

[상서]〈주서〉중에서

세 가지 덕은 정직함, 강직함, 부드러움으로 다스리는 것인데, 구덕 중에서 6. 직이온(直而溫): 정직하면서도 부드러움, 8. 강이실(剛而實): 강직하면서도 정성스러움, 2. 유이립(柔而立): 온유하면서도 확고히 섬에 해당한다. 따라서 이 세 가지를 제외한 나머지 여섯 가지가 바로 육덕이 된다.

그렇다면 이 중에 어떤 것이 상급의 덕이고, 어떤 것이 하급의 덕일까? 노자에게 있어서 최상의 가치는 억지로 통제하지 않는 무위자연의 천도이고, 이는 강압이 아닌 자애로움을 주된 특징으로 한다. 따라서 정직함의 직이온(直而溫)과 부드러움의 유이립(柔而立)은 상급의 덕, 강직함의 강이실(剛而實)은 하급의 덕에 속한다고 볼 수 있다. 하지만 이것은 어디까지나 노자가 워낙 무위자연의 천도에 순응하는 부드러움을 강조했기 때문에 억지로 상급과 하급으로 나눈 것일 뿐, 인류의 역사는 이 세 가지 상황이 항상 순환되어 왔다는 점을 잊지 말아야 한다. 지도자는 매번 나라의 상황에 맞게 세 가지 덕을 적절하게 혼용해서 써야 한다. 그렇다면 '삼덕'과 '육덕' 그리고 '구덕'은 언제부터 있었던 개념일까?

(우임금이) 구주(나라 전체)의 쇠를 거두어서 아홉 개의 솥을 주조하니, 솥의 세 발은 삼덕을 상징했다.

[십팔사략]〈하왕조〉중에서

이처럼 삼덕은 우임금 때 이미 존재했다. 27-4에서 언급했던 [상서]

〈고요모〉의 고요는 순임금 때 형법을 관장하던 신하였으므로, 순임금 때 구덕의 개념이 일찌감치 확립되었음을 엿볼 수 있다. 즉 삼덕, 육덕, 구덕의 개념은 상고시대인 대동사회부터 내려왔다.

따라서 덕은 상급의 덕과 하급의 덕으로 나뉘는데, 노자는 그 구분 기준을 다음과 같이 나누고 있다. 지도자가 하늘의 도로 백성의 천성에 따르는 무위자연을 실천하지만, 정작 자신이 잘하고 있다고 여기지 않으면 상급의 덕 즉 덕이 있다. 반면에 지도자가 사람의 도로 백성을 잘 다스리려고 통제하고, 덕을 잃지 않으려고 억지로 애쓰기 때문에 하급의 덕 즉 덕이 없다. 다음 기록을 보면, 덕을 잃지 않으려고 억지로 애쓴다는 말뜻을 이해할 수 있다.

> 공자가 이르셨다. "군자는 죽을 때 이름이 드러나지 못할까(칭송받지 못할까) 근심한다."
>
> 〔논어〕〈위령공〉중에서

38-2   **上上德無為而無以為。**
(상덕무위이무이위.)
상급의 덕은 작위 함이 없어서 의도하는 바가 없다.

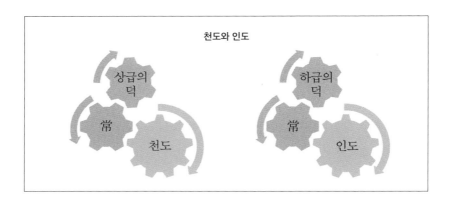

천도와 인도

27-4에서 설명했듯이, 덕에 변치 않음의 상(常)이 합쳐졌을 때 비로소 도가 완성된다. 그리고 도에는 하늘의 도(천도)와 사람의 도(인도)가 있으므로, 각각의 도 아래에는 도에 맞는 각각의 덕도 있다. 따라서 노자는 여기서 대동의 천도 바로 전 단계인 상급의 덕에 대해서 논하고 있는데, 천도는 한 바도 없고 하지 않은 바도 없는 무위를 실천하여 스스로 진실한 천성을 따르는 것이기에, 그 어떠한 의도한 바도 없는 것이 상급의 덕이다.

38-3　　**下德爲之而有以爲。**
　　　　(하덕위지이유이위.)
　　　　하급의 덕은 작위 함이 있어서 의도하는 바가 있다.

반면에 하급의 덕은 애써서 바로잡는 소강의 인도 바로 전 단계이기 때문에, 도와 더불어서 덕 역시 잘 다스리려고 억지로 의도하는 바가 있다.

上仁爲之而無以爲。
(상인위지이무이위.)
상급의 어짊은 작위 하는 바가 있으나 의도하는 바는 없다.

어짊의 인(仁)과 의로움의 의(義)는 애써서 바로잡으려고 노력하는 자세로서, 자연스러움에 어긋나기 때문에 천도의 구성요소가 아니라고 했다[20]. 그런데 노자는 어짊의 인(仁)이 작위 하는 것이지만, 달리 의도하는 바는 없다고 한다. 과연 이것이 뜻하는 바가 무엇일까?

지도자의 단 한 가지 사명은 나라와 백성들의 삶을 안정시키는 데 있다. 그리고 어짊의 인(仁)은 신하가 임금을 진심으로 따르고 섬기도록 만들어 나라를 안정시키고, 궁극적으로는 백성들을 평안하게 하는 것이라고 했다. 따라서 노자는 어짊의 인(仁)이 윗사람을 따르라고 억지로 요구하는 것이라서 비록 천도의 구성요소가 아니지만, 나라와 백성을 위한 것이외에는 다른 의도가 없다고 비교적 긍정적으로 평가했다.

---

20 18-1

38-5 **上義為之而有以為。** (상의위지이유이위.)
상급의 의로움은 작위 하는 바가 있어서 의도하는 바가 있다.

의로움의 의(義) 역시 어짊의 인(仁)과 마찬가지로 작위 하는 것이라서, 천도의 구성요소가 아니다. 그런데 노자는 어짊의 인(仁)은 의도하는 바가 없는 반면 의로움의 의(義)는 의도하는 바가 있다고 하는데, 이건 또 무슨 뜻일까?

의로움의 의(義)에는 열 가지가 있는데, 이는 윗사람이 지켜야 할 다섯 가지 도리와 아랫사람이 지켜야 할 다섯 가지 도리로 구성된다. 그런데 아랫사람의 도리는 어짊의 인(仁)이 되므로, 사실상 순수한 의로움의 의(義)는 바로 윗사람의 도리이다.

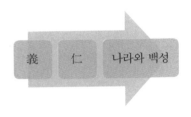

어짊의 인(仁)과 의로움의 의(義)는 서로 떨어질 수 없는 관계에 있는데, 특히 의로움의 의(義)는 어짊의 인(仁)을 바탕으로 하여 존재한다. 의로움의 의(義)의 목표는 어짊의 인(仁)을 지키는 데 있으므로, 오직 나라와 백성을 위한 어짊의 인(仁)과 달리 다른 의도하는 바가 있다.

38-6 **上禮爲之而莫之應, 則攘臂而扔之。**
(상례위지이막지응, 즉양비이잉지.)
상급의 예는 작위 하는 바가 있으나, 응답하지 않으면
곧 팔을 걷어붙이고 그것을 내버린다.

이 말은 예(禮)는 대단히 형식적이라서 억지로 하는 것이라는 뜻이다.
따라서 만약 상대방이 예(禮)에 반응을 보이지 않으면, 곧 예(禮)를 팽개
치고는 팔을 걷어붙여서 상대방에게 따지게 된다. 예(禮)는 지나치거나
모자라지 않는 적절한 조화로움을 위한 절제와 통제를 의미하는데, 구체
적으로는 고대의 예법인 주례(周禮)와 의례(儀禮) 두 가지로 나눌 수 있다.
주례는 주관(周官)이라고도 하는데, 오늘날로 말하면 국가의 의전과 같은
개념이다. 의례는 고대 지배자 계급의 관혼상제(冠婚喪祭)에 대한 예로서,
일상생활에서의 예라고 할 수 있다.

그럼 노자는 주례와 의례 두 가지를 모두 부정하는 것일까? 노자는
31-9와 31-10에서 전사자들을 상례로 예우해야 한다고 거듭 강조하고
있으므로, 사실상 예(禮)를 매우 중시했었다. 즉 여기서 노자가 비판하고
있는 예(禮)는 의례가 아닌, 주례에 국한된 것임에 유의해야 한다.

그렇다면 노자는 왜 주례를 이토록 반대하는 걸까? 주례는 오늘날의
의전과 같은 개념인데, 국어사전에 따르면 의전은 '행사를 치르는 일정한
법식'이라는 의미이다. 따라서 노자는 본질적인 내용을 추구하는 반면, 형
식적인 외형을 대단히 반대하고 있다.

38-7 　　**故失道而後德，失德而後仁，失仁而後義，**
　　　　失義而後禮。
　　　　(고실도이후덕, 실덕이후인, 실인이후의, 실의이후예.)
　　　　그러므로 도를 잃은 후에 비로소 덕이 있고, 덕을 잃은 후에
　　　　어짊이 있으며, 어짊을 잃은 후에 의로움이 있고,
　　　　의로움을 잃은 후에 예가 있다.

　　강함과 부드러움의 통치법을 조화롭게 실천하려는 절조인 덕에 변치 않음의 상(常)이 합쳐졌을 때 비로소 도가 완성된다고 했다[21]. 따라서 완성형인 도가 무너지면 덕이 나타나는데, 도에는 천도와 인도가 있듯이 덕에도 그에 상응하는 상급의 덕과 하급의 덕이 있다. 그리고 하급의 덕이 무너지면 비로소 그 구성요소들인 어짊의 인(仁)과 의로움의 의(義) 그리고 예가 나타나게 된다. 좀 더 구체적으로 살펴보자.

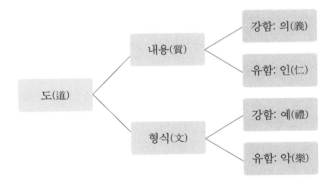

21　27-4

공자에 의하면, 인도는 내용과 형식으로 나뉜다. 도의 내용은 어짊의 인(仁)과 의로움의 의(義)로 구성되어 있는 반면, 도의 형식은 예(禮)와 음악의 악(樂)으로 구성되어 있다. 따라서 노자 역시 인도의 구조를 잘 이해하고 말한 것인데, 도가 무너지면 덕이 나타나고 덕이 무너지면 차상위 구성요소인 어짊의 인(仁)이 나타나며, 어짊의 인(仁)이 무너지면 그를 위해서 존재하는 의로움의 의(義)가 나타나고, 의로움의 의(義)가 무너지면 마지막으로 도의 형식인 예(禮)만 남는다. 또 도의 내용과 형식은 다시 그 특징에 따라 각각 부드러움과 강함으로 나뉜다. 내용의 구성요소인 어짊의 인(仁)은 임금을 섬기고 따르는 것이므로 부드러움을 나타내지만, 의로움의 의(義)는 마땅히 지켜야 할 도리를 목숨을 걸고 지키는 것이므로 강함을 나타낸다. 그리고 형식의 구성요소인 예(禮)는 조화로움을 위해서 절제하고 통제하는 것이므로 강함을 나타내지만, 음악의 악(樂)은 예의 딱딱함을 보완하는 성격을 지니므로 부드러움을 나타낸다.

노자는 항상 통제의 강함보다 포용의 부드러움을 강조하고 형식보다 내용을 중시한다. 따라서 노자는 인도를 설명하면서 도의 내용이자 부드러움인 어짊의 인(仁)을 가장 앞에 두고, 이어서 도의 내용이자 강함인 의로움의 의(義)를 언급했으며, 도의 형식이자 강함이 되는 예(禮)를 가장 불필요한 것으로 간주했다. 이처럼 노자는 주례 즉 의전을 지극히 형식적인 것으로 간주하여 필요 없는 군더더기와도 같은 존재라고 신랄하게 비판하고 있다. 반면에 공자는 의례뿐 아니라 주례 역시 형식으로서의 가치를 중시했으므로 이 점은 노자와 공자의 주된 차이점 중 하나가 된다.

38-8 **夫禮者，忠信之薄而亂之首。**
(부예자, 충신지박이난지수.)
무릇 예라는 것은, 공정함과 신뢰의 부족함이며 재앙의
시작이 된다.

이 구절에서 예(禮)는 주례 즉 오늘날의 의전과 같은 개념이다. 따라서 노자는 의전이란 공정함과 신뢰가 없을 때 행해지는 것이고 나아가 재앙의 시작이 된다고 경고하고 있는데, 다음 두 역사 기록을 통해 그 이유를 이해해보자.

　　주 무왕이 여라는 나라에서 명물인 큰 개를 선물 받자, 소공이 말했다. "진귀한 보옥을 백숙 즉 같은 성씨의 제후국들에 나눠줌으로써 친함을 보이시면, 사람들이 물건을 경시하지 않고 그 물건을 덕스럽게 생각할 것입니다. 덕이 성하면 업신여기지 않게 되는데, 군자를 업신여기면 사람의 마음을 다할 수 없게 되고, 소인 즉 신분이 낮은 백성을 업신여기면 그 힘을 다할 수 없게 됩니다. 지도자가 귀와 눈을 자극하는 화려한 보물에 마음을 두지 않으면, 나라의 온갖 법도가 바르게 섭니다. 사람을 경시하면 덕을 잃게 되고, 사물을 경시하면 본심을 잃게 됩니다. (생략) 개와 말은 그 땅에 본래 있는 것이 아니면 기르지 말고, 진귀한 새와 짐승은 자기 나라에서 키우면 안 됩니다. 멀리 다른 나라에 있는 진귀한 물건을 귀히 여기지 않으면, 그 소식을 들은 사람들이 곧 이 나라의 지도자는 믿을 수 있다고 여겨서 몰려올 것이고, 지도자가 어진 이들을 중용하면 가까이 있는 이 나라 백성들이 편안해지게 됩니다."

[상서] 〈여오〉 중에서

작은 나라가 큰 나라에 조공을 바치는 의전을 행하는 이유는 그들의 환심을 사기 위해서이다. 두 나라 사이에 진정한 공정함과 신뢰가 존재한다면, 형식적인 의전은 한낱 사치에 불과하다. 그리고 앞서[22] 이미 제시한 다음의 기록을 다시 살펴보면 재앙의 시작이 무엇을 뜻하는지 명확해진다.

상나라 주임금이 유소씨의 나라를 정벌하자, 유소씨 나라는 달기라는 여인을 바쳤다. 주 임금은 달기에게 빠져서, 그녀의 말이라면 모두 따랐다. 부세를 더 거둬들여서 녹대에 재물을 가득 채우고, 거교에 곡식을 메웠으며, 온갖 짐승과 새를 키우는 사구와 원대를 더 넓히고, 술로 못을 만들고 고기를 매달아 숲을 만들어서 며칠이고 계속 술자리를 벌였으니, 백성들이 원망하고 심지어 제후 중에 배반하는 이들도 생기게 되었다.

[십팔사략] 〈은왕조〉 중에서

---

22 35-2

前識[23]者，道之華也，而愚之始。
(전지자, 도지화야, 이위지시.)
앞에서 기록한 것은, 도의 사치스러움이자 우매함의
시작이다.

따라서 의전의 예(禮)는 도에 불필요한 요소이자, 오히려 지도자를 우매하게 만들어서 재앙을 가져다줄 뿐이다.[24]

38-10   **是以大丈夫處其厚不居其薄；處其實不居其華。**
(시이대장부처기후불거기박; 처기실불거기화.)
이 때문에 대장부는 넉넉함에 머무르지 각박함에 머무르지
않고, 내실을 다질 뿐 화려함을 좇지 않는다.

이러한 이유로 대동사회의 지도자인 성인들은 하늘이 준 천성에 따라서 다스림으로써 백성들이 스스로 변화하도록 했지, 법과 제도를 강화하여 백성들을 통제하려 들지 않았다. 또 대동의 통치이념인 천도의 구성요소들을 실천하려고 노력했지, 지극히 형식적이기만 하고 불필요할 뿐만 아니라 심지어 지도자에게 재앙을 가져다주는 허례허식의 의전을 추구하지 않았다.

---

23   전후 맥락상, 여기서는 '알 식'이 아닌 '기록할 지'로 풀이해야 한다.
24   62-4에도 비슷한 내용이 보인다.

38-11 **故去彼取此。**(고거피취차.)
그러므로 저것(후자의 각박함과 화려함)을 버리고 이것
(전자의 넉넉함과 내실을 다지는 것)을 취하는 것이다.

따라서 지도자는 법과 제도를 강화하여 백성들을 통제하려 들지 말고, 허례허식의 의전에 집착하지 말아야 하며, 하늘이 준 천성에 따라서 다스리고 천도의 구성요소들을 실천하려 노력해야 한다. 앞에 나온 내용은 가까이 있으므로 지시대명사 이것이 되고, 뒤에 나온 내용은 멀리 있으므로 지시대명사 저것이 된다.

39장

영원한 캡틴

39-1 **是以大丈夫處其厚不居其薄；處其實不居其華。**
(석지득일자, 천득일이청, 지득일이녕, 신득일이령, 곡득일이영,
만물득일이생, 후왕득일이위천하정.)
자고로 하나를 얻음에 있어서, 하늘이 하나를 얻으면
청명하고, 땅이 하나를 얻으면 평온하며, 오묘함이 하나를
얻으면 영험해지고, 계곡이 하나를 얻으면 넉넉해지고,
만물이 하나를 얻으면 생동하고, 한 나라의 왕이 하나를
얻으면 세상의 충정이 된다.

'하나'는 두 마음을 품지 않고 나라와 백성의 안위만을 생각하는 순일(순수한 덕)을 뜻한다.[25] 따라서 옛날부터 하늘이 순일한 덕을 품으면 사념 없이 맑고 밝아지고, 땅이 순일한 덕을 품으면 고요하고 평안해지며, 오묘함이 순일한 덕을 품으면 거룩하고도 슬기로워지고, 자애로움이 순일한 덕을 품으면 충만해져 여유가 있게 되며, 만물이 순일한 덕을 품으면 생기가 감돌게 되고, 지도자가 순일한 덕을 품으면 세상이 충실하고 올바르게 된다.

---

25 10-1

스웨덴 전 총리 타게 엘란데르나 핀란드 전 대통령 타르야 할로넨과 같은 훌륭한 지도자들이 있었기에 북유럽은 지금까지도 복지 선진국이나 살기 좋은 나라라는 이미지를 지닐 수 있었다.

39-2　其致之, 天無以淸將恐裂, 地無以寧將恐發,
　　　　神無以靈將恐歇, 谷無以盈將恐竭, 萬物無以生將恐滅,
　　　　侯王無以貴高將恐蹶。
（기치지, 천무이청장공열, 지무이녕장공발, 신무이령장공헐,
곡무이영장공갈, 만물무이생장공멸, 후왕무이귀고장공궐.）
그것을 그만두게 되어서, 하늘이 청명하지 않으면
무너질 것이고, 땅이 평온하지 않으면 흩어질 것이며,
오묘함이 영험하지 않으면 멈출 것이고, 계곡이 넉넉하지
않으면 사라질 것이며, 만물이 생동하지 않으면
멸망할 것이고, 한 나라의 왕이 귀히 여기고 숭상하지
않으면 와해할 것이다.

나라와 백성의 안위만을 생각하는 순일한 덕을 얻지 못하여 하늘이 맑고도 밝지 않으면 무너질 것이고, 땅이 고요하고 평안하지 않으면 흩어질 것이며, 오묘함이 거룩하고 슬기롭지 않으면 멈출 것이고, 자애로움이 충만하여 여유가 있지 않으면 사라질 것이며, 만물에 생기가 감돌지 않으면 멸망할 것이고, 지도자가 백성을 귀히 여기고 숭상하지 않으면 나라가 무너질 것이다. 이처럼 페르디난드 마르코스 전 대통령과 이멜다 여사의 집권 이후 필리핀은 한 번 떨어진 이미지를 좀처럼 회복하지 못하고 있다.

39-3   **故貴以賤爲本，高以下爲基。**
(고귀이천위본, 고이하위기.)
따라서 귀함은 비천함을 근본으로 삼고, 높음은 낮음을
기반으로 삼는다.

그러므로 지도자와 같이 귀한 신분은 반드시 자신을 낮춰서 백성을 나라의 근본으로 귀히 여기고, 지도자와 같이 높은 신분은 반드시 자신을 낮춰서 백성을 숭상해야 한다.

39-4   **是以侯王自謂孤寡不穀。**(시이후왕자위고과불곡.)
이 때문에 한 나라의 왕은 스스로 고, 과, 불곡이라고
칭하였다.

이 때문에 지도자는 자신을 낮춰서 스스로 외로운 존재, 작고 미약한 존재 그리고 곡식만도 못하여 백성을 잘 기르지 못하는 존재라고 불렀다. 홀아비와 홀어미, 부모 없는 고아와 자식이 없어 의지할 데 없는 독거노인을 나타내는 환과고독(鰥寡孤獨)은 사회의 최약자 층을 가리킨다. 또 곡식은 사람이 기르는 물건이므로, 이를 부정하는 '불곡'은 곡식보다 못하다는 뜻이다. 따라서 한 나라의 왕이 이러한 단어들을 자신의 호칭으로 삼았다는 것은, 자기가 백성보다 나약한 존재이고 나아가 본인이 지도자로서 백성을 잘 다스리지 못하고 있다는 자책과 겸손의 표현이 된다. 실제 역사가 증명하듯이 한국에서도 과거 임금들이 스스로 '과인'이라고 부

름으로써 자신을 백성 아래로 낮추는 자세를 실천했다.

　　此非以賤爲本邪? 非乎? (차비이천위본야? 비호?)
　　　　이는 비천함을 근본으로 삼는 것이 아닌가? 아니한가?

이것이야말로 지도자가 자신을 낮춰서 백성을 나라의 근본으로 귀히 여기는 자세가 아니겠는가? 그렇지 않은가? 이와 관련하여 다음 기록을 살펴보자.

　　태강의 다섯 아우 중 첫째가 말했다. "선조께서 훈계하셨는데, 백성은 가까이할 수 있으나 얕잡아 보면 안 된다. 백성은 나라의 근본이고, 근본이 단단해야 나라가 안녕하다. 내가 세상을 살피니, 어리석은 남자와 어리석은 여자 백성이 모두 나보다 훌륭하다. 지도자 한 사람이 거듭 실수하여 백성이 어찌 그를 원망할까를 살피면, 이는 보지 않고도 알 수 있다. 내 백성을 다스림에 마치 썩은 새끼줄로 말 여섯 마리를 모는 듯 삼가니, 위에 있는 사람이 어찌 백성을 공경하지 않을 수 있겠는가?"

　　　　　　　　　　　　　　　　　　　　　〔상서〕〈오자지가〉 중에서

멀쩡한 새끼줄로도 말 여섯 마리를 몰기 어려운데, 하물며 썩은 새끼줄이야. 그만큼 백성을 다스림에 신중에 신중을 기울여야 한다는 말이다.

39-6 　　**故致數興無興。**(고치수예무예.)
　　그러므로 최고의 영예에 이르면 영예가 없는 것이다.

　　따라서 대동사회를 이끈 성인들과 같이 가장 훌륭한 지도자는 오히려 백성들이 그저 그의 존재만을 인지할 뿐이다.[26] 그리고 노자는 이것이야 말로 지도자에게 있어서 가장 영예로운 경지라고 말한다.

39-7 　　**不欲琭琭如玉, 珞珞如石。**
　　(불욕록록여옥, 락락여석.)
　　옥과 같이 귀하기보다는, 차라리 돌과 같이 단단한 것이 낫다.

　　옥은 화려하지만, 돌처럼 단단하지 못하다. 반면에 돌은 옥처럼 화려하지는 않지만, 단단하다. 이 말은 형식의 화려함을 좇기보다는 내실을 다지는 것이 중요하다는 뜻이므로, 지도자는 백성의 위에 군림하여 명령하는 화려함을 추구하지 말고, 그들의 아래서 오로지 나라와 백성의 안위만을 생각하여 자신의 존재를 드러내지 않아야 한다.

　　한국 최초의 영국 프리미어리그 선수로서, 2005년에서 2012년까지 맨체스터 유나이티드 FC에서 활약했던 축구선수 박지성. '멀티 플레이어'

26　17-1

나 '두 개의 심장' 등 그의 실력을 수식하는 표현은 다양하지만, 무엇보다 감독과 동료 선수들이 이구동성으로 인정하는 그의 능력은 다름 아닌 자신을 버리고 오로지 동료와 팀을 위해 뛰는 헌신의 자세와 자신을 드러내지 않는 겸손함 그리고 시종일관 변치 않는 성실함이었다. 옥과 같이 화려하게 드러나지 않고 내조하는 스타일로 인해서 그는 실제보다 상대적으로 저평가된 선수 중 한 명으로 언급되기도 했다. 하지만 돌과 같은 헌신과 겸손 그리고 성실함이야말로 박지성 선수의 가장 큰 장점이자 특징이었다. 또 경기장 밖에서도 일체의 스캔들이나 잡음 없이 철저한 자기관리 능력을 보여줌으로써, 한국 국민에게 '영원한 캡틴'이라고 불리며 가장 사랑받는 축구선수 중 한 명이었다는 평을 받고 있다.

40장
다시 돌아갈 시간

40-1   **反者，道之動；弱者，道之用。**
(반자, 도지동; 약자, 도지용.)
반대는 도의 움직임이고, 유약함은 도의 효용이다.

지금까지 살펴봤듯이, 하늘의 도는 우리의 상식과 정반대로 움직인다. 지도자는 백성의 위가 아니라 아래에 있어야 하고, 좋은 것만 취하고 그렇지 못한 것은 버리는 것이 아니라 모두 함께해야 한다. 또 강함으로 누르는 것이 아니라 부드러움으로 포용하며, 약자를 버리는 것이 아니라 지키고 보호해야 한다.

40-2   **天下萬物生於有，有生於無。**
(천하만물생어유, 유생어무.)
세상 만물은 유에서 생겨나고, 유는 무에서 생겨난다.

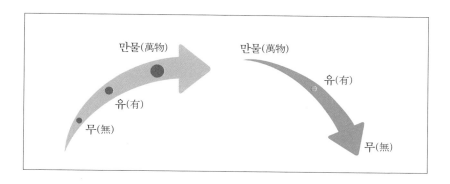

세상은 법과 제도를 점점 더 세분해서 모든 것들을 통제하고 있지만, 이보다 훨씬 이전의 대동사회에서는 오로지 기본적이고도 원칙적인 하늘의 도로만 다스렸다. 따라서 이제 지나치게 세분하고 강화하여 통제하려는 태도를 버리고, 도가 움직이는 방향인 정반대로 다시 천성에 따라 다스리던 대동의 세상으로 돌아가야 하지 않겠는가?

5부

세상의 모든 인문학

41장

성선설과 성악설

41-1 **上士聞道, 勤而行之。**(상사문도, 근이행지.)
수준이 높은 선비가 도를 들으면, 부지런히 그것을 행한다.

15-1에 이어서 여기서도 선비 사(士)가 등장하므로 선비란 '관리로서 미래의 지도자가 될 신분의 인물'이라는 뜻이 자명해진다. 바꿔 말해서 도는 지도자가 걸어야 할 길인데, 현대사회에서는 리더가 아닌 사람이 없다. 노자는 수준이 높은 선비가 도를 들으면, 삼가 부지런히 실천하려 노력한다고 강조한다.

41-2 **中士聞道, 若存若亡。**(중사문도, 약존약망.)
수준이 중간인 선비가 도를 들으면, 있는 듯 없는 듯하다.

반면에 수준이 어중간한 선비가 도를 접하면, 반신반의하게 된다.

41-3 **下士聞道, 大笑。**(하사문도, 대소.)
수준이 낮은 선비가 도를 들으면, 크게 비웃는다.

수준이 낮은 선비가 도를 접하게 되면, "말도 안 돼. 세상에 그런 게 어찌 가능하겠어!"라면서 그저 비웃기만 한다. 성선설은 인간의 본성은 선하다는 것으로 맹자가 주장했다. 반면에 성악설은 인간의 본성은 악하다는 것으로 순자가 주장했다. 그렇다면 공자는 어떨까?

> 공자가 이르셨다. "세 사람이 함께 가면, 반드시 나의 스승이 있다. 그 선한 것을 택하여 좇고, 그 선하지 못한 것으로 그것을 고친다."
>
> 〔논어〕〈술이〉중에서

중국 고전에는 '석 삼(三)'이 종종 등장하는데, '여섯 육(六)'이나 '아홉 구(九)'와 마찬가지로 대부분 구체적인 숫자가 아닌, '많다, 높다, 크다'라는 의미를 지닌다. 따라서 공자의 이 말은 "우리 주변에는 많은 사람이 있는데, 그중에는 선하여 모범을 보이는 이들이 있고 악한 이들도 있다. 따라서 그 중간에 있는 우리 대부분은 선한 이들을 정면교사로 삼아서 배우고, 악한 이들을 반면교사로 삼아서 고쳐야 한다."라는 의미를 지닌다.

그러므로 노자와 공자는 똑같이 말한다. 사람에게는 세 부류가 있는데, 지극히 선한 이들과 지극히 악한 이들은 우리가 바꿀 수 없다. 그 중간에 있는 우리 대부분은 선한 이들을 보면 "멋있다. 나도 저렇게 되고 싶다!"라고 생각하며 배우고, 악한 이들을 보면 "나는 저런 인간이 되지 말아야지!"라고 생각하며 경계해야 한다고.

41-4   **不笑, 不足以為道。**(불소, 부족이위도.)
비웃지 않으면, 도라고 하기에 부족하다.

선천적으로 악한 이들은 도의 존재를 들으면, 너무나도 어처구니가 없어서 그저 비웃기만 한다. 그리고 이처럼 악한 하등의 부류가 비웃어야만 진정한 하늘의 도라고 할 수 있다.

> 41-5　　**故建言有之 ; 明道若昧, 進道若退, 夷道若纇。**
> (고건언유지; 명도약매, 진도약퇴, 이도약뢰.)
> 그러므로 그것이 있음을 건의하노니 ; 밝은 도는 마치
> 어두운 듯하고, 나아가는 도는 마치 물러서는 것과 같으며,
> 평탄한 도는 마치 결점이 있는 듯하다.

그러므로 이제 여기서 하늘의 도는 분명히 존재한다고 밝히고자 하는데, 형이상학적 추상명사인 도는 우리의 상식과 정반대로 움직인다. 그 실체는 모호하고도 어둡게 보이는 듯하지만 실제로는 온 세상을 구석구석 밝히고, 백성의 뒤에 처하지만 실제로는 그들 앞에서 이끄는 것이 되며, 가장 기본적인 대원칙만이 존재하여 마치 엉성한 것처럼 보이지만 실제로는 위와 아래를 나누지 않고 평등하므로 모두가 화목하게 된다.

물고기를 포획할 때 쓰는 어망은 그물코의 규격이 법적으로 정해져 있는데 간격이 생각보다 그리 촘촘하지 않다. 그물코의 간격이 지나치게 촘촘하면 치어들까지 잡히기 때문이다. 만약 그렇게 되면 바다에는 물고기 씨가 말라서, 후대는 물고기를 박물관에서 박제로만 보게 될지 모른다. 따라서 노자는 하늘의 도를 어망에 빗대어 다소 엉성해 보일 수 있으나, 사실 그 무엇보다 합리적이라고 역설하고 있다.

41-6 　**上德若谷，大白若辱。**(상덕약곡, 대백약욕.)
높은 덕은 마치 계곡과 같고, 대단히 깨끗한 것은 마치
욕된 듯하다.

따라서 진정으로 고상한 덕이란 마치 계곡과도 같이 산이나 평지보다
더 아래에 처하여, 넓은 마음으로 모두를 포용하는 것이다. 또 진정으로
순결한 것은 마치 욕보는 듯이 백성 아래에 처하여, 그들을 위해 모든 수
치스러움을 감수하는 것이다. 이제 다음의 두 기록을 읽으며 위 구절의
뜻을 이해해 보자.

고공단보는 선조인 후직과 공류의 공적을 더욱 갈고닦아서 덕을 쌓
고 의로움을 행하자, 나라 사람들이 모두 그를 받들었다. 그런데 오랑
캐인 훈육과 융적이 그를 공격하여 재물을 얻으려고 하자, 고공단보는
그들에게 재물을 주었다. 하지만 얼마 되지 않아서 다시 공격하여, 이
번에는 아예 고공단보의 땅과 백성을 얻고자 했다. 이에 백성들이 모
두 노하여, 그들과 싸우려 했다. 그때 고공단보가 말했다. "백성이 임
금을 세우는 것은, 장차 자신을 이롭게 하려는 것이다. 지금 융적이 공
격하는 이유는, 나의 땅과 백성 때문이다. 백성들이 나에게 있는 것과
저들에게 있는 것이, 무슨 큰 차이가 있겠는가? 백성들이 나 때문에
저들과 싸운다면 나는 백성의 아비와 자식을 죽여서 임금이 되는 것일
터이니, 나는 차마 임금 자리를 그들의 목숨과 바꿀 수 없다!" 이에 고
공단보는 가신들과 더불어 빈 지역을 떠나서 칠수와 저수를 건너고 양

산을 넘어서, 마침내 기산 아래에 머물렀다. 그런데 빈 지역 사람들이 노인을 부축하고 어린이의 손을 이끌어, 모두가 다시 기산 아래의 고공단보에게 몰려들었다. 심지어 이웃 나라에서 고공단보가 어질다는 소식을 듣고는, 역시 많은 이들이 몰려와 그의 백성이 되었다.

[사기] 〈주본기〉 중에서

큰 가뭄이 칠 년이나 계속되자, 태사가 점을 쳐 말했다. "백성 중 한 명을 제물로 바쳐서, 기도해야 합니다." 그러자 탕이 말했다. "내가 원하는 바는 백성을 위한 것이니, 만약 반드시 사람을 희생시켜서 기도해야 한다면, 나 스스로가 제물이 되기를 청한다."

[십팔사략] 〈은왕조〉 중에서

이처럼 고공단보나 탕임금과 같은 지도자들은 자신을 백성 아래에 두고 그들을 위해서 수치스러움을 감수했으므로, 그로 인해 그들의 덕은 더욱 높아지고 그들의 정신은 더욱 순결해진 것이 아니겠는가?

41-7　**廣德若不足，建德若偸。**
(광덕약부족, 건덕약투.)
넓은 덕은 마치 부족한 듯하고, 덕을 세우는 것은 마치 남몰래 하는 듯하다.

세세한 법과 제도로 일일이 통제하지 않고 하늘이 부여한 천성에 따라 세상을 모두 수용하는 지도자는 언뜻 보기에는 허술한 듯하다. 그리고 자신에게 엄격하고 타인에게 관대함을 베푸는 지도자는 자신의 덕행을 남에게 드러내지 않는다. 그러므로 우리는 덕을 이야기할 때 드러나지 않는 음덕(陰德)이라고 부른다. 남에게 드러내면서 행하는 '양덕'이라는 표현은 존재하지 않는다.

아틀란틱 박애재단(The Atlantic Philanthropies)의 설립자이자, 세계 최대 규모의 공항면세점인 DFS(Duty Free Shoppers Group)의 공동 창업자인 척 피니(Chuck Feeney). 하지만 만 원짜리 플라스틱 시계를 차고 서류가방이 아닌 비닐봉지에 서류를 넣고 다니며 자기 명의의 자동차와 집도 없이 사는 그의 모습을 보고, 언론은 '부유하고 냉철하며 돈만 아는 억만장자'라고 비난했다. 그러다가 1997년 면세점 매각 문제로 조사를 받았는데, 이 과정에서 비밀 회계장부가 발각되었다. 그 장부에는 '뉴욕 컨설팅 회사' 이름으로 15년간 약 2,900회에 걸친 지출이 기록되어 있었고, 금액만 무려 총 40억 달러에 달했다. 조사 결과 그 돈은 척 피니가 모두 어려운 이웃을 위해 기부한 돈이었는데, 이때까지 그의 선행이 알려지지 않았던 이유는 아틀란틱 재단 본사가 미국이 아닌 영국령 버뮤다 섬에 있었거니와, 또 자신의 기부 사실을 외부에 알리면 기부를 끊겠다고 으름장을 놓았기 때문이기도 했다. 그렇다면 그는 왜 자신의 선행 사실을 알리지 않으려고 했을까? 그의 어머니는 그에게 "도움을 받는 사람의 부담을 덜어주고 싶다면, 절대 자랑하지 말라!"는 가르침을 주었다고 전해진다.

41-8   **質眞若渝。**(질진약유.)
　　　　질박하고도 진실한 것은 마치 대충대충 하는 듯하다.

　꾸밈없이 질박하고 진실하다는 것은 그저 천성을 따른다는 것을 의미하기 때문에, 인위적으로 만들고 꼼꼼하게 꾸미는 것보다 일시적으로는 엉성하게 보일 수 있다. 따라서 질박하고 진실한 것은 언뜻 보기에 소홀한 면이 있어 보이고 그래서 순일한 덕으로 나라를 다스리면 엉성하여 부족한 듯해 보이지만, 사실은 그렇지 않다.

　실제로 오늘날과 같이 복잡한 법률과 제도들로 통제하는 것이 너무나 당연해 보이는 세상에서 대동사회를 상상해보면, 상당히 엉성하고 소홀해 보일 수 있다. 하지만 이는 백성을 공경하고 그들의 뜻에 따라서 다스리는 것이기 때문에 법률이나 제도로 통제하는 것보다 더 백성이 따르게 된다.

41-9   **大方無隅, 大器晚成, 大音希聲, 大象無形, 道隱無名。**
　　　　(대방무우, 대기만성, 대음희성, 대상무형, 도은무명.)
　　　　대단히 큰 사각형은 모퉁이가 없고, 대단히 큰 그릇은
　　　　이루어짐이 없으며, 대단히 큰 소리는 잘 들리지 않고,
　　　　대단히 큰 형상은 형체가 없으며, 도는 희미하여 이름
　　　　지을 수 없다.

　너무나도 큰 사각형은 그 모퉁이를 볼 수 없어서 모퉁이가 없는 듯하고, 너무나도 큰 그릇은 아직 완성되지 않은 듯 뭔가 부족해 보이며, 너무

나도 큰 소리는 들을 수 없어서 소리가 없는 듯하며, 너무나도 큰 형상은 볼 수 없어서 마치 형체가 없는 것처럼 느껴진다. 마찬가지로 하늘의 도는 너무나도 크고 높아서 우리의 언어로 표현할 수 있는 성질의 것이 아니므로, 오늘날처럼 몇 조 몇 항이라는 형식의 복잡한 법률과 제도들로 세분하고 통제해서 도달할 수 있는 경지가 아니다.

지구는 시속 1,600km로 자전하고, 시속 110,000km로 태양 주위를 공전하고 있으며, 태양계는 시속 880,000km로 은하를 가로지르고, 우리 은하는 다시 시속 수백만km로 우주를 다닌다고 알려져 있다. 하지만 무시무시한 속도를 느낄 수 있는 사람은 아무도 없으므로, 어떤 이들은 사실 지구가 둥근 반구 안에 평평한 땅이 있는 형태라고 주장하기도 한다. 그렇다면 왜 그들은 지구 평면이론(theory of flat earth)을 지지하는 것일까? 그 이유는 지구가 너무나 커서 한눈에 알아볼 수 없기 때문이다. 노자는 여기서도 비유의 수사법으로 설명한다. 하늘의 도는 너무나 크고 높아서 우리가 쉬이 파악할 수 없거니와 어떠한 수치나 언어로 규격화하여 표현할 수 있는 것이 아니라고 말이다. 그리고 앞에서 언급했듯이[1] 사람은 보통 20,000hz까지만 들을 수 있고 그 이상의 음역이 되는 고음은 듣지 못한다. 또 41-5에서 설명한 것처럼 평탄하고도 커다란 도는 마치 결점이 있는 듯 뭔가 부족해 보인다. 오늘날처럼 하나라도 더 촘촘하게 하는데 익숙한 사람들이 언뜻 보았을 때는 마치 뭔가를 더 보완해야 해서 아직 완성되지 않은 것처럼 느껴질 수 있다. 따라서 "큰 그릇은 늦게 완성된

---

1   14-1

다."라는 뜻으로 잘 알려진 '대기만성'이라는 성어는 잘못 해석된 오역임을 이 구절을 통해 알 수 있다.

41-10 **夫唯道，善貸且成。** (부유도, 선대차성.)
무릇 도만이, 관용을 잘 베풀고 또 완성시킨다.

따라서 법과 제도를 세분해서 통제하지 않고 천성에 따라 다스리면, 만백성을 너그러이 포용하여 다시금 대동사회로 돌아갈 수 있다. 다음 기록을 보면 왜 그토록 리더의 관용이 중요한지 이해할 수 있다.

> 고요가 말했다. "사형에 처할 죄인을 특별히 살려주는 임금의 덕이 백성의 마음을 적셨고, 이에 백성들이 관리들의 뜻을 거스르지 않았습니다." 그러자 순임금이 말했다. "내가 하고자 하는 바에 따라 다스려서 사방이 감화되었으니, 모두가 그대의 훌륭함 때문이오."
>
> 〔상서〕〈대우모〉 중에서

42장

소통의 유일한 길

42-1 **道生一, 一生二, 二生三, 三生萬物。**
(도생일, 일생이, 이생삼, 삼생만물.)
도는 하나를 낳고, 하나는 둘을 낳으며, 둘은 셋을 낳고,
셋은 만물을 낳는다.

'하나'는 도 바로 아래 개념인 순일한 덕으로, 지도자가 오로지 나라와 백성의 안위만을 생각하는 것이다.

'둘'은 강함과 부드러움의 통치법을 조화롭게 실천하려는 절조인 덕의 두 가지 구성요소로서, 바로 객관적이고도 공정한 중(中)의 자세와 조화로움의 화(和)를 나타낸다. 강함과 부드러움을 조화롭게 한다는 것은 어느 한쪽으로 치우치지 않는 것이므로, 객관적이고도 공정한 중(中)의 자세가 필요하다. 또 강함과 부드러움 어느 하나만을 선택하는 것이 아니라 이들 모두를 포용하는 것이므로, 조화로움의 화(和) 역시 필요하다.

'셋'은 객관적이고 공정한 중(中)의 자세와 조화로움의 화(和)를 가능하게 하는 세 가지 구성요소로서, 검소함의 검(儉)과 자애로움의 자(慈) 그리고 겸손함의 겸(謙)이다. 검소하지 못하면 자기가 하나라도 더 차지하

고자 하고, 그렇게 되면 중(中)과 화(和)에 도달할 수 없다. 모두를 포용하고 지키고자 하는 자애로운 마음을 갖지 못하면 선별적으로 편애하게 되고, 그렇게 되면 중(中)과 화(和)에 도달할 수 없다. 겸손하지 못하면 상대방을 업신여기고 자기만 잘난 체하게 되므로, 역시 중(中)과 화(和)에 도달할 수 없다. 따라서 노자는 이 세 가지를 삼보(三寶) 즉 세 가지 보물[2]이라고 표현한다.

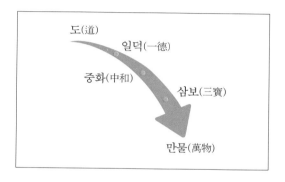

이제 이 구절을 풀이하면 다음과 같다. "천성을 따라서 다스리는 하늘의 도에서 순일한 덕이 나오고, 순일한 덕에서 객관적이고도 공정한 중(中)의 자세와 조화로움의 화(和)가 나오며, 중(中)과 화(和)에서 검소함의 검(儉)과 자애로움의 자(慈) 그리고 겸손함의 겸(謙)이 나온다. 그리고 검(儉)과 자(慈) 그리고 겸(謙)에서 세상을 이끄는 모든 이치가 나오는 것이다."

2   67-4

萬物負陰而抱陽，沖氣以爲和。
(만물부음이포양, 충기이위화.)
만물은 음을 등에 업고 양으로 향하여, 기운이 합해져
그럼으로써 조화롭게 된다.

세상을 이끄는 모든 이치는 음만 있어서는 안 되고 양만 있어서도 안 된다. 음과 양을 합쳐서 조화롭게 해야 하는데 이것이 바로 음양학의 기본이다. 여기서 양은 밝음을 그리고 음은 어두움을 뜻한다. 또 조화로움의 화(和)는 밝음을 좇고 어두움을 피하는 것이 아니라 이 둘을 아우르는 것이다. 그러므로 노자는 말한다. 진정한 조화로움이란 단순히 아우르는 것이 아니라, 어두움을 부축하여 등에 업고 함께 밝은 곳으로 향하는 것이라고.

암벽등반의 메카로 알려진 미국 요세미티 엘 캐피탄, 그중에서도 가장 난코스로 알려진 던 월(Dawn Wall) 루트. 2015년 토미 콜드웰(tommy Caldwell)과 케빈 조거슨(Kevin Jorgeson)은 세계 최초로 이곳을 맨손으로 올랐다. 당시 토미는 맨손으로만 오르는 자유등반의 최고 권위자로 이미 널리 이름이 알려져 있었지만, 그의 파트너를 자처한 케빈은 그렇지 못했다. 왠지 조합이 잘 맞을 것 같지 않은 이 둘은 우여곡절 끝에 드디어 함께 등반을 시작했는데, 케빈이 그만 피치(PITCH) 15구역에서 발목이 잡혔다. 아무리 시도해도 이 구간을 통과하지 못하고, 시간만 자꾸 끌고 있던 것이다. 케빈은 결국 토미의 도전을 망칠 수는 없다면서 기권하고 토미를 돕는 역할에 전념하기로 했는데, 단독으로 피치 20구역까지 도달해 역사적인 순간을 눈앞에 앞둔 토미가 갑자기 거기에 텐트를 치고는 무작정 케빈을 기다리기로 했다. 지금까지 줄곧 함께 준비해왔으니, 마지막에도 함께 정상을 밟아야 한다면서. 그렇게 등반을 시작한 지 19일째, 케빈은 앞에서 기다리던 토미의 간절한 바람을 저버리지 않고 15구역을 통과해서 기어이 쫓아왔고, 그들은 마침내 함께 정상에 오를 수 있었다.

따라서 진정한 사회의 조화로움을 위해서는 기득권 계층이 먼저 약자 계층에게 다가가 그들을 부축하여 등에 업고 함께 밝은 곳으로 향해야 한다.

42-3   **人之所惡, 唯孤寡不穀, 而王公以為稱。**
(인지소오, 유고독불곡, 이왕공이위칭.)
사람들이 싫어하는 것은 고, 과, 불곡인데, 한 나라의 왕은
그럼으로써 호칭을 삼았다.

앞에서 이미 설명했듯이[3] 이 구절은 지도자가 자신을 백성 아래로 낮추는 겸손함의 겸(謙)을 실천해야 한다고 강조하고 있다.

42-4   **故物或損之而益, 或益之而損。**
(고물혹손지이익, 혹익지이손.)
그러므로 사물은 때로는 손해를 입는 것이 오히려 이익을
얻을 수 있고, 때로는 이익을 얻는 것이 오히려 손해를
입을 수 있다.

---

3   39-4

그러므로 세상을 이끄는 이치는 지도자가 백성을 위해 피해를 감수하면, 백성이 그를 신뢰하고 지지한다. 반면에 지도자가 사리사욕을 탐하려들면, 백성은 그를 자리에서 끌어내린다.

대동사회를 이끈 성인들은 자신을 백성 아래에 두었지만 오히려 백성의 신뢰와 지지로 위에 오를 수 있었다. 반면에 폭군들은 자신을 백성 위에 두고 군림하려 들다가 오히려 그 자리를 잃게 된 것이다. 바로 이렇게 우리의 상식과 정반대로 움직이는 것이 천도의 주된 특징이다.

42-5　　　**人之所教, 我亦教之。** (인지소교, 아역교지.)
　　　　　사람들이 가르치는 바대로, 나 역시 그것을 가르친다.

나는 사관의 신분으로 고대의 문헌들을 통해서 대동사회를 이끌었던 성인들의 통치이념인 도를 이해했고, 이제 다시 그러한 가르침을 세상에 널리 전하고자 한다.

노자는 사관이었다. 그렇다면 역사는 본래 어떤 의미를 지니기에, 그는 이처럼 대동을 믿고 후세에 깨우침을 전달하려고 노력한 것일까?

'역사 사(史)'는 오른손을 뜻하는 '또 우(又)'와 객관적이고 공정한 자세를 뜻하는 '가운데 중(中)'이 합쳐져서 이뤄진 회의문자로, 역사란 오른손으로 중(中)을 잡듯이 객관적이고 공정하게 기록하는 것이라는 뜻이다. 그래서 한 나라의 왕이었던 조선의 태종임금조차도 자신이 숨기고자 했던 사실을 숨길 수 없었다.

42-6 **强梁者不得其死, 吾將以為教父。**

(강량자부득기사, 오장이위교부.)

포악한 자는 그 죽음을 얻지 못하게 되니, 나는 장차
그럼으로써(이 교훈으로) 가르침의 규범으로 삼는다.

  백성을 억압하는 폭군들은 그 자리를 보존하지 못할뿐더러 비명횡사
하게 되었으니, 나는 고대의 문헌들을 통해서 깨달은 이러한 교훈을 가르
침의 규범으로 삼아서 세상에 널리 알리고자 하는 것이다.

  걸임금 때에는 (하나라 14대 왕) 공갑 이래로 제후들 대부분이 하나
라를 배반했는데, (그래도) 걸은 덕에 힘쓰지 않고 무력으로 백성을 해
치려고 하자, 백성들이 견디지 못했다. 걸임금은 이에 탕을 불러들여
하대에 가두었는데, 얼마 되지 않아 그를 풀어주었다. 탕이 덕을 닦으
니, 제후들이 모두 탕에게 귀속했고, 탕은 결국 군대를 이끌어 하나라
의 걸임금을 토벌했다.

〔사기〕〈하본기〉 중에서

  이처럼 노자는 역사의 실례를 통해서 덕치를 강조하고, 설령 임금이라
고 할지라도 덕치로 나라를 다스리지 않으면, 결국 비명횡사한다고 경고
하고 있다.

43장
부드러움이 강한 이유

43-1 **天下之至柔，馳騁天下之至堅。**
(천하지지유, 치빙천하지지견.)
세상의 지극히 유약한 것이, 세상의 지극히 단단한 것을
제어한다.

자애로움의 덕치로 세상을 다스리는 것이 법과 제도를 강화하여 통제하는 것보다 더 훌륭한 정치이다.

앞에서 이 구절은 36-1과 사실상 같은 의미를 지닌다고 설명했었다. [도덕경] 강의를 하면 항상 이 대목에서 뜬금없이 한 학생을 지목해 말하곤 한다. "어, 내 볼펜이 어디 갔지? 거기. 응, 바로 자네 말이야! 내가 볼펜이 필요한데, 자네 볼펜 좀 가져와 봐." 그러면 그 학생은 늘 존댓말로 강의를 하다가 갑자기 반말로 명령하는 내 모습에 당황한 듯, 얼떨결에 자리에서 일어나 자기 볼펜을 들고 교단으로 나오려고 한다. 그러면 나는 그 학생을 만류하고, 이번에는 다른 학생에게 직접 다가가 공손히 말한다. "제가 볼펜이 필요한데, 빌려줄 수 있나요?"

그런 다음 예시를 들어서 설명하기 위해 그런 것이었다고 해명한다. 특

히 첫 번째 학생에게 나의 무례함을 사과한 후 다시 묻는다. "아까 기분이 어땠나요?" 그러면 첫 번째 학생은 어김없이 다음처럼 대답한다. "비록 교수님이시지만 학생에게 명령하는 듯해서 기분이 좋지 않았습니다." 이어서 두 번째 학생에게 물으면, 역시 예외 없이 "교수님께서 학생을 존중해주시는 것 같아서 기분이 좋았습니다."라고 대답한다. 이는 모든 사람이 알고 있는 간단한 도리지만 이상하리만큼 실천하는 사람은 드물다.

43-2　**無有入無間。** (무유입무간.)
　　　형태가 없는 것이 공간이 없는 틈에 들어간다.

물이나 공기처럼 부드러운 것만이 단단한 것의 아주 작은 틈으로 들어가 메울 수 있듯이, 자애로움의 덕치로 백성들을 다스리게 되면 법과 제도로는 해결할 수 없는 문제들을 극복할 수 있다. 반면에 돌이나 쇠처럼 단단한 것은 작은 틈으로 들어가 그 공간을 메울 수 없다.

43-3　**吾是以知無爲之有益。** (오시이지무위지유익.)
　　　나는 이 때문에 무위의 이로움을 안다.

나는 수많은 역사가 증명해온 실례들을 통해서 깨달았기 때문에, 하늘이 부여한 천성에 따라서 스스로 그러하게 하는 무위자연의 통치가, 법과 제도를 세분해서 엄격하게 통제하는 것보다 더 세상에 이롭다는 것을 알 수 있다.

43-4   **不言之教, 無為之益, 天下希及之。**
(불언지교, 무위지익, 천하희급지.)
불언의 가르침, 무위의 이로움, 세상에는 이에 미치는
것이 드물다.

'불언'은 지도자가 함부로 명령하지 않음을[4], 그리고 '무위'는 백성의 천성에 따라서 다스림을 뜻한다. 노자는 여기서도 하늘의 도로 세상을 다스리는 것보다 더 좋은 통치법은 없다고 반복해서 강조하고 있다.

특히 우리가 어떤 것을 선택할 때 가장 이상적인 것을 습관적으로 자연스럽다고 표현하는데, 노자는 마지막에 이에 미치는 것이 드물다고 하여 이보다 더 나은 것은 없다고 말하고 있다. 이 구절은 지도자가 '불언'과 '무위'로 다스리면 백성은 '자연' 즉 스스로 변화하여 자기 본업에 충실하게 된다는 뜻이 되므로, 여기서도 무위와 자연은 인과관계에 있음[5]을 확인할 수 있다.

---

4   2-3
5   37-1

44장

얼고자 하면 잃는다

44-1 **名與身孰親？身與貨孰多？得與亡孰病？**
(명여신숙친? 신여화숙다? 득여망숙병?)
명예와 몸 중에서 어느 것이 친밀한가? 몸과 재물 중에서
어느 것이 중요한가? 득과 실 중에서 어느 것이 해를
끼치는가?

길이 사라지지 않는 명예와 곧 사라지는 육체 중에서 어느 것이 더 사랑할 만한가? 생명과 재물 중에서 어느 것이 더 중시되어야 하는가? 이득과 손해 중에서 어느 것이 더 해로운 것인가?

앞에서 잠깐 소개했던 제임스 버크(James Burke)[6]와 관련된 일화를 하나 더 살펴보자. 1982년 9월 미국 시카고에서 갑작스레 7명이 사망하는 사건이 발생했다. 역학조사 결과 이들은 모두 타이레놀을 복용했는데, 그들이 복용한 약에서 누군가 주사기를 사용해 주입한 것으로 보이는 청산가리를 녹인 액체 성분이 검출되었다. 회사 책임자였던 제임스 버크는 당

---

6   22-1

시 1억 달러의 손해를 감수해가면서 제품 전량을 회수했고, 기자회견을 통해서 사실을 있는 그대로 보도했으며, 긴급 콜센터를 운영하여 빗발치는 문의 전화에 일일이 대응하고, 나아가 적잖은 비용을 다시 들여서 제품 포장기술을 새로 개발해 오늘날의 알약 형태로 교체했다. 그 결과 사건 전까지 37%를 기록했던 판매량이 사건으로 인해서 6.5%까지 떨어졌지만, 얼마 지나지 않아서 다시 29%대를 회복하고 이듬해에는 폭발적으로 증가했다. 이 사건은 사람들에게 기업윤리라는 개념을 크게 각인시킨 계기가 되었고, 존슨앤드존슨은 7년 연속 미국에서 가장 신뢰받는 기업에 선정되었다. 특히 이 기업은 소비자를 우선으로 생각하고 다음으로 사원 그리고 지역사회, 마지막으로 주주를 고려하는 신조로 화제를 모으기도 했다.

이 구절은 "사물은 때로는 손해를 입는 것이 오히려 이익을 얻을 수 있고, 때로는 이익을 얻는 것이 오히려 손해를 입을 수 있다."[7]라는 표현과도 일맥상통한다.

44-2   **是故甚愛必大費，多藏必厚亡。**
(시고심애필대비, 다장필후망.)
이 때문에 지나치게 아끼면 반드시 큰 소비가 있고,
과다하게 보관하면 큰 손실이 있다.

---

7   42-4

따라서 쓰지 않으려고 하면 더 크게 쓰게 되고, 숨겨두면 더 크게 잃는다.

세계 2위 자동차회사인 독일의 폭스바겐(Volkswagen)의 대규모 리콜 사건은 정반대의 경우에 속한다. 2015년 9월 미국 환경보호국(EPA)은 폭스바겐이 배출가스 규제 테스트를 통과하기 위해서 디젤차에 불법 악성 소프트웨어를 탑재했다고 발표했다. 이 회사의 디젤차는 일반 주행 시 환경 기준의 40배에 달하는 대기오염물질을 배출하지만, 점검 시에만 배출가스 저감장치를 작동시켜서 결과를 조작하는 것으로 알려졌다. 이 사건으로 인해서 폭스바겐의 주가는 급락하고, CEO 마틴 빈터콘((Martin Winterkorn)은 결국 모든 책임을 지고 사임했다. 나아가 막대한 벌금을 물게 생겼으며, 또 세계 각국의 이 회사 차량 소유주들은 집단소송을 준비 중이다. 전문가들은 폭스바겐의 벌금을 한화 76조 원으로 예상하지만, 더 늘어날 수도 있는 것으로 알려졌다.

44-3   **知足不辱，知止不殆，可以長久。**
(지족불욕, 지지불태, 가이장구.)
만족할 줄 알면 욕되지 않고, 그칠 줄을 알면 위험하지 않으므로, 오래 할 수 있다.

따라서 지도자가 욕심을 탐하지 않고 그 자리에 만족하면 곤욕스럽지 않을 수 있고, 더 큰 것을 바라지 않고 멈출 줄 알면 백성의 신뢰와 지지를 받게 되므로, 오랫동안 지도자의 자리를 보존할 수 있거니와 나아가 백성에게서 잊히지 않게 된다.

일제강점기였던 1926년에 유일한 박사는 유한양행이라는 제약회사를 세웠는데, 당시 만주에서는 마약류 거래가 많았다. 이에 한 영업직 사원이 우리 회사도 동참하면 큰 이익을 얻을 것이라고 제안했지만, 유일한 박사는 이는 민족에게 큰 해를 입힐 것이라며 단칼에 거절했다. 그는 항상 기업은 국가와 사회의 것이라고 강조해왔고, 이윤이 생기면 먼저 직원들에게 나눠줬다. 1969년 노환으로 은퇴할 때는 혈연관계가 전혀 없는 전문경영인에게 회사를 맡겼고, 가족과 친척들을 모두 퇴사시키고 심지어 주식까지 처분하도록 해서 기업 경영에 간섭하지 못하도록 조치하기도 했다. 이 과정에서 동생 유특한 씨와 아들 유일선 씨는 본인들의 퇴직금이 너무 많다면서 퇴직금 반환소송을 해서 화제가 되기도 했다. 유일한 박사는 임종 시 36억 원 정도의 재산을 갖고 있었는데, 유언장을 통해서 딸에게 줄 5천 평 규모의 땅과 손녀에게 줄 학비 1만 달러 외에는 모두 교육사업과 사회사업에 환원토록 했다. 이후 대한민국의 교과서에서는 그와 기업의 업적을 소개하고, 지금까지도 한국인들의 존경을 받고 있다.

45장
고요함이 분주함을 이긴다

45-1 　　**大成若缺，　其用不弊。**(대성약결, 기용불폐.)
　　　　 크게 이루는 것은 마치 결함이 있는 듯하지만, 그 쓰임에
　　　　 폐해가 없다.

　그물코의 간격이 큰 어망은 엉성한 것처럼 보이지만, 치어는 다 빠져나가고 큰 물고기만 잡으므로 폐해가 없다.[8] 이와 마찬가지로 세세한 법률과 제도로 백성을 통제하지 않고 오직 대원칙만으로 다스리는 무위자연의 통치는 언뜻 보기에 엉성하고 부족한 듯하지만, 실제로는 백성의 원망이나 불만을 사지 않게 되어서 나라를 오랫동안 평안하게 유지할 수 있다. 마치 고조선에는 팔조법만이 존재했듯이.

　이와 관련하여 앞에서 언급했던 드론 관련 법률[9]을 다시 생각해보면, 노자의 취지를 보다 명확하게 이해할 수 있다. 그리고 여기서도 노자는 앞에서 강조했던 도리들을 또 반복해서 강조하고 있다.

8 　41-5
9 　1-3

45-2　　　**大盈若沖，其用不窮。**(대영약충, 기용불궁.)
　　　　　아주 가득 찬 것은 마치 비어있는 듯하지만, 그 쓰임에는
　　　　　다함이 없다.

　　자애로운 덕으로 충만하여 아낌없이 백성에게 베푸는 대동의 통치이 념인 천도는 추상명사라서 언뜻 보기에는 텅 비어있는 듯하다. 하지만 사 랑과 마찬가지로 타인에게 베풀수록 더 끊임없이 용솟음치므로, 오히려 다 쓸 수가 없다.

　　사랑의 무한함[10]을 되짚어보면 이해가 쉽다. 또 부엌과 대장간에서 바 람을 일으켜 불을 지피는 데 쓰는 도구인 풀무[11]를 상기해도 좋다.

45-3　　　**大直若屈，大巧若拙，大辯若訥。**
　　　　　(대직약굴, 대교약졸, 대변약눌.)
　　　　　아주 곧음은 마치 굽은 듯하고, 아주 정교함은 마치 서툰
　　　　　듯하고, 아주 잘 변론함은 마치 말을 더듬는 듯하다.

　　천도의 움직임은 우리의 상식과 정반대로 움직인다는 것을 여기서도 확인할 수 있다. 따라서 휘면 도리어 곧을 수 있다[12]고 했는데, 이는 진정

10　4-1
11　5장
12　22-1

으로 올곧은 이는 자신에게는 엄격하지만 타인에게는 원칙을 굽혀서 오히려 너그럽게 대하는 '내불남로'의 덕을 실천한다는 뜻이 된다. 이어서 아주 정교한 것은 마치 서툰 듯하다는 것은, 어망 그물코 규격이 촘촘하지 않은 이유[13]를 생각하면 쉽게 이해할 수 있다. 마지막으로 아주 잘 변론하는 것은 마치 말을 더듬는 듯하다는 구절은 [논어]의 다음 기록들을 통해서 이해해보자.

> (임금 앞에서 공자가) 말함은 마치 부족한 사람과도 같았다.
>
> [논어] 〈향당〉 중에서

> "군자는 말함에 있어서 어눌하지만, 행함에 있어서 민첩하려고 한다."
>
> [논어] 〈이인〉 중에서

> 어떤 사람이 말했다. "옹(중궁)은 어질지만, 말재주가 없습니다." (이에) 공자가 이르셨다. "어디다 말재주를 쓰겠는가? 사람을 대함에 말솜씨로 하면 자주 사람들에게 미움을 사니, 그가 어진지는 모르겠지만, 어디다 말재주를 쓰겠는가?"
>
> [논어] 〈공야장〉 중에서

> 사마우가 어짊에 대해서 물었다. (이에) 공자가 이르셨다. "어짊이

---

13 41-5, 45-1

라는 것은, 그 말을 함부로 하지 않는 것이다."(사마우가) 말했다. "그 말을 함부로 하지 않으면, 이를 어짊이라고 할 수 있습니까?"(그러 자) 공자가 이르셨다. "실행하기가 어려운데, 말을 함부로 할 수 있겠 는가?"

[논어] 〈안연〉 중에서

그러므로 아주 잘 변론하는 것은 마치 말을 더듬는 듯하다는 구절은 그 럴싸하게 말만 번지르르하게 많이 내뱉으면 행동이 말을 따라갈 수 없으 므로 말은 적게, 행동은 민첩하게 하려 노력해야 한다는 뜻이 된다.

고대 그리스의 철학자 아리스토텔레스(Aristotle)는 [수사학(The art of Rhetoric)]에서 설득의 세 가지 요소를 언급했다. 첫째는 로고스(Logos) 즉 논리적인 내용으로 이성에 호소하는 것인데, 이는 청중 설득에 약 10% 정도 영향을 준다. 두 번째는 파토스(Pathos)로서 감성에 호소하는 것을 뜻하는데, 그 영향력은 로고스보다 오히려 더 큰 30% 정도이다. 그리고 마지막은 에토스(Ethos)인데, 이는 화자의 품성 즉 공신력으로 호소하는 것으로 60%를 차지한다. 따라서 동서양을 막론하고 진정으로 훌륭한 변 론이란 화려한 언어의 기교가 아니라, 오랜 시간 쌓아온 신뢰에서 나오 는 진심에 달려있다. 바꿔 말해서 신뢰는 결코 짧은 시간 안에 얻을 수 있는 것이 아니라, 오랜 시간을 두고 쌓였을 때 비로소 가능한 것이라는 뜻이다.

45-4 **躁勝寒，靜勝熱，淸靜為天下正。**
(조승한, 정승열, 청정위천하정.)
분주함은 추위를 이기지만, 고요함은 더위를 이기니,
청정함이 세상을 올바르게 한다.

　여기서도 노자는 두 가지 치세법을, 추위와 더위를 이기는 방법이라는
수사학적 비유로 설명하고 있다. 몸을 부지런히 놀려서 추위를 견디는 방
법은 아주 일시적으로만 작용할 뿐이지만, 마음과 몸을 차분히 하면 더위
조차도 견딜 수 있다. 마찬가지로 법률과 제도를 세분해서 강화하고 그것
으로 백성의 일거수일투족을 통제하려는 통치는 그저 일시적인 안정만을
꾀할 수 있을 뿐이지만, 천성에 따라서 다스리는 무위자연의 통치는 어
떤 난관도 극복하고 오랫동안 나라를 안정시킬 수 있다. 마치 〈나무 심는
곱사등이 곽씨 이야기〉에서 고을 원님이 잘 다스리려고 닦달하면 오히려
백성들은 삶을 돌볼 시간이 없었던 반면, 곱사등이 곽씨가 심을 때는 자
식같이 하지만 버려둘 때는 버린 듯이 하면 과실이 번성했듯이 말이다.

46장

블러드 다이아몬드

46-1 　**天下有道，卻走馬以糞。**
(천하유도, 각주마이분.)
세상에 도가 있게 되면, 군마를 돌아가게 하여 그럼으로써
거름을 준다.

군마는 군대에서 쓰는 말이다. 하지만 조커 없는 고담시의 배트맨처럼[14],
지도자가 천도로 다스려서 세상이 평안해지면 군마는 필요 없어진다. 그
렇다면 그 말이 돌아갈 곳은 어디일까? 노자가 살던 때는 농사가 가장 중
요했던 옛날이니만큼, 아마도 주인을 도와서 농지를 경작하고 거름이나
주고 있었을 것이다.

46-2 　**天下無道，戎馬生於郊。**
(천하무도, 융마생어교.)
세상에 도가 없게 되면, 군마가 변방에서 낳는다.

14　18-4

지도자가 하늘의 도를 따르지 않아서 세상이 혼란스러워지면, 서로가 사리사욕을 탐하여 빈번하게 전쟁이 발생한다. 그렇게 되면 말이 차분하게 새끼를 낳아야 할 시기에조차 전쟁에 동원되어, 결국 전쟁터에서 새끼를 낳게 된다.

블러드 다이아몬드(Blood Diamond)는 주로 아프리카의 전쟁 지역에서 생산되는 다이아몬드를 뜻하는데, 독재자나 군벌들이 다이아몬드 수입금으로 전쟁 비용을 충당해 왔기 때문에 피의 다이아몬드라고도 불린다. 특히 서아프리카에 있는 시에라리온(Sierra Leone)에서는 세계에서 가장 질 좋은 다이아몬드가 생산되는데, 처음 다이아몬드가 발견되었을 때 사람들은 이것이 빈곤 문제를 해결할 선물이라고 기대했다. 하지만 다이아몬드에 눈이 먼 세력들에 의해서 나라는 내전에 빠졌고, 20만 명의 국민이 목숨을 잃었다. 심지어 반정부군들은 사람들이 다이아몬드를 줍지 못하게 하려고 그들의 팔다리를 무자비하게 절단했는데, 이를 위해서 동원한 군인들은 초등학생이나 중학생 정도의 어린 소년병들이었다. 소년병들은 대부분 납치되어서 강제로 군인이 된 경우지만, 반군은 이들을 총알받이나 자살폭탄 테러에 투입했고, 그 결과 살아남았다고 하더라도 전쟁 가해자라는 오명을 짊어지고 지금껏 살아가고 있다.

46-3 **禍莫大於不知足, 咎莫大於欲得。**
故知足之足, 常足矣。
(화막대어부지족, 구막대어욕득. 고지족지족, 상족의.)
재앙은 만족할 줄 모르는 것보다 더 큰 것이 없고, 환난은
얻고자 하는 욕망보다 더 큰 것이 없다. 그러므로 만족의
넉넉함을 알면 영원히 넉넉하다.

　　지도자가 자신의 자리에 만족하지 않으면 전쟁과도 같은 엄청난 재앙을 일으키게 되고, 자꾸만 사리사욕을 탐하면 결국 백성이 등을 돌려서 그 자리조차도 지킬 수 없게 된다. 따라서 지도자가 자신의 자리를 지키고 욕심을 가지지 않게 되면, 백성이 믿고 따르게 되어 오랫동안 나라를 평온하게 다스릴 수 있다.

47장

원칙을 따른다는 것(1)

47-1 **不出戶，知天下；不窺牖，見天道。**
(불출호, 지천하; 불규유, 견천도.)
(지도자가) 대문을 나가지 않아도 세상을 알 수 있고, 창밖을
보지 않아도 하늘의 도를 알 수 있다.

이 구절은 표현만 다를 뿐 1-4의 중복이다. 백성을 통제하지 않는 지도
자는 원칙만을 따를 뿐이지만, 백성을 통제하려는 지도자는 원칙을 세분
해서 법과 제도를 강화하려 드는 것이다. 따라서 지도자가 대동의 통치이
념인 천도를 진정으로 이해하면, 굳이 문밖으로 나가서 다른 것들을 보지
않아도 세상을 다스리는 이치를 이해할 수 있다. 여기서도 '지도자'라는
주어가 생략되었는데, 이미 소개했던 다음 기록을 다시 살펴보자[15].

제곡은 태어나면서 신통하고 재능이 뛰어나, 스스로 자신의 이름
을 말했을 정도였다. 또 두루 베풀어 세상 만물을 이롭게 하였지만,
자신에게는 아니어서 자기만 잘되도록 돌보지는 않았다. 귀가 밝아

---

15 7-3

5부 세상의 모든 인문학   325

서 멀리 있는 백성이 바라는 것들까지 알았고, 눈이 밝아서 백성이 바라는 작은 것들까지 살폈다. 하늘의 법도를 따르고, 백성들이 무엇을 긴요하게 생각하는지를 잘 알았다. 어질면서도 위엄 있고, 은혜로우면서도 믿음이 있었으며, 자기 자신을 늘 갈고닦았기에, 이에 세상이 복종했다.

[사기] 〈오제본기〉 중에서

바로 그 원칙이란 귀와 눈을 열어서 백성이 진정 무엇을 원하는지 살피고, 자신이 부족하다고 생각하여 삼가 노력하는 자세를 보이는 것이다. 하지만 이와 더불어 또 중요한 것은 '늘' 즉 중간에 변치 않고 한결같은 모습을 갖추는 것이다. 재차 강조하지만 처음부터 일을 그르치고자 하는 사람은 없다.

47-2   **其出彌遠, 其知彌少。**(기출미원, 기지미소.)
나가는 것이 멀수록, 아는 것이 적어진다.

원칙이 되는 하늘의 도를 따르지 않고 법과 제도를 세분해서 통제하려들면, 오히려 백성들은 지도자를 원망하여 따르지 않게 된다. 이를 수사학적 비유로 표현하자면 마치 집 안에 원칙이 있는데도 굳이 문밖으로 나가서 새로운 것을 찾으려고 하는 것이고, 그렇게 되면 오히려 세상을 다스리는 이치를 이해할 수 없게 된다.

47-3 **是以聖人不行而知，不見而名，不為而成。**
(시이성인불행이지, 불견이명, 불위이성.)
이 때문에 성인은 왕래하지 않고도 알 수 있고, 보지 않고도
이해할 수 있으며, 행하지 않고도 이룰 수 있다.

대동사회를 이끈 참된 지도자들은 백성이 무엇을 긴요하게 생각하는
지를 이해했으므로, 법과 제도를 세분해서 통제하기보다는 원칙이 되는
하늘의 도를 따랐다. 그리고 백성의 천성을 따르는 무위와 자연으로 다스
렸으므로, 나라를 오랫동안 평안하게 유지할 수 있었다.

48장

원칙을 따른다는 것(2)

48-1　**為學日益，為道日損。損之又損，以至於無為，**
無為而無不為。取天下常以無事，及其有事，
不足以取天下。
(위학일익, 위도일손. 손지우손, 이지어무위, 무위이무불위.
취천하상이무사, 급기유사, 부족이취천하.)

배움에 종사하면 날로 늘어나고, 도에 종사하면 날로
줄어든다. 줄어들고 또 줄어들어서 무위에까지 도달하는데,
무위하지만 행하지 않은 것이 없다. 세상을 다스림에 늘
일을 만들면 안 되니, 일을 만들게 되면 세상을 다스리기에
부족하다.

'알 지(知)'에는 얕은꾀라는 부정의 뜻도 있다고 했다[16]. 마찬가지로 '배울 학(學)'은 문밖으로 나가서 새로운 방법을 배우는 행위가 되므로[17], 부정적인 의미로 쓰여서 통제하는 방법을 점점 확대해서 찾는 행위가 된다. 그렇게 되면 법과 제도들을 자꾸 세분하므로 점점 늘어나게 된다. 특정

---

[16]　3-3, 10-4
[17]　47-2

지방자치단체의 조례와 규칙은 차치하고라도 지금의 우리가 과연 얼마나 많은 법 조항과 제도들에 파묻혀 살고 있는지 상기해보자. 그리고 그 많은 법 조항과 제도들을 모두 기억하고 이해하는 이들은 또 얼마나 되는지. 그러니 법 해석이 일치되지 않고, 국민이 받아들이기 어려운 판결들도 늘어난다. 국민이 받아들이기 어려운 판결이 늘어난다는 것은 그만큼 국정을 신뢰하지 못한다는 뜻이고, 그렇게 되면 국민은 점점 지도자를 따르지 않게 될 것이며, 그 후에 일어날 일은 이미 수많은 역사가 잘 보여주고 있다.

하지만 심을 때는 자식같이 하지만 내버려둘 때는 버린 듯이 하는, 즉 행한 바도 없지만 행하지 않은 바도 없는 무위로 다스리면, 백성을 통제하는 세분화한 법과 제도들은 점점 줄어들어서 결국 고조선의 팔조법과도 같은 대원칙만으로도 나라를 다스릴 수 있게 된다.

49장

개와 닭 울음 흉내도 재능이다

49-1 **聖人常無心，以百姓心為心。** (성인상무심, 이백성심위심.)
성인은 늘 의지가 없어서, 백성의 마음을 의지로 삼는다.

대동사회를 이끈 참된 지도자들은 자신의 주관적인 생각이나 의지를 주장하지 않고, 항상 눈과 귀를 열어서 백성의 뜻을 깊이 헤아리고자 했다. 이처럼 백성이 바라는 바를 지도자가 바라는 바로 삼아서 그들의 뜻에 따르는 것이 바로 주어진 천성에 따르는 것이다. 다음 기록을 살펴보자.

우임금이 밖으로 나가다가 죄인을 보고, 수레에서 내려 묻고는 울며 말했다. "요순시절의 사람들은 요순임금의 마음을 마음으로 삼았는데, 과인이 임금이 되고는 백성들 각자 그들의 마음을 마음으로 삼으니, 과인이 그것을 애석히 여긴다."

〔십팔사략〕〈하왕조〉 중에서

그렇다면 요임금과 순임금이 나라를 다스리던 대동사회에서는 어떻게 백성들이 임금의 마음을 자기의 마음으로 삼았을까? 답은 의외로 간단하다. 먼저 임금이 백성의 마음을 자기의 마음으로 삼았으므로, 이제는 백성 역시 임금을 진심으로 섬기고 따름으로써 그의 마음을 자기의 마음으로 삼은 것이다. 노자는 이처럼 사실(史實)을 근거로 주장하고 있다.

49-2　　**善者吾善之, 不善者吾亦善之, 德善。**
(선자오선지, 불선자오역선지, 덕선.)
선량한 자는 내가 그를 선량하게 대하고, 선량하지 못한 자도 내가 그를 선량하게 대하면, 덕이 선해진다.

여기서도 '나'는 노자가 아닌, 그와 같이 천도를 이해하고 실천하고자 노력하는 인물들을 대표하는 명사이다.[18]

덕은 자기에게는 엄격하고 타인에게는 관대한 태도를 보여서 강함과 부드러움을 조화롭게 하려는 절조이다. 따라서 지도자가 선량한 이를 선하게 대우하고, 선량하지 못한 이조차도 선하게 대우하면, 그 지도자의 덕이 순박해지는 것이다. 여기서 중요한 것은 선량하지 못한 이가 악한 자는 아니거니와, 노자는 악한 자들까지도 포용하자고 주장한 적이 없다는 점이다. 이와 관련해서 다음 두 구절을 먼저 살펴보자.

18　37-2

74-2   **若使民常畏死，而為奇者吾得執而殺之，孰敢？**
(약사민상외사, 이위기자오득집이살지, 숙감?)
만약 백성이 늘 죽음을 두려워하게 하고, 이상한
행동을 하는 이를 내가 잡아다 죽인다면, 누가 감히
또 그리하겠는가?

74-3   **常有司殺者殺，夫代司殺者殺，是謂代大匠斲。**
(상유사살자살, 부대사살자살, 시위대대장착.)
항상 살인을 담당하는 이가 죽여야 하니, 무릇 살인을
담당하는 이를 대신하여 살인하는 것, 이는 뛰어난
기술자를 대신하여 베는 것을 이른다.

사람은 세 부류가 있는데 선한 이들과 선하지 못한 이들은 함께 갈 수
있지만, 악한 자들까지 포용하고자 하면 사회만 더 큰 혼란에 빠질 뿐이
다. 아무리 조화로움이 중요하다지만 핵폐기물을 격리하지 않고 살 수는
없는 노릇 아닌가? 그러다가는 결국 모두가 죽고 만다.

그렇다면 노자는 또 어떤 역사기록을 통해서, 선량하지 못한 이들을 선
하게 대우하면 지도자의 덕이 순박해진다고 하는 것일까? 다음의 기록을
살펴보자.

장님인 순의 아버지 고수는 고집 세고, 새어머니는 간사하고, 이복
동생 상은 교만하여, 모두 순을 죽이고자 하였다. (하지만) 순은 거스

르지 않고 좋아 자식 된 도리를 잃지 않았고, 동생에게 형 노릇 하여 효성스럽고도 자애로웠다. 가족들이 순을 죽이고 싶어도 죽일 수 없었고, 순은 가족이 부르면 항상 곁에 있었다.

〔사기〕〈오제본기〉 중에서

제순 유우씨는 성이 요씨이고 또 이름은 중화라고 불렸는데, 고수의 아들이자 전욱의 6세손이다. 아버지가 첩에게 미혹되어서 그녀와의 사이에서 낳은 작은 아들 상을 사랑하고 항상 순을 죽이고자 하였는데, 순이 부모에 효도하고 웃어른을 공경하는 도를 다하니, 어짊으로 나아가 환난에 이르지 않았다.

〔십팔사략〕〈오제〉 중에서

마침내 아버지 고수와 새어머니 그리고 동생 상은 순의 효성과 자애로움에 감화되어 그들의 죄를 뉘우치고 화목하게 살았다. 노자는 이처럼 성인의 행적들을 통해서 위와 같은 논리를 도출해내었다.

49-3　**信者吾信之, 不信者吾亦信之, 德信也。**
(신자오신지, 불신자오역신지, 덕신야.)
믿을 수 있는 자는 내가 그를 신임하고 믿을 수 없는 자도 내가 그를 신임하면, 덕에 신의가 있게 된다.

지도자가 믿을 수 있는 이를 믿고, 믿을 수 없는 이조차도 믿으면, 지도자의 덕에 신뢰가 더해지게 된다.

'계명구도(鷄鳴狗盜)'라는 성어가 있다. 때는 대혼란의 춘추시대가 막을 내리고 패권을 차지하기 위한 일곱 나라로 압축된 전국(戰國) 시기, 초나라의 춘신군과 위나라의 신릉군 그리고 조나라의 평원군과 더불어서 전국시대 사공자(四公子)로 이름을 날렸던 제나라의 맹상군, 이들은 모두 많은 식객을 거느린 인물들로 유명하다. 사마천의 [사기]에는 〈맹상군 열전〉이 있는데, 관련 부분을 요약하면 다음과 같다. 제나라 민왕 25년에 다시 맹상군을 진(秦)나라로 보내자, 진나라 소왕은 바로 맹상군을 재상으로 삼았다. 하지만 누군가가 "맹상군은 제나라 왕실 사람인데 이제 진나라 재상이 되었으니, 제나라만 챙기느라 진나라는 위태로워질 겁니다."라고 유세했다. 이에 소왕은 맹상군을 가둔 다음 그를 죽이려 했고, 맹상군은 소왕이 아끼는 첩에게 사람을 보내 구원을 청했다. 그러자 그녀는 "맹상군의 여우 겨드랑이 흰털이 있는 부분 가죽으로 만든 옷을 갖고 싶다."라고 했다. 하지만 그 옷은 이미 소왕에게 바쳤기 때문에 있을 리가 없었다. 맹상군은 식객들에게 다른 방책을 물었으나, 누구도 대답하지 못했다. 이때 가장 아래쪽에 앉아 있던 개 흉내를 잘 내서 물건을 잘 훔치는 사람이 "제가 그 옷을 가져오겠습니다."라고 했다. 이윽고 밤중에 개 흉내를 내서 진나라의 궁궐 창고에 잠입하여 그 가죽옷을 가지고 나와 소왕의 애첩에게 바쳤다. 그녀가 소왕에게 청하자 소왕은 맹상군을 석방했고, 맹상군은 통행증을 위조해서 밤중에 함곡관 관문을 나가려 했다. 한편 소왕은 맹상군을 놓아준 것을 후회하여 군대를 보내 뒤쫓게 했고, 맹상군은 닭이 울어야 행인을 내보낸다는 관문법 때문에 추격당할까 두려워했다. 바로 그때 닭 울음소리를 낼 줄 아는 식객이 닭 울음소리를 내자, 주변의 닭들이 일제히 따라 울어 마침내 통행증을 건네고 탈출했다. 애당초 맹상군이 이 두 사람을 식객으로 거둬들였을 때, 다른 이들은 모두 이들을 부끄러워했다. 하지만 두 사람 덕분에 맹상군은 무사히 돌아왔고, 이 사건으로 맹상군은 지금까지도 부하들을 끝까지 믿고 기용하는 리더의 전형으로 사람들 입에 오르내리고 있다.

49-4 **聖人在天下歙歙, 為天下渾其心。聖人皆孩之。**
(성인재천하흡흡, 위천하혼기심. 성인개해지.)
성인은 세상에서 거두어, 세상이 그 뜻을 뒤섞이도록 한다.
성인은 그들 모두를 어르고 달랜다.

노자는 49장을 통해서 조화로움의 화(和)가 왜 그토록 중요한지 다시금 피력하고 있다. 따라서 마지막 구절은 다음과 같이 풀이할 수 있다. "대동을 이끈 지도자들은 선하고 믿을 수 있는 이와 그렇지 못한 이들을 다 포용하여, 세상이 한데 어우러져 조화를 이루도록 하였다. 이처럼 대동사회의 지도자들은 백성을 어르고 달래어서, 누구도 버리지 않고 모두가 함께하고자 한 것이다."

50장

죽음을 피하는 법

**出生入死, 生之徒十有三, 死之徒十有三,
人之生動之死地, 亦十有三。夫何故? 以其生生之厚。**
(출생입사, 생지도십유삼, 사지도십유삼, 인지생동지사지,
역십유삼. 부하고? 이기생생지후.)

(지도자가) 초탈하면 살고 얽매이면 죽는데,
사는 이가 열에 셋이 있고, 죽는 이가 열에 셋이 있으며,
사람의 삶이 사지로 움직이는 이 역시 열에 셋이 있다.
무릇 어떤 연유에서인가?
생계에 대한 중시가 생겨나기 때문이다.

40장에서 사람은 세 부류가 있다고 했으므로, 모든 분야의 종사자에는 세 부류가 있고, 지도자 역시 세 부류가 있다. 여기서 죽음은 단어 뜻 그대로 풀이해도 무방하지만, 확대해서 지도자가 불명예스럽게 자리에서 물러나야 하는 모든 경우로 풀이하는 것이 문맥상 좀 더 논리적이다. 그러므로 이 구절은 다음처럼 풀이할 수 있다.

"지도자가 사리사욕을 뿌리치고 하늘의 도를 따르면 그 자리를 보존하고 반대로 집착하면 잃게 되는데, 그 지도자의 자리를 지키는 이가 열에

셋이고, 잃는 이 역시 열에 셋이며, 본래 그 자리를 지킬 수 있었는데도 도를 따르지 않아서 결국 잃는 이 역시 열에 셋이다. 그렇다면 자리를 지킬 수 있었지만 결국 잃게 되는 것은 어떤 까닭에서일까? 바로 지도자가 사사로운 이익을 탐하고 집착하기 때문이다."

50-2　**蓋聞善攝生者, 陸行不遇兕虎, 入軍不被甲兵。**
(개문선섭생자, 육행불우시호, 입군불피갑병.)
무릇 듣건대 양생을 잘하는 이는 길을 가도 코뿔소나
맹호를 만나지 않고, 군대에 가도 무기가 미치지 않는다.

여기서 코뿔소나 사나운 호랑이 그리고 무기는 제유법으로 쓰였는데, 이는 일부분으로 전체를 나타내는 수사법 중 하나이다. 즉 코뿔소와 사나운 호랑이 그리고 무기는 그 자체를 가리키는 것이 아니라, 사람을 죽음에 몰아넣는 여러 위험한 대상 중 일부를 나타낸다.

또 원문의 '섭생'은 양생(養生)과 같은 뜻으로 오래 살기를 꾀한다는 말인데, 여기서는 지도자의 자리를 오래 유지할 수 있다는 의미가 되므로, 바로 덕을 쌓는 행위인 적덕(積德) 즉 적선(積善)을 말한다.

따라서 이 구절을 풀이하면 다음과 같다. "사관의 신분으로 고문헌을 살펴보았더니, 대동사회를 이끈 성인들은 순일한 덕을 계속해서 쌓아, 설령 고난이나 위험에 맞닥뜨려도 결코 지도자의 자리에서 불명예스럽게 내려오는 재앙에 이르지는 않았다."

[국어] 〈초어 하〉에는 다음과 같은 기록이 남아있다. 두자문은 초나라 야

오죽 사람으로 영윤(재상)이 되어서 나라를 강성하게 한 인물로 평가받고
있다. 자문은 백성에게 베푸느라 항상 끼니가 모자랐는데, 이에 성왕이 그
에게 봉록을 더 주려고 하자 자문은 세 차례나 영윤 자리를 물러났다가, 임
금이 봉록을 더 주지 않겠다는 약속을 하고 나서야 다시 돌아왔다. 누군가
"부귀함은 사람이 추구하는 바인데 왜 피하십니까?"라고 묻자, 그는 "정치
는 백성을 위한 것이오. 백성들이 굶주리는데 내가 부유하면, 살 수 있는 날
이 얼마 안 남은 것이오. 나는 부귀를 피하는 것이 아니라, 죽음을 피하는
것이라오."라고 대답했다고 한다. 이에 공자는 [논어]에서 그를 한쪽으로 치
우치지 않고 공정한 마음가짐인 충(忠)을 실천한 인물로 칭송한 바 있다.

그러므로 노자의 말은 덕을 쌓으면 그냥 자연스레 죽음을 피할 수 있다
는 것이 아니라, 사리에 밝아져서 재앙에 미리 대처할 수 있게 된다는 뜻
이다. 다시 말해서 덕을 쌓음은 타인에게는 너그럽게 대하고 자신에게는
엄격하게 대하는 것인데, 두자문은 굶주리는 백성을 위해서 자기의 것을
나눠줬거니와 늘어난 봉록을 거절하는 등 앞으로 닥칠 수 있는 모든 경우
에 철저하게 대비했다. 이처럼 자기에게는 엄격하게 대함으로써 그는 재
앙에서 벗어날 수 있었다.

50-3 **兒無所投其角，虎無所措其爪，兵無所容其刃，**
夫何故？以其無死地。
(시무소투기각, 호무소조기조, 병무소용기인, 부하고? 이기무사지.)
코뿔소도 그 뿔을 휘두르지 못하고, 맹호도 그 발톱을
쓰지 못하며, 병기도 그 칼날을 용납하지 못하니, 무릇
어떤 까닭인가? 그가 사지에 들어서지 않았기 때문이다.

대동사회를 이끈 지도자들은 어떠한 고난이나 위험에 맞닥뜨려도 결코 재앙에 이르지는 않았는데, 이유가 무엇일까? 그들은 항상 삼가 순일한 덕을 쌓아 백성에게는 베풀고 자신에게는 엄격하게 대함으로써 지도자의 지위를 망각하지 않았기 때문이다. 다음 기록을 살펴보면 노자의 뜻을 보다 명확하게 이해할 수 있다.

우임금이 양자강을 건너는데 황룡이 나타나 배를 등 위에 짊어지니, 배 안의 사람들이 모두 두려워했는데, 우임금은 하늘을 우러러 탄식하며 말했다. "나는 하늘의 명을 받아서 있는 힘을 다해 만백성을 위해 애썼다. 사는 것은 임시로 얹혀사는 것이고, 죽는 것은 돌아가는 것이다." 이렇게 용 보기를 마치 도마뱀처럼 하여 안색이 변치 않으니, 용이 머리를 숙이고 꼬리를 밑으로 내리고는 사라졌다.

〔십팔사략〕〈하왕조〉중에서

이처럼 자기를 버리고 오로지 백성을 위하는 덕을 쌓은 지도자는 고난이나 위험에 맞닥뜨릴 수는 있어도 결코 재앙에 이르지는 않는다.

6부

지도자의 이름으로

51장

성인, 군자, 폭군 그리고 위선자

51-1 **道生之, 德蓄之, 物形之, 勢成之。**
(도생지, 덕축지, 물형지, 세성지.)
도는 만물을 낳고 덕은 그들을 기르지만, 이와 정반대되는
환경은 만물을 정형화하고 권력은 그들을 완성시킨다.

이 구절은 두 부분으로 나눠서 이해해야 한다. 먼저 앞부분의 도와 덕에 대한 것은 2-4의 반복이므로, "하늘의 도로 나라를 다스린 대동사회의 지도자들은 만물을 만들었지만 그들의 천성을 거슬러서 간섭하지 않았고, 덕으로 그들을 길렀을 뿐 자신의 것으로 여겨 소유하려 들지 않았다."라고 풀이한다. 반면 뒷부분 환경과 권세에 대한 것은 도와 덕과는 성격상 정반대가 되므로, "하지만 도나 덕과 정반대되는 환경은 만물의 틀을 억지로 만들어서 굳이 드러나게 하고, 권력은 정형화된 만물을 최종적으로 완성하려 든다."라고 풀이한다. 물론 여기서 정형화하고 완성한다는 개념은 지도자가 권력으로 법과 제도를 세분하고 강화해서 통제하는 것을 일컫는다. 그리고 후자는 노자가 주장하는 하늘의 도에 반하는 것이므로, 바로 다음 구절인 51-2부터 아예 언급조차 하지 않고 있다는 점은 주

목할 만하다.

기상 실험의 실패로 모든 것이 꽁꽁 얼어붙은 지구. 마지막 생존자들을 태운 기차 한 대가 정처 없이 17년째 다람쥐 쳇바퀴 돌듯 철로를 달리고 있다. 그 기차는 정식으로 대가를 치르고 초대받은 이들이 사는 호화로운 앞 칸과 초대받지 못했음에도 불구하고 목숨을 연명하기 위해 어렵사리 탑승한 이들이 사는 빈민촌인 꼬리 칸으로 되어 있다. 이 두 집단에는 각각 윌포드(Wilford)와 길리엄(Gilliam)이라는 리더가 존재한다.

이 이야기는 자크 로브(Jacques Lob)와 장마르크 로세트(Jean Marc Rochette) 원작의 프랑스 만화 [설국열차(Transperceneige)]를 바탕으로 제작되어 2013년에 개봉했던 영화 〈설국열차(Snowpiercer)〉 내용이다. 영화에서 윌포드는 앞 칸의 귀족적이고도 교양 있는(?) 삶을 보장하기 위해서 꼬리 칸을 유지시키기는 하지만 기차라는 제한된 공간의 균형을 맞춰야 한다는 명분으로 군대를 동원하여 진압하고 인력을 강제로 차출하며 심지어 대량학살로 인구수까지 통제하는 데 서슴지 않는 리더다. 반면에 꼬리 칸의 길리엄은 굶주림에 눈이 멀어 어린아이를 해치려는 커티스(Curtis)에게 조금도 망설이지 않고 선뜻 자신의 다리 하나를 내어준 자애로움의 리더다. 그리고 길리엄의 헌신적인 태도에 깨달음을 얻은 커티스는 불평등과 억압에 맞서서 쿠데타를 일으켜 바로잡는 리더가 된다.

이처럼 이 영화에는 성인과 군자 그리고 폭군의 전형이 모두 등장한다. 한 가지 더욱 흥미로운 것은 이들 중 누군가는 위선자였다는 점이다. 위선자란 겉과 속이 같지 않은 인물을 뜻한다.

是以萬物莫不尊道而貴德。

(시이만물막불존도이귀덕.)

이 때문에 만물은 도를 숭상하고 덕을 중시하지 않는 것이 없다.

그러한 이유로 만물은 대동의 통치이념인 천도를 숭상하고 순일한 덕을 중시하지만, 반대로 억지로 정형화하여 완성하려 드는 강압적인 통치는 따르지 않는다.

51-3 　　**道之尊，德之貴，夫莫之命而常自然。**

(도지존, 덕지귀, 부막지명이상자연.)

도가 존승받고 덕이 귀히 여겨지니, 무릇 명령하지 않고
항상 스스로 자연스럽게 한다.

이처럼 대동의 통치이념인 도가 숭상받고 순일한 덕이 중시되므로, 지도자인 성인들은 함부로 말하거나 명령하지 않고 만물이 항상 타고난 천성에 따라서 스스로 그러하도록 배려한다.

51-4 　　**故道生之，德畜之，長之，育之，亭之，毒之，**
　　　　養之，覆之。

(고도생지, 덕축지, 장지, 육지, 정지, 독지, 양지, 복지.)

그러므로 도는 만물을 낳고, 덕은 그들을 기르며, 그들을
자라게 하고, 그들을 바르게 하며, 그들을 알맞게 하고,
그들을 강인하게 하며, 그들을 키우고, 그들을 덮는다.

따라서 하늘의 도로 나라를 다스린 대동사회 지도자들은 만물을 만들었지만 그들의 천성을 거슬러서 간섭하지 않았고, 덕으로 그들을 길렀을 뿐 자신의 것으로 여겨 소유하려 들지 않았다. 또 그들을 자라게 하고, 올바르게 했으며, 어느 한쪽으로 치우치지 않게 하고, 강인하게 키우고 보호했다.

> **51-5** **生而不有, 為而不恃, 長而不宰, 是謂玄德。**
> (생이불유, 위이불시, 장이부재, 시위현덕.)
> 낳지만 소유하지 않고, 행하지만 의지하지 않으며, 자라게
> 하지만 지배하지 않으니, 이를 현덕이라고 이른다.

이처럼 하늘의 도로 나라를 다스린 대동사회의 지도자들은 만물을 만들었지만 그들의 천성을 거슬러서 간섭하지 않았고, 덕으로 그들을 길렀을 뿐 자신의 것으로 여겨 소유하려 들지 않았다. 또 천성에 따라 다스렸지만 자기가 잘 다스리고 있다고 자부하지 않았고, 잘 자라도록 키웠어도 그들 위에서 지배하려 들지 않았으니, 이를 남에게 드러내지 않는 심오한 음덕이라고 부른다.[1]

---

1   이 구절 역시 2-4의 반복인데, 뒷부분은 10-7과도 중복된다.

52장
이불 밖은 위험해

52-1　　**天下有始，以為天下母。** (천하유시, 이위천하모.)
　　　　세상에는 시작이 있으니, 그럼으로써 세상의 근본이 된다.

　세상에 존재하는 모든 것들에는 시작이 있는데, 그 시작이란 바로 세상
모든 것들의 뿌리 즉 본바탕이다.
　도는 복희씨와 여와씨가 인류를 창조하기 전부터 존재해 왔다.[2] 따라서
노자는 여기서도 나라를 다스리는 근본이 되는 하늘의 도가, 세상의 시작
과 더불어서 함께 존재해왔다고 강조한다.

52-2　　**既得其母，以知其子；既知其子，復守其母，沒身不殆。**
　　　　(생이불유, 위이불시, 장이부재, 시위현덕.)
　　　　이미 그 근본을 얻게 되면, 그럼으로써 그 파생된 것을
　　　　알게 되고 ; 이미 그 파생된 것을 알게 되면, 다시 그 근본을
　　　　지키게 되니, 평생 위험이 없다.

2　4-2

하늘의 도에서 순일한 덕이 나오고, 순일한 덕에서 객관적이고도 공정한 중(中)의 자세와 조화로움의 화(和)가 나오며, 중(中)과 화(和)에서 검소함의 검(儉)과 자애로움의 자(慈) 그리고 겸손함의 겸(謙)이 나온다. 그리고 검(儉), 자(慈), 겸(謙)에서 세상을 이끄는 모든 이치가 나온다.[3]

노자는 파생된 원리를 알았으므로 이제 반대로 다시 돌아가야 한다고 목소리를 높이고 있다. "지도자가 검(儉)과 자(慈) 그리고 겸(謙)을 실천하면 중(中)과 화(和)를 지킬 수 있고, 그렇게 되면 순일한 덕을 회복하게 되며, 여기에 변치 않음의 상(常)이 합쳐지면 하늘의 도를 다시금 지킬 수 있게 되는데, 하늘의 도를 따르면 어떠한 위험도 극복할 수 있다."

52-3 **塞其兌, 閉其門, 終身不勤。**
(색기태, 폐기문, 종신불근.)
그 통함을 막고, 그 문을 닫으면, 평생 근심하지 않는다.

---

3   42-1

47장과 48장을 통해서 알 수 있듯이 노자는 원칙주의자이다. 따라서 노자는 여기서도 비유법을 써서 집안에 세상을 다스리는 원칙이 있으므로, 굳이 문밖으로 나가서 찾으려고 하지 말아야 한다고 강조한다. 원칙이 되는 하늘의 도로써 솔선수범을 보이고 나아가 세상을 다스리면 제아무리 위험한 상황이 닥친다고 해도 재앙에 빠지지는 않는다고.

52-4 **開其兌, 濟其事, 終身不救。**
(개기태, 제기사, 종신불구.)
그 통함을 열고, 그 일을 이루면, 평생 위험에서 구제되지 못한다.

집 떠나면 고생이라고 했던가? 마찬가지로 집안에 세상을 다스리는 원칙이 있는데도 굳이 문밖으로 나가서 다른 방도를 찾으려고 방황하면 평생토록 위험한 상황에 놓이게 된다. 즉 하늘의 도를 버리고 법과 제도를 강화하여 통제하려 들면 세상을 다스릴 수 없을뿐더러 나아가 백성들이 등을 돌리게 되어 지도자의 자리 역시 온전히 지킬 수 없게 된다.

52-5 **見小曰明, 守柔曰强。**
(견소왈명, 수유왈강.)
세밀한 것을 관찰하는 것을 밝힘이라 이르고, 연약한 것을 지키는 것을 강함이라고 이른다.

원칙이란 귀와 눈을 열어서 백성이 진정 무엇을 원하는지 살피고, 자기 자신은 한없이 부족하다고 생각하여 삼가 노력하는 자세를 보이는 것이라고 했다.[4] 노자는 여기서 백성의 소리와 표정에 세심하게 귀와 눈을 여는 것을 밝힘이라고 했고, 밝힘이란 덕을 밝히는 것이므로 나라를 다스리는 원칙이란 다름 아닌 덕치를 뜻한다. 또 진정한 강함의 강(强)이란 힘으로 상대방을 제압하는 것이 아니라 부드러움으로 약자를 지켜주고 포용하는 것이라고 했다.[5] 따라서 이 역시 나를 버리고 백성을 위하는 즉, 나에게는 엄격하고 타인에게는 관대하게 대하는 덕을 뜻하므로, 이 구절은 지도자의 덕을 강조하고 있다.

52-6 **用其光, 復歸其明, 無遺身殃, 是爲習常。**
(용기광, 복귀기명, 무유신앙, 시위습상.)
그 광채를 발휘해서 그 밝힘으로 돌아가면 자신에게 재앙을 남기지 않으니, 이것이 변치 않음을 익히는 것이다.

광채를 발휘한다는 표현은 사실상 "그 광채를 조화롭게 한다(和其光)."[6]라는 구절과 같다. 따라서 이 구절은 조화로움의 화(和)를 통해서 덕을 밝힌다는 뜻이 되는데, 실제로 덕은 중(中)과 화(和)를 통해서 이뤄진다. 그리고 변치 않음의 상(常)을 깨닫는 것이 덕을 밝히는 것이라고 했으니,[7] 이는 끊이지 않고 덕을 쌓아 밝히는 것이 바로 일관되게 변치 않는 상(常)의

---

4   47-1
5   32-1
6   4-3
7   16-5

태도를 깨닫는 과정이라고 했다.

따라서 이 구절은 다음과 같이 풀이한다. "모두 함께하는 조화로움의 화(和)를 통해서 순일한 덕으로 다스리면, 백성들이 지도자를 믿고 따르게 되어서 나라를 평안하게 다스릴 수 있다. 하지만 중간에 변해서 두 마음을 품어 사심이 생기면 재앙이 닥치므로 부단히 노력하여 끊이지 않고 덕치를 행해야 하는데, 바로 이것이 변치 않는 상(常)의 자세를 깨닫는 과정이다."

53장

큰길과 좁은 길

53-1 **使我介然有知, 行於大道, 唯施是畏。**
(사아개연유지, 행어대도, 유시시외.)
나로 하여 변하지 않는 앎이 있게 한다면, 큰길을 걸음에
있어서 억지로 가함을 두려워할 뿐이다.

노자는 천도의 또 다른 이름인 커다란 도 즉 대도를 '큰길'에 빗대어 말
하고 있다. 이는 한 단어가 두 가지 이상의 의미를 나타내는 중의법으로,
보통 표현의 단조로움을 피하기 위해 사용된다[8]. 따라서 이 구절의 의미
는 다음과 같다. 나에게 변치 않는 진리가 있다면, 그것은 마치 큰길을 걷
는 것처럼 대동의 통치이념인 천도를 실천함에 결코 천성을 거슬러서 세
분한 법과 제도들로 백성을 통제하지 말아야 한다.

53-2 **大道甚夷, 而民好徑。** (대도심이, 이민호경..)
큰길은 대단히 평탄한데, 사람들은 좁은 길을 좋아한다.

---

8   7-2에서 언급한 적이 있다.

탁 트인 큰길은 주위를 한눈에 볼 수 있어서 어디가 위험하고 어디가 안전한지 쉽게 파악할 수 있다. 다만 자기의 모습도 다른 사람들에게 숨김없이 모두 드러난다. 좁은 길은 한 치 앞도 파악하기 힘들어서 어디가 위험하고 어디가 안전한지 알기가 무척 어렵다. 하지만 자기의 진짜 모습 역시 숨길 수 있다.

노자는 여기서도 중의법으로 커다란 도를 큰길에 비유하고 있는데 이 구절을 풀이하면 다음과 같다. 천성에 따라 스스로 그러도록 하는 커다란 도로 다스리면, 지도자와 백성이 모두 당당하게 자기를 드러내므로 나라가 평온해진다. 하지만 사람들은 이상하리만큼 하늘의 도를 따르려고 하지 않고, 오히려 결국에는 자기를 위험에 빠뜨리는 정치를 하려 든다. 다음 기록을 살펴보자.

> 따라서 군자는 평온함에 머물면서 명을 기다리지만, 소인은 위험을 행하면서 요행을 바란다.
>
> 〔예기〕〈중용〉중에서

여기서 노자와 공자의 기본 가치관이 큰 틀에서 대단히 흡사하다는 사실을 다시 확인할 수 있다. 바로 공자가 추구한 군자의 리더십이 궁극적으로는 성인의 그것을 바탕으로 하기 때문이다. 앞[9]에서 소인은 소인배가 아니라 피지배계급이라고 설명했다. 그렇다면 공자는 왜 군자를 설명할 때마다 다른 정치인들을 놔두고 굳이 소인과 비교했을까?

---

9   4-3

제자 자공이 물었다. "어떤 것을 다해야, 선비(士)라고 할 수 있습니까?" 이에 공자가 이르셨다. "자기의 행동을 돌아봄에 자기가 항상 부족하다고 여기는 겸손함의 겸(謙)과 허물을 고치는 데 인색하지 않은 개과물린(改過勿吝), 그리고 자기의 임금을 진심으로 섬기고 따르는 어짊의 인(仁)을 갖추면 선비라고 할 수 있다." 자공이 말했다. "감히 그다음에 필요한 것들이 무엇인지 묻습니다." 이에 공자가 이르셨다. "부모를 진심으로 섬기는 효(孝)와 웃어른을 공경하는 제(悌)이다." 자공이 말했다. "또 감히 그다음에 필요한 것들이 무엇인지 묻습니다." 공자가 이르셨다. "말을 뱉으면 반드시 지키는 신뢰의 신(信) 그리고 자기의 서열에서 마땅히 지켜야 할 바를 목숨을 걸고 지키는 의로움의 의(義)를 몸소 실천하는 용감함의 용(勇)을 갖추면, 아무리 고집스럽고 천박한 소인이라도 그다음이 될 수 있다." 자공이 말했다. "지금 정치에 종사하는 이들은 어떠합니까?" 공자가 이르셨다. "아! 도를 따르지 않고 사사로운 이익만을 탐하여 올바르지 못한 정치인들의 좁은 도량을, 어찌 헤아릴 수 있겠는가?"

[논어] 〈자로〉 중에서

마지막 구절은 사실상 정치인들이 고집스럽고 천박한 소인보다도 못하다는 의미로 해석할 수 있다. 따라서 개인적인 견해이기는 하지만, 아마도 공자는 타고난 신분을 중시했던 시대 정황상 대놓고 정치인들을 비판하는 것은 도리에 어긋나는 일이라고 생각했던 것 같다. 그래서 군자의 리더십을 이야기할 때마다 당시 정치인들과 직접 비교하지 않고 굳이 이처럼 비교 대상이 될 수 없는 소인과 함께 언급해서 에둘러 비판했다.

53-3 **朝甚除，田甚蕪，倉甚虛。**
(조심제, 전심무, 창심허.)
조정은 관직을 줌이 심하고, 밭에는 잡초가 무성함이
심하며, 창고는 비어있음이 심하다.

정부는 낙하산 인사로 넘쳐나서 부패하기 그지없고, 걸핏하면 백성을 동원한 결과로 논과 밭은 온통 잡초로 뒤덮였으며, 지도자가 사치해서 나라 곳간은 텅 비어있다.

그렇다면 공자가 말한 요행을 바라면서 걷는 위험천만한 길, 즉 자기를 재앙에 빠뜨리는 정치를 피하려면 어떻게 해야 할까? 노자는 다음과 같은 세 가지 자세를 제안한다.

1. 인사는 한 나라의 운명과 직결되므로, 공정하게 선발하고 관리해야 한다.

"간사함과 음란함 기묘한 꾀를 본받지 마십시오. 그 사람이 아닌데 그 관직에 있으면, 이를 하늘의 대사를 어지럽히는 것이라 일컫습니다."

〔사기〕〈하본기〉중에서

그 자리에 있어선 안 될 인물을 그 자리에 내정한다는 것은 하늘의 뜻을 어지럽히는 것이다. 그런데도 모두가 반대하는 적합하지 못한 인사를 강행하면, 결국 불행한 결과만을 초래할 뿐이다.

부열이 임금에게 말했다. "관직은 사사로이 미치지 않도록 해야 하므로, 오직 유능한 자를 가까이 두고, 작위는 악한 이에게 미치지 않도록 해야 하며, 오직 현명한 이에게 베풀어야 합니다."

[상서] 〈열명〉 중에서

그렇다면, 어떻게 해야 공정한 인재 선발이 가능해질까?

탕이 말했다. "내게 훌륭한 말씀이 있는데, 사람이 물을 바라보면 자기 모습을 볼 수 있고, 백성을 보면 그 나라가 잘 다스려지는지 아닌지를 알 수 있소." 그러자 이윤이 말했다. "명철하십니다! 훌륭한 말씀을 들을 수 있으면, 이에 도가 앞으로 나아갑니다. 부모가 자식 보듯 임금이 백성을 대하면, 선을 행하는 자들이 모두 왕궁에 있게 됩니다. 힘쓰십시오, 힘쓰십시오."

[사기] 〈은본기〉 중에서

백성이 선한 이유는 지도자가 선하기 때문이고, 백성이 악한 이유는 지도자가 악하기 때문이다. 백성은 풀이고 지도자는 바람이기 때문이다. 따라서 지도자가 백성들을 잘 보살피면 선하고 어진 인재들이 자연스럽게 그에게 몰려든다.

노자는 주변의 신하를 어떤 인물로 뽑느냐에 따라 임금의 정치가 좌우되고 또 그에 따라 나라의 운명이 결정된다고 보았기 때문에, 관리 선발이 대단히 중요하다고 강조했다. 하지만 당시 주나라의 국운은 이미 돌이킬 수 없을 정도로 기울어졌기에, 이처럼 한탄했으리라.

2. 백성의 천성은 기본적으로 자기 자신의 삶을 돌보는 데 있으므로, 그들이 자기 본업에 전념할 수 있도록 해줘야 한다. 불필요한 전쟁을 일으키거나 일을 자꾸 만들어서 삶의 현장에서 땀 흘려 일해야 할 일손을 동원해서는 안 된다.

581년 건국한 중국 수나라 왕조는 문제와 양제 두 임금이 통치하는 동안, 너무나 많은 백성을 혹사했다. 만리장성 복원에 차출당하고, 지금의 북경에서 항주까지 이어지는 대운하 공사에 동원되었다. 그것도 모자라서 당시 수도였던 장안 동쪽에 있던 낙양에 동경(東京)을 쌓게 하자, 백성들은 점차 지쳐갔다. 특히 2차례에 걸친 무리한 고구려 원정은 멸망의 결정적 원인이 되었는데, 612년 100만 대군이 고구려 공격에 나섰지만, 살수대첩에서 처참하게 지고 말았다. 그리고 이듬해인 613년 다시 35만 명이 2차 원정에 나섰지만, 반란에 투항 그리고 도주 등으로 인해서 제대로된 전투 한 번 못해보고 패했다. 그렇게 백성의 불만이 극에 달하고 기근과 홍수까지 겹치자 전국에 반란이 일어났고, 결국 수나라는 건립 38년만에 역사의 뒤안길로 사라지고 말았다.

3. 나라의 곳간은 지도자 개인 재산이 아닌, 백성의 재산으로 채워진 공적인 창고라는 점을 잊으면 안 된다.

우루과이의 제40대(2010. 03~2015. 02) 대통령 호세 무히카(Jose Mujica)는 세상에서 가장 가난한 대통령으로 널리 알려져 있다. 독재 시절 그는 게릴라로 반정부 활동을 한 전적이 있지만, 재임 시에는 보수적 경제정책과 진보적 사회정책을 동시에 추진하는 포용정책을 썼다. 2012년 겨울에는 대통령궁은 국민의 재산이라면서 노숙자 숙소로 개방하고, 자신은 사저인 농가에서 출퇴근했다. 또 월급의 90%를 사회에 기부했던 '천사' 대통령이기도 했다. 그가 공식적으로 신고한 재산은 폭스바겐의 1987년식 비틀 자동차 한 대로, 항상 검소한 생활을 실천한 지도자였다. 이 때문에 그는 취임 때보다 퇴임 후의 국민 지지율이 더 높았는데, 특히 많은 이들이 재출마를 요구했을 때 민주주의 국가 대통령은 물러날 때는 물러나야 한다면서 재출마 요구를 거절하기도 했다. 그리고 그는 '페페'라는 애칭으로 불리면서, 지금까지도 국민에게 사랑받고 있다.

53-4 　**服文綵, 帶利劍, 厭飮食, 財貨有餘。**
(복문채, 대리검, 암음식, 재화유여.)
화려한 비단을 입고, 날카로운 검을 차며, 음식에 빠지고, 재물은 넘쳐난다.

예나 지금이나 한 나라의 지도자가 공식 석상에서 허리춤에 검을 찬 모습을 보이는 경우가 있는데, 그건 일종의 의전으로서 다름 아닌 지도자의 권위를 상징한다. 따라서 실제 지도자의 검은 그 끝이 뭉뚝하고 칼날도 예리하지 않은데, 만약 지도자가 찬 검의 끝이나 칼날이 날카롭다면 무슨 의미를 지니는 걸까? 바로 그 지도자가 당장이라도 칼을 빼 들어 상대방을 해칠 수 있는 인물이라는 것을 암시하는 것이다.

이 구절의 뜻은 다음과 같다. "하지만 오늘날 지도자들은 사치스러움에 빠져서 나라를 돌보지 않고, 하나라도 더 착취하려고 혈안이 되어있으며, 자애로운 덕으로 다스리기보다 무력과 강압적인 수단으로 백성을 통제하려 든다."

53-5 **是謂盜夸, 非道也哉!** (시위도과, 비도야재!)
이를 일컬어 훔쳐서 자랑한다고 하니, 도가 아니다!

이처럼 지도자가 백성을 착취하여 호의호식하고 나아가 그들을 무력으로 통제하려는 것을 일컬어서 남의 것을 훔쳐서 자기 것인 양 자랑한다고 하니, 이는 대동사회의 통치이념인 천도와는 너무나도 거리가 먼 것이다!

54장
한 걸음 한 걸음

54-1   **善建者不拔, 善抱者不脱, 子孫以祭祀不輟。**
(선건자불발, 선포자불탈, 자손이제사불철.)
잘 세운 것은 뽑히지 않고, 잘 에워싼 것은 벗겨지지 않으니,
자손은 그럼으로써 제사가 단절되지 않게 한다.

삼가 순일한 덕을 쌓아서 늘 백성의 뜻을 자기의 뜻으로 삼는 지도자는, 백성들이 믿음으로 의지하고 따르므로 그 명성이 흔들리지 않는다. 그렇게 되면 대대손손 번창하여, 후손들이 잊지 않고 제사를 지내 그를 기리게 된다.

노자는 줄곧 하늘의 도를 따라야 한다고 강조해왔는데, 그렇다면 이 천도와 제사에는 또 어떤 관련이 있는 것일까? 먼저 다음의 기록들을 살펴보자.

이윤이 계속 말했다. "감히 궁중에서 항상 춤을 추거나, 집에서 술을 마시고 흥겨워 노래를 부르면, 이때를 무풍이라 이릅니다. 감히 재화와 여색을 탐하고, 늘 유람과 사냥을 하면, 이때를 음풍이라 이릅니

다. (생략) 그대(태갑 왕자)가 덕을 생각함에 작다고 여기지 않으면, 만 방이 기뻐할 것입니다. 그대가 부덕한 것을 생각함에 크다고 여기지 않으면, 그 종묘가 무너질 겁니다."

[상서] 〈이훈〉 중에서

지도자가 덕을 생각함에 작다고 여기지 않는다는 것은, 덕을 쌓는 것을 소홀히 여기지 않고 매우 중시한다는 뜻이 된다. 따라서 온 나라에 기뻐 하지 않는 이들이 없게 된다. 반면에 지도자가 부덕함을 생각함에 크다고 여기지 않는다는 것은, 부덕함을 심각하게 받아들이지 않는다는 뜻이다. 그렇게 되면 자손 역시 번창하지 못해서 결국 종묘가 무너진다.

공자가 말씀하셨다. "순임금은 크게 효도하셨다. 덕으로는 성인이 되시고, 존귀함으로는 천자가 되셨으며, 부유함은 세상을 다 가졌고, 종묘에서는 그를 제사 지내고, 자손들은 그를 보존했다."

[예기] 〈중용〉 중에서

순임금이 말했다. "요임금의 아들 단주와 같이 교만해서는 안 되 니, 방자함과 허황함을 좋아해서, 물이 아닌데도 배를 타고 건너고(쓸 데없이 허세를 부리고), 집에서 떼 지어 음탕한 짓을 하여, 대가 끊어졌 소. 나는 이런 것을 따를 수 없소."

[사기] 〈하본기〉 중에서

위의 세 기록의 내용을 종합해보면, 지도자가 덕을 쌓으면 그 후손들이 번창하여 대대손손 선조들께 제사를 지낼 수 있으나, 덕을 쌓지 못하면 결국 대가 끊어져 제사 역시 단절된다. 여기서도 제사에 대한 노자와 공자의 가치관이 일치함을 볼 수 있는데, 지도자가 덕을 쌓지 않으면 결국 그 결과가 고스란히 후손들에게로 이어져 대가 끊긴다고 본 것이다.

2017년 개봉한 〈코코(Coco)〉는 멕시코의 국경일인 '망자의 날'을 소재로 한 애니메이션인데, 특이하게도 위의 동양 전통문화와 일치하는 점을 엿볼 수 있다. 주인공 미겔(Miguel)의 가족은 음악을 용납하지 않는 특이한 집안인데, 그 이유는 미겔의 고조할아버지가 음악을 핑계로 아내와 어린 딸 코코를 버렸고, 남편을 증오한 고조할머니가 집안에서 음악을 금지했기 때문이다. 하지만 전설적인 에르네스토(Ernesto)와 같은 음악가가 되는 것이 꿈인 미겔은 화가 난 할머니가 자신의 기타를 부숴버리자, 음악경연대회에 참가하려고 마을 공동묘지 기념관에 보관된 에르네스토의 기타에 손을 대고 만다. 미겔은 망자의 날에 죽은 자의 물건을 건드린 탓에 유령이 되어 망자의 땅에 발을 들이게 되고, 거기서 만난 헥토르(Hector)라는 해골과 함께 가족사에 얽힌 숨겨진 사실을 밝혀나간다.

이 과정에서 다른 한 해골이 사라지는 모습을 본 헥토르가 말한다. "산자의 땅에서 기억해주는 사람이 없어지면, 망자의 땅에서도 사라지지. 우리는 그걸 마지막 죽음이라 불러. 우리의 기억은 우리가 살았을 때 알던 사람을 통해 전해져야 한단다. 우리에 관해 이야기할 때 말이야. 누군가 나를 그리워해서 내 사진을 제단에 올려주지 않을까 했는데, 아무도 그러지 않았지. 이젠 그 아이가 나를 기억하는 유일한 사람이야. 그 아이가 산자의 땅을 떠나는 순간, 나도 사라진단다."

역사상 지금까지도 매국노로 기억되는 인물들의 후손들은, 그들의 조상을 어떤 모습으로 기억하고 있을까? 아니, 기억하고 싶어는 할까?

54-2 　**修之於身, 其德乃眞。** (수지어신, 기덕내진.)
그것(덕)을 잘 닦아 자신에게 행하면, 그 덕은 이에
진실해진다.

타인에게는 관대하고 나에게는 엄격하게 대하는 태도를 자기 스스로에 적용하여 부단히 노력하면, 마음이 올바르게 잡혀서 비로소 참된 덕의 모습이 드러나기 시작한다.

이와 관련하여, 다음의 두 기록을 살펴보자.

천자로부터 서인에 이르기까지, 하나같이 모두 수신을 근본으로 삼는다.

〔예기〕〈대학〉중에서

마음을 두지 않으면 사물을 보아도 보이지 않고, 들어도 들리지 않으며, 먹어도 그 맛을 모른다. 이를 일컬어 몸을 닦는 것이 그 마음을 바르게 하는 데 있다고 하는 것이다.

〔예기〕〈대학, 전〉중에서

노자는 '수신(修身)' 즉 자신의 몸과 마음을 갈고닦으면 덕이 진실해진다고 했고, 공자는 그 목적이 마음을 바르게 하는 것에 있다고 했다. 이 둘은 표현만 다를 뿐 그 본질은 결국 같으므로 여기서도 노자와 공자의 관점이 일치함을 확인할 수 있다.

54-3 **修之於家, 其德乃餘。** (수지어가, 기덕내여.)
그것(덕)을 잘 닦아 가문에 행하면, 그 덕은 이에 남음이 있게 된다.

타인에게는 관대하고 나에게는 엄격하게 대하는 태도를 집안에 적용해서 노력하면, 집안사람들도 자신에게 엄격하고 타인에게는 관대하게 대하므로 인심이 후해져서 남들과 함께 나누는 넉넉함을 지니게 된다.

이 구절은 집안을 다스리는 '제가(齊家)'를 뜻한다.

여기서 한 집안을 소개하겠다. 300년 동안 부를 지켜온 한국 경주의 최부자댁은, 17세손인 최진립부터 28세손인 최준에 이르는 동안 막대한 부를 누린 일가를 말한다. 이 집안에는 지금까지 전해지는 유명한 가훈이 있는데, 그중 잘 알려진 몇몇 내용을 살펴보면 다음과 같다. 진사 이상의 벼슬을 하지 말라/ 만석 이상의 재산을 모으지 말라/ 찾아오는 손님을 후하게 대접하라/ 흉년에는 남의 논밭을 사들이지 말라/ 며느리는 3년 동안 무명옷을 입어라/ 사방 100리 안에는 굶어서 죽는 사람이 없도록 하라, 등등. 이 집안의 1년 쌀 생산량은 약 3천 석이었는데, 1천 석은 집안에서 사용하고, 1천 석은 손님에게 베풀며, 나머지 1천 석은 주변의 어려운 사람들에게 나누어 주었다고 한다. 특히 최준 때에는 독립군에게 막대한 자금을 제공하고, 해방 후에는 교육계에 전 재산을 기부한 것으로도 유명하다. 그렇기에 지금까지도 한국인들에게 존경받는 집안으로 잊히지 않고 있다.

54-4 **修之於鄕, 其德乃長, 修之於國, 其德乃豐。**
(수지어향, 기덕내장, 수지어국, 기덕내풍.)
그것(덕)을 잘 닦아 마을에 행하면 그 덕은 이에 커질 것이고, 그것(덕)을 잘 닦아 나라에 행하면, 그 덕은 이에 풍요로워진다.

'수신'과 '제가'에 이어지는 것은 나라를 다스리는 '치국(治國)'이다. 따라서 타인에게는 관대하고 나에게는 엄격하게 대하는 태도를 마을에 적용해서 노력하면, 그 덕은 이제 개인의 덕이 아닌 두 마음을 품지 않고 오로지 나라와 백성만을 생각하는 순일한 덕으로 승화된다. 여기서 더 나아가 한 나라에 적용하여 노력하면, 그 덕이 베풀어져 나라 전체가 풍요로워진다.

54-5 **修之於天下, 其德乃普。** (수지어천하, 기덕내보.)
그것(덕)을 잘 닦아 세상에 행하면, 그 덕은 이에 보편적으로 두루 미치게 된다.

그리고 그 마지막 단계는 바로 '평천하(平天下)'이다. 따라서 타인에게는 관대하고 나에게는 엄격하게 대하는 태도를 세계에 적용해서 노력하면, 그 덕이 마침내 온 세상에 퍼져서 누구 할 것 없이 모든 이들이 평온하고 행복한 삶을 누리는 대동 사회가 되는 것이다.

지금까지 설명한 일련의 과정은 잘 알려진 '수신, 제가, 치국, 평천하'의 도리인데, 이는 작은 데서 시작해서 큰 것으로 점차 확대해나가는 덕의 수련 과정을 의미한다. 문제는 이 구절이 공자의 사상으로 널리 알려져 있다는 점이다.

> 옛날 세상에 높은 덕을 밝히고자 하는 이는 먼저 자기의 나라를 다스리고, 나라를 다스리고자 하는 이는 먼저 그 집안을 가지런히 하며, 그 집안을 가지런히 하고자 하는 이는 먼저 그 몸을 닦고, 그 몸을 닦고자 하는 이는, 먼저 그 마음을 바르게 하며, 그 마음을 바르게 하고자 하는 이는 먼저 그 뜻을 참되게 하고, 그 뜻을 참되게 하고자 하는 이는 먼저 그 아는 바를 지극히 하니, 그 아는 바를 지극히 하는 것은 사물의 이치를 연구하는 데 있다. 사물의 이치를 연구한 후에 앎이 지극해지고, 아는 바가 지극해진 후에 뜻이 참되게 되며, 뜻이 참되게 된 후에 몸이 닦여지고, 몸이 닦여진 후에 집안이 가지런해지며, 집안이 가지런해진 후에 나라가 다스려지고, 나라가 다스려진 뒤에 천하가 평화로워진다.
>
> [예기]〈대학〉중에서

공자 이전에 이미 노자가 이런 말을 했지만, 사실 이 개념은 노자보다도 훨씬 이전부터 존재해왔다.

54-6   **故以身觀身, 以家觀家, 以鄕觀鄕, 以國觀國,**
　　　　以天下觀天下。
　　　　(고이신관신, 이가관가, 이향관향, 이국관국, 이천하관천하.)
　　　　그러므로 자신으로 남을 관찰하고, 자신의 가정으로 남의
　　　　가정을 관찰하며, 자신의 마을로서 다른 마을을 관찰하고,
　　　　자신의 나라로서 다른 나라를 관찰하며, 세상으로서
　　　　세상을 관찰한다.

　이 구절은 47장의 원칙을 따라야 한다는 개념을 좀 더 구체적으로 풀이한 것이다. 작은 원칙에서 시작하여 한 걸음 한 걸음 큰 것으로 나아가는 일련의 과정을 이해하고 실천하는 지도자는 자신을 통해서 타인을 이해할 수 있고, 자신의 가정을 통해서 타인의 가정을 이해할 수 있으며, 자신의 마을을 통해서 다른 마을을 이해할 수 있고, 자신의 나라를 통해서 다른 나라를 이해할 수 있으며, 자신의 세상을 통해서 다른 세상을 이해할 수 있으니, 굳이 멀리 나가서 찾지 않는 것이다.

　그렇다면 이러한 노자의 가치관은 어디에 그 기원이 있을까? 7-3에서 소개한 구절 일부를 들여다보자.

　　이윤이 계속 말했다. "이제 임금께서 그 덕을 이으시려면 처음부터 살피지 않으면 안 되니, 백성을 사랑함은 마치 부모를 사랑하는 것처럼 하시고, 백성을 공경함은 연장자를 공경하는 것처럼 하시며, 작

게는 집안에서 시작하여 나라를 거쳐서 마지막에 온 천하에서 마쳐야
합니다.”

[상서] 〈이훈〉 중에서

즉 우리가 알고 있는 덕의 수련 과정인 '수신, 제가, 치국, 평천하'는 공
자도 노자도 아닌, 상고시대부터 이미 보편적으로 존재하고 있었던 태평
성대 치세의 도리인 것이다. 따라서 노자가 도가의 시조이거나 공자가 유
가의 시조라는 말들은 그 논리와 설득력이 부족하다. 그들은 모두 예로부
터 내려오는 도리를 오롯이 계승하고 가르쳤으며, 나아가 후대에 전파하
려고 노력했던 인물들이었다.

54-7   **吾何以知天下之然哉? 以此。**
(오하이지천하지연재? 이차.)
내가 어찌 세상이 그러함을 알겠는가? 이 때문이다.

노자는 여기서도 상고시대로부터 내려오는 역사의 실례들을 통해서, 이
러한 도리를 깨달을 수 있었다고 밝히고 있다.[10]

---

10 21-8에도 이와 비슷한 구절이 나온다.

55장

갓난아이의 조화로움

55-1   **含德之厚, 比於赤子。**
(함덕지후, 비어적자.)
덕의 넉넉함을 품는 것은, 갓난아이에 비유된다.

덕은 자기에게는 엄격한 강함의 태도와 타인에게는 관대한 부드러움의 태도를 조화롭게 실천하려는 절조인데, 이처럼 강함과 부드러움이 조화를 이루는 원리는 갓난아이로 비유하여 설명할 수 있다.

55-2   **蜂蠆虺蛇不螫, 猛獸不據, 攫鳥不搏。**
(봉채훼사불석, 맹수불거, 확조불박.)
벌과 전갈 독사가 쏘지 않고, 맹수가 달려들지 않으며,
맹금이 덮치지 않는다.

자기에게는 엄격하고 타인에게는 관대한 덕을 실천하는 이는, 설령 위험에 빠뜨릴 수 있더라도 죽음에 이르게 할 수는 없다.
벌과 전갈, 독사, 맹수 그리고 맹금은 그 자체를 가리키는 것이 아니다.

여기서도 앞과 마찬가지로 제유법이 사용되어서[11], 설령 수많은 위험이 닥치더라도 죽음에 이르지 않는다는 의미다. 다음의 두 기록을 읽으면, 자연스레 그 뜻을 이해할 수 있다.

고수는 오히려 거듭 아들 순을 죽이려고 하여, 순을 시켜 지붕에 올라가 곳간 벽 겉쪽에 매흙을 바르게 하고는, 아래에서 불을 질러 곳간을 태웠다. 순은 이에 두 개의 삿갓으로 자기 몸을 막고 내려와 불을 피하여 죽지 않았다. 후에 고수는 또 순을 시켜 우물을 파게 했는데, 순은 우물을 파면서 몰래 옆으로 나오는 구멍을 만들었다. 순이 흙을 판 구멍 깊이 들어가자 고수와 상은 함께 흙을 부어 우물을 매웠지만, 순은 몰래 파놓은 구멍으로 나가서 죽음을 피했다.

[사기] 〈오제본기〉 중에서

주나라의 시조 후직은 이름이 기다. 그의 어머니는 유태씨의 딸로서, 강원이라 불렸다. 강원은 제곡의 정실부인이다. 강원이 한번은 들에 나갔다가 거인의 발자국을 보고는 마음이 환히 기뻐지면서 그 발자국을 밟고 싶었는데, 거인의 발자국을 밟으니 몸의 감응이 마치 임신한 사람과도 같았다. 1년이 지나고 아이를 낳자 (강원은) 상서롭지 않다고 여겨서 좁은 골목에 버렸는데, 말과 소가 지나면서도 모두 피하여 밟지 않고, 숲으로 옮겨 놓으니 마침 산속에 많은 사람이 모여 있었으며, 그래서 어쩔 수 없이 아이를 옮겨 도랑의 얼음 위에 버렸으

---

11 50-2

나 날아다니는 새들이 날개로 아이를 덮어주고 깔아주었다.

55-3 　　**骨弱筋柔而握固，未知牝牡之合而全作，精之至也。**
(골약근유이악고, 미지빈모지합이전작, 정지지야)
뼈대는 약하고 근육은 부드러우나 굳건히 움켜쥐고,
강함과 부드러움의 어울림은 알지 못하나 완전하게
작용하니, 정교함의 절정이다.

갓난아이의 뼈대는 한없이 약하고 또 근육은 한없이 부드럽지만, 그 꽉 움켜쥔 주먹만큼은 너무나도 굳건해서 강하기 그지없다. 비록 갓난아이는 이러한 부드러움과 강함의 조화가 무엇인지조차 모르지만 스스로 완벽하게 조화로이 작용하고 있으니, 이것이야말로 부드러움과 강함이 조화를 이루는 정교함의 최고조가 되는 것이다.

갓난아이가 꽉 움켜쥐고 있는 주먹을 펴본 적이 있는가? 과거에 나는 이 구절이 생각나서 실제 내 아이의 주먹을 펴보려고 시도한 적이 있는데, 내 힘으로는 도저히 펼 수가 없었다. 따라서 노자는 덕의 주된 특징인 강함과 부드러움의 조화를 갓난아이의 주먹 쥔 모습으로 빗대어서, 수사학적으로 설명하고자 노력하고 있음을 알 수 있다.

55-4 　　**終日號而不嗄，和之至也。** (종일호이불사, 화지지야.)
온종일 소리 질러도 목이 잠기지 않으니, 조화로움의 절정이다.

갓난아이는 온종일 울어도 목이 잠기지 않는데, 이는 억지로 하는 것이 아니라 그 천성을 따르는 것이기 때문인데, 이야말로 조화로움이 최고조에 달한 것이다.

55-5 　**知和曰常，知常曰明，益生曰祥，心使氣曰强。**
(지화왈상, 지상왈명, 익생왈상, 심사기왈강.)
조화로움의 화(和)를 깨닫는 것을 변치 않음의 상(常)이라고
하고, 변치 않음의 상(常)을 깨닫는 것을 덕을 밝힌다고 하며,
생계를 이롭게 하는 것을 상서로움의 상(祥)이라고 하고,
마음이 기(氣)를 따르는 것을 강함이라고 한다.

누구 하나 버리지 않고 함께하는 조화로움의 화(和)란 바로 하늘의 뜻을 따르는 것임을 깨달아 실천하는 것, 이를 일컬어서 변치 않음의 상(常)이라고 한다. 또 변치 않음의 상(常)이란 바로 중간에 바뀌지 않고 초지일관하는 것임을 깨달아서 실천하는 것, 이를 일컬어서 오로지 백성과 나라만을 생각하는 순일한 덕을 한순간도 잊지 않고 밝히는 것이라고 한다. 나아가 백성들의 삶을 이롭게 하는 것을 상서로움이라고 하고, 마음이 밝음을 좇아서 자애로움으로 약자를 보호하는 것이야말로 진정한 강함이 된다.

16-5에서 "복명을 변치 않음의 상(常)이라고 하고, 변치 않음의 상(常)을 깨닫는 것을 일컬어서 덕을 밝힌다고 한다."고 했었다. 즉 55-5는 16-5와 같은 의미가 되므로, 복명 즉 하늘이 부여한 천성에 따른다는 것은 다름 아닌 조화로움의 화(和)를 깨달아서 실천하는 것이다.

기(氣)는 신(神)의 왕성함이라고 했는데[12], 신(神)이란 시신에서 빠져나와 하늘로 올라가는 영혼 즉 양(陽)의 밝음이다. 그리고 진정한 강함의 강(强)은 자애로움으로 약자를 지키는 태도라고 했다[13]. 따라서 마음이 기를 따른다는 것은 마음이 밝음을 따른다는 것이고, 마음이 밝음을 따르는 것이 진정한 강함이라고 했으므로, 마음이 밝음을 따른다는 것은 바로 자애로움으로 약자를 보호한다는 뜻이 된다.

55-6　　**物壯則老, 謂之不道, 不道早已。**
(물장즉로, 위지부도, 부도조이.)
사물이 강대해지면 곧 쇠퇴하는데, 그것을 일컬어 도에 부합되지 않는다고 한다. 도에 부합되지 않으면 일찌감치 사라진다.

달이 차면 기우는 법인데, 이러한 현상은 대동의 통치이념인 도에 부합되지 않는다고 말한다. 변치 않고 장구히 유지하는 것이 하늘의 도인데, 이처럼 강대하다가 곧 쇠퇴하는 것은 천도에 부합되지 않으므로, 일찌감치 사라지게 되는 것이다.[14]

12　6-1
13　32-1
14　이 구절은 30-6의 반복이다.

56장
하늘을 닮아서 천도

56-1   **知者不言，言者不知。** (지자불언, 언자부지.)
아는 이는 말하지 않고, 말하는 이는 알지 못한다.

    대동의 통치이념인 천도를 이해하는 지도자는 함부로 말하거나 명령하지 않고, 반대로 함부로 말하거나 명령하는 지도자는 하늘의 도를 이해하지 못한다.

    노자는 말과 명령을 함부로 하지 않는 신중함과 내뱉은 말은 반드시 지키는 성실함 그리고 정성을 다하는 지도자의 자세를 한 번 더 강조하고 있다.[15]

56-2   **塞其兌，閉其門，挫其銳，解其分，和其光，**
同其塵，是謂玄同。
(색기태, 폐기문, 좌기예, 해기분, 화기광, 동기진, 시위현동.)
통함을 막고, 그 문을 닫으며, 그 날카로움을 억누르게 하고,
그 분규를 해결하며, 그 광채를 조화롭게 하고, 그 속세와
함께하므로, 이를 현동이라고 이른다.

---

15   이 구절은 2-3과 43-4의 반복이다.

원칙이 되는 하늘의 도로 솔선수범을 보여서 세상을 다스리면, 날카로운 사회의 모순이 억눌러져 둥글게 되고, 그 혼란과 어지러움을 원만하게 해결하며, 모든 긍정적인 것과 그렇지 못한 것들의 기세가 조화로워지고, 속세와 한데 어우러져서 누구 하나 버리지 않고 함께하게 되니, 이를 일컬어서 심오한 아우름이라고 한다.

이 구절은 "그 통함을 막고, 그 문을 닫으면, 평생 근심하지 않는다."[16]와 "그 날카로움을 억누르게 하고, 그 분규를 해결하며, 그 광채를 조화롭게 하고, 그 속세와 같이한다."[17]가 하나로 합쳐진 것으로 볼 수 있다.

56-3 **故不可得而親, 不可得而疏; 不可得而利, 不可得而害; 不可得而貴, 不可得而賤; 故為天下貴。**
(고불가득이친, 불가득이소; 불가득이리, 불가득이해; 불가득이귀, 불가득이천; 고위천하귀.)
그러므로 친하다고 할 수 없고 소원하다고 할 수도 없으며,
이롭다고 할 수 없고 해가 된다고 할 수도 없거니와,
귀하다고 할 수 없고 천하다고 할 수도 없으니, 그러므로
세상이 귀히 여긴다.

이처럼 대동사회의 통치이념인 하늘의 도는 누구 하나 버리지 않고 함께한다. 또 객관적이고도 공정하므로 누구와 딱히 친하지도 그렇다고 소원하지도 않고, 일방적으로 이롭다거나 또는 해가 된다고 할 수 없으며,

---

16   52-3
17   4-3

무조건 귀하다고 볼 수도 또 천박하다고 볼 수도 없으므로, 세상 모두가 모두 수긍하고 따르게 되는 것이다.

모두가 알다시피, 하늘은 잘한다고 칭찬하거나 못한다고 꾸짖지 않는다. 누구와 더 친하거나 소원하지도 않다. 그저 항상 같은 자리인 위에서 묵묵히 내려다볼 뿐, 일체 우리의 삶에 간여하지 않는다. 이와 관련하여, 다음의 기록을 살펴보자.

> 이윤이 거듭 임금에게 고했다. "아! 하늘은 늘 친한 이가 없어서 능히 공경하는 이만을 친근히 대하고, 백성은 늘 그리워하는 사람이 없어서 어진 이만을 그리워하며, 귀신은 고정적으로 늘 제물을 받아먹는 사람이 없어서 능히 정성스러운 사람의 제물만을 받아먹으니, 하늘이 준 지위는 어렵습니다. 덕으로 다스려야 하니, 덕을 부정하면 어지러워집니다. 바로잡음을 베풀어서 함께 이끌면 나라가 흥하지 않을 수 없고, 무도함을 베풀어서 함께 부리면 나라가 망하지 않을 수 없습니다. 시종 베풂에 신중하면, 훌륭한 임금을 밝힐 것입니다."
>
> [상서] 〈태갑하〉 중에서

즉 노자는 이 구절을 통해서 대동 사회의 커다란 도가 왜 하늘의 도라고 불리는지 설명하고 있는데, 그 이유는 대동사회의 도가 하늘의 특징과 매우 닮아있기 때문이다. 하지만 이마저도 예로부터 전통적으로 내려오는 비유의 수사학일 뿐, 노자의 독창적인 표현은 아니다.

57장

올바로 다스린다는 것

57-1 **以正治國, 以奇用兵, 以無事取天下。**
(이정치국, 이기용병, 이무사취천하.)
(참된 지도자는) 올바름으로 나라를 다스리고, 느닷없음으로
군대를 쓰며, 일을 만들지 않음으로 세상을 다스린다.

느닷없다는 것은 뜻밖이고 갑작스럽다는 말이다. 그러므로 이는 아주
부득이한 경우에 어쩔 수 없이 쓰는 무력을 의미하는데, 이미 31장에서
설명했다시피 성인은 어떤 상황에서건 무력을 쓰지 않는다. 다만 노자가 처
한 세상은 전무후무한 대혼란기였거니와 지도자의 리더십이 사라진 무도
한 사회였으므로, 어쩔 수 없이 부득이한 무력이라는 표현을 쓸 수밖에 없
었으리라. 물론 부득이한 무력이란, 외부의 침략에 맞서거나 지도층의 폭정
과 부패에 항거하는 행위 또 명분이 없는 반란을 진압한 경우를 말한다.[18]
또 노자의 친절(?)한 무한 반복설명 덕에 이제는 쉬이 이해할 수 있듯이,
일을 만들지 않는다는 것은 백성이 자기 본연의 삶에 집중할 수 있도록 그

---

18 31-4

들을 차출하거나 동원할 일을 만들지 않는 것이다. 나아가 법과 제도를 세분하고 강화해서 통제하지 않는다는 뜻이 포함되어있는 것은 물론이다.

57-2 **吾何以知其然哉？ 以此。**
(오하이지기연재? 이차.)
내가 어찌 그것이 그러함을 알겠는가? 이 때문이다.

내가 어떻게 그런지 알 수 있겠는가? 바로 역사를 통해서 상고시대로부터 내려오는 덕치의 실례들을 접하고, 그 안에서 공통점을 이해했기 때문이다.[19]

57-3 **天下多忌諱， 而民彌貧。**
(천하다기휘, 이민미빈.)
세상에 금기가 많아지면, 백성은 더욱 빈궁해진다.

법과 제도를 세분하고 강화해서 백성을 통제하면, 그들의 생활은 오히려 더 궁핍해진다.

2차 세계대전이 끝난 이듬해인 1946년 시리아는 프랑스로부터 독립했지만, 여러 차례에 걸친 소요사태와 쿠데타 등으로 여전히 혼란스러운 상

---

19 21-8과 54-7에도 이와 비슷한 표현이 나오는데, 노자는 이처럼 출처를 명확히 밝히고 있다.

태였다. 그러다가 1971년 쿠데타로 대통령이 된 하페즈 알아사드(Hafez al-Asad)는 2000년까지 독재를 했고, 이어서 대통령이 된 그의 둘째 아들 바샤르 알아사드(Bashar al-Assad)는 자기를 반대하는 언론인과 운동가들을 체포하고 탄압하는 공포정치를 폈다. 특히 국민 153명당 1명꼴로 비밀경찰을 붙여서 감시하고 통제하기 시작했는데, 그 결과 자연스레 사람들은 지도자를 원망하기 시작했다.

57-4 **民多利器，國家滋昏。**
(민다리기, 국가자혼.)
백성에게 무기가 많아지면, 국가에 혼란이 증가한다.

백성들이 무기를 갖고 있다는 것은, 그들이 지금 전쟁 중이라는 말이 된다. 이 구절은 빈번하게 전쟁이 일어나 백성들이 전쟁터로 내몰리게 되면, 결국 그들은 생계를 도모하지 못하게 되어 나라가 어수선해지고 혼란스러워진다는 뜻이 된다.

2011년 범아랍권 민주화 운동인 '아랍의 봄(Arab Spring)'이 시작된 이래, 2019년 기준으로 8년째 진행 중인 시리아 내전은 처음에는 바샤르 알아사드의 독재정권에 반대하는 민주화 요구 시위로 시작되었다. 하지만 점차 이슬람교 종파인 수니파와 시아파 간의 다툼으로 변했고, 나아가 이를 둘러싼 아랍 국가들의 이해관계 및 IS 심지어 러시아와 미국까지 개입함으로써, 이제는 비단 한 나라의 국내 정치문제가 아닌 종교 그리고 이념을 둘러싼 외교 대리전의 성격까지 띠게 되었다. 지금까지 수십만 명의 사상자와 천만 명이 넘는 난민이 생겼고, 2018년 UN은 이로 인한 경제적 손실액이 한화 430조 원에 이를 것으로 추정했다.

57-5　　**人多伎巧，奇物滋起。**
(인다기교, 기물자기.)
사람들에게 기교가 많아지면, 기이한 일들이 증가하기
시작한다.

지도자가 얕은꾀를 써서 사리사욕을 탐하면 백성들도 지도자의 모습을 따르게 되고, 그렇게 되면 나라가 혼란스러워져서 이상한 일들이 자꾸 발생한다.

국민건강보험공단의 직장 가입자 부과액 자료 분석 결과, 대한민국의 18세 미만 미성년 사업장 대표 월평균 소득은 358만 원으로 평균연봉이 4천291만 원이고, 이 중 만 5살의 한 아이는 연봉이 4억 원이나 되는 것으로 나타났다. 물론 현행법상 상속과 증여를 받아 사업장 대표가 된 것 자체가 불법은 아니지만, 만약 정당한 절차를 밟지 않고 편법을 동원해서 납세의 의무를 저버렸다면 이야기는 달라진다.

이보다 더 기이한 일들도 있다. 교육부 조사 결과 일개 고등학생이, 교수인 부모의 소논문[20]에 공동 저자로 이름을 올린 경우가 2007년부터 10

---

20 논문에는 석 박사의 학위논문, 그리고 학술지에 게재하는 논문 두 종류가 있다. 그리고 학술지 논문은 분량이 상대적으로 적게 요구되므로, 소논문이라고 부르기도 한다.

년간 82건에 달하는 것으로 알려졌다. 석사생이 소논문을 투고할 때 보통은 지도교수를 제1 저자로 올리는데, 이는 아직 혼자 논문을 쓰기에 완숙하지 않다는 판단에 기인한다. 또 박사생은 말할 것도 없고, 심지어 현역교수들조차도 심사에서 탈락하는 경우가 비일비재하다. 물론 미성년 자녀가 논문을 공저한 것 자체가 불법은 아니다. 하지만 논문집필에 직접 관여하지도 않고 이름을 올렸다면, 그건 분명한 연구 부정행위에 해당한다.

이 두 소식을 접한 서민들은 '아, 저들의 삶은 우리와 수준 자체가 다르구나. 우린 우리 길을 걸어야지. 개구리가 황소 흉내를 내면 쓰나?'라며 푸념할까, 아니면 '남들도 다 하는데, 나라고 왜 안 돼?'라고 생각할까?

비록 법으로는 폐지되었으나 사회 관습상 아직 남아있는 신분질서 제도인 카스트(Caste System) 때문에 인도 사람들은 현재 자신이 처한 상황에 대체로 만족하고 행복해하면서 산다고 한다. 다만 내세에는 더 나은 삶을 살 수 있기만을 끊임없이 기원하면서. 그렇지만 대한민국에는 카스트제도가 없다.

57-6 　　**法令滋彰，盜賊多有。**
(법령자창, 도적다유.)
법령이 현저하게 증가하면, 도적들이 많아진다.

지도자가 자꾸 법률과 제도를 세분해서 통제를 강화하려 들면, 백성 중에는 오히려 이를 교묘하게 피하면서 더 많은 부정을 저지르는 사람들이 늘어간다. 한 가지 흥미로운 것은, 공자 역시 같은 취지의 발언을 했다는 점이다.

공자가 이르셨다. "백성을 다스림에 조세와 부역 및 노역으로 하고, 그들을 다스림에 형벌로 하면, 백성들이 피하려고만 들지 부끄럼은 없어진다. 그들을 다스림에 덕으로 하고, 그들을 다스림에 예로 하면, 부끄럼이 있게 되고 또한 바로잡게 된다."

[논어] 〈위정〉 중에서

백성들에게 조세와 노역 및 부역 등 온갖 세납을 부담시키고 또 형벌을 강화하여 다스리려고 하면, 백성들은 더욱 얕은꾀를 부려서 어떻게든 납세 부담과 형벌을 피하려고만 들지 그것을 피하려고 저지르는 불법이나 편법에 대해서는 전혀 부끄러워하지 않는다. 설령 걸린다 하더라도 '남들도 다 하는데, 나만 재수 없게 걸렸네!'라고만 생각한다.

따라서 노자와 공자의 도에는 상당히 많은 공통점이 있음을 다시 확인할 수 있다. 그도 그럴 것이, 공자가 외치는 소강사회 군자의 인도 즉 사람의 도는 원칙적으로 대동사회 성인의 천도 즉 하늘의 도를 뿌리로 하기 때문이다. 공자 역시 노자와 마찬가지로 형벌을 강화하여 다스리는 정치를 극렬히 반대했다.

'선한 도가 한 자(33.3cm) 높아지면, 사악한 마귀는 한 장(3.33m) 높아진다(道高一尺, 魔高一丈).'라는 성어가 있다. 집주인이 담장을 높이 쌓아서 도둑이 들지 못하게 하면, 도둑은 포기하는 게 아니라 오히려 어떻게 해야 그 담장을 넘을까 더 궁리한다는 것이다. 바로 이 성어가 위에서 노자와 공자가 하려던 말이 아닐까?

따라서 공자는 이어서 다음과 같이 말한 것이다. "반면에 지도자가 덕

(성인들이 행한 강함과 부드러움의 통치법을 조화롭게 실천하려는 절개와 지조)과 예(조화로움을 위한 절제와 통제)로 다스리면, 백성들은 스스로 잘못을 부끄러워하고, 나아가 그 마음을 바로잡게 된다."

57-7　**故聖人云：我無為而民自化，我好靜而民自正，**
我無事而民自富，我無欲而民自樸。
(고성인운: 아무위이민자화, 아호정이민자정, 아무사이민자부, 아무욕이민자박.)

그러므로 성인이 이르셨다. "내가 억지로 하지 않으면
백성들이 스스로 교화되고, 내가 고요함을 좋아하면
백성들이 스스로 바로잡으며, 내가 일을 만들지 않으면
백성들이 스스로 풍요롭게 되고, 내게 욕망이 없으면
백성들이 스스로 소박해진다."

따라서 대동 사회를 이끈 성인들께서 말씀하셨다. "지도자가 억지로 작위 하지 않으면 백성들이 그 천성에 따라서 스스로 바로잡히고, 지도자가 말과 명령을 함부로 하지 않으면 백성들이 스스로 올바르게 되며, 지도자가 법률과 제도로 통제하려 들지 않으면 백성들이 스스로 본업에 매진하게 되어서 삶이 넉넉해지게 되고, 지도자가 사리사욕을 탐하지 않으면 백성들도 지도자를 본받아서 소박하게 지낸다."

지도자는 바람이요, 백성은 풀이다. 풀은 바람이 부는 방향으로 꺾인다. 그리고 이것이 바로 자연이 우리에게 알려주는, 올바르게 다스리는 유일한 길(道)이다. 다시 말하지만, 지휘관이 뒤에서 명령만 하고 있는데 목숨을 걸고 전진할 부하들은 없다.

58장
고래와 상어의 차이

58-1   **其政悶悶, 其民淳淳, 其政察察, 其民缺缺。**
(기정민민, 기민순순, 기정찰찰, 기민결결.)
(지도자가) 그 다스림에 어둡고 답답하면 그 백성들은
조용히 흘러가지만, 그 다스림에 밝고 자세하면 그 백성들은
불완전해진다.

수레바퀴 흔적이 남지 않는 유일한 방법은 수레를 타고 행차하지 않는
것이다.[21] 따라서 지도자가 일일이 따지며 간섭하지 않고 스스로 그러도
록 하는 대동의 덕치를 펴면, 백성들은 편안하게 지도자를 따르게 된다.
반면에 법률과 제도를 세분해서 엄격하게 통제하려 들면, 백성들이 불만
을 품게 되어서 결국 지도자에게 등을 돌리게 된다.

그러므로 본문에서 어둡고 답답하다는 것은 못 본 척 엉성하게 넘어간
다는 뜻이고, 밝고 자세하다는 것은 지나치게 꼼꼼하고도 악착스럽게 다
스린다는 뜻의 수사학적 표현이 된다. 이것이 바로 이른바 '엉성함의 정
치'인데, 고조선의 8조 법을 다시 상기해보자. 잘 다스리려고 지나치게 법

---

21 27-1

과 제도를 강화하면 오히려 백성들이 힘들어하지만, 기본적인 조건을 마련해준 후에는 버린 듯이 놔두면 천성에 따라서 자연스럽게 흘러간다. 법과 제도가 많아지고 강화될수록, 백성들은 그 법망을 빠져나갈 궁리만 하게 되어 더욱 교활해지기 마련이다.

58-2   **禍兮福之所倚，福兮禍之所伏，孰知其極？**
(화혜복지소의, 복혜화지소복, 숙지기극?)
(지도자가) 그 다스림에 어둡고 답답하면 그 백성들은
화는 복이 의지하는 바이고, 복에는 화가 숨어있는 바이니,
누가 그 끝을 알겠는가?

앞에서[22] 소개했던 성어 '새옹지마'는, 하늘의 뜻은 일정치 않으므로 집착하지 말고 항상 신중함을 잃지 말아야 한다는 뜻이었다. 노자는 그 이유에 대해서 다음과 같이 설명한다. 재앙과 복은 따로 떨어져 있는 것이 아니라 항상 뒤섞여있기 때문에, 누구도 함부로 예측할 수 없다고.

58-3   **其無正，正復為奇，善復為妖，人之迷，其日固久。**
(기무정, 정복위기, 선복위요, 인지미, 기일고구.)
그것에는 표준이 없어서, 올바름도 기이함이 되고, 선함도
요상함이 되니, 사람들이 미혹됨은, 그 시간들이 이미
오래되었도다.

---

22 29-4

이처럼 재앙과 복은 언제 어떻게 온다는 고정된 기준이 없어서, 때로는 올바르게 행해도 재앙이 찾아오고 또 자애로운 덕을 베풀어도 재앙이 오기도 하므로, 사람들이 길을 잃고 헤맨 지 오래되었다.

'만일'이라는 단어의 의미를 소개한 적이 있다.[23] 만 명이 나쁜 짓을 해서 만 명이 모두 지옥에 간다면 나쁜 짓을 할 바보는 없다. 역사상 선한 일을 행해도 나쁜 결과를 얻거나 나쁜 일을 해도 오히려 좋은 결과를 얻는 경우들을 보면서, 사람들은 그 선과 악의 기준을 의심하기 시작한 것이다. 그렇다면 우리는 과연 어떤 인생을 살아야 할 것인가?

예를 들어서 내일 지구가 망한다면, 우리는 어떤 선택을 할 것인가? 거리로 뛰쳐나가서 마구잡이로 방화와 폭력을 일삼다가 종말을 맞이할 것인가, 아니면 그래도 마지막까지 사과나무를 심겠다는 심정으로 차분히 삶을 정리할 것인가? 노자는 하늘의 도는 편애함이 없으므로 항상 선한 이와 함께한다고 했다.[24]

58-4 **是以聖人方而不割, 廉而不劌, 直而不肆, 光而不耀。**
(시이성인방이불할, 렴이불귀, 직이불사, 광이불요.)
이 때문에 성인은 바르지만 남을 상하게 하지 않고,
청렴하지만 남을 다치게 하지 않으며, 솔직하지만
제멋대로 하지 않고, 빛나지만 과시하지 않는다.

---

23 29-4
24 79-4

따라서 대동 사회를 이끈 성인들은 반듯해도 백성에게 피해를 주지는 않았고, 삼가 청렴하게 생활해도 백성에게 상처를 입히지는 않았으며, 굳세고 당당하게 몸을 폈지만 방자하지는 않았고, 그렇게 해서 백성들의 존경을 한 몸에 받았어도 자신을 드러내지 않았다.

그런데 이 구절을 읽노라면, 좀 이상한 느낌을 지울 수가 없다. 반듯하고 청렴한 지도자가 어떻게 백성들에게 피해나 상처를 줄 수 있냐는 말이다. 하지만 상대적 박탈감의 측면에서 다음 그림을 보면, 이야기는 전혀 달라진다.

그림에는 한 카페에서 손 흔들어 반갑게 웃는 여성들이 보인다. 그리고 이들의 행위가 다른 사람을 방해하거나 어떤 피해를 주는 것 같지도 않다. 그런데 창밖에 누워있는 노숙자를 본다면, 그래서 카페 안의 여성들과 그의 처지를 비교하면 생각이 좀 달라지는가? 상대적 박탈감이란 자기보다 나은 상위 계층이나 집단을 자신의 처지와 비교하고, 거기서 박탈감이나 소외감을 느끼는 현상이다.

물론 이 그림 속의 여성들은 억울함을 호소할 수도 있다. 내가 내 돈 주고 내 친구들과 오붓한 시간을 보내고 있는데, 어째서 이마저도 타인에게 피해를 주는 게 되느냐 반문할 것이다. 어쩌면 일반인들에게까지 이런 자세를 요구할 수는 없을지도 모른다. 그래서 노자는 대동 사회를 이끈 성인들로 한정해서, 그들은 이러한 상대적 박탈감까지도 고려하여 백성에게 상처를 주지 않으려 노력했다고 전제한 것이다.

상어와 고래는 모두 바다에서 살지만, 이들이 살아가는 방식은 사뭇 다르다. 소위 바다의 포식자로 잘 알려진 상어는 철저하게 각자의 삶만을 영위한다. 그래서 심지어 곁에 있는 상어가 상처를 입어도, 주변의 상어 떼들은 달려들어 먹어치우기 바쁘다. 반면에 고래는 무리를 지어 살아가고 서로를 보살핀다. 동료 고래가 죽었을 때, 곁에 있는 고래들이 그 새끼를 지켜준다는 이야기는 잘 알려져 있다.

남태평양에서 활동하는 고래 생물학자 난 하우저(Nan Hauser)는 여느 때처럼 스노클링을 하면서 혹등고래를 관찰하고 있었는데, 갑자기 14m 크기의 혹등고래 한 마리가 다가와서는 머리와 입으로 자신을 밀어내거나 지느러미로 감싸고 심지어 자신의 몸에 태워 물 밖으로 내보내려고 했다. 어쩔 수 없이 배로 돌아온 하우저는 수중카메라 영상을 보고 깜짝 놀랐는데, 영상에는 자신의 주변에서 4m 크기의 뱀상어가 헤엄치고 있던 모습이 찍혀있었다. 뱀상어는 백상아리와 더불어 가장 난폭한 상어로 알려져 있다. 당시 배에 있던 동료들은 주변의 또 다른 혹등고래 한 마리가 꼬리지느러미로 물보라를 일으켜 뱀상어의 접근을 막았다고 증언하기도 했는데, 하우저는 "지금까지 나는 고래를 보호하기 위해 노력했지만, 그들도 나를 보호하고 있다는 사실을 이제야 알게 됐다."라고 말했다.

세밀한 것을 밝힌다는 것은 백성의 소리와 표정에 세심하게 귀와 눈을 여는 것이라고 했다.[25] 또 작은 것을 중히 여기고 또 적은 것을 중히 여긴다는 말이 있는데[26], 이는 아무리 작은 목소리나 적은 소수의 상황이라고 할지라도 그냥 지나치거나 무시하지 않음을 뜻한다. 그러므로 누구도 내쳐지지 않고 모두가 함께 사는 대동의 사회에서는 지도자가 소수의 백성조차도 상대적 박탈감을 느끼지 않도록 배려한 것이다. 그렇게 되면 바람인 지도자의 솔선수범을 따라서 백성이라는 풀들도 언제부턴가 서서히 그 모습을 닮아가고 있을 것이다.

---

25 52-5
26 63-1

59장
천하무적

59-1 **治人事天莫若嗇, 夫唯嗇, 是謂早服, 早服謂之重積德。**
(치인사천막약색, 부유색, 시위조복, 조복위지중적덕.)
(지도자가) 백성을 다스리고 하늘을 섬김에 있어서 인색함
만한 것이 없는데, 무릇 인색함 이는 앞서서 따름을 일컫는
것이니, 앞서서 따름 그것은 덕을 쌓는 것을 중시한다는
것을 이른다.

인색하다는 말은 아끼는 태도가 지나치거나 지나치게 박하다는 뜻인
데, 일반적으로 이 표현은 부정적인 의미로 쓰인다. 그런데 노자는 여기
서 하늘을 섬김에 인색하다고 했으므로, 이 말은 하늘을 섬기는 태도가
지나치다 또는 하늘을 섬기면서 다른 이와 공유하는 데 지나치게 박하다
는 의미로 풀이되어야 한다. 즉 노자는 이 구절 역시 반어법의 수사기교
를 써서 강조한 것이다.[27]

따라서 이 구절의 의미는 다음과 같다. "천성에 따라 스스로 그러하도
록 백성들을 다스림에 있어서 인색한 태도보다 더 좋은 것이 없는데, 인

---

27 5-1

색한 태도란 박하다 싶을 정도로 남들에게 양보하지 않고 앞서서 따르는 것을 말하는 것이고, 앞서서 따른다는 것은 하나라도 남들에게 빼앗기지 않으려고 앞서서 덕을 쌓는 것을 중시한다는 뜻이다."

그렇다면 공자는 이에 대해서 어떤 생각을 가졌을까?

공자가 이르셨다. "나는 덕을 좋아하기를 여색을 좋아하는 것처럼 하는 사람을 만나보지 못했다."

〔논어〕〈자한〉중에서

공자가 이르셨다. "끝났구나! 나는 덕을 좋아하기를 색을 좋아하는 것처럼 하는 이를 만나보지 못하겠다."

〔논어〕〈위령공〉중에서

그저 표현의 차이만 있을 뿐, 공자 역시 노자와 똑같은 생각을 가졌었음을 알 수 있다. 그렇다면 나라를 다스리는데, 인색하리만큼 앞서서 덕을 쌓는다는 것은 또 무슨 의미일까?

우는 사람됨이 민첩하고도 부지런해서, 바탕은 어긋남이 없고 그의 어짊은 가까이할 수 있었다. 말은 믿을 수 있어서, 그가 말하면 규율이 되고 행하면 법도가 되었다. 명확하게 헤아려 드러내었고, 부지런하고도 온화하여, 기강이 되었다. (생략) 우는 돌아가신 아버지 곤이 공을 이루지 못해 형벌을 당한 것이 마음 아팠기에, 이에 몸을 수고롭게 하고 애태우며, 밖에서 지낸 지 13년 동안 집 문을 지나도 감히 들어가지 않았다. 입고 먹는 것을 소홀히 하고, 귀신(조상)의 뜻을 극진히 섬겼다. 거처를 누추하게 하고, 수로에 비용을 다 썼다. (생략) 식량이 적으면 남음이 있는 곳에서 옮겨 서로 공급하여, 그럼으로써 제후들을 고르게 하였다.

[사기]〈하본기〉중에서

　　우 임금은 식사를 한 번 할 때 열 번을 일어나니, 그럼으로써 세상의 백성을 위해 애썼다.

[십팔사략]〈하왕조편〉중에서

　　우는 임금이 된 후에도 주공의 '악발토포(握髮吐哺)'로 대표되는 헌신의 자세로 정치에 임했음을 알 수 있다. '악발토포'란 [한시외전]에 나오는 말로 머리털을 잡고 먹은 것을 토해 낸다는 뜻인데, 이는 주나라 무왕의 동생 주공이 머리를 감다가 나랏일을 논하기 위해서 손님이 찾아오면 그가 기다릴 것을 염려해 머리채를 쥐고 나와서 만나고, 음식을 먹다가도 이를 뱉고 만났을 정도로 인재와 현인을 모시기 위해 정성을 다한 태도를 비유한다.

　　이처럼 노자는 역사를 통해서, 나라를 다스리는 데 덕을 쌓는 것이란 항상 삼가고 몸을 수고롭게 하여 자신을 돌보지 않으며 오로지 나라와 백성을 위해 애쓰는 것이라고 보았다.

59-2 **重積德則無不克, 無不克則莫知其極。**
(중적덕즉무불극, 무불극즉막지기극.)
덕을 쌓는 것을 중시한다는 것은 곧 이기지 못할 것이
없다는 것이니, 이기지 못할 것이 없다는 것은 곧 그 끝을
알 수 없다는 것이다.

나라를 다스리는데 덕을 쌓는다는 것은 타인에게는 관대하고 자신에
게는 엄격하게 대하는 태도이므로, 이는 일체의 사리사욕을 접고 오로지
나랏일에 모든 것을 쏟는 태도를 말하는 것이다.
따라서 이러한 태도로 나랏일에 임하면 극복하지 못할 난관이 없고, 극
복하지 못할 난관이 없으므로 나라를 변치 않고 오랫동안 평안하게 다스
릴 수 있다.

59-3 **莫知其極, 可以有國。** (막지기극, 가이유국.)
그 끝을 알지 못하면, 나라를 가질 수 있다.

일체의 사리사욕을 접고 오로지 나랏일에 혼신을 바치는 이는 나라를
변치 않고 오랫동안 평안하게 다스릴 수 있는데, 바로 그러한 인물만이
한 나라를 책임질 지도자가 될 자격이 있는 것이다.

59-4 **有國之母, 可以長久。** (유국지모, 가이장구.)
나라를 가질 수 있음의 근본은, 장구히 보존하는 것이다.

그러므로 한 나라를 책임질 수 있는 지도자에게 요구되는 가장 기본적인 자질은, 다름 아닌 혼신을 바쳐서 나라를 오랫동안 평안하게 유지하는 것이다.

59-5　**是謂深根固柢，長生久視之道。**
(시위심근고저, 장생구시지도.)
이를 일컬어 기초가 튼튼하다고 하니, 오랫동안 장수하는 방법이다.

혼신을 바쳐서 나라를 오랫동안 평안하게 유지하는 것을 일컬어 지도자에게 요구되는 근본적인 자질이 탄탄하다고 하는 것이니, 이것이 바로 지도자의 자리를 오랫동안 유지할 수 있는 유일한 길이다.

60장
서열은 책임이라는 이름의 부메랑

60-1 **治大國若烹小鮮，以道莅天下，其鬼不神。**
(치대국약팽소선, 이도리천하, 기귀불신.)
대국을 다스리는 것은 작은 생선을 굽는 것과 같으니,
(지도자가) 도를 가지고 세상에 임하면 그 어두움이
드러나지 않는다.

　노자가 이번에는 직유법으로 설명한다. 큰 나라를 통치하는 건 마치 작은 생선을 굽는 것처럼 신중하게 해야 한다고. 작은 생선을 급하게 구우려고 들면 십상팔구 홀라당 새카맣게 타버리므로 천천히 세심하게 구워야 골고루 제대로 익힐 수 있다. 규모가 큰 나라 역시 섣불리 달려들었다가는 마치 생선이 타버리는 것처럼 일을 그르칠 수 있으므로 신중에 또 신중해야 하니, 음과 양 나아가 부드러움과 강함을 조화롭게 하는 하늘의 도로 나라를 다스리면 사회의 아름답지 못하거나 선하지 못한 어두운 면이 드러나지 않는다.

　그렇다면 사회의 아름답지 못하거나 선하지 못한 어두운 면이 드러난다는 것은 무엇을 의미할까? 이는 가지지 못한 이와 쉬운 일만 한 이 그리고 재능이 많지 않은 이와 신분이 낮은 이, 구성요소들이 온전하게 합쳐지지 못한 불완전한 존재 나아가 뒤처진 이들의 삶이 사회에서 차별과 냉대를 받아 부정적인 문제점들로 드러나는 것을 뜻한다.[28]

그런데 노자는 지도자가 대동사회의 통치이념으로 나라를 다스리면 어두운 면이 심각한 사회문제로 대두되지 않는다고 말하고 있다. 이는 사회 구성원들 각자가 서로를 존중하고 자기 생활에 만족하면서 조화를 이루며 살아가게 됨을 의미한다.

> **60-2**　**非其鬼不神，其神不傷人。**
> (비기귀불신, 기신불상인.)
> 반드시 그 어두움이 드러나지 않으면, 그 밝음은 사람을 방해하지 않는다.

음양학에서 '귀신 귀(鬼)'는 음을, '귀신 신(神)'은 양을 나타낸다.[29] 따라서 밝음이란 음과 양의 조화에 있어서 양을 나타내므로[30] 이는 가진 이와 어려운 일을 극복하고 해낸 이 그리고 재능이 많은 이와 신분이 높은 이, 구성요소들이 온전하게 합쳐진 완전체와 앞선 이를 가리킨다.

그러므로 이 구절은 다음과 같이 풀이한다. "약자층의 삶이 사회에서 차별과 냉대를 받아서 부정적인 문제점들로 드러나지 않는 것은, 기득권층이 약자층의 삶을 방해하지 않고 각자 고유의 삶을 존중하기 때문이다." 기득권층이 약자층을 차별하거나 냉대하지 않고 존중하여 각자의 길

28　2-2
29　6-1
30　2-2

을 가면 약자층의 삶이 사회의 부정적인 문제점으로 대두되지 않게 되고, 결국 사회가 조용히 흘러간다는 뜻이 된다.

하지만 지금 세상은 어떤가? 단 하루만 뉴스를 들여다봐도 온통 밝음이 사람을 방해하여 어두움이 드러난다. 즉 기득권층이 약자층을 차별하고 냉대해서 발생하는 사건들로 넘쳐난다. 상위 기업의 하위 중소기업체에 대한 공공연한 갑질, 고위 공무원의 "국민은 개돼지!" 발언, 명문대생의 노골적인 지방대생 무시, 예체능계 유명인의 안하무인 태도, 일반인의 장애인 차별 등등.

60-3   **非其神不傷人，聖人亦不傷人。**
(비기신불상인, 성인역불상인.)
반드시 그 밝음이 사람을 방해하지 않으면, 성인 역시
사람을 방해하지 않는다.

기득권층이 약자층을 차별하고 냉대하지 않아서 사회가 조용해지면, 대동사회를 이끄는 참된 지도자인 성인은 기득권층과 약자층의 관계가 더욱 조화로워지도록 노력할 것이고, 나라는 한층 더 안정될 것이다. 구체적으로 말하자면 지도자가 삼가 솔선수범을 보여서 타인에게 너그럽고 자기에게 엄격한 덕치를 행하면, 먼저 밝음인 기득권층이 지도자의 뜻을 따르게 되고 이어서 어두움인 약자층도 본받게 된다. 결국 어두움인 약자층과 밝음인 기득권이 각자 자리를 잡아서 서로를 존중하며 조화로이 공존하게 된다. 그리고 지도자가 그러한 자세를 변치 않고 행하면 나라를 오랫동안 평안하게 다스릴 수 있으니 이후로는 그저 백성들을 통제하지 않고 그들의 천성에 따르기만 하면 된다. 이제 다음을 읽어보자.

> 순임금이 말했다. "오시오, 우여! 홍수가 발생하여 나를 주의시켰
> 는데, 믿음을 이루고 공을 이루었으니, 그대의 어짊 때문이오. 나랏
> 일에 능히 부지런하고, 집안에 능히 검소하며, 스스로 만족하여 위대
> 한 체하지 않으니, 그대의 어짊 때문이오. 그대가 자랑하지 않기에 세
> 상은 그대와 기량을 다툴 수 없고, 그대가 드러내지 않기에 세상은 그
> 대와 공을 겨룰 수가 없소. 나는 그대의 덕을 독려하고, 그대의 큰 공
> 을 기리니, 하늘의 헤아림이 그대 몸에 있어서, 그대가 결국에는 임금
> 에 오를 것이오. 사람의 마음은 위태롭고, 도의 마음은 희미하니, 정
> 성스럽고도 한결같이, 그 중(中)을 진실로 잡아야 하오. 여러 사람과
> 상의하지 않은 말은 듣지 말고, 상의하지 않은 계책은 쓰지 마시오.
> 백성을 사랑할 이는 임금이 아니겠소? 임금을 두려워할 이는 백성이
> 아니겠소? 백성은 임금이 아니면 누구를 받들겠소? 또 임금은 백성
> 이 아니면 더불어 나라를 지킬 사람이 없소. 공경하시오! 삼가면 이에
> 자리가 있게 되고, 공경하여 베풀면 바라는 바가 있게 되지만, 온 나
> 라가 곤궁해지면 하늘이 준 복록도 영영 끝나게 되오. 입에서 나는 말
> 은 곧잘 전쟁을 일으키니, 나는 다시 말하지 않겠소."
>
> 〔상서〕〈대우모〉 중에서

이 기록을 보면 마치 [도덕경] 축약본을 읽는 듯한 착각을 불러일으키
는데, 그건 나 혼자만의 생각일까?

60-4 **夫兩不相傷, 故德交歸焉。**
(부양불상상, 고덕교귀언.)
무릇 둘이 서로 방해하지 않으니, 그러므로 덕이 함께
돌아간다.

어두움인 약자층과 밝음인 기득권층이 각자 자리를 잡으면 서로를 존중하여 공존하게 되고, 이에 세상은 조용히 흘러가게 된다. 또 그렇게 되면 밝음과 어두움이 나란히 함께 조화를 이루게 되어서, 타인에게는 관대하고 자신에게는 엄격한 덕의 모습을 지키게 된다.

고요는 선비(士)로서 백성을 다스렸다. 조회를 하면 우, 백이, 고요는 순임금 앞에서 함께 의논했다. 고요가 계책을 펴서 말했다. "그 도와 덕을 따르면, 계책은 명확해지고 재상들은 화합할 것입니다." 그러자 우가 물었다. "그렇소, 어떻게 해야 하오?" 다시 고요가 말했다. "아! 몸을 수양함에 삼가고, 오랫동안 생각하며, 구족의 서열을 매겨서 돈독하게 하면 많은 현명한 이들이 보좌할 것이니, 가까운 데서부터 먼 곳 사람들까지 다 모일 것입니다." 이에 우는 훌륭한 말에 절하여 말했다. "그렇습니다." 또 고요가 말했다. "아! 사람을 이해해야 하고, 백성을 편안하게 해야 합니다." 그러자 우가 말했다. "아! 모두가 이와 같으니, 요임금도 그것을 어려워하셨습니다. 사람을 이해하면 곧 지혜로우니 관리가 될 수 있고, 백성을 편안하게 할 수 있으면 은혜로우니 백성들이 그를 그리워할 것입니다. 이해할 수 있고 은혜로울 수 있으면, 어찌 순이 임금이 되는 것을 반대한 세족 '환두'를 근심하고, 어찌 오랑캐인 '유묘'를 굳이 내쫓으며, 어찌 교묘하게 말하고 얼굴빛을 꾸미는 사람들을 걱정할 필요가 있겠습니까?"

[사기] 〈하본기〉 중에서

노자는 일률적인 하향 평준화를 이야기한 적이 없다. 모든 사회에는 서열이 존재한다. 그렇다면 왜 서열이 존재해야 하는가? 그것은 바로 책임 소재를 명확하게 밝히기 위해서다.

서열과 보수 그리고 책임의 비례관계

서열 : 보수와 책임 높음

서열: 보수와 책임 낮음

어떤 조직사회든 서열이 올라갈수록 결정권이 강해짐과 동시에 보수도 높아진다. 그래서 사람들은 위만 쳐다보면서 끊임없이 올라가려고만 든다. 그런데 위로 올라갈수록 왜 결정권과 보수가 점점 강해지고 많아지는 것일까? 그 이유는 어떤 일이 생겼을 때 높은 서열에 요구되는 책임 소재가 더 크기 때문이다. 결정권과 보수는 높은 서열이 가지는 위험변수에 대한 일종의 사전 보상제와도 같은 개념인 것이다. 높은 서열을 권력의 상징으로 생각해 어깨를 으스대는 사람들이 적지 않지만 그것이 언제

책임이라는 이름의 부메랑으로 돌아와 자기 목을 칠지 모른다. 그리고 이것이 바로 노블레스 오블리주이다.

2012년 방영된 한국 드라마 〈신사의 품격(A Gentleman's Dignity)〉에서 김도진은, 설계비 줄 것을 차일피일 미루다가 자신의 직원에게 유리컵을 던져 전치 2주의 상처를 입힌 고객을 찾아갔다. 자신의 부하 직원 대신 복수를 해주고는 그 고객 앞에서 계약서를 찢어버린다. 다시 회사로 돌아온 김도진은 연신 죄송하다고 말하는 그 부하 직원에게 말한다. "네가 나보다 월급이 적은 이유를 아니? 이런 일이 있으면 나한테 고자질하고 내 뒤에 숨어도 된다는 뜻이야. 나는 그걸 해결하니까 월급을 많이 가져가는 것이고. 못 받은 돈이 얼마든, 네 가치가 500은 더 많아! (생략) 몸 힘든 일은 시켜도 마음 힘든 일은 안 시켜!"

리더에게 결정권을 부여하는 이유는 똑같은 양의 책임감이 함께 주어지기 때문이고 그렇기에 그에 상응하는 금전적 보수도 주어진다. 따라서 서열을 정하고 서열이 높은 이부터 먼저 자기에게 엄격한 모습의 솔선수범을 보이면, 결국 사회 전체가 지도자의 모습을 닮아가게 되어있다. 그렇게 되면 '환두'나 '유묘' 또는 '간사한 무리' 등 사회의 병폐가 많을지라도 일일이 찾아서 해결해야 하는 번거로움도 막을 수 있다. 앞에서[31] 제시했던 다음 기록을 다시 살펴보면 지도자의 리더십이 얼마나 중요한지 명확히 깨달을 수 있다.

요순이 세상을 어짊으로 다스리니 백성들이 역시 어짊을 따랐고,

걸주가 세상을 포악함으로 다스리니 백성들이 역시 포악함을 따랐다. 따라서 지도자가 명령하는 바가 백성들이 좋아하는 바에 반하면, 백성들은 지도자를 따르지 않는다.

[예기] 〈대학. 전〉 중에서

물은 위에서 아래로 흐른다. 한 마을에 언제부터인가 아랫물이 썩어서 사람들이 그 물을 마실 수 없게 되었는데, 역학조사 결과 부패한 동물의 사체 때문에 윗물이 오염된 것이 원인이었다. 그렇다면 마을 사람들이 다시 맑은 물을 마시게 하려면, 아랫물에 정화조를 설치해서 물을 정화해야 하는가 아니면 윗물에 있는 동물의 사체를 서둘러서 치워야 하는가?

꽤 오랜 세월 동안 교수 사회의 움직임을 살펴보니, 일부 교수들이 정치인들의 모습을 점점 닮아가고 있었다. 또 언제부터인가 학생회 역시 일부가 그런 모습을 보이기 시작했다. 악순환의 반대말은 선순환이다. 선순환이란 순조로운 방향으로 도는 것을 말한다. '윗물이 맑아야 아랫물이 맑다.'라는 속담은 장식으로 있는 게 아니다.

7부

노자는 왜
서쪽으로 떠났는가

61장
고래는 새우 등을 터뜨리지 않는다

　61장은 이전과는 다른 독특한 내용으로 전개된다. 그도 그럴 것이 그 동안 노자는 한 나라의 국내 정치와 리더십에 대해서만 언급해왔는데, 여기서는 그 개념을 나라 대 나라의 국제외교로 확대해서 전개하기 때문이다. 이제 본문을 살펴보자.

61-1　**大國者下流，天下之交，天下之牝。**
（대국자하류, 천하지교, 천하지빈.）
대국은 하류이므로, 세상이 뒤섞이는 지점이자, 세상의 모성이다.

　하류에 있는 물이 상류에서 흘러들어오는 모든 물줄기를 포용하듯이, 큰 나라는 아래에 위치하여 모두를 다 아울러서 포용한다. 바로 이것이 큰 나라가 부드러움과 자애로움으로 대표되는 모성으로 비유되는 이유다.

　물은 위에서 아래로 흐른다. 상류에 있는 물줄기는 가늘지만 하류에 있는 것은 물줄기가 굵거니와 그 면적도 커진다. 그리고 면적이 큰 것은 대국이다. 따라서 노자에게 있어서 하류의 드넓은 물줄기와 면적은 대국을 연상시키는 메타포가 됨을 알 수 있다. 나아가 이는 끊임없이 흘러들어오는 물줄기들을 묵묵히 받아들여서 얻은 결과이기 때문에, 자애로움의 자(慈)를 연상시키는 메타포가 되기도 한다.

61-2   **牝常以靜勝牡，以靜爲下。**
(빈상이정승모, 이정위하.)
모성이 항상 고요함으로 부성을 제압하는 것은, 고요함으로 아래에 처하기 때문이다.

부드러움과 자애로움으로 대표되는 모성이 강함과 엄격함으로 대표되는 부성을 제압하고 위에 있을 수 있는 이유는, 바로 아래에서 묵묵히 포용하기 때문이다.

[삼국사기]에 전해지는 이야기 중에, 바보 온달과 평강공주에 관한 내용이 있다. 고구려에 온달이라는 젊은이가 있었는데, 하는 행동이 좀 덜떨어져서 어른이고 아이 할 것 없이 모두 바보라고 불렀다. 당시 고구려 임금인 평원왕에게는 평강이라고 불리는 공주가 하나 있었는데 어려서부터 자주 울곤 했었다. 그래서 임금은 그때마다 자꾸 울면 바보 온달에게 시집보내겠다고 놀리곤 했다. 16세 때 평원왕이 공주를 귀족인 고씨 가문에 출가시키려 하자, 그녀는 "어찌 임금께서 한 입으로 두말을 하십니까?"라고 말하고는 홀로 궁궐을 뛰쳐나와 온달을 찾아가는 게 아닌가. 장님이었던 온달의 노모는 평강공주의 향기를 맡고 부드러운 손을 만져보고는, 이렇게 귀하신 분이 우리처럼 찢어지게 가난한 사람들과 함께 계실 수는 없다고 손사래를 쳤다. 마침 음식으로 쓸 느릅나무 껍질을 한 짐 구해서 짊어지고 오던 온달

역시, 어린 여자가 있을 곳이 아니라며 강하게 거부했다. 평강공주는 어쩔수 없이 사립문 아래에서 밤을 보낸 후 다음 날 아침 일찍부터 두 모자를 다시 설득한 끝에 마침내 온달과 혼인했다. 평강공주는 가져온 값비싼 패물들을 팔아서 사들인 말을 정성스레 길렀고, 온달을 공부시키면서 무예까지 배우게 했다. 훗날 사냥 대회에서 온달이 우승하자, 평원왕은 그가 자기 사위라는 사실을 알고는 깜짝 놀랐다. 이후 중용된 온달은 장군이 되어서 여러 전투에서 큰 공을 세워 이름을 날렸는데, 590년 신라와 싸우다가 그만 전사했다. 사람들이 그의 시신을 수습해서 관에 넣어 옮기려고 했지만, 아무리 해도 도무지 움직일 수가 없었다. 이때 평강공주가 관을 어루만지면서 울먹이는 소리로 "이미 생사가 정해졌으니, 이제 저승으로 돌아가셔도 됩니다!"라고 위로한 후에야, 비로소 관을 옮길 수 있었다고 한다.

만약 평강공주가 뒤에서 묵묵히 지키고 보살피는 모성애로 바보 온달을 포용하지 않았더라면, 지금 우리는 바보 온달을 한 나라를 지킨 용맹한 장군으로 기억할 수 있었을까? 진정한 강함이란 힘으로 상대방을 제압하는 것이 아닌, 부드러움으로 약자를 지켜주고 포용하는 자애로움이라고 설명한 바 있다.[1]

61-3 **故大國以下小國, 則取小國 ; 小國以下大國, 則取大國。**
(고대국이하소국, 즉취소국; 소국이하대국, 즉취대국.)
그러므로 대국은 소국에게 낮춤으로써 곧 소국을 얻고,
소국은 대국에게 낮춤으로써 곧 대국을 얻는다.

---

1   32-1

따라서 큰 나라는 작은 나라에 몸을 낮춤으로써 작은 나라가 따르게 하고, 작은 나라는 큰 나라에 몸을 낮춤으로써 큰 나라의 지지를 얻을 수 있으므로, 삼가 서로가 존중해야 한다.

노자가 살던 당시는 춘추시대였으므로, 본문의 대국과 소국은 각각 천자의 나라인 주나라와 제후국들의 관계로 이해해야 한다. 하지만 경제와 군사 위주로 돌아가는 지금 이 시대의 판도로 본다면, 대국은 미국과 중국으로 그리고 소국은 이들을 둘러싼 여러 나라로 해석해도 큰 문제가 없지 않을까?

> **61-4** **故或下以取, 或下而取。**
> (고혹하이취, 혹하이취.)
> 그러므로 낮춤으로써 얻게 되고, 낮추지만 얻는다.

따라서 대국은 소국에 낮춤으로써 소국이 대국을 따르게 하고, 소국은 대국에 낮춤으로써 대국의 지지를 얻게 된다.

> **61-5** **大國不過欲兼畜人, 小國不過欲入事人。**
> (대국불과욕겸휵인, 소국불과욕입사인.)
> 대국은 마땅히 사람을 포용하여 사랑해야 할 따름이고,
> 소국은 마땅히 사람에 들어가 섬겨야 할 따름이다.

큰 나라는 작은 나라를 자애로움으로 포용해야 하고, 작은 나라는 큰 나라를 믿고 따라야 한다. 따라서 우는 애초에 군대를 이끌고 묘족을 치

려고 했지만, 결국 군대를 철수하고는 오히려 덕을 쌓으려고 노력했다. 그러자 칠십 일이 지나서, 그 모습을 본 묘족들이 감복했다.[2]

반면에 주나라 목왕이 견융을 정벌하려고 하자, 제공 모보는 선왕들께 서는 덕을 밝히려고 노력했지 무력을 사용하지 않았다면서 반대했다. 하 지만 목왕은 마침내 그들을 정복해서 흰 이리 네 마리와 흰 사슴 네 마리 를 전리품으로 얻었고, 이때부터 주변 부족들이 주나라를 따르지 않게 되 었다.[3]

61-6 **夫兩者各得其所欲, 大者宜為下。**
(부양자각득기소욕, 대자의위하.)
무릇 양자는 각기 그 바라는 바를 얻게 될 것이니, 대국은 마땅히 아래에 처해야 한다.

그렇게 되면 큰 나라와 작은 나라 모두 각자가 원하는 바를 얻게 될 것 인데, 모든 일에는 반드시 순서가 있다. 그렇게 되려면, 먼저 큰 나라가 자 신을 낮춰야 한다.

"고래 싸움에 새우 등 터진다."라는 속담이 있다. 강한 자들끼리 싸우는 통에 정작 아무 상관도 없는 약자들만 중간에서 큰 피해를 보는 상황을 비유적으로 표현한 것이다. 하지만 실제로 고래는 약자를 배려하고 보살 펴준다.[4] 고래는 결코 새우 등을 터뜨리지 않는다.

---

2   30-1
3   37-2
4   58-4

2016년 6월, 최재천 당시 국립생태원장은 사진공모전 시상식에서 한 초등학생에게 상을 주면서 무릎을 꿇었고, 이 한 장의 사진은 세간의 화제가 된 바 있다. 진짜 어른의 모습이 담겨있다는 이유였다.

키 큰 어른과 키 작은 아이가 함께 길을 가는데, 아이가 어른에게 말을 걸었다. 그런데 아이의 말소리가 잘 들리지 않는다면, 어른은 어떻게 해야 할까? 아이에게 말소리가 잘 안 들리니 좀 더 큰 소리로 말하라고 할 것인가, 어디 높은 곳으로 올라가서 자기 귀에다 정확하게 말하라고 할 것인가, 아니면 어른인 자기가 먼저 허리와 무릎을 굽혀서 몸을 낮추고 아이의 말에 귀를 기울일 것인가?

앞에서 소개했듯이[5], 대인(大人)은 지배계급을 그리고 소인(小人)은 피지배계급인 하층민을 뜻한다. 따라서 지도자와 백성들이 소통하기 위해서는 리더가 먼저 허리를 숙이고 무릎을 꿇어서 백성들의 말에 귀를 기울여야 하는데, 이것이 바로 소통의 기본 이치이자 유일한 방법이기도 하다.

---

5   4-3의 각주

62장
흉배에 담긴 의미

62-1
道者萬物之奧，善人之寶，不善人之所保。
(도자만물지오, 선인지보, 불선인지소보.)
도는 만물의 오묘함이자 선량한 이의 보물이고, 선량하지
못한 이가 지켜야 하는 바이다.

대동의 통치이념인 하늘의 도는 만물에 퍼져서 오묘하게 작용하기 때문에, 선량한 사람은 보물로 여겨서 항상 실천할 수 있도록 귀히 여기고, 또 선량하지 못한 사람일지라도 역시 따르도록 부단히 노력해야 한다.

노자는 사람에겐 세 부류가 있다고 했다.[6] 따라서 노자는 여기서도 악한 이들에 대해서는 아예 언급하지 않고, 그저 선한 이들과 중간에 있는 이들에 대해서만 말하고 있다.

62-2
美言可以市，尊行可以加人。(미언가이불, 존행가이가인.)
아름다운 말은 예복에 놓는 수일 수 있고, 고귀한 행동은
남에게 보탬이 될 수 있다.

---

6   41-3

이 구절은 앞의 '아름다운 말'과 뒤의 '고귀한 행동'이 대구가 되므로, 마찬가지로 앞의 '예복에 놓는 수'와 뒤의 '남에게 보탬이 되다' 역시 대구가 되어야 한다. 다시 말해서 '예복에 놓는 수'는 '남에게 보탬이 되다'라는 취지로 풀이가 되어야 한다는 뜻인데, 이와 관련해서 다음 기록을 살펴보자.

순임금이 말했다. "그렇소! 진실로 이와 같다면, 좋은 말이 숨겨지는 바가 없고, 현명한 이들이 모두 등용되어 민간에 인물이 없게 되어, 만방이 모두 평안할 것이오."

〔상서〕〈대우모〉중에서

따라서 '예복에 놓는 수일 수 있다.'라는 말은 '숨겨지지 않고 드러나 사람들에게 도움이 된다.'라는 의미가 된다. 그렇다면 '예복에 놓는 수'는 도대체 무엇일까?

바로 본문의 '수 불(市)'은 고대 예복에 놓는 파란색과 검은색을 반반씩

수놓은 꽃무늬로서, 이는 '수 불(黼)'과 통용된다. 그렇다면 노자는 과연 어떠한 의도로 이처럼 표현한 걸까? 다음의 두 기록을 살펴보자.

> 순임금이 말했다. "아! 신하로다, 신하로다! 신하는 짐의 다리, 팔, 귀, 눈이다. 나는 좌우에 백성이 있기를 원하니, 그대가 도와주시오. 나는 옛사람의 도리와 일월성신을 관찰하여, 의복의 양식을 수놓고자 하니, 그대는 명확히 하시오."
>
> [사기] 〈하본기〉 중에서

> 고요가 계속해서 말했다. "(생략) 하늘이 덕이 있는 이에게 명할 때는, 오복과 오장 즉 다섯 등급의 의복 모양으로 합니다. 하늘이 죄 있는 이를 벌할 때는, 오형과 오용의 다섯 가지 형벌로 합니다! 정치상의 업무는 힘써야 합니다! 힘써야 합니다!"
>
> [상서] 〈고요모〉 중에서

즉 '수 불(市)'은 고대 예복의 앞뒤에 수놓은 흉배(胸褙)를 말하는데, 이는 예복을 멋있게 꾸미려고 만든 단순한 화려한 장식이 아니라, 하늘의 뜻과 성인들의 말씀을 옷에 새겨 드러내어 조정에서 일하는 임금과 신하가 항상 잊지 않도록 하는 일종의 훈계인 것이다.

이 구절의 뜻은 다음과 같다. 대동사회를 이끈 성인의 도리와 일월성신을 관찰해서 얻은 정화인 아름다운 말은, 예복에 수놓은 흉배로 드러나 임금과 신하들이 잊지 않고 행하도록 채찍질하므로 세상 사람들을 이롭게 할 수 있다. 마찬가지로 대동사회를 이끈 성인들의 삼가 순일한 덕을 베풀었던 자세는, 임금과 신하들이 올바른 길을 걷도록 인도하여 세상 사람들의 삶에 보탬이 될 수 있다.

우리나라 역시 조선왕조 세종대왕 이후에는 조정에서 입는 예복에 흉배가 수놓아져 있는데, 그렇다면 왜 그전에는 흉배를 수놓지 않은 걸까? 당시 황희정승은 흉배의 형형색색 화려함이 도의 구성요소 중 하나인 검소함의 검(儉)에 어긋난다면서 반대했고, 세종대왕 역시 그의 의견이 일리가 있다고 여겨서 수긍했기 때문이다.

62-3　　**人之不美，何棄之有。**
(인지불미, 하기지유.)
사람이 아름답지 못하다고 해서, 어찌 그를 버릴 수 있겠는가.

하지만 사람이 비록 이러한 하늘의 도를 깨닫지 못했다고 할지라도, 어찌 그들을 배척하고 포기할 수 있겠는가? 이와 관련하여, 다음의 기록을 살펴보자.

요의 아들 단주와 순의 아들 상균 모두가 봉토를 얻어, 그럼으로써 선조께 제사를 올렸다. (그들은) 천자의 아들이 입는 옷을 입었고, 의전 역시 마찬가지로 그에 상응하는 수준으로 진행했다. 그들은 빈객의 자격으로 천자를 만났고, 천자 역시 그들을 신하로 대하지 않았으니, 이는 감히 전횡을 일삼지 않았음을 보여준다.

〔사기〕〈오제본기〉 중에서

우임금은 왕위에 오른 뒤에도 요임금의 아들 단주와 순임금의 아들 상균을 내치지 않고 포용하여 예우했다. 단주와 상균은 어리석고 방탕하여 왕위를 이어받지 못했지만, 우임금은 그들을 버리지는 않았다. 즉 노자는 여기서 다시 한번 조화로움의 화(和)를 강조함으로써, 누구 하나 내치지 않고 모두가 함께해야 한다고 역설하고 있다.

> **62-4**　**故立天子, 置三公, 雖有拱璧以先駟馬, 不如坐進此道。**
> (고립천자, 치삼공, 수유공벽이선사마, 불여좌진차도.)
> 따라서 천자를 세우고 삼공을 설치함에, 비록 공벽이 앞에 가고 말 네 마리가 끄는 수레가 뒤따른다 하더라도, 앉아서 이러한 도를 진상함보다 못하다.

삼공은 주나라의 태사, 태부, 태보(太師, 太傅, 太保) 즉 영의정, 좌의정, 우의정을 가리키는데 오늘날의 총리와 부총리 정도로 이해할 수 있다.

또 의전의 예(禮)는 도에게는 그저 불필요한 요소이자 지도자를 망칠 뿐이므로, 대동사회의 성인들은 지극히 형식적이고 지도자에게 재앙을 가져다주는 허례허식의 의전을 추구하지 않았다고도 했다.[7]

따라서 노자는 말한다. 천자를 옹립하고 또 그를 보좌하는 최고의 벼슬인 삼공을 지명하는 데 진귀한 옥인 '공벽'을 앞에 내세우고 그 뒤로 성대한 규모의 진상을 하는 등 형식적인 의전의 예(禮)를 중시하는 것보다, 차라리 그 시간에 내실을 도모해서 훌륭한 인물을 관리로 등용하고 그들이

7　38-9, 38-10

곁에서 충언으로 하늘의 도를 아뢰게 하는 것이 더 낫다고.

62-5 　　　**古之所以貴此道者何?** (고지소이귀차도자하?)
　　　예부터 이러한 도를 귀히 여김은 어찌된 것인가?

도대체 왜 예로부터 이처럼 대동의 통치이념인 하늘의 도를 그토록 중시했던 것일까?

62-6 　　　**不曰以求得, 有罪以免邪!**
　　　(불왈이구득, 유죄이면사!)
　　　(아름다운 말을) 말하지 않아도 얻음을 구할 수 있고, 잘못이
　　　있어도(고귀한 행동을 하지 않아도) 재앙을 면할 수 있다!

그 이유는 대동사회에서는 비록 일월성신을 관찰하여 얻은 정화와도 같은 훌륭한 말을 하지 못해도 내쳐지지 않고, 성인들의 삼가 순일한 덕을 베풀었던 태도를 실천하지는 못해도 재앙을 피할 수 있었기 때문이다.

62-7 　　　**故為天下貴。** (고위천하귀.)
　　　그러므로 세상이 귀히 여긴다.

따라서 세상이 이처럼 대동의 통치이념인 하늘의 도를 중시하고 따르는 것이다.

63장

성인도 사람이다

63-1 **為無為，事無事，味無味，大小，多少，報怨以德。**
(위무위, 사무사, 미무미, 대소, 다소, 보원이덕.)
(성인은) 무위를 행하고, 일이 없음을 행하며, 무미함을
맛보고, 작은 것을 중히 여기고, 적은 것을 중히 여기며,
원한을 갚음은 덕으로 한다.

참된 지도자는 백성이 꼭 필요로 하는 것들을 마련해준 후에는 마치 그
들을 버린 듯이 하여 간섭하지 않고, 법과 제도를 강화해서 통제하지 않
고 각자 천성을 따라서 살아가도록 한다. 또 화려하거나 자극적인 것을
피해서 평탄한 하늘의 도를 따르고,[8] 아무리 작은 일이거나 소수의 의견
이라고 할지라고 그냥 넘어가지 않고 눈과 귀를 열어서 다가간다. 그리고
타인이 해를 끼쳤을 때, 타인의 잘못은 너그러이 감싸고 오히려 자신에게
는 더욱 엄격하게 대하는 태도로 원한을 갚아야 한다.[9]
　흥미롭게도 [논어]에도 이와 관련된 구절이 등장한다.

8　35-3
9　49-2

어떤 이가 말했다. "덕으로 원한을 갚으면 어떻습니까?" 이에 공자가 이르셨다. "어떤 것으로 덕을 갚겠는가? 올바름으로 원한을 갚고, 덕으로 덕을 갚아야 한다."

〔논어〕〈헌문〉중에서

올곧음의 직(直)은 사사로운 정에 얽매이지 않고 공정하게 판단하는 자세를 뜻한다. 따라서 공자는 노자와 달리, 타인이나 자기의 잘못에 대해서 모두 객관적이고 공정한 자세로 판단해야 한다고 외쳤다.

63-2	**圖難於其易, 爲大於其細。**
	(도난어기이, 위대어기세.)
	어려운 일을 도모하려면 쉬울 때 착수해야 하고, 큰일을
	하려면 자잘한 일부터 시작해야 한다.

행하기 어려운 일은 행하기 쉬울 때 먼저 시작해야 하고, 큰일을 하려면 작은 일부터 먼저 시작해야 한다.

다음의 두 기록을 살펴보자.

증훼가 계속 말했다. "아! 그 끝을 삼가려면 그 시작을 생각해야 하니, 예(禮)가 있으면 키우고, 어둡고 포악하면 엎으십시오. 하늘의 도를 삼가 공경해야, 하늘의 도를 영구히 보존할 것입니다."

〔상서〕〈중훼지고〉중에서

이윤이 말했다. "높은 곳에 오르려면, 반드시 낮은 곳에서 시작해야 합니다. 먼 곳에 가려면, 반드시 가까운 곳에서 시작해야 하는 것과 같습니다."

[상서] 〈태갑하〉 중에서

'한걸음에 발자국 하나(一步一脚印)'라는 성어가 있다. 54장에서 언급했던 한 걸음 한 걸음 나아가야 한다는 자세에 관한 것인데, 노자는 여기서도 이러한 '스텝-바이-스텝(step-by-step)' 자세의 중요성을 강조하고 있다. 물론 위의 기록에서도 알 수 있지만, 이 개념 역시 노자 이전부터 존재했었고 지도자들이 갖춰야 할 필수 덕목 중의 하나였다.

63-3 **天下難事必作於易, 天下大事必作於細。**
(천하난사필작어이, 천하대사필작어세.)
세상의 어려운 일은 반드시 쉬운 데서 양성되고, 세상의
큰일은 반드시 자잘한 데서 발생한다.

세상에는 처음부터 어렵거나 큰일이란 존재하지 않는다. 따라서 모든 어려운 일은 분명히 쉬울 때 해결하지 않아서 어려워진 것이고, 모든 큰일은 분명히 작을 때 해결하지 않아서 커진 것이다.

커다란 댐이 무너졌다. 왜일까? 댐에 생긴 작은 구멍을 사전에 발견하지 못해서 점점 커진 것이고, 이제 누구도 손댈 수 없는 지경에 이르자 결국 무너져버린 것이다.

63-4 　**是以聖人終不爲大，故能成其大。**
(시이성인종불위대, 고능성기대.)
이 때문에 성인은 시종 큰일을 하지 않으니, 그러므로
큰일을 이룰 수 있다.

　이러한 이유로 대동사회를 이끈 성인들은 일이 커지기를 기다렸다가
하지 않고, 오히려 항상 유비무환의 자세를 견지했기 때문에 큰일을 이룰
수 있었다.

　이 구절을 볼 때마다, [이솝우화] 중 하나인 〈개미와 베짱이〉가 생각난
다. 무더운 여름 동안에 땀을 뻘뻘 흘리며 열심히 일하는 개미와 달리, 베
짱이는 나무 그늘에서 노래만 부르면서 놀기만 했다. 여름과 가을이 지나
고 겨울이 오자, 추위에 벌벌 떨면서 굶주리게 된 베짱이는 개미에게 도
움을 청했다. 하지만 개미는 "여름에는 노래만 불렀으니, 이제 춤을 추듯
몸이나 떨고 있으렴!"이라고 비아냥거리며, 단칼에 베짱이의 도움을 거절
했다.[10]

63-5 　**夫輕諾必寡信，多易必多難。**
(부경낙필과신, 다이필다난.)
(지도자야) 무릇 쉬이 승낙하면 반드시 신용이 적어지고,
지나치게 쉬이 보면 반드시 재난이 많아진다.

10　우리에게 잘 알려진 개미가 베짱이를 도와주는 내용은, 20세기에 들어서 아동용으로 순화된 것이다.

마찬가지로 지도자가 쉬이 승낙하게 되면 나중에 백성들이 그를 믿지 못하게 되고, 일을 하찮게 여기면 나중에 더 큰 재난이 계속해서 발생하게 된다.

63-6 **是以聖人猶難之, 故終無難矣。**
(시이성인유난지, 고종무난의.)
이 때문에 성인은 오히려 그것을 어려워하니, 그러므로
시종 어려움이 없다.

따라서 대동사회를 이끈 지도자들은 결코 일이 작거나 쉽다고 해서 얕보지 않고 신중하게 처리했기 때문에, 항상 큰 어려움 없이 나라를 오랫동안 평온하게 할 수 있던 것이다.

성인이라는 존재는 자기 자신이 늘 부족하다고 여겨서 신중하고도 끊임없이 노력해 만들어낸 결과이지, 어느 날 갑자기 하늘이 덜컥 만들어서 이 세상에 내려보낸 인물이 아니다. 결국에는 성인도 사람이다.

64장

룰라와 암스트롱의 공통점

64-1 **其安易持, 其未兆易謀, 其脆易泮, 其微易散,**
為之於未有, 治之於未亂。
(기안이지, 기미조이모, 기취이반, 기미이산, 위지어미유,
치지어미란.)
그것이 안정적일 때 유지하기 쉽고, 그것이 징조를
보이지 않을 때 도모하기가 쉬우며, 그것이 무를 때
해소하기가 쉽고, 그것이 미약할 때 없어지기가 쉬우므로,
생기기 전에 그것을 처리하고, 혼란스럽기 전에 그것을
다스려야 한다.

안정적일 때 그 안정적인 상황을 유지하기 쉬운 법이고, 징조를 보이지
않을 때 대책과 방법을 세우기가 쉬우며, 아직 굳지 않고 무를 때 녹이거
나 풀기가 쉽고, 아직 커지지 않고 미약할 때 처리해서 없애기가 쉬우므
로, 발생하기 전에 그것을 처리하고, 세상이 동요하기 전에 그것을 다스
려야 한다.

따라서 이 구절은 신중함의 신(愼)을 이야기하고 있다.

일명 사스(SARS)로 더 잘 알려진 중증 급성 호흡기 증후군은 2002년 11월 중국 남부의 광둥성에서 처음 발생한 후, 전 세계로 확산 전염된 질병이다. 한국은 2003년 3월 16일을 시작으로 114일 동안 국내 사스 경보 발령을 내렸는데, 고건 당시 국무총리는 대국민 담화를 통해서 정부의 향후 대책을 상세하게 알리고 종합상황실을 출범시키는 등, 단 한 명의 감염자도 국내에 들어오지 못하도록 대비하겠다고 밝혔다. 실제로 이 기간에 항공기 탑승객들의 체온을 일일이 측정했고, 감염자와 접촉한 2200여 명을 자택 격리했으며, 항공기와 선박을 통해서 입국한 90만여 명을 검역하는 등 만전을 기하는 모습을 보였다. 그리고 그 결과 같은 해 7월 7일 경보 발령이 종료되었을 때 감염자 수는 4명이었고, 이 중에 사망자는 단 한 명도 없었다. 반면에 이웃 나라인 중국과 홍콩은 감염자 수가 7000여 명, 사망자 수는 640명을 넘어섰다. 이후 세계보건기구(WHO)는 한국을 사스 예방 모범국으로 평가했다.

64-2　　**合抱之木, 生於毫末。九層之臺, 起於累土。**
千里之行, 始於足下。
(합포지목, 생어호말. 구층지대, 기어누토. 천리지행, 시어족하.)
아름드리의 큰 나무는 지극히 작은 것에서 생겨난다.
구 층의 누각은 흙을 쌓는 데에서부터 시작된다. 천 리 길을
가는 것은 발아래에서 시작된다.

둘레가 한 아름이 넘는 큰 나무도 작은 묘목에서부터 시작한 것이다. 9층의 높은 누각도 흙을 쌓아 기초를 다지는 데서 시작된 것이다. 천 리 길

을 가는 것도 한걸음에서 시작하는 것이다.

마찬가지로 제아무리 해결하기가 어렵거나 심지어 불가능한 일이라고 할지라도, 처음 시작하는 아주 미미한 단계는 반드시 존재한다.

64-3 **為者敗之, 執者失之。**
(위자패지, 집자실지.)
작위 하는 이는 그것을 망치고, 집착하는 이는
그것을 잃는다.

천성을 어기고 억지로 통제하는 지도자는 결국 일을 그르치고, 사리사욕에 눈이 먼 지도자는 결국 모든 것을 잃게 된다.

64-4 **是以聖人無為, 故無敗 ; 無執, 故無失。**
(시이성인무위, 고무패; 무집, 고무실.)
이 때문에 성인은 작위 하지 않으므로 실패함이 없고,
집착하지 않으므로 잃지 않는다.

따라서 대동사회를 이끈 성인들은 법과 제도를 강화하여 통제하지 않고 백성들이 천성에 따르게 했으므로 나라를 오랫동안 평안하게 할 수 있었고, 사리사욕을 탐하지 않아서 자리를 오랫동안 보존할 수 있었다.

64-5 **民之從事，常於幾成而敗之，愼終如始，則無敗事。**
(민지종사, 상어기성이패지, 신종여시, 즉무패사.)
백성들이 일하면 항상 거의 완성될 즈음에 그것을
그르치므로, 시작할 때처럼 끝까지 신중하면 곧 일을
그르치지 않는다.

하지만 일반 사람들은 일을 처리할 때 종종 거의 끝에서 망치는 경우가
생기는데, 이처럼 초지일관하여 신중하면 결코 일을 망치지 않는다.

노자는 여기서 또다시 작심삼일을 경계하는 변치 않음의 상(常)의 태도
를 강조하고 있는데, 이처럼 지도자가 덕을 행하더라도 변치 않는 자세로
일관하지 못하면 머지않아 나라와 지도자의 끝이 불행해진다.

파격적인 복지 정책과 경제성장을 뒷받침으로 하여 퇴임 시 지지율
이 80%를 넘었던, 브라질의 첫 노동자 출신 대통령 룰라 다 실바(Lula da
Silva). 금속 공장에서 일하다 잘려나간 손가락은 초등학교 중퇴와 구두
닦이 노점상을 전전했던 그의 굴곡진 유년기를 대변한다. 하지만 국영 석
유회사의 거액 뇌물 스캔들에 연루되었고, 이후 법원에서 10년에 가까운
징역형을 선고받으면서 부패 정치인으로 몰락하고 만다.

스포츠에서도 비슷한 경우를 찾아볼 수 있다. 프로스포츠에서 황제
로 불리는 사람이 5명 있다. 축구의 펠레(Pele)와 테니스의 로저 페더러
(Roger Federer), 농구의 마이클 조던(Michael Jordan), 골프의 타이거
우즈(Tiger Woods)와 사이클의 랜스 암스트롱(Lance Armstrong)이 그
들이다. 이 중 암스트롱이 몰락한 경우에 속한다.

랜스 암스트롱은 최고 권위의 사이클 대회 투르 드 프랑스(Tour de France)에서 1999년부터 7년 연속으로 우승을 했고, 고환암까지 앓고 있었다는 사실이 알려지면서 일약 전설이 되었다. 하지만 약물 복용 사실이 드러나 모든 수상을 박탈당하고, 자신이 일으킨 교통사고를 여자 친구에게 떠넘긴 사실까지 밝혀져 더 큰 비난을 받았다.

[시경] 〈대아·탕〉에는 "시작이 없지는 않지만, 그 끝이 있기는 드물다(靡不有初, 鮮克有終.)"라는 구절이 있다. 처음부터 일을 그르치고자 하는 사람은 없다. 그저 중간에 변하는 것일 뿐.

64-6 **是以聖人欲不欲，不貴難得之貨；學不學，復衆人之所過；以輔萬物之自然，而不敢為。**
(시이성인욕불욕, 불귀난득지화; 학불학, 복중인지소과; 이보만물지자연, 이불감위.)
이 때문에 성인은 하고자 하지 않는 것을 하고자 하고, 얻기 어려운 물건을 귀히 여기지 않으며, 배우지 않고자 하는 것을 배우고, 일반인들이 허물을 되돌림으로써, 만물의 자연스러움을 보조하지, 감히 작위 하지는 않았다.

따라서 대동사회를 이끈 지도자들은 백성이 마다하는 일을 했고, 사리사욕을 탐하지 않았으며, 보통 사람들이라면 반신반의하거나 심지어 비웃는 하늘의 도를 묵묵히 실천하고, 백성의 잘못을 용서하여 만물이 스스로 자기의 천성을 따르도록 도왔을 뿐, 감히 억지로 법과 제도를 세분하고 강화해서 통제하려 들지는 않은 것이다.

바로 이것이 앞에서 말한[11] 대동이 우리에게 전하고자 하는 반대(反)의 도리가 아니겠는가? 하늘의 도는 우리가 알고 있던 상식과 정반대로 흐른다.

---

11 22장, 40-1, 42-4, 45-3

65장
지금 우리에게 필요한 건

65-1 **古之善爲道者, 非以明民, 將以愚之。**
(고지선위도자, 비이명민, 장이우지.)
옛날에 도를 잘 행하는 이는, 백성들을 밝힘(기민함)으로
하지 않고, 장차 우매함(순박함)으로 했다.

대동사회에서 천도로 나라를 다스렸던 성인들은 눈치가 빠르고 동작
이 날쌘 기민함이나 얕은꾀를 써서 백성을 이끌지 않고, 지나칠 정도로
원칙을 따르는 우직한 모습으로 일관하여 나라를 다스리려고 노력했다.

앞에서[12] '알 지(知)'는 얕은꾀라는 부정의 뜻을 가진다고 설명했었다.
또 '배울 학(學)' 역시 부정의 의미로서 통제하는 법을 점점 확대해서 찾
는 행위가 된다고도 했다.[13] 따라서 이 구절에서 '밝을 명(明)'은 지나치게
눈치를 보거나 얕은꾀를 굴리는 부정적인 행동으로 쓰였고, '어리석을 우
(愚)' 역시 얕은꾀를 쓰지 않고 지나칠 정도로 우직한 모습을 보이는 긍정
의 뜻을 가진다. 실제로 노자는 다음처럼 말한 적이 있다.

---

12 3-3, 10-4
13 48-1

노자가 말했다. "내가 들으니, 훌륭한 장사꾼은 깊숙이 숨겨서 마치 비어있는 듯하고, 군자가 덕이 가득 차면 용모가 우매한 것처럼 보인다고 하오."

〔사기〕〈노자한비열전〉 중에서

65-2 **民之難治, 以其智多。**(민지난치, 이기지다.)
백성들을 다스리기 어려운 것은, 그 기민함이 많기 때문이다.

백성들을 다스리기가 어려운 이유는, 그들이 눈치가 빠르고 동작이 날쌘 기민함을 보이기 때문이다.

여기서 중요한 것은 도대체 무슨 이유로 백성들이 그토록 기민해졌는지, 그 원인에 대해서 생각해봐야 한다는 점이다. 이제 그동안 노자가 알려준 지혜들을 근거로 어렵지 않게 두 가지 이유를 찾을 수 있다. 첫째, 지도자의 기민한 모습을 보고, 백성 역시 그대로 배운 결과라는 사실이다. 둘째, 지도자가 '내로남불'의 자세로 자기 자신은 고치지 않고 백성들만 고치라고 하니 법과 제도를 세분하고 강화해서 통제하려 들고, 그 모습을 본 백성들은 한층 더 업그레이드된 기민함으로 대응하기 때문이다.

65-3 **故以智治國, 國之賊;不以智治國, 國之福。**
(고이지치국, 국지적; 불이지치국, 국지복.)
그러므로 기민함으로 국가를 다스리는 것은 국가의 재앙이고,
기민함으로 국가를 다스리지 않는 것은 국가의 복이다.

따라서 지도자라는 바람이 눈치가 빠르고 동작이 날쌘 기민함을 보이면, 백성인 풀 역시 그대로 바람의 방향에 따라서 꺾이게 된다. 그렇게 되면 온 나라가 혼란에 빠지게 될 것이므로, 말 그대로 국가의 대재앙이다. 반면에 지도자가 지나칠 정도로 우직한 모습으로 원칙인 하늘의 도를 따라서 나라를 다스리려고 노력하면, 백성 역시 똑같이 그 모습을 따르게 될 것이다. 그렇게 되면 온 나라가 조용하게 흘러갈 것이므로 국가에 복이 넝쿨째 굴러들어오는 것이다.

65-4   **知此兩者，亦稽式；常知稽式，是謂玄德。**
(지차양자, 역계식; 상지계식, 시위현덕.)
이 두 가지를 이해하는 것 역시 준칙이고, 항상 준칙을 이해하는 것 이를 현덕이라고 일컫는다.

지도자가 기민함으로 국가를 다스리는 것은 국가의 재앙이고, 반면에 우직함으로 국가를 다스리지 않는 것은 국가의 복이라는 이 두 가지 사실을 이해하는 것 역시 하나의 준칙이 된다. 그리고 이러한 준칙을 항상 잊지 않고 실천하는 것을 일컬어서 심오한 덕이라고 한다.

65-5   **玄德深矣，遠矣，與物反矣，然後乃至大順。**
(현덕심의, 원의, 여물반의, 연후내지대순.)
현덕은 깊어지고 멀어져서 사물과 반대되는데, 그러한 후에야 대순에 이른다.

이 구절은 사실상 "크다는 것은 지나감을 일컫고, 지나감은 멀어짐을 일컫으며, 멀어짐은 반대로 됨을 일컫는다."[14] 구절의 반복이다. 따라서 심오한 덕은 우리가 알고 있던 상식이라는 작은 관점에서 벗어나 멀어질수록, 오히려 큰 도의 관점에는 더 가까이 다가서게 되는 것이다. 그리고 그렇게 된 후에야 비로소 하늘의 도에 순응하는 경지에 이르게 된다.

여기서 한 가지 더, '대순'이 과연 어떠한 의미를 함축하는지 다음 기록에서 구체적으로 살펴보자.

신체 사지가 모두 바르고 피부가 완전한 것은, 한 사람의 넉넉함이다. 부자가 돈독하고 형제가 화목하며 부부가 조화로운 것은, 집안의 넉넉함이다. 신분이 높은 신하는 모범이 되고, 신분이 낮은 신하는 청렴하며, 관직에 서로 질서가 있고, 임금과 신하가 서로 바로잡아주는 것은, 나라의 넉넉함이다. 천자는 덕(성인들이 행한 강함과 부드러움의 통치법을 조화롭게 실천하려는 절조)으로 수레를 만들고(나라를 세우고), 음악(조화로움을 위한 온유함)으로 수레를 몰며(나라를 다스리며), 제후는 예(禮)로 서로 같이하고, 대부는 법도로 서로 따르며, 선비(士)는 신뢰의 신(信)으로 서로 헤아리고, 백성들은 조화로움의 화(和)로 서로 지키는 것은, 세상의 넉넉함이다. 이를 대순이라고 이른다. 대순이란 것은 따라서 산 사람을 기르고, 죽은 사람을 보내며, 귀신 즉 조상의 유지를 변함없이 섬기는 것이다.

[예기] 〈예운〉 중에서

---

14 25-3

즉 '대순'은 '수신'에서 시작하여 '제가' 그리고 '치국' 나아가 평천하에 이르는 덕을 닦는 과정을 뜻하므로, 바로 하늘의 커다란 도인 천도=대도와 사실상 같은 의미를 지닌다. 이를 통해, 노자와 공자의 '대순'에 대한 관점이 완전히 일치하고 있다는 점도 알 수 있다. 특히 "음악으로 수레를 몬다."라는 표현의 수사법은, 물이나 계곡과도 같은 자애로움의 통치법이 노자의 독창적 견해가 아닌 예로부터 내려오던 전통 가치관이었음을 재확인시켜 주고 있다.[15]

---

15 38-7에서 음악의 악(樂)은 예(禮)의 딱딱함을 보완하는 성격을 지니므로, 부드러움을 나타낸다고 설명했었다.

66장
삼년상의 뜻

66-1　　**江海所以能為百谷王者, 以其善下之, 故能為百谷王。**
(강해소이능위백곡왕자, 이기선하지, 고능위백곡왕.)
강과 바다가 모든 계곡의 우두머리가 될 수 있는 것은,
그것이 능숙하게 그 아래에 있기 때문이니, 그러므로 모든
계곡의 우두머리가 될 수 있다.

　계곡에서 나오는 모든 물줄기가 강이나 바다로 흘러 들어가는 이유는,
강과 바다가 계곡 아래에 처해있기 때문이다. 그러므로 강과 바다는 모든
계곡의 우두머리가 될 수 있다.

　앞서 여러 차례 설명했듯이, 하늘의 도리는 우리가 알고 있는 상식과
정반대로 흐른다. 남들의 앞에 서고자 하면 그들 뒤에 처하고, 위에 있고
싶으면 아래에서 그들이 하기 싫어하는 일을 묵묵히 해내야 한다. 이 구
절 역시 덕을 닦고 자신을 낮췄기 때문에 결국 우두머리가 되었다는 점을
밝히고 있으므로, 여기서 강과 바다는 겸손함 즉 겸(謙)의 메타포가 됨을
알 수 있다.

66-2 **是以欲上民，必以言下之；欲先民，必以身後之。**
(시이욕상민, 필이언하지; 욕선민, 필이신후지.)
이 때문에 (지도자가) 백성의 위에 처하려면 반드시 말을
함에 있어 그들에게 낮춰야 하고, 백성을 영도하려면
반드시 몸을 백성 뒤에 두어야 한다.

이러한 이유로 지도자가 백성 위에서 통치하려면 말과 명령을 함부로
하지 말고 그들을 두려워하여 공경해야 하며, 또 백성 앞에서 이끌려면
반드시 백성의 뜻을 자기 의지보다 앞에 둬야 한다.

66-3 **是以聖人處上而民不重，處前而民不害。**
是以天下樂推而不厭。以其不爭，故天下莫能與之爭。
(시이성인처상이민부중, 처전이민불해. 시이천하락퇴이불염.
이기부쟁, 고천하막능여지쟁.)
이 때문에 성인들은 위에 처했어도 백성들이 무겁다고
하지 않았고, 앞에 처했어도 백성들이 해롭다고 여기지
않았다. 이 때문에 세상이 기쁘게 추대하고 싫어하지
않았다. 그가 다투지 않기 때문에, 세상에는 감히 그와
서로 다툴 사람이 없다.

이러한 이유로 대동사회를 이끈 지도자인 성인들은 백성 위에서 통치
했어도 백성들이 부담스러워하지 않았고, 백성 앞에서 이끌었어도 방해
가 된다고 생각하지 않았다. 이러한 이유로 세상 모든 이들이 그를 지도
자로 기꺼이 추대하고 저버리지 않은 것이다. 지도자가 기꺼이 아래에서

백성을 올려봤으므로, 세상 누구도 그에게 불만을 품거나 감히 시비를 걸지 못하고 진심으로 따르게 된 것이다.

요는 임금 자리를 벗어난 지 무릇 28년 만에 죽었다. 백성들이 슬퍼했는데, 마치 부모를 잃은 듯했다. 3년 동안 사방에서 음악을 행하지 않음으로써, 요를 그리워했다.

〔사기〕〈오제본기〉 중에서

지도자가 죽자 모든 백성이 마치 자기 부모를 잃은 듯 3년 동안 음악을 끊고 슬퍼했는데, 어느 누가 감히 지도자를 헐뜯거나 비판할 수 있었겠는가. 그나저나 왜 옛날부터 부모님 상을 당하면, 3년 동안 슬퍼한 것일까? 왜 1년이나 2년 혹은 4년이 아니라, 군이 3년 상을 지냈을까?

재아가 물었다. "삼년상은 기간이 깁니다. 군자가 삼 년 동안 예(禮)를 시행하지 않으면 예가 반드시 무너지고, 삼 년 동안 음악을 하지 않으면 음악이 반드시 무너질 것입니다. 옛 곡식이 벌써 없어지고 새 곡식이 이미 익으며(1년이면 작년에 재배한 곡식을 다 먹고 새로운 곡식을 거두는 것이 자연의 섭리이고), 철이 바뀌면 부싯돌을 끌어다 그 계절의 나무를 비벼대어 새로 불을 지피므로(1년 4계절에 따라 불을 지피는 나무가 바뀌는 것이 자연의 섭리이므로), 일 년이면 될 것입니다." 공자가 이르셨다. "일 년만 지나면, 흰 쌀밥을 먹고 비단옷을 입는 것이 너에게 편안하더냐?" 그러자 재아가 말했다. "편안합니다!" 공자가 이르셨다. "네가 편하다면, 곧 그리해라! 무릇 군자는 상을 당하면 맛있는 것을 먹어도 달지 않고, 음악을 들어도 즐겁지 않으며, 거처해도 편안하지 않기 때문에, 그렇게 하지 않는 것이다. 지금 네가 편안하다면, 곧 그렇게 해라!" 재아가 밖으로 나갔다. 공자가 이르셨다. "재아는 어질지 못하구나! 자식이 태어나 삼 년, 그 후에야 부모의 품에서 벗어날 수 있다. 무릇 삼년상은 세상에서 통하는 상례이다. 재아 역시 자기 부모에게서 삼 년의 사랑을 받았을 테지?"

[논어] 〈양화〉 중에서

자식이 태어나면 아이는 3년 동안 부모님의 보호 테두리인 무릎 안에서 크기 때문에, 자녀를 슬하 즉 무릎 아래 자식이라고도 부른다. 부모님은 3년 동안 아무런 조건 없이 자식을 애지중지 키우시므로, 세상의 모든 자식은 부모님에게 이처럼 3년을 빚진 채 살아간다. 그런데 세월이 흘러서 이제 부모님께서 돌아가셨으니, 자식 된 도리로서 마땅히 빚진 3년을 갚아서 마지막 가시는 길을 배웅하는 것이다.

만약 여러분 곁에 아직 부모님이 계신다면, 오랜만에 무릎 위에 앉아서 사랑한다는 말 한마디를 건네 보는 건 어떨까?

67장

하늘의 문을 여는 세 가지 열쇠

67-1	**天下皆謂我道大, 似不肖。** (천하개위아도대, 사불초.) 세상은 모두 나의 도가 커서, 마치 비슷한 것이 없는 것 같다고 말한다.

세상 사람들은 내가 외치는 대동의 통치이념인 하늘의 도가 너무나 커다랗고 이상적이어서, 그와 비슷한 다른 개념이나 사물로 빗대어 설명할 수가 없다고 말한다.

이미 앞에서 대동과 소강을 설명할 때, 대동은 큰 도 즉 대도로 나라를 다스렸던 사회라고 언급한 적이 있다. 여기서도 노자의 도는 대동사회 하늘의 도임을 확인할 수 있다. 이 구절의 의미와 관련하여, 다음의 기록을 살펴보자.

노자는 초나라 고현의 여향 곡인리 사람으로, 성은 이(李)씨 이름은 이(耳) 그리고 자는 담(聃)이었고, 주나라 서고를 지키는 사관이었다. 공자가 주나라에 가서, 장차 노자에게 예(禮)를 묻고자 했다. 노자가 말했다. "그대가 말하는 바는 그 육신과 뼈가 모두 이미 썩었고 (참된 예의 가치는 일찌감치 사라지고), 오직 그 말(허례허식)만이 있을 따름이오. 게다가 군자는 때를 만나면(도를 행하려는 인물을 만나면) 마차를 타지만(벼슬을 하지만), 때를 만나지 못하면 (나라를 떠나서 정처 없이) 떠도는 것이오. 내가 들으니 훌륭한 장사꾼은 깊숙이 숨겨 마치 비어있는 듯 하고(뛰어난 인물은 자신을 함부로 드러내지 않고), 군자가 덕이 가득 차면 용모가 우매한 것처럼 보인다고 하오(자기에겐 엄격하나 남에겐 늘 관대해서, 마치 어리석은 사람처럼 보일 수도 있다고 하오). 그대의 교만한 태도와 많은 욕망, 꾸미는 얼굴빛과 과한 의지를 버리시오. 이는 모두 그대의 몸에 무익하오. 내가 그대에게 말해줄 것은 이와 같을 따름이오." 공자가 (주나라를) 떠나서, (노나라로 돌아와) 제자들에게 말했다. "새는, 내가 날 수 있음을 알고; 물고기는, 내가 헤엄칠 수 있음을 알며; 짐승은, 내가 달릴 수 있음을 안다. 달리는 것은 그물로 잡을 수 있고, 헤엄치는 것은 낚시로 잡을 수 있으며, 나는 것은 활을 쏘아 잡을 수 있다. 하지만 용에 대해서는 내가 알 수 없으니, 바람과 구름을 타고 하늘에 오른다. 내가 오늘 노자를 보았는데, 마치 용과도 같구나!"

[사기] 〈노자한비열전〉 중에서

군자가 사람의 도로 애써서 바로잡는 소강 회복을 꿈꾼 공자, 그리고 성인이 하늘의 도로 스스로 그러하게 하는 대동으로의 복귀를 꿈꾼 노자. 어쩌면 공자는 대동으로의 복귀를 위해서는 먼저 소강을 회복해야 한다는 단계별 과정을 외친 수정론적 현실주의자였던 반면, 노자는 소강을 거치지 않고 바로 대동으로 복귀할 수 있다고 믿은 원칙론적 이상주의자였는

지도 모른다. 또 그런 공자의 눈에 비추어진 노자의 가치관은, 하늘과 땅 심지어 물조차도 거침없이 오가는 용의 모습으로 겹쳐졌는지도 모르겠다.

67-2 **夫唯大，故不肖。**
(부유대, 고불초.)
무릇 크기에, 그러므로 비슷한 것이 없다.

대동의 통치이념인 하늘의 도는 너무나 크고 이상적인 것이라서, 다른 어떤 것으로도 빗대어 설명할 수가 없다.

아이가 지구가 어떻게 생겼냐고 물으면, 푸른 유리구슬을 보여주면서 이것과 닮았다고 설명해줄 수 있다. 그런데 아이가 이번에는 우주의 모양이 어떤지 또 묻는다면, 어떻게 대답해줘야 할까? 우주 전체가 어떻게 생겼는지를 본 적이 없으니, 그와 형체가 닮은 사물이나 개념이 있는지조차 파악할 수가 없다.

67-3 **若肖，久矣其細也夫。**
(약초, 구의기세야부.)
만약 비슷하다면, 오래전에 그것은 작아졌다.

만약 세상에 하늘의 도를 빗대어서 설명할 수 있는 유사한 다른 존재가 있었다면, 그건 하늘의 도가 누구도 상상할 수 없을 만큼 커다랗고 또 유일한 것이 아님을 뜻하고, 또 그렇게 되면 하늘의 도는 일찌감치 지고무상의 가치를 잃었을 것이다.

67-4   **我有三寶, 持而保之。**
(아유삼보, 지이보지.)
나에게는 세 가지 보물이 있어서, 그것을 지니고 보호한다.

나는 이러한 대동의 통치이념인 천도의 구성요소 세 가지를 알기 때문에, 그들을 보물처럼 늘 몸에 지니고 또 지켜나간다.

67-5   **一曰慈, 二曰儉, 三曰不敢為天下先。**
(일왈자, 이왈검, 삼왈불감위천하선.)
첫 번째는 자애로움을 말하고, 두 번째는 검소함을 말하며,
세 번째는 감히 세상의 앞에 서지 않음을 말한다.

하나는 지도자가 타인의 잘못을 너그러이 용서하고 포용하는 자애로운 태도인데, 이는 남방의 강함[16] 즉 진정한 강함인 자애로움의 자(慈)가 된다. 또 하나는 지도자가 재정을 아껴서 쓰는 검소함의 검(儉)의 자세인데, 백성에게서 걷은 세금으로 채워지는 국고는 나라의 공유재산이기 때문이다. 마지막은 지도자가 백성의 뜻을 자기 의지보다 우선시하는 겸손함의 겸(謙)의 태도를 말한다.

---

16 32-1

67-6 **慈, 故能勇; 儉, 故能廣; 不敢爲天下先, 故能成器長。**
(자, 고능용; 검, 고능광; 불감위천하선, 고능성기장.)
자애로워서, 고로 용감할 수 있고; 검소하므로, 고로 넓힐
수 있으며; 감히 세상의 앞에 서지 않아서, 고로 천하의
우두머리가 될 수 있다.

하나, 자애로움의 자(慈)는 윗사람이 아랫사람을 보살피고 아끼는 자세
이다[17]. 노자는 지도자가 타인에게 너그러운 마음을 가지고 있어야만, 비
로소 몸을 사리지 않고 나서는 용감함의 용(勇)을 실천할 수 있다고 강조
한다.

그렇다면, 공자는 이 점에 대해서 어떻게 생각했을까?

공자가 이르셨다. "의로움을 보고도 행동하지 않으면, 용기가 없
는 것이다."

〔논어〕〈위정〉중에서

용감함의 용(勇)이란 의로움의 의(義) 즉 먼저 자신이 처한 신분상의 서
열을 명확하게 하고 그 서열에서 마땅히 지켜야 할 바를 목숨을 걸고 지
키는 행위를 몸소 실천하는 것이다. 의로움이 전제되지 않는 행동은 용감
함이 될 수 없다. 그러므로 공자는 또 다음과 같이 말했다.

---

17 18-3

자로가 말했다. "군자는 용감함을 숭상합니까?" 공자가 이르셨다. "군자는 의로움을 으뜸으로 삼는다. 군자가 용감함이 있지만 의로움이 없으면 반란을 일으키게 되고, 소인이 용감함이 있지만 의로움이 없으면 도둑질을 하게 된다."

〔논어〕〈양화〉 중에서

의로움이 전제되지 않은 용감함은 용감함이 아니라, 그저 반란을 일으킨 것에 불과하다.

순수한 의로움의 의(義)는 윗사람의 도리[18]이고, 의로움의 의(義)는 자애로움의 자(慈)'가 사회적으로 확대된 것[19]이라고 설명했다. 따라서 노자와 공자는, 진정 용감하다는 것은 목숨을 바쳐서 자기보다 약한 자들을 아끼고 지켜주는 것이라고 한목소리로 외친다. 즉 노자는 여기서 리더의 백성을 지키고 보살피는 솔선수범을 무엇보다 강조하는 것이다.

둘, 국고는 백성의 피와 땀을 걷어서 쌓아 올린 공유재산이다. 리더가 백성의 피와 땀을 마치 자기 자신의 재산처럼 아껴서 자기에게는 엄격한 검소함의 검(儉)의 모습을 보여준다면, 그 모습을 바라보는 백성들은 누구보다도 더 큰 신뢰를 지도자에게 보내게 된다. 백성의 마음을 사로잡은 지도자는 무한히 자기의 뜻을 넓힐 수 있다.

---

18 18-1
19 19-2

천지의 규율과 음양의 접 나아가 죽음과 삶에 대한 말씀, 그리고 국가 존망의 어려움을 따랐다. 때마다 온갖 곡식과 초목을 뿌리고, 금수와 곤충을 순화시켰으며, 일월성신, 물결, 흙과 돌, 금과 옥을 두루 망라하고, 마음과 힘 귀와 눈에 힘쓰며, 물불 목재와 재물을 아껴 썼다. 이에 노란색의 흙의 덕을 상징하는 상서로움이 있어서, 따라서 황제(黃帝)라고 불렸다.

[사기] 〈오제본기〉 중에서

이와 관련해서는, 세상에서 가장 가난한 대통령이었지만 그 누구보다도 국민의 아낌없는 사랑을 받은 우루과이의 호세 무히카를 다시 상기해 보자.

셋, 지도자가 자기 의지를 관철하지 않고 항상 백성의 소리에 귀 기울이는 즉 자기에게 엄격한 겸손함의 겸(謙)의 모습을 보이면, 결국 백성들도 지도자의 마음을 그들의 마음으로 삼게 된다. 백성의 마음을 사로잡은 사람이야말로 진정한 우두머리이다.

이렇게 세 가지 보물을 얻게 되면, 이것을 바탕으로 중(中)과 화(和)에 이르게 되고, 그렇게 되면 덕을 실천할 수 있게 되고, 결국에는 하늘의 도에 이르게 되는 것이다. 따라서 이 세 가지 구성요소는 노자의 세 가지 보물일 수밖에 없고, 이 세 가지 없이는 하늘의 도에 이를 수 없으므로 대동사회로 통하는 하늘의 문을 여는 세 가지 열쇠가 된다.

67-7 **今舍慈且勇，舍儉且廣，舍後且先，死矣。**
(금사자차용, 사검차광, 사후차선, 사의.)
오늘날 자애로움은 버리고 용감함만을 우선시하고,
검소함을 버리고 넓히는 것만을 우선시하며, 뒤로
물러남을 버리고 나설 것만을 우선시하니, 사경에 이른다.

　　오늘날 지도자는 자애로움은 생각하지 않고 그저 용감하기만 하려 들고, 검소한 모습을 보여서 백성의 신망을 얻으려 하기보단 그저 자기 뜻만 펼치려고 들며, 백성의 뜻을 뒤로 한 채 자기 의지만 관철하려고 드니, 지도자의 자리를 보존할 수 없을뿐더러 급기야 나라가 혼란스러워지는 것이다.

　　여왕(厲王)은 30년 동안 재위했는데, 이익을 좋아하고 영이공을 가까이했다. 그러자 대부 예량부가 임금에게 간했다. "왕실이 장차 쇠락할 것입니다. 무릇 영이공은 이익을 독점하기를 좋아하지만, 큰 재앙은 알지 못합니다. 무릇 이익이란 만물에서 생기는 바이고, 천지가 완성하는 바인데, 독점하게 되면 그 피해가 커집니다. 천지와 만물은 모두가 얻기를 바라는데, 어찌 사사로이 할 수 있겠습니까? (생략) 무릇 왕이란 사람은, 장차 이익을 이끌어 위아래로 베푸는 사람입니다. 귀신(죽은 이)과 사람(살아있는 이) 만물이 모두 그 지극함을 얻도록 하고, 오히려 날마다 두려워 조심해야 하며, 원망이 이르게 될까 걱정해야 합니다. (생략) 평범한 사람이 이익을 독점해도 가히 도적이라 일컫는데, 왕이 그것을 행하면 귀속하여 따르는 이들이 드물 것입니다."

[사기] 〈주본기〉 중에서

이것이 이른바 '내불남로'의 덕에 상반되는, 자기에게는 너그럽고 타인에게는 엄격한 '내로남불' 태도이다. 지도자란 백성을 위해서 자신을 낮추고 삼가야 하는데, 여왕은 예랑부의 충언을 받아들이지 않아서 결국 국운이 쇠하게 되었다. 이처럼 노자는 한결같이 역사적 사실을 바탕으로, 논리적이고도 명쾌하게 하늘의 도를 설명한다.

'정경유착(政經癒着)' 또는 '정경일치(政經一致)'는 정치계와 경제계가 서로 이권을 챙기기 위해서 손을 잡고 하나가 되는 상황을 뜻한다. 동서고금의 역사가 증명하듯이 정경분리(政經分離) 즉 정치와 경제가 분리되지 않으면, 그 나라와 백성들의 삶은 도탄에 빠진다.

67-8   **夫慈，以戰則勝，以守則固。天將救之，以慈衛之。**
(부자, 이전즉승, 이수즉고, 천장구지, 이자위지.)
무릇 자애로움이란 그것을 전쟁에 쓰면 곧 승리하고,
그것을 수비에 쓰면 곧 견고해진다. 하늘이 장차 그를
구원하려 하면, 자애로움으로 그를 지킨다.

지도자가 자기에게는 엄격한 검소함의 검(儉)과 겸손함의 겸(謙)을 행하고 나아가 타인에게는 너그러운 자애로움의 자(慈)를 베풀면, 백성들은 진정으로 지도자를 따르고 자기 삶의 터전을 아끼며 사랑하게 된다. 그렇게 되면 백성들이 화합해서 단결하므로 설령 전쟁이 발생하더라도 상대를 제압할 수 있고, 상대방이 쳐들어와도 굳건히 막아낼 수 있다.

마찬가지의 도리로 하늘 역시 스스로에게는 엄격하고 타인에게는 관대한 자세를 지키므로, 만약 하늘이 지도자를 구원하고자 한다면 바로 자애로움으로 그를 지켜주는 것이다. 그래서 공자 역시 다음과 같이 말한 바 있다.

따라서 큰 덕을 지닌 이는 반드시 하늘의 명을 받는다.

[예기] 〈중용〉 중에서

큰 덕은 38-1에서 말한 상급의 덕이므로, 큰 덕을 지녔다는 것은 하늘의 도에 도달했음을 뜻한다. 또 하늘의 명을 받는다는 것은 다름 아닌 지도자가 될 운명을 의미한다. 따라서 공자의 이 말은 노자가 그간 설명했던 다음의 과정과도 일치하고 있음을 알 수 있다.

자애로움의 자(慈)는 자기 몸을 사리지 않고 약자를 지키고 보호하는 것이므로, 자기에게는 엄격하고 타인에게는 관대한 자세이다. 마찬가지로 검소함의 검(儉)도 지도자는 나라의 물자를 아끼는 엄격함을 보이지만, 백성이 진정 필요로 곳에는 아낌없이 쓰는 관대함을 보이는 자세이다. 그리고 겸손함의 겸(謙) 역시 자신을 낮추는 엄격함과 타인을 높이는 관대함을 동시에 보이는 자세이다.

이 세 가지 보물을 실천할 수 있으면, 다음 단계인 한쪽에 치우치지 않고 객관적이고도 공정하게 판단하는 중(中)과 어느 하나 버리지 않고 모두 함께 하는 조화로움의 화(和)를 수행할 수 있는 기본조건에 부합하게 된다. 그리고 중(中)과 화(和)를 실천하게 되면 드디어 강함과 부드러움이 한쪽으로 치우치지 않고 조화롭게 되는 상급의 덕의 경지에 오르게 되고, 여기에 초지일관하는 변치 않음의 상(常)의 자세를 더하면 하늘의 도로 나라를 다스리게 된다. 이처럼 하늘의 도로 나라를 다스리면 하늘의 명을 받게 되는데 이는 바로 최고 지도자가 되는 것을 일컬으므로, 최고 지도자가 되어서 하늘의 도로 나라를 다스리면 백성들 각자 천성에 따라서 조용히 사는 대동사회를 이루게 되는 것이다.

68장

반복이 중요한 이유

68-1 **善爲士者不武, 善戰者不怒, 善勝敵者不與,**
善用人者爲之下。
(선위사자불무, 선전자불노, 선승적자불여, 선용인자위지하.)
뛰어난 선비는 용맹을 뽐내지 않고, 전쟁에 뛰어난
이는 분노하지 않으며, 적을 이기는 데 뛰어난 이는
더불어서 하지 않고, 사람을 씀에 뛰어난 이는
그에게 낮춘다.

대동의 통치이념인 하늘의 도를 이해하는 인물은 자애로운 자만이 용감할 수 있다는 도리를 이해하므로, 감히 힘으로 상대방을 누르려고 하지 않는다. 전쟁에서 승리하는 인물은 항상 신중함을 잃지 않으므로 결코 감정에 휘둘려서 분노하지 않는다. 적을 물리치는 데 뛰어난 인물은 물리적으로 상대방과 직접 부딪치지 않고 오히려 그를 감화시킨다. 진정 사람들을 잘 다루는 리더는 위에서 군림하여 명령하지 않고 오히려 자신을 낮춤으로써 그들의 신망과 지지를 얻는다.

2012년 개봉한 〈테이큰(Taken) 2〉는 보안업체 직원 브라이언(Bryan)

이 해외 VIP 경호를 하기 위해서 터키 이스탄불에 도착하고, 여행차 같은 도시를 찾은 전 부인과 딸을 만나는 데서 영화가 시작된다. 그러다가 인신매매범 일당이 브라이언의 전 부인을 총기로 위협하면서 결국 전 부인과 브라이언을 모두 납치하는데, 이 과정에서 브라이언은 전 부인을 인질로 삼아 총으로 위협하는 인신매매범과 대치하는 와중에도 딸에게 전화를 건다. 심지어는 이제 엄마와 아빠가 곧 납치되겠지만 아무 일 없을 테니, 아빠의 연락을 기다리고 있으라고 설명하는 침착함까지 보이면서. 덕분에 브라이언은 비록 당장은 납치되지만, 나중에 가족 모두를 구하는 기회를 얻게 되었다. 하지만 브라이언이 그때 "내 아내의 털끝 하나라도 건드리면 가만두지 않겠다!"라고 흥분하여 소리를 지르고 총을 쏘는 등 신중한 모습을 보이지 않았다면 어떤 결과를 초래했을까? '호랑이에게 물려가도 정신만 차리면 산다.'라는 속담은 놀라도 정신을 잃지 않으면 살 수 있다는 말이 아니라, 끝까지 신중하게 이성적인 판단을 하는 자만이 위기를 벗어날 수 있다는 뜻이다.

아울러서 선비는 정계로 진출하여 지도자가 될 최소한의 자격[20]이라고 설명했고, 현대사회를 살아가는 사람 중에 리더가 아닌 사람은 없다고도 강조했었다[21]. 따라서 우리는 [도덕경]을 단순히 정치 서적으로만 보지 말고, 일개인이 살아가는 데 필요한 인생 지침서로 확대해서 이해할 수 있을 것이다.

---

20 15-1

21 41-1

68-2 　　是謂不爭之德，是謂用人之力，是謂配天，古之極。
(시위부쟁지덕, 시위용인지력, 시위배천, 고지극.)
이를 다투지 않는 덕이라고 이르고, 이를 사람을 쓰는
능력이라고 이르며, 이를 하늘에 부합한다고 일컬으니,
상고의 극치이다.

덕은 타인에게 관용을 베풀지만, 자기 자신에게는 엄격한 잣대를 요구하는 자세이다. 따라서 목숨을 각오하여 약자를 지키고 상대방에게 몸을 낮추는 자세를 일컬어서, 상대방과 충돌하지 않고 그의 마음을 얻는 덕이라고 한다. 그리고 이처럼 덕으로 상대방의 마음을 얻는 것이야말로, 사람을 상대할 줄 아는 진정한 능력이라고 부른다. 이러한 능력은 하늘이 명한 도리에 완벽하게 부합하는데, 그 이유는 바로 상고의 대동사회를 이끌었던 성인들이 도달할 수 있었던 최고의 경지이기 때문이다.

[도덕경]에는 1장부터 지금까지 끊임없이 반복해서 하늘의 도리가 설명되고 있는데, 왜 그럴까? 노자가 머리가 나빠서 한 말을 또 하고 또 한 것일까? 아니면 독자들이 앞에서 읽은 내용을 잊어버릴까 봐 거듭 강조한 것일까?

사실 이는 예로부터 선비들이 다양한 책들을 읽는 다독(多讀)보다, 책 한 권을 곁에 두고 반복해서 읽는 심독(心讀)을 선택한 이유이기도 하다. 사람은 독서를 통해서 지식을 얻을 수 있고, 그 지식을 통해서 어떤 도리를 깨달을 수 있으며, 깨달음을 통해서 궁극적으로는 몸소 실천할 수 있다. 그런데 누구도 예외 없이, 그렇게 얻은 지식과 깨달음 나아가 실천하는 것을 지속하지는 못한다. 마치 아무리 좋은 페인트로 벽을 칠해도 시간이 지나면 색이 바래듯이, 우리의 기억 역시 자기도 모르게 조금씩 희미해지는 것이다. 그렇다면 어떡해야 할까? 창고에 보관하던 페인트를 다시 꺼내서 바랜 벽에 덧칠해야 하는 것처럼, 우리도 역시 그 책을 다시 꺼내 들어서 되새기고 실천하는 과정을 반복해야 한다.

2013년부터 그 이듬해까지 방영되었던 한국 드라마 〈기황후(Empress Ki)〉 중반부를 보면, 대승상 연철이 백안 장군을 쏘아보며 묻는 장면이 나온다. "날 배신한 연유가 무엇이냐?" 그러자 백안은 "대승상은 제 영웅이었습니다. 하지만 이제 세상을 지배하는 대신 권력의 단맛에 지배당하는 졸장부가 되셨습니다."라고 대답한다. 그렇게 연철의 권력욕에 실망한 백안은 조카 탈탈에게 말한다. "내가 대승상처럼 변하면, 그땐 네가 날 죽여라. 권력에 눈이 멀어 저렇게 추악하게 늙을 바엔, 차라리 강직한 무장의 모습으로 죽는 것이 낫다!"

드라마 후반부에서는 탈탈이 직접 칼을 빼 들어 백안을 찌르는 장면이 나온다. "탈탈, 네가 왜 나를 배신하느냐?" 그러자 탈탈은 눈물을 흘리면서 대답했다. "기억하십니까. 권력욕에 사로잡혀 추해지면, 제 손으로 숙부님을 죽이라고 하셨습니다. 숙부님의 신념 속엔 백성이 없었습니다. 민심을 돌보지 않는 신념, 그것이 바로 권력에 사로잡힌 사욕입니다." 백안은 그렇게 숨을 거두고 말았다.

이론을 아는 것이 중요한 게 아니라 실천하는 게 중요하다. 그런데 사람들은 그들이 알고 있는 이론이 서서히 기억에서 밀려나, 자꾸 희미해져 간다는 사실을 놓치고 있다. 그래서 현명한 이들은 비록 잘 아는 내용의 책이더라도, 반복해서 읽고 또 읽는 심독을 한다. 항상 초심을 잃지 않기 위해서.

69장

전전긍긍하소서

69-1 **用兵有言 : 吾不敢爲主而爲客, 不敢進寸而退尺。**
(용병유언: 오불감위주이위객, 불감진촌이퇴척.)
군대를 부리는 이가 말하기를: "나는 감히 전쟁을
일으키지는 못하고 응전할 뿐이며, 감히 한 마디(3.33cm)를
나아가지는 못하고 한 자(3.33cm)를 물러난다."

대동사회 하늘의 도를 이해하는 인물은 군대를 이끌며 말했다. "나는
무력으로 상대방을 공격하려는 전쟁은 감히 일으키지 못하고, 그저 상대
방의 공격에 방어할 뿐이다. 또 무력이라는 것은 방어에 목적이 있으므
로, 한 걸음을 전진하기보다는 차라리 열 걸음을 후퇴하는 마음으로 전쟁
에 임한다."

69-2 **是謂行無行, 攘無臂, 扔無敵, 執無兵。**
(시위행무항, 양무비, 잉무적, 집무병.)
이를 일컬어서 행할 전투태세가 없고, 걷어붙일 팔이 없으며,
무찌를 적이 없고, 잡을 무기가 없다고 하는 것이다.

이처럼 대동사회 하늘의 도를 이해하는 지도자는 근본적으로 무력을 쓰는 전쟁에 반대했기 때문에, 상대방을 공격하기 위한 전투태세를 갖추지 않고, 싸우려고 팔을 걷어붙이지 않았으며, 공격할 적을 만들지 않았고, 무력을 쓰기보다는 오히려 자애로운 덕을 베푼 것이다.

69-3   **禍莫大於輕敵, 輕敵幾喪吾寶。**
（화막대어경적, 경적기상오보.）
재앙은 적을 가벼이 여기는 것보다 더 큰 것이 없는데,
적을 가벼이 보다가는 하마터면 나의 보물을 잃게 된다.

상대방을 만만하게 보는 것보다 더 위험한 것은 없다. 따라서 대동사회 하늘의 도를 이해하는 지도자는 상대방을 얕보거나 함부로 대하지 않았는데, 만약 지도자가 상대방을 가벼이 보면, 하늘의 도를 이루는 세 가지 큰 보물인 자애로움의 자(慈)와 검소함의 검(儉) 그리고 감히 세상의 앞에 서지 않는 겸손함의 겸(謙)의 마음가짐을 잃게 된다.

노자는 61장에 이어서 여기서도 한 나라의 통치이념이 되는 도를 외교로 확대하고 있는데, "적을 가벼이 여기는 것보다 더 큰 재앙은 없다."라는 말은 상대방을 항상 존중하고 두려워해야 한다는 신중함의 신(愼)을 또다시 강조하는 표현이다. 따라서 지도자가 신중하지 못하면 세 가지 보물을 잃게 되는데, 보물을 잃는다는 것은 지도자의 마음가짐을 잃게 되는 것이므로, 결국에는 패망에 이르게 된다. 54장에서도 '수신, 제가, 치국, 평천하'는 작은 데서 큰 데로 향하는 덕의 수련과정이라고 하지 않았던가? 상대방을 존중하지 않고 자기만 생각하는 인물 중에서 훌륭한 지도

자가 존재한다는 말은 일찍이 들어본 적이 없다.

　이러한 지도자의 마음가짐은 '전전긍긍(戰戰兢兢)'이라는 표현과도 밀접한 관련을 맺고 있는데, '전전긍긍'은 본래 [시경] 〈소아·소민〉에 처음 나오는 표현으로, 두려워서 벌벌 떨며 조심한다는 의미를 지니고 있다.

人知其一, 莫知其他。 (인지기일, 막지기타.)
사람들은 하나만 알고, 다른 것은 알지 못하네.

戰戰兢兢, 如臨深淵, 如履薄氷。 (전전긍긍, 여임심연, 여리박빙.)
겁을 먹어 벌벌 떨고 몸을 삼가 조심할지니, 깊은 못에 이른 듯,
엷은 얼음을 밟는 듯.

　이 자리를 빌려서 한마디 더 하자면, [시경]은 남녀의 사랑이나 삶을 노래한 시집이 아니다. [도덕경]이나 [논어]처럼, 첫 편부터 마지막 305편까지 오로지 나라를 이끄는 지도자의 자세에 대해서 읊은 작품들이다.

69-4 　　**故抗兵相加, 哀者勝矣。**
　　　　(고항병상가, 애자승의.)
　　　　그러므로 필적하는 군대가 서로 부딪히면, 마음 아파하는
　　　　자가 이긴다.

　따라서 실력이 비등한 군대가 서로 충돌하게 되면, 이 전쟁을 부득이한 것으로 여기고 비장한 마음으로 임하는 군대가 이기게 된다.

1936년 독일 나치와 이탈리아 왕국 그리고 일본제국은 우호 조약을 체결하고, 1939년 군사 동맹 조약인 강철 조약을 통해서 삼국 동맹을 최종 완성했다. 이 조약으로 세 나라는 전쟁 목표를 통합하고 전쟁을 일으키는데, 이것이 미국과 소련 영국 등 연합국들과 1945년까지 지속한 제2차 세계대전이다. 그런데 이 세 나라의 명분은 그저 자국의 경제적 이권을 챙기기 위한 것이었고 그를 위해 전 세계 6천여만 명이 희생당하는 결과를 가져왔으니, 세계사에 있어 가장 명분이 없는 참혹한 전쟁이었다고 볼 수 있다. 거기다가 독일의 홀로코스트나 일본의 난징 대학살 그리고 마닐라 대학살 등 죄 없는 시민들에 대한 집단학살로 인해서, 전범국과 연합국 사이에 선악이 명확하게 나뉜 전쟁이기도 했다. 1943년 이탈리아가 항복하고, 1944년 미영군의 노르망디 상륙작전으로 패색이 짙어지자 히틀러가 자살함으로써 독일이 항복했으며, 1945년 미국군의 2차례에 걸친 원자폭탄 공격을 받은 일본 역시 무조건 항복함으로써 기나긴 전쟁은 막을 내렸다.

70장

노자가 서쪽으로 간 이유

70-1

吾言甚易知， 甚易行; 天下莫能知， 莫能行。
(오언심이지, 심이행; 천하막능지, 막능행.)
나의 말은 매우 이해하기가 쉽고 매우 실행하기가 쉬운데,
세상은 이해하지 못하고 실행하지 못한다.

노자는 "큰길은 대단히 평탄한데, 사람들은 좁은 길을 좋아한다."[22]라고 말했다. 탁 트인 큰길은 주위를 한눈에 들여다볼 수 있기에, 어디가 위험하고 어디가 안전한지 쉽게 파악할 수 있는 장점이 있다. 다시 말해서 큰길을 걷는다는 것은 얕은꾀를 부리지 않고 당당하게 살아가는, 이른바 원칙을 중시하는 태도를 말하는 것이다. 그런데 사람들은 자기를 해치는 위험에 빠지는 한이 있더라도 이상하리만큼 자기의 진짜 모습을 숨기고 잔꾀를 부리는 데 더 급급해한다.

마찬가지로 대동의 통치이념 즉 하늘의 도는 마치 큰길을 걷는 것처럼 이해하기 쉽고 실천하기도 역시 쉽다. 하지만 사람들은 자기의 진짜 모습

---

22 53-2

을 드러내지 않는 좁은 길을 걷는 데 이미 익숙해져서, 큰길을 걷는 것이 얼마나 편안한지 이해하지 못하고 또 이해하지 못하므로 실천하려 들지 않는 것이다.

70-2 　　**言有宗, 事有君。**
　　　　　(언유종, 사유군.)
　　　　　말에는 요지가 있고, 일에는 주체가 있다.

　말에는 핵심이 되는 내용 즉 이론이 있기 마련이고, 일에는 주가 되는 작용 즉 행동이 있기 마련이다. 따라서 하늘의 도의 핵심이 되는 이론과 주가 되는 행동을 설명하자면, 다음처럼 정리할 수 있다.

　1. 함부로 말하거나 행동하지 않는 신중함의 신(愼)과 고요함의 정(靜)을 행하면, 신뢰의 신(信)을 얻게 된다. 이것은 기본바탕이다.

　2. 이를 바탕으로 검소함의 검(儉)과 겸손함의 겸(謙) 그리고 자애로움의 자(慈)를 실천한다.

　3. 검소하면 자기에게 집착하지 않고, 겸손하면 자기를 높게 여기지 않으므로, 객관적이고도 공정한 중(中)의 자세를 갖추게 된다. 또 자애로워지면 누구도 버리지 않고 함께 하려는 마음이 생기므로, 조화로움의 화(和)를 실천하게 된다.

　4. 객관적이고 공정해지면 자기의 잘못을 부끄러워하여 스스로에 더욱 엄격하게 대하게 되고, 조화로워지면 타인의 잘못을 너그럽게 감싸줄 수 있게 되므로, 엄격함과 부드러움을 조화롭게 해서 오로지 나라와 백성의

안위만을 생각하는 순일한 덕(德)을 행하게 된다.

5. 그러나 지도자가 순일한 덕(德)으로 나라를 다스리더라도 중간에 변하면, 결국 마지막에는 일을 그르치게 된다. 따라서 변치 않음의 상(常)을 견지했을 때만이, 비로소 하늘이 준 천성에 따르는 무위자연(無爲自然)의 천도(天道)가 세상에 행해지게 된다.

6. 그렇게 되면, 이 세상은 다시 대동(大同) 사회로 돌아가게 된다.

70-3   **夫唯無知，是以不我知。知我者希，則我者貴。**
(부유무지, 시이불아지. 지아자희, 칙아자귀.)
무릇 모르니 이 때문에 나를 이해하지 못한다. 나를
이해하는 이가 드무니, 나를 본받는 이가 귀하다.

이처럼 하늘의 도는 이해하기도 쉽고 실천하기도 어렵지 않은데, 세상 사람들은 이해하지도 실천하지도 못한다. 내가 설명하는 말을 이해하는 사람이 없으므로, 내가 말하고자 한 하늘의 도를 배워서 실천하려는 지도자가 없다. 그리고 하늘의 도를 배워서 실천하려는 지도자가 없으므로, 지도자는 지도자대로 백성은 백성대로 모두 너 나 할 것 없이 자기 배만 불리려고 하고, 그렇게 나라는 점점 더 큰 혼란에 빠지고 만다.

따라서 70-2와 70-3은 사실상 동양에 있어서 수사의 개념이 무엇인지를 집약적으로 제시하고 있기도 하다. 수사를 대상으로 하는 수사학은 고전에 담겨있는 도리를 이해하기 쉽게 설명하고, 나아가 상대방이 그러한 도리를 실천하는 데 정진하도록 설득하는 방법을 연구하는 학문이라고 설명했었다[23]. 그러므로 노자는 여기서 다시 한번 수사의 역할을 설명하고 있는데, 수사는 이처럼 이론과 실천의 중간에서 이 둘을 연결해주는 매개역할을 하고 있다. 그러므로 동서양을 불문한 수많은 우화형식의 글들은 바로 이 수사의 역할을 충실히 수행하고 있다고 볼 수 있다. [이솝우화] 중의 〈바람과 해님의 내기〉[24]나, 〈나무 심는 곱사등이 곽씨 이야기〉[25]가 그러하듯이. 그러나 바꿔 말해서 이론을 이해했는데도 실천으로 미치지 못한다면, 수사의 역할은 철저히 실패한 것이다. 왜냐면 수사의 존재의의이자 최종목표는 이론을 실천으로 옮기도록 하는 데 있기 때문이다.

70-4	**是以聖人被褐懷玉。**
	(시이성인피갈회옥.)
	이 때문에 성인은 겉에는 베옷을 걸치고 있지만, 속에는
	옥을 품고 있다.

이러한 이유로 하늘의 도를 이해하는 이들은 마치 성인들이 검소하게 지낸 것처럼 거친 베옷만을 걸치고 세상을 유유히 떠도는데, 사실 이들은 행색이 초라해 보이지만 속에는 아름다운 옥을 품은 것처럼 대동의 통치이념을 간직한 진정으로 현명한 이들이다.

지도자는 바람이고, 백성은 그 바람의 방향에 따라서 꺾이는 풀이다.

---

23 5-1
24 36-2
25 37-1

지도자가 자기 배만 불리려고 하면, 백성도 그대로 따라 한다. 도가 땅에 떨어졌다는 말은 지도자가 도를 따르지 않음을 뜻하고, 그렇게 되면 백성도 마찬가지가 되므로, 결국 그 나라는 혼란에 빠지는 것이다. 그렇다면 성인과도 같이 대동의 통치이념인 천도를 이해하는 이들은, 이런 상황에서 어떻게 처신해야 할까?

> 나라에 도가 있으면, 그 말은 족히 흥하고, 나라에 도가 없으면, 그 침묵은 족히 용납된다.
>
> 〔예기〕 〈중용〉 중에서

> 화 지역을 지키는 봉인(수령)이 말했다. "하늘이 만백성을 낳으면, 반드시 그 직분을 부여합니다. 아들이 많아서 그에 맞는 직분을 주면 무슨 근심이 있겠고, 부유해서 사람들에게 그것을 나눠주면 무슨 일이 있겠으며, 세상에 도가 있으면 만물과 더불어 모두 번창하고, 세상에 도가 없으면 덕을 닦으며 한가로이 지내다가, 오랜 세월이 흘러서 세상에 염증이 나면 버리고 위로 올라가, 저 흰 구름을 타고 하느님이 있다는 제향에 이르면 되니, 무슨 욕될 일이 있겠습니까?"
>
> 〔십팔사략〕 〈오제편〉 중에서

[사기] 〈노자한비열전〉에서, 노자는 공자에게 "군자는 도를 행하려는 인물을 만나면 벼슬을 하지만, 때를 만나지 못하면 나라를 떠나 정처 없

이 떠도는 것이오."[26]라고 말했었다. 그리고 노자는 자기가 한 말대로 결국 주나라를 떠나 세상을 떠돌다가 삶을 마감했다.

> 노자는 도와 덕을 닦았는데, 배움에 있어 스스로 숨기고 드러내지 않음에 힘썼다. 오랫동안 주나라에 있었지만, 주나라가 쇠하는 것을 보고는 이에 마침내 떠나버렸다. (서쪽에 있는 함곡)관에 이르자, 관의 수령 윤희가 말했다. "선생께서 장차 은둔하려 하시니, 어렵겠지만 저를 위해 저술을 해주십시오." 그래서 노자는 이에 상편과 하편을 저술했고, 도덕의 뜻 오천여 자를 말해주고는 떠났으니, (노자가 후에 어떻게 되었는지) 그 끝을 알 수 없었다.
>
> 〔사기〕〈노자한비열전〉 중에서

따라서 당시에는 나라에 도가 있으면 함께하고, 도가 없으면 말을 아끼고 나라를 떠나 세상을 유유히 떠돌아야 한다는 불문율이 있었음을 짐작할 수 있다. 특히 노자가 처한 현실은 역사상 전무후무한 대혼란기인 춘추시대였으므로, 그렇게 말한 것도 무리는 아닐 것이다. 그런데 왜 당시에 이런 불문율이 있던 것일까? 신하 된 도리로 당연히 임금에게 진심 어린 충언을 거듭해 만류해야 하지 않았을까?

미자는 상나라의 폭군이자 마지막 임금인 주왕의 배다른 형이다. 그는 주왕에게 그러면 안 된다고 누차 간언을 올렸으나 주왕이 듣지 않자, 결

---

26 67-1

국 나라를 떠나 황야에 은거했다. 주왕의 큰아버지인 기자 역시 수차례 간언을 올렸으나 주왕은 그를 잡아들여 감옥에 가뒀다. 그러자 놀란 기자는 머리를 풀고 미친 척하여 겨우 풀려나서는, 이후 자신의 신분을 숨기려고 노비가 되었다. 주왕의 아버지와 같은 항렬의 일가족 비간 역시 간언을 하자, 이를 참지 못한 주왕은 "내가 듣기로는 성인의 심장에는 일곱 개의 구멍이 있다고 하는데, 이제 비간이 성인인지 확인하겠노라!"라고 말하며 그의 가슴을 갈라 죽였다.

이처럼 도가 땅에 떨어진 상황에서 임금에게 충언을 올리는 것은 오히려 자신의 신변만 위태롭게 했을 뿐이었으므로, 하늘의 도를 이해하는 이들은 세속을 떠나 거지나 미치광이 행색을 하고 정처 없이 떠돌아야 했다. 노자 역시 서쪽에 있는 국경 관문인 함곡관을 통해서 주나라를 떠나려 한 것이다.

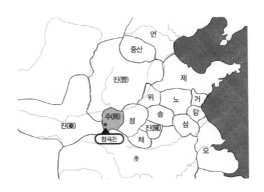

위의 지도를 보면, 함곡관이 주나라 서쪽의 관문이었음을 확인할 수 있다. 그렇다면 노자는 왜 굳이 서쪽으로 간 것일까? 그 이유는 주나라의 북쪽과 동쪽 그리고 남쪽은 제후국들로 둘러싸였지만, 서쪽은 진나라만 통과하면 바로 혼란스러운 형국을 벗어날 수 있기 때문이었다.

참고로 [논어]에는 갑자기 어디선가 나타나 공자를 비판하고는 다시 홀연히 사라지는 걸인이나 광인 등이 종종 등장하는데, 그들은 하나같이 이처럼 불문율을 따라서 세상을 등지고 떠도는 사람들이었다. 당시 절대적이었던 불문율을 따르지 않았거니와 세상을 바꿀 수 없는 줄 알면서도 끝까지 바꾸려고 노력한, 그들의 눈에 비친 공자의 모습은 파격적이다 못해 가히 이율배반적이었을 테니 말이다.

8부

2022년, 중국은
노자를 소환한다

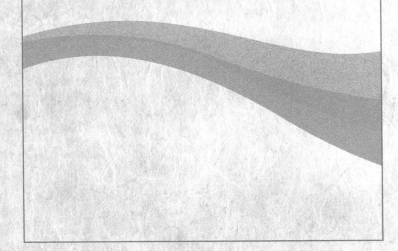

71장
머피의 법칙

71-1   **知不知，上；不知知，病。**
(지부지, 상; 부지지, 병.)
무지를 주재하는 것이 가장 좋고, 앎을 주재하지 못하는
것은 결점이다.

    백성이 얕은꾀를 쓸 필요가 없도록 다스리는 것이 가장 이상적인데, 백성이 얕은꾀를 쓰는 것은 결국 지도자가 그런 모습을 보이기 때문이다. 앞에서와 마찬가지로[1] 여기서도 '알 지(知)'는 부정의 뜻인 사리사욕을 탐하려는 얕은꾀를 뜻한다.

71-2   **夫唯病病，是以不病。**
(부유병병, 시이불병.)
무릇 결점을 꺼리게 되면, 이 때문에 결점이 없다.

---

1   3-3, 10-4, 18-2

백성이 얕은꾀를 쓰는 이유가 지도자의 잘못 때문이라는 것을 깨달아서, 지도자가 삼가 나라와 백성의 안위만을 생각하는 순일한 덕을 베풀면, 이에 백성은 얕은꾀를 쓰지 않게 된다. 이처럼 지도자가 자신의 허물을 부끄러워하여 노력하면 잘못을 고치게 되므로, 결국 지도자에게는 어떤 결점도 남지 않게 된다.

71-3 **聖人不病, 以其病病, 是以不病。**
(성인불병, 이기병병, 시이불병.)
성인은 결점이 없는데, 그 결점을 결점으로 여기기에,
이 때문에 결점이 없다.

따라서 대동사회를 이끈 지도자 성인은 어떤 결점도 없는데 그 이유는 지도자가 얕은꾀를 썼을 때 백성도 얕은꾀를 쓴다는 사실을 알았기 때문이다. 그래서 성인은 스스로 크게 부끄러워하여 부단히 고치려고 노력하였고, 그 결과 어떤 결점도 남기지 않을 수 있었다. 노자는 도의 구성요소 중 하나인 신중함의 신(愼)을 재차 강조하고 있는데, 다음 기록을 보면 신(愼)의 자세를 유지하기가 얼마나 어려운지 확인할 수 있다.

주나라 성왕이 말했다. "영화로움에 자리했을 때 위태로움을 생각하고, (잘못이 없는지) 두려워하여 경계해야 하오. (잘못이 없는지) 두려워하지 않으면, (결국에는) 두려워할 일에 빠지게 되오."

[상서] 〈주관〉 중에서

익이 말했다. "아! 경계하소서! 근심이 없을 때 경계하고, 법도를 잃지 말아야 합니다. 편안히 놀지 말고, 즐거움을 탐하지 말아야 합니다. (생략) 도를 어겨서 (억지로) 백성의 칭찬을 끌어내지 말고, 백성의 뜻을 어기면서까지 자기의 욕망을 따르면 안 됩니다. 게으르지 말고 어리석음에 빠지지 않으면, 사방의 이민족들이 임금에게 올 것입니다."

〔상서〕 〈대우모〉 중에서

　사람들은 흔히 일이 잘 풀리지 않고 오히려 점점 나쁜 방향으로 꼬일 때 '머피의 법칙(Murphy's law)'이라는 표현을 쓰는데, 사실 이 법칙의 원래 의미는 지금과 달랐다. 머피의 법칙은 1949년 미국 공군기지에서 근무하던 에드워드 머피(Edward A. Murphy) 대위의 이름에서 따왔다. 그는 한 실험의 실패 원인을 분석하던 중에 특이한 점을 발견했다. 어떤 일을 처리하는 방법에는 여러 가지가 있고, 그중에는 실패할 가능성이 있는 잘못된 방법이 있을 수도 있는데, 누군가는 반드시 그 잘못된 방법을 쓰게 된다는 사실이었다. 따라서 머피의 법칙은 본래 잘못될 가능성이 조금이라도 있다면 언젠가는 결국 잘못되기 마련이므로, 좋지 않은 일을 미리 대비해야 한다는 취지에서 만들어졌다. 가령 우리가 시험 준비를 할 때 꼼꼼히 보지 않고 대충 넘어간 부분에서 꼭 문제가 나온다거나, 하늘이 우중충한데 우산을 챙기지 않고 나갔다가 꼭 비에 맞는 경우가 바로 이 머피의 법칙에 속한다. 하지만 조그만 결점이라도 그냥 넘어가지 않고 반드시 고치려고 노력하는 성인에게 있어서 머피의 법칙은 통하지 않거니와 존재할 수도 없다.

72장
억압은 더 큰 억압을 부른다

72-1   **民不畏威, 則大威至。**
(민불외위, 즉대위지.)
백성이 위엄을 두려워하지 않으면, 곧 더 큰 위엄이
도래한다.

지도자가 백성을 억압하면 신뢰를 잃게 되어서 백성이 지도자를 따르
지 않게 되고, 그러면 지도자는 그보다 더 큰 권위를 내세워서 백성을 더
욱 억압하려 든다.

튀니지의 정치인이자 군인이었던 제인 벤 알리(Zine Ben Ali)는 1987
년 11월 총리 자격으로 대통령을 강제 퇴임시키고 자신이 대통령직을 승
계했다. 정권 초기 그는 국민주권을 강조하여 시민의 자유 확대 정책을
지지하고 정부와 정당을 분리하는 한편 대통령 직선제를 채택해서 국민
의 압도적 지지를 얻어 재선되었다. 이 선거 결과로 프랑스의 사회 정치
연구 센터는 벤 알리를 올해의 인물로 선정했고, 나아가 그에게 민주주의
인권 국제상을 수여하기도 했다. 하지만 이후 그는 23년간 장기 집권을
하는 동안 헌법을 수정해 아예 독재자의 길을 가려고 했고, 그의 배우자

트라벨시는 사치를 즐기며 온갖 부정부패에 개입해서 '아랍의 이멜다'로 불렸다. 이 기간에 나라 경제는 돌이킬 수 없을 정도로 파탄이 나고, 빈곤 문제도 전혀 해결될 기미를 보이지 않았다. 그러다가 2010년 말 정부의 억압과 높은 실업률 및 물가 상승 때문에 시민들은 일자리 요구 시위를 시작했고, 점차 벤 알리 정부 퇴진 요구로 격화되었다. 특히 이 과정에서 대학을 졸업하고도 취업하지 못해 노점상을 하던 벤 부아지지(Mohamed Ben Bouazizi)는 경찰이 자신의 과일과 트럭을 압수한 것에 항의하기 위해 시청 앞에서 분신을 시도했고 이듬해인 2011년 1월 숨을 거뒀다. 이 사건은 범아랍권 민주화 운동인 '아랍의 봄(Arab Spring)'의 시작을 알리는 기폭제가 된다. 벤 알리는 차기 대통령 선거 불출마와 부패인사 경질 및 민간 일자리 창출을 약속하면서 민심 달래기에 나섰으나 역부족이었고, 이에 그는 자세를 바꿔 시위대를 향해서 발포하라고 명령을 내리기까지 했다. 다행히 군부는 발포 명령을 거부했고, 알리는 결국 2011년 1월 허둥지둥 사우디아라비아로 망명했다.

72-2　　**無狎其所居，無厭其所。**
(무합기소거, 무엽기소생.)
(지도자는)[2] 그 처지를 업신여기지 말고, 그 생계를 짓누르지 말아야 한다.

---

[2] 여기서도 주어가 생략되었다. 그런데 앞 구절의 주어가 백성이므로, 생략된 주어는 바로 지도자임을 알 수 있다.

따라서 지도자는 백성들 아래에 처하여 항상 공경해야 하고, 또한 그들의 생계를 방해하거나 위협해서는 안 된다. 이는 지도자가 나라를 다스림에 있어서 항상 신중하고 나아가 백성의 천성을 짓누르지 말아야 한다는 도리를 설명하고 있는데, 다음 기록을 살펴보면 좀 더 명확하게 이해할 수 있다.

순이 말했다. "용이여, 짐은 위선적인 말과 도리를 망치는 행위를 두려워하고 꺼리는데, (이는) 짐의 백성을 놀라게 하오. 그대를 납언(임금의 뜻을 백성에게 전하고, 백성의 뜻을 임금에게 올리는 벼슬)으로 임명하니, 아침저녁으로 짐의 명령을 전달하고 오로지 성실하시오."

[사기] 〈오제본기〉 중에서

지도자의 참모습은 이처럼 항상 귀를 크게 열고 백성의 목소리를 경청하는 것이다.

72-3 　**夫唯不厭，是以不厭。**
(부유불염, 시이불염.)
(지도자가) 무릇 누르지 않으므로, 이 때문에 싫어하지 않는다.

지도자가 백성의 생계를 방해하거나 위협하지 않고 그들이 본업에 충실할 수 있도록 배려하면, 백성은 이에 항상 지도자를 진심으로 믿고 따르게 된다.

72-4 **是以聖人自知不自見, 自愛不自貴。**
(시이성인자지불자견, 자애불자귀.)
이 때문에 성인은 자신을 주재하려고 하지 자기 안목에
의존하지 않고, 자신을 가엾게 여겼지 자기를 귀히 여기지
않는다.

따라서 대동사회를 이끈 지도자들은 자신을 절제하여 신중하려고 노력했지 자기의 안목에 의지하지 않았으며, 스스로 능력이 부족하다며 불쌍히 여겨서 백성 밑에 처하려고 했지 결코 그들 위에서 군림하려 들지 않았다. 노자는 여기서 도의 중요한 구성요소인 겸손함의 겸(謙)을 다시 강조하고 있다. 우리도 이참에 다음 구절을 되새겨보자. "지도자는 자신을 낮춰서 스스로 외로운 존재, 작고 미약한 존재 그리고 곡식만도 못하여 백성을 잘 기르지 못하는 존재라고 불렀다."[3]

72-5 **故去彼取此。**(고거피취차.)
그러므로 저것(후자의 자기 안목에 의존하고 귀히 여기는 것)을
버리고 이것(전자의 자신을 주재하고 가엾게 여기는 것)을 취하는
것이다.

따라서 대동사회를 이끈 성인들은 자기 안목에 의존하거나 자기를 귀

---

3   39-4

히 여기지 않고, 오히려 자기 자신이 멋대로 하지 않도록 절제하고 나아가 스스로 능력이 부족하다며 불쌍히 여겼다. 앞[4]에도 이 구절이 나오는데, 여기서도 마찬가지로 앞에 나온 내용은 가까이 있으므로 지시대명사 이것, 뒤에 나온 내용은 멀리 있으므로 지시대명사 저것이라고 표현했다.

---

4   12-2, 38-11

73장

성기지만 새지 않는 그물

73-1　**勇於敢則殺，勇於不敢則活。**
(용어감즉살, 용어불감즉활.)
(지도자가) 구태여 하는데 용감하면 곧 죽게 되고, 구태여
하는데 용감하지 않으면 곧 살게 된다.

구태여 한다는 것은 일부로 애써 하는 것인데, 이는 해서는 안 될 일을 군이 또는 함부로 한다는 뜻이다. 따라서 이 구절의 의미는 다음과 같다. 지도자가 억지로 작위 하여 억압하면 백성이 등을 돌리게 되어서 그 자리를 잃게 된다. 하지만 백성이 천성에 따라서 스스로 본업에 충실할 수 있도록 하면 백성은 지도자를 따르고 지지하기 때문에 그 자리를 오랫동안 보존할 수 있다.

호스니 무바라크(Hosni Mubarak)는 이집트의 정치인이자 군인으로 1981년부터 2011년까지 이집트의 대통령을 지냈다. 1981년 10월 대통령이 암살되자 후임 대통령으로 취임한 무바라크는 집권 초기 친미 및 친이스라엘 정책을 채택하는 등 보수주의 세력을 약화하고, 외환 도입을 적극적으로 추진하여 이집트의 국내 총생산(GDP) 증가에 일정 부분 역할

을 했다. 하지만 이후 비상계엄령을 선포하는 등 강경책으로 국민의 자유를 박탈하고, 정부의 주요 인사를 자기의 심복으로만 구성해서 반발을 샀다. 그러던 2011년 1월 튀니지에서 발생한 '아랍의 봄' 혁명의 영향으로 이집트에서도 무바라크 장기 독재에 대한 국민의 불만이 폭발했다. 거리로 쏟아져 나온 시민들이 무바라크 퇴진 운동과 반정부 시위를 계속하자 무바라크 대통령은 처음에는 퇴진을 거부하였으나, 반정부 시위가 확대되면서 결국 2월에 대통령직을 사임했다.

73-2 **此兩者或利或害, 天之所惡, 孰知其故?**
(차양자혹리혹해, 천지소오, 숙지기고?)
이 두 가지는 어떤 것은 이롭고 어떤 것은 해로운데,
하늘이 싫어하는 바는, 누가 그 이유를 알겠는가?

지도자가 억지로 작위 하여 억압하면 그 자리를 잃게 되고, 반면에 백성이 천성에 따라서 스스로 본업에 충실할 수 있도록 하면 그 자리를 오랫동안 보존할 수 있으므로, 하나는 지도자에게 이롭고 다른 하나는 지도자에게 해롭다. 이 두 가지 중에서 하늘은 억지로 작위 하여 억압하는 것을 싫어하는데, 누가 과연 하늘이 싫어하는 이유를 깨달아서 해로움을 막을 수 있겠는가?

73-3 **是以聖人猶難之.** (시이성인유난지.)
이 때문에 성인은 오히려 그것을 삼간다.

바로 성인들이 하늘이 싫어하는 이유를 깨달았기 때문에, 그저 천성에 따를 뿐 억지로 작위 하여 억압하는 것을 거리낀 것이다.

73-4　天之道，不爭而善勝，不言而善應，不召而自來，
　　　繟然而善謀。
(천지도, 부쟁이선승, 불언이선응, 불소이자래, 천연이선모.)
하늘의 도리는 싸우지 않아도 잘 이기고, 말하지 않아도 잘 반응하며, 부르지 않아도 스스로 오고, 느슨해도 일을 잘 꾸민다.

백성이 천성에 따라서 스스로 본업에 충실할 수 있도록 하는 천도는 자애로움으로 감화시키기 때문에 물리적으로 제압하지 않아도 상대방이 복종하고, 말과 명령을 함부로 하지 않기 때문에 백성이 기꺼운 마음으로 지도자의 뜻에 화답하며, 굳이 소집하지 않아도 자발적으로 다가오고, 법과 제도를 세분해서 통제하지 않기 때문에 느슨한 것 같지만 오히려 일을 잘 도모한다.

73-5　天網恢恢，疏而不失。
(천망회회, 소이부실.)
하늘의 그물은 크고 넓어서, 성기지만 새지 않는다.

따라서 대동의 통치이념인 하늘의 도는 너무나도 크고 넓어서 언뜻 보기에는 좀 엉성하고 부족한 듯하지만, 실제로는 백성이 천성에 따라서 스스로 본업에 충실하도록 다스리는 것이기 때문에 그들의 원망이나 불만을 사지 않게 되어 나라를 오랫동안 평안하게 유지할 수 있다.

앞서 설명했다시피[5] 어망의 그물코 규격은 의외로 촘촘하지 않다. 그물코의 간격이 지나치게 촘촘하면 치어들까지 걸려서 나중에는 바다에 물고기가 남아나지 않기 때문이다. 마찬가지의 도리로 법과 제도를 지나치게 세분하면 나중에는 그 많은 법과 제도가 서로 충돌을 일으켜서 이러지도 저러지도 못하는 모순적 상황에 놓이게 된다. 또 지도자가 법과 제도를 강화해서 일거수일투족을 제어하려 들면 백성은 숨을 쉬지 못해서 헐떡거리다 못해 결국 쓰러지게 된다. 고조선이 어떻게 8조의 법만으로 나라를 잘 다스릴 수 있었는지 다시 생각해봐야 할 때다.

---

5   41-5, 45-1, 45-3

74장

추억의 사진

74-1

民不畏死，奈何以死懼之？
(민불외사, 내하이사구지?)
백성이 죽음을 두려워하지 않는데, 어찌 죽음으로 그들을 위협하겠는가?

백성이 천성에 따라서 스스로 본업에 충실할 수 있도록 하는 것이 정치이다. 그런데 지도자가 법과 제도를 세분하고 강화해서 억압하려 들면, 백성은 최소한의 생계를 꾸릴 여유조차 없는 현실에 불만이 팽배해져 결국에는 죽음조차도 두려워하지 않게 된다. 사람이 가장 두려워하는 것이 죽음이다. 그런데 백성이 죽음을 두려워하지 않는다면, 이제 법과 제도를 어떻게 더 강화하여 그들을 억압할 수 있겠는가?

다음 그림의 맨 앞줄 왼쪽부터 차례로 등장하는 튀니지의 벤 알리, 예멘의 살레, 리비아의 카다피, 이집트의 무바라크[6] 4인은 이 책을 읽고 있는 여러분에게 꽤 친숙한 이름들이다. 이들에게는 하나의 공통점이 있는

---

6   72-1, 16-5, 10-2, 73-1

2010년 10월 리비아에서 개최된 아랍-아프리카 정상회담 그림

데, 바로 국민이 모두 불만에 가득 차 죽음조차 두려워하지 않고 거리로 쏟아져 나오게 했다.

74-2 **若使民常畏死, 而為奇者吾得執而殺之, 孰敢?**
(약사민상외사, 이위기자오득집이살지, 숙감?)
만약 백성이 늘 죽음을 두려워하게 하고, 이상한
행동을 하는 이를 내가 잡아다 죽인다면, 누가 감히
또 그리하겠는가?

　나처럼 대동사회의 통치이념인 천도를 이해하고 실천하는 지도자가 나라를 다스리면 백성은 천성에 따라서 스스로 본업에 충실하게 되고, 그렇게 되면 백성은 자기 목숨을 소중하게 생각해서 죽음을 두려워하게 된다. 또 그런 지도자가 백성이 수긍하는 범위 내에서 나라 기강을 어지럽히는 자들을 처벌하여 일벌백계하면 누가 감히 또 그러겠는가?

그래서 순이 돌아와 임금께 간언했다. "청컨대 공공을 유릉으로 유배시켜서 북적을 변화시키고, 환두를 숭산으로 추방해서 남만을 변화시키며, 삼묘를 삼위로 내쫓아 서융을 변화시키고, 곤을 우산에서 죽여 동이를 변화시키십시오!" 넷을 벌주니 세상이 모두 복종했다.

[사기] 〈오제본기〉 중에서

순이 등용되자 천자의 정치를 대신해서 (천국을) 순시했다. 관찰해 보니 곤이 홍수를 막는데 공적이 없자, 이에 곤을 우산에서 처형했다. (그러자) 세상이 모두 순의 형벌이 옳다고 여겼다.

[사기] 〈하본기〉 중에서

[7]잘레우쿠스(Zaleucus)는 B.C. 7세기 로크리(Locri)[8]에서 활동한 고대 그리스의 입법자이자, 최초의 그리스 법인 로크리안 법전(Locrian code)을 편찬한 인물로 알려져 있다. 당시 간통죄를 범한 시민은 두 눈의 시력을 잃게 하는 형벌에 처했는데, 그의 아들이 간통죄로 유죄 판결을 받았다. 하지만 잘레우쿠스는 아들의 무죄를 주장하지 않았다. 다만 아들이 한쪽 눈 시력을 잃었을 때 나머지는 자신의 한쪽 눈으로 처벌을 대신하여 법을 충실히 따르는 한편 자식을 위하는 아비로서 역할도 역시 다하고자 했을 뿐이다.[9]

---

7 출처: Promptuarium Iconum Insigniorum.
8 현 이탈리아 남부 도시.
9 Valerius Maximus, Memorable doings and sayings, Book VI. 5.ext.3, from Latin trans Shackleton Bailey(2000) p. 65.

앞의 두 기록과 잘레우쿠스의 모습을 지켜본 백성들은 그 후로 어떤 마음가짐을 갖게 되었을까? 일벌백계는 한 사람을 처벌해서 백 사람을 경계시킨다는 뜻으로, 여러 사람의 경각심을 불러일으키기 위해서 본보기로 소수의 사람을 엄하게 처벌하는 것을 말한다. 그리고 이 역시 지도자의 솔선수범 즉 노블레스 오블리주이다.

74-3   **常有司殺者殺, 夫代司殺者殺, 是謂代大匠斲。**
(상유사살자살, 부대사살자살, 시위대대장착.)
항상 살인을 담당하는 이가 죽여야 하니, 무릇 살인을
담당하는 이를 대신하여 살인하는 것, 이는 뛰어난
기술자를 대신하여 베는 것을 이른다.

백성이 신뢰하는 지도자가 처벌하면 모두가 수긍한다. 하지만 백성의 지지를 얻지 못하는 지도자가 처벌하려 들면 사람들은 그 결정에 수긍하지 못하거니와 오히려 반발한다. 이를 비유적으로 말하자면 일반인이 전문 목수를 대신하여 나무를 베는 것과도 같다.

노자가 여기서 강조하는 것은 관리 등용의 투명성인데, 이것이 바로 백성의 기본 생계권 보장과 불가분의 관계에 있기 때문이다. 중국 송나라 시기의 정치가 포증은 호가 청천이라 포청천으로 더 잘 알려져 있다. 어려서부터 친척 심지어 하인의 자제들과도 스스럼없이 어울렸고, 관료가 된 후에는 공평하고 사사로움이 없는 정치를 펼쳐 인망이 높았다. 특히 친척이 얽힌 송사에서조차 공정한 판결을 내린 일화는 유명하다. 부당한 세금을 없애고 부패한 고관대작들을 엄정하게 처벌했으며, 검소한 생활을 해서 청백리로 칭송받았다. 그의 사후 백성들은 그를 그리워했고, 이후 중국 무속신앙에서는 신으로 등장하기도 했다. 1990년대 타이완에서 제작한 TV 드라마 〈판관 포청천(Justice Pao)〉은 한국에서도 큰 인기를 얻었다. 왜 그토록 많은 사랑을 받았을까? 그 이유는 바로 이 드라마가 불공평한 사회에 큰 불만을 품고 있던 시청자들에게 일종의 대리 만족감을 주었기 때문이다.

이처럼 나랏일을 책임지는 자리는 백성이 신뢰하는 이가 맡아서 공정하게 판단해야 한다. 따라서 경찰이나 검찰 그리고 공무원 등의 제 식구 감싸기는 국민의 비난을 피하기 어렵다.

74-4 **夫代大匠斲者，希有不傷其手矣。**
(부대대장착자, 희유불상기수의.)
무릇 뛰어난 기술자를 대신하여 베면서, 그 손을 다치지 않는 자는 드물다.

백성이 신뢰하지 않는 지도자가 함부로 처벌하려 들면 모두가 수긍하지 않거니와 괜히 그들의 원성만 사게 된다. 따라서 정치는 반드시 정치 그릇이 있는 자가 해야 한다. 마치 일반인이 전문 목수 대신 나무를 베려다가 자칫 손이 크게 다치게 되듯이 말이다.

74-1에서 제시한 아랍-아프리카 정상회담 단체 사진 맨 앞줄의 4인은 안타깝게도 이제 다시 함께 모여 이 사진을 보면서 당시 추억을 회상할 기회가 없을 듯하다. 예멘의 살레와 리비아의 카다피는 이미 이 세상 사람이 아니고, 튀니지의 벤 알리와 이집트의 무바라크는 유죄 판결로 감옥에 갔으므로.

요임금이 말했다. "아! 사악[10]이여. 짐이 재위한 지 70년인데, 그대는 천명을 변치 않게 할 수 있으니, 짐의 자리를 양보하겠소." 사악이 말했다. "저는 덕이 없어 임금 자리를 더럽힐 것입니다." 그러자 요임금이 말했다. "뛰어난 이를 밝히고 미천하거나 숨어 지내는 이를 발탁해주시오."

[상서] 〈요전〉 중에서

순임금이 사악에게 말했다. "요임금의 사업을 힘써 변치 않게 하고 기릴 수 있는 이가 있다면, (그에게) 관직을 맡겨 업무를 돕게 하겠소."

[사기] 〈오제본기〉 중에서

어떤 지도자와 관료들을 뽑느냐에 따라서 국운이 바뀌는 것은 예나 지금이나 마찬가지이다. 옛사람들 역시 이미 인재 등용의 중요성을 깊이 인식하고 있었기 때문에 이런 기록들을 남겼던 것이다. 노자 역시 깊이 공감하는 바가 있기에, 앞[11]에서 언급했던 관리 등용의 투명성을 여기서 다시 강조한 것이리라.

---

10 사악(四岳)은 요순시대의 관직명이다. 일반적으로는 네 명이라고 알려졌지만, 어떤 학자들은 한 명이라고 주장하기도 한다.

11 10-3

75장
프랑스와 러시아

75-1 **民之饑，以其上食稅之多，是以饑。**
(민지기, 이기상식세지다, 시이기.)
백성이 굶주리는 것은 그 위쪽이 부세를 많이 받기
때문이니, 이 때문에 기아에 허덕인다.

백성이 굶주림에 허덕이는 이유는 지도자가 법과 제도를 강화하여 세금을 더 부과하기 때문이다.

75-2 **民之難治，以其上之有為，是以難治。**
(민지난치, 이기상지유위, 시이난치.)
백성을 통치하기 어려운 것은 그 위쪽이 작위 함이 있기
때문이니, 이 때문에 통치하기 어렵다.

지도자가 백성을 다스리기 어려운 이유는 백성들이 지도자를 믿고 따르지 않기 때문이다. 그렇다면 백성이 지도자를 믿고 따르지 않는 이유는 무엇일까? 지도자가 백성의 뜻을 헤아리지 않고, 더 많은 세금을 부과하

여 착취하기 때문이다.

75-3　　**民之輕死，以其求生之厚，是以輕死。**
　　　　(민지경사, 이기구생지후, 시이경사.)
　　　　백성이 죽음을 가벼이 하는 것은, 그들이 살길을 찾는
　　　　것을 더 두터이 하기(어떻게든 살아남으려고 더 아등바등하려 들기)
　　　　때문이니, 이 때문에 죽음을 가벼이 여긴다.

　　백성이 죽음을 두려워하지 않는다는 것은 그만큼 자기 본업에 충실할 수 없는 현실에 극도의 불만을 품고 있다는 뜻이다. 따라서 백성들은 그들의 현재 삶이 차라리 죽는 것보다도 못하다고 생각하기 때문에 죽음을 무릅쓰고 거리로 뛰쳐나와 더 나은 삶을 요구하게 된다.

　　앞[12]에서 설명했듯이 사람에게 가장 두려운 것은 죽음이다. 그런데 백성이 죽음을 두려워하지 않는다면, 이는 그들의 삶이 죽는 것보다도 더 못하기 때문이다. 가뜩이나 살기가 힘들어 죽겠는데 지도자가 더 많은 세금을 부과하여 착취하면, 백성은 불만이 팽배해져 결국에는 죽음조차도 두려워하지 않게 된다. 그렇게 그들은 거리로 쏟아져 나와서 지도자에게 항의해왔고, 그래도 변하지 않으면 결국에는 지도자를 끌어내렸다. 이것이 동서고금의 변치 않는 역사이다.

　　영국 등 일부 국가에는 아직도 상징적으로나마 국왕이나 여왕이 존재하지만, 프랑스나 러시아 등에서는 이제 그 자취를 찾아볼 수 없다. 이 사

---

[12] 74-1

실이 우리에게 시사하는 바는 과연 무엇일까? 이전[13]에 각각 소개했던 프랑스 대혁명과 러시아 볼셰비키 혁명의 공통점은 모두 백성들에 의해서 지도자가 자리에서 내려와야 했다는 사실이다.

75-4 **夫唯無以生爲者，是賢於貴生。**
(부유무이생위자, 시현어귀생.)
무릇 살길 때문에 작위 함이 없는 자, 이는 살길을 귀히 여기는 이보다 현명하다.

따라서 자기 살길을 위해서 더 많은 세금을 부과하여 착취하려 들지 않는 지도자는 자기 살길만 내다보고 더 착취하려 드는 지도자보다 현명한 인물이다.

사리사욕을 탐하지 않는 지도자를 둔 백성들은 그저 각자의 천성에 따라서 본업에 충실하므로 지도자가 그 자리를 보존할 수 있거니와 오랫동안 평온하게 다스릴 수 있다. 반면에 착취하는 지도자를 둔 백성들은 자신의 살길을 위해서 목숨을 걸고라도 지도자를 끌어내린다. 그리고 나라는 더욱 큰 혼란에 빠지고 만다. 그러므로 내용상 75장은 74장의 연장선상에서 함께 연결해 읽어야 한다.

---

13 23-3, 26-4

76장
상등과 하등의 정치

76-1 **人之生也柔弱, 其死也堅强。**
(민지경사, 이기구생지후, 시이경사.)
백성이 죽음을 가벼이 하는 것은, 그들이 살길을 찾는
것을 더 두터이 하기(어떻게든 살아남으려고 더 아등바등하려 들기)
때문이니, 이 때문에 죽음을 가벼이 여긴다.

사람이 살아있을 때는 몸이 부드럽지만, 죽으면 뻣뻣하게 굳어버린다.

76-2 **萬物草木之生也柔脆, 其死也枯槁。**
(만물초목지생야유취, 기사야고고.)
만물과 초목이 살아있을 때는 부드럽지만, 죽으면
말라버린다.

마찬가지로 이 세상에 존재하는 온갖 것들과 풀과 나무도 살아있을 때
는 부드럽지만, 죽으면 시들어 말라버리고 만다.

76-3 　故堅强者死之徒，柔弱者生之徒。是以兵强則不勝，
木强則兵。强大處下，柔弱處上。
(고견강자사지도, 유약자생지도. 시이병강즉불승, 목강즉병.
강대처하, 유약처상.)

그러므로 강경한 것은 죽음의 부류이고, 유약한 것은
삶의 부류이다. 이 때문에 무기로 강박하면 곧 패배하고,
나무가 단단하면 곧 무기가 된다. 강대함은 아래에 처하고,
부드러움이 위에 처한다.

　이처럼 강경함은 죽음을 상징하고 부드러움은 살아있음을 상징하는
것은 스스로 그러한 자연의 가르침이다. 이러한 까닭에 지도자가 무력을
사용해서 강제로 억압하려 들면 백성이 등을 돌리게 되어 결국 그 자리를
보존하지 못하고 잃게 된다. 또 나무가 부드러워서 쓰임새가 없으면 사람
들이 놔둬서 천수를 누리지만, 나무가 단단해서 쓰임새가 있으면 곧바로
베여 무기로 쓰이게 된다. 그러므로 강경함은 하수나 쓰는 방법이고, 부
드러움은 고수가 쓰는 방법이다.

　여기서도 노자는 수사학의 대가답게 부드러움이 강경함을 이길 수밖
에 없는 이유를 비유의 수사법으로 설명하고 있다. 여기서 부드러움이란
자애로움으로 다스리는 상등의 정치 즉 덕치를 뜻하고, 강경함이란 법과
제도를 세분해서 통제하려는 하등의 정치 즉 폭정을 뜻한다. 따라서 노자
가 74장과 75장에서 말한 것이 76장까지도 연결된다.

앞의 설명[14]에서 '강할 강(强)'에 두 가지 의미가 있음을 이해했다. 하나는 굳세다는 의미의 [qiáng]으로 대표되는 남방의 강함, 그리고 또 하나는 강제로 한다는 [qiǎng]으로 대표되는 북방의 강함이다. 노자는 여기서 지도자가 자애로움과 포용으로 감싸는 남방의 강함을 행하면 살지만, 엄격한 형벌과 제도로 통제하는 북방의 강함을 행하면 죽게 된다고 경고하고 있다.

---

14 32-1, 36-2

77장
차등분배와 균등분배

77-1 **萬物草木之生也柔脆, 其死也枯槁。**
(만물초목지생야유취, 기사야고고.)
만물과 초목이 살아있을 때는 부드럽지만, 죽으면
말라버린다.

법과 제도를 세분해서 통제하지 않고 천성에 따름으로써 나라를 다스리는 하늘의 도. 그것은 마치 과녁에 화살을 쏘기 전에 먼저 신중하게 조준하고, 그런 후에 활시위를 당기는 것과도 같은 이치이다. 노자는 여기서 하늘의 도를 활쏘기에 비유했는데, 과거 지도자들은 정사에 힘쓰다가도 틈을 마련해서 활쏘기를 연마하였다. 그렇다면 지도자들이 활쏘기에 집중한 이유는 무엇일까?

77-2 **高者抑之, 下者舉之, 有餘者損之, 不足者補之。**
(고자억지, 하자거지, 유여자손지, 부족자보지.)
높으면 그것을 낮추고, 낮으면 그것을 높여주며, 남으면
그것을 덜어주고, 부족하면 그것을 보충해준다.

활시위를 당기기 전에 과녁보다 높게 조준하면 낮추고, 낮게 조준하면 높이며, 힘이 남으면 빼고, 힘이 부족하면 더해줘야 비로소 화살을 과녁에 맞힐 수 있다.

방향이 어느 한쪽으로 치우치면 다시 가운데로 향하도록 다듬고, 힘이 모자라거나 남지 않도록 조율하여 과녁을 조준하는 것은, 지도자들이 나라를 다스릴 때 어느 한쪽으로 쏠리거나 혹은 지나치거나 모자람이 없도록 단련하는 일련의 과정이다. 즉 예로부터 지도자들이 바쁜 와중에도 틈을 내서 활쏘기에 전념했던 것은 활쏘기를 통해서 객관적이고도 공정한 중(中)과 조화로움의 화(和)의 자세를 수련하기 위해서였다. 그렇다면 활쏘기를 통해서 중(中)과 화(和)의 리더십을 터득하는 전통은 언제부터 시작되었을까?

순임금이 말했다. "내가 어긋나면 그대가 바로잡아야 하므로, 그대는 내 앞에서는 나를 따르는 척하다가 물러나서는 뒷말을 하지 마시오. 그리고 사방을 공경하시오! 모든 악독하고 간사한 말은, 만약 (올바름이) 있지 않다면 과녁으로 밝히고(화살로 과녁을 쏘듯이 신중하게 살피고), 회초리로 기억하며, 글로 기록하여, 모두가 함께 살고자 하오!"

[상서] 〈익직〉 중에서

이윤이 이에 말했다. "선왕께서는 먼동이 틀 무렵 엄숙하게 모습을 드러내 앉아서 아침을 기다리셨고, 뛰어난 인재와 훌륭한 선비들을 두루 찾아 구해서 뒷사람들을 가르쳐 길을 열어주셨으므로, 그 명을 어겨서 스스로 배반하지 마십시오. 신중하여 이에 검소한 덕을 행하시고, 원대한 계획을 품으십시오. 경험이 많고 능숙한 사냥꾼이 화살을 활시위에 얹고, 가서 화살 끝이 법도에 맞는지 살펴, 곧 활을 발사하는 것처럼, 그 행동거지를 공경하고, 이에 선조가 행하신 바를 따르면, 제가 그럼으로써 기쁘고, 만세에 말씀이 남을 것입니다."

〔상서〕〈태갑상〉 중에서

그건 바로 대동사회로부터 내려오는 오랜 가르침이다.

77-3 天之道, 損有餘而補不足。
(천지도, 손유여이보부족.)
하늘의 도리는, 남는 것을 덜어 부족함을 보충해준다.

하늘의 도는 남는 쪽에서 덜어내어 부족한 쪽을 메우는 것이다. 이는 어느 한쪽으로 치우치지 않고 그 중간을 잡는 즉 객관적이고도 공정한 중(中)과 누구도 소외되지 않고 함께 어우러지는 조화로움의 화(和)를 실천하는 과정이기도 하다.

세상 만물은 모두 그 수량이 한정되어 있다. 부족하다고 해서 함부로 새로이 만들어내면 더 큰 문제에 직면하고 만다. 단적인 예로 빈민층에게 금전적으로 더 많은 지원을 한다는 구실로 화폐를 너무 많이 찍어내면 화폐 가치가 떨어져서 물가가 오르는 인플레이션(Inflation) 현상이 나타나고, 제품을 너무 많이 생산하면 오히려 화폐 가치가 올라가는 디플레이션(Deflation) 현상이 발생한다.

순임금이 우에게 말했다. "그대 또한 덕이 있는 말을 해 보시오." 우가 절하여 답했다. "아, 제가 어찌 말할 게 있겠습니까! 저는 그저 온종일 부지런함만을 생각하고 있습니다." 고요가 삼가 우에게 말했다. "무엇을 일컬어 부지런하다고 합니까?" 우가 말했다: "(생략) 직과 더불어서 백성들에게 구하기 어려운 음식을 주고, 음식이 모자라면 남는 것을 가져다가 부족함을 보충해주었으며, (살기 좋은 곳으로) 옮겨 살게 했습니다. 그러자 백성들이 이에 안정되고, 온 나라가 다스려졌습니다." 이에 고요가 말했다. "그렇습니다. 이는 훌륭합니다!"

[사기] 〈하본기〉 중에서

이처럼 대동사회에서는 남는 쪽에서 덜어내 가져다가 부족한 쪽을 메워줌으로써 소외됨 없이 모두가 함께 더불어 지냈으니, 어찌 노자가 그런 사회를 그리워하지 않을 수 있고 또 그 사회로 돌아가자고 주장하지 않을 수 있었겠는가?

하지만 앞서 언급했듯이[15], 노자가 강조하는 것은 서로의 차이를 인정하면서도 조화를 이루는 사회이다. 이는 분배의 형평성에 관한 것이지, 무조건적 균등분배를 뜻하는 것이 아니다. 공장을 예로 들어보자. 우리가 어느 한 공장에서 일하고 있고 일과가 끝나면 공장장이 모두에게 공평하게 달걀 5개씩 나눠준다면, 이건 분배의 형평성이다. 그런데 어느 날 한 사람이 어제 과음했다면서 구석을 찾아 온종일 잠만 자고 퇴근 시간에야 부스스 일어나 달걀 5개를 고스란히 다 받아간다면, 이건 무조건적 균

---

15 2-2

등분배이다. 어떤 이가 급한 일이 생겼다면서 중간에 일을 멈추고 공장을 벗어나고, 심지어 또 어떤 이는 몸이 아프다면서 출근도 하지 않고 달걀 5개를 받아간다면, 과연 그 모습을 바라보는 다른 대다수의 기분은 어떨까? 하루 이틀이야 그럴 수 있다고 치지만, 상습적으로 이를 악용하는 사람들이 생기면 누가 열심히 일하려고 하겠는가? 그렇게 되면 이 사회는 발전할 수 없고, 내일이 오늘보다 나아질 거란 희망도 사라진다. 따라서 온종일 열심히 일한 사람은 달걀 5개를 받지만, 그렇지 못한 사람은 그 성과에 따라 차등분배를 받는 것이 진정한 분배의 형평성이다. 물론 달걀을 1개도 받지 못해서 굶주리는 이가 생기면 안 된다. 하지만 그건 또 다른 차원 즉 사회복지정책으로 해결해야 할 문제이지, 분배의 형평성과 동일 선상에서 다루면 안 된다. 이 둘은 전혀 다른 성질의 것이다.

77-4   **人之道則不然，損不足以奉有餘。**
(인지도즉불연, 손부족이봉유여.)
사람의 도리는 그렇지 않아서, 부족함을 착취하여
그럼으로써 남는 것을 돕는다.

하지만 억지로 바로잡으려는 사람의 도는 하늘의 도와 달라서 오히려 부족한 쪽에서 덜어내어 남는 쪽을 더 메우는 이른바 '부익부 빈익빈'을 조장한다.

도에는 두 가지가 있다.[16] 스스로 진실한 것은 하늘의 도이고, 애써서 진

---

16   18-1

실하게 하는 것은 사람의 도이다. 노자는 하늘의 도는 남는 쪽에서 덜어 내 가져다가 부족한 쪽을 메워줌으로써 소외됨 없이 모두가 함께 더불어 지내지만, 사람의 도는 가뜩이나 부족한 백성들에게서 더 착취하여 이미 충분히 있는 자들의 배를 더욱 살찌운다고 날 선 비판을 하고 있다. 따라서 노자는 여기서도 오로지 대원칙을 따르는 무위자연을 강조하고, 법과 제도를 세분해서 엄격하게 통제하는 통치를 반대하고 있음을 알 수 있다.

> **77-5**   **孰能有餘以奉天下？** (숙능유여이봉천하?)
> 누가 풍족함으로써 세상을 받들 수 있겠는가?

그렇다면 과연 누가 남는 쪽에서 덜어내어 부족한 쪽을 메울 수 있을까?

> **77-6**   **唯有道者。** (유유도자.)
> 오직 도가 있는 자이다.

오로지 대동의 통치이념인 하늘의 도를 이해하고 실천하는 성인만이 남는 쪽의 것을 덜어내어 부족한 쪽을 보충해주어 온 백성을 섬길 수 있다.

그런데 노자는 왜 오직 성인만이 이런 일을 감당할 수 있다고 말하는 걸까? 그 이유는 백성이 신뢰하지 않는 지도자가 공정한 척하는 모습을 보이면 백성들은 믿지 않거니와 오히려 반발하기 때문이다.[17] 바로 이것

---

17 74-4

이 화자의 품성을 뜻하는 에토스의 힘인데, 백성들은 오랜 시간을 변치 않고 묵묵히 그런 모습을 보여온 지도자만을 믿는다.

77-7　是以聖人爲而不恃, 功成而不處, 其不欲見賢。
(시이성인위이불시, 공성이불처, 기불욕현현.)
이 때문에 성인은 행하지만 의지하지 않고, 공을 이루지만 머무르지 않으며, 그 현명함을 드러내려 하지 않는다.

이러한 까닭에 대동의 통치이념을 실천한 성인은 천성에 따라 다스렸 지만 자기가 잘 다스리고 있다고 자부하지 않았고, 공을 세웠어도 그 공로가 자기 것이라고 집착하지 않았으며, 자신을 낮춰서 드러내지 않고 오직 백성을 공경했을 뿐이다.[18]

18　이 구절은 2-4, 9-5, 10-7, 22-2, 24-2, 34-1, 49-1, 51-5, 66-2, 67-5, 72-4 등과 맥락을 같이 한다.

78장

상식과 정반대로

78-1   **天下莫柔弱於水, 而攻堅强者莫之能勝, 其無以易之。**
(천하막유약어수, 이공견강자막지능승, 기무이역지.)
세상에는 물보다 연약한 것이 없지만, 강경한 것을 공격하는
것으로는 그것을 이길 수 있는 것이 없으니, 그것을 대체할
수 있는 것이 없다.

19

사람 손길이 닿지 않는 바다 가운데 단단한 흙과 돌로 이뤄진 절벽이
있고 거기엔 구멍이 나 있다. 과연 누가 뚫어놓은 것일까? 다행히 수업시
간에 졸지 않은 우리는 모두 알고 있다. 바람과 파도의 침식작용 때문이

---

19   호주 멜버른, 그레이트오션 로드, 런던 브리지.

다. 노자는 이 역시 자연의 섭리 즉 스스로 그러한 타고난 천성이라고 생각했을 것이다[20].

노자는 앞에[21] 이어서 이 구절에서도 비유의 수사법으로 설명한다. 바람과 물은 한없이 부드럽고 약하지만 그 무엇도 뚫지 못할 것 같은 단단한 흙과 돌을 뚫어낸다고. 마찬가지로 자애로움으로 다스리는 상등의 덕치(남방의 강함)는 언뜻 유약해 보일 수 있지만 법과 제도를 세분해서 통제하려는 하등의 정치(북방의 강함)를 이기는 유일한 방법이라고 말이다. 또하나 여기서 노자가 말하는 물은 앞에서 말했던 계곡[22]과 마찬가지로 이제 부드러움과 자애로움의 메타포가 되기까지 한다.

78-2
弱之勝强，柔之勝剛，天下莫不知，莫能行。
(약지승강, 유지승강, 천하막부지, 막능행.)
약한 것이 강한 것을 이기고, 연약한 것이 강경한 것을 이기는데, 세상에는 모르는 이가 없지만, 능히 행하는 자가 없다.

자애로움으로 다스리는 상등의 덕치는 법과 제도를 세분해서 통제하려는 하등의 정치를 이기는 유일한 방법이다. 하지만 세상 사람들 모두가 이러한 도리를 이해하고 있음에도 과연 실현 가능한 것인지 반신반의하여 정작 실천하려는 지도자가 없다.

---

20 8-1에서도 언급한 바 있다.

21 76-3

22 6-2

따라서 노자는 여기서 바로 실천의 문제를 이야기하고 있다. 이론을 아는 것도 중요하지만 행동으로 미치지 못하면 아무 의미가 없다고. 그리고 이를 위해서는 정말로 끊임없는 노력이 필요하다.

> **78-3** **是以聖人云: "受國之垢, 是謂社稷主; 受國不祥, 是為天下王。"**
> (시이성인운; 수국지구, 시위사직주; 수국불상, 시위천하왕.)
> 이 때문에 성인이 말했다. "국가의 치욕을 책임져야, 사직의 주인이라고 일컫고; 국가의 재난을 책임져야, 세상의 군왕이 된다."

따라서 대동사회를 이끈 지도자가 말했다. "나라가 수모를 당했을 때 그 치욕을 몸소 감내해야 지도자로 불릴 수 있고, 나라에 재난이 발생했을 때 그 고통을 짊어져야 참된 지도자가 된다."

"그 영화로움을 알고 그 치욕을 지키면, 세상의 계곡이 된다."[23]라고 했다. 이 말은 지도자가 되었으나 그 자리에 연연하지 않고 오히려 자신을 낮추고 백성을 공경하면, 모두가 그를 신뢰하고 지지하여 따르게 된다는 뜻이다. 평소에는 지도자의 신분을 이용해서 우쭐대고 온갖 권력을 휘두르다가, 정작 어려움이 닥쳤을 때는 흔적도 없이 자리에서 내뺀다면 누가 그를 따르겠는가? 사사로움을 버리고 오직 백성들을 생각해야 세상이 그를 지도자로 인정하고 진심으로 따른다.

---

23 28-5

78-4   **正言若反。**(정언약반.)
이 때문에 성인이 말했다. "국가의 치욕을 책임져야,
사직의 주인이라고 일컫고 ; 국가의 재난을 책임져야,
세상의 군왕이 된다."

    하늘의 도를 굳이 말로 풀어서 표현하자면, 그간 우리가 당연하다고 생각해온 상식과 정반대로 하는 것이다. 지도자는 사람들을 밟고 올라가 위에 군림해야 할까, 아니면 아래에 처해서 그들의 뜻을 따라야 할까? 또 지도자는 사람들 앞으로 달려 나가서 명령해야 할까, 아니면 뒤에 처해서 그들의 말에 귀를 기울여야 할까? 전자는 상식이고, 후자는 하늘의 도이다.

    따라서 대동의 통치이념인 하늘의 도에 부합되는 개념은 그동안 우리가 너무나 당연하다고 여겨온 작은 상식의 틀을 깨고 점점 벗어나서 멀어진다. 이는 반대로 하늘의 도에 오히려 더 가까워짐을 뜻한다.[24]

---

24   25-3에서 이미 설명한 바 있다.

79장
빚쟁이의 품격

79-1 　　**和大怨，必有餘怨，安可以為善？**
(화대원, 필유여원, 안가이위선?)
큰 원한은 화해시키면서, (작은 것을) 소홀히 하여 원한의
잔재가 있다면, 어찌 훌륭하다고 할 수 있겠는가?

　　대의를 위한 작은 희생은 부득이한 것이라고 이야기하는 지도자를 어찌 훌륭하다고 평가할 수 있단 말인가? 더 많은 사람을 위한 원대한 계획이라면서 제아무리 아름답게 포장하더라도 그 과정에서 피해를 받은 희생자가 생기고 또 그들에게 원망을 받는다면, 그런 인물은 훌륭한 지도자로 평가받을 수 없다.

79-2 　　**是以聖人執左契，而不責於人。**
(시이성인집좌계, 이불책어인.)
이 때문에 성인은 좌계를 가지고 있지만, 사람들을
재촉하지 않았다.

따라서 하늘의 도로 나라를 다스리는 대동사회의 지도자는, 마치 좌계를 가진 채권자가 빚을 빨리 갚으라고 채무자를 몰아붙이지 않는 것처럼 자기 의지를 백성들에게 강요하지 않았다.

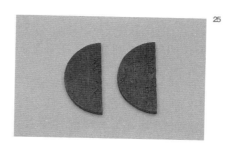

노자는 여기서도 비유의 수사법으로 지도자와 백성의 관계를 채권자와 채무자의 관계에 빗대어 설명하고 있다. 옛날 계약을 할 때 부신(符信)이나 부계(符契) 또는 부절(符節)이라고 불리는 증표를 둘로 나누어서, 왼쪽 것은 채권자가 갖고 오른쪽 것은 채무자에게 주었다. 그러므로 좌계는 채무자에게 빚을 갚으라고 요구할 수 있는 근거가 되는데, 일반적으로 채권자가 취할 수 있는 자세에는 두 가지가 있다. 하나는 빨리 빚을 갚으라고 독촉하는 것, 또 하나는 채무자가 빚을 갚을 능력이 될 때까지 기다려 주는 것이다. 따라서 마치 좌계를 지닌 선한 채권자가 빚을 독촉하지 않고 오히려 채무자의 상황을 배려해 주듯이, 노자는 참된 지도자란 자기 의지를 백성들에게 강요하여 밀어붙이면 안 된다고 설명한

25 출처: http://www.emuseum.go.kr/detail?relicId=PS0100200100100101100000

79-3 **有德司契, 無德司徹。**
(유덕사계, 무덕사철.)
덕이 있는 이는 사계이고, 덕이 없는 이는 사철이다.

대동사회를 이끈 참된 지도자는 채무자를 기다려주는 사계와 같고, 자기 의지를 강요해서 밀어붙이는 지도자는 채무자를 찾아가 악착같이 받아내는 사철과도 같다.

사계는 옛날 회계 관리인으로 차용증서를 관리하기만 하면 됐기 때문에 여유를 가지고 채무자를 기다렸다. 반면 사철 역시 회계 관리인이지만 세수를 관리했기 때문에 채무자를 찾아가 악착같이 받아냈다. 노자는 참된 지도자인 성인과 그렇지 못한 지도자인 폭군을 사계와 사철에 빗대어 설명했다.

79-4 **天道無親, 常與善人。**
(천도무친, 상여선인.)
하늘의 도리는 편애함이 없으므로, 항상 선한 이와 함께한다.

하늘의 도는 한쪽으로 치우치지 않고 모두 함께하려 하므로, 항상 순일한 덕을 베푸는 지도자만을 지지하고 지켜준다. 이 구절의 의미는 다음 기록을 통해 살펴보자.

우가 말했다. "아, 임금이시여! 신중하여 이에 임금 자리에 계시면, 임금의 거동이 편안하실 것이고, (나아가) 덕을 도우면(덕치를 하면) 세상이 크게 (임금의 뜻에) 부응할 것입니다. 의지를 순수하게 하여 하늘의 명을 기다리시면, 하늘이 그 중대한 사명을 줄 것입니다."

[사기] 〈하본기〉 중에서

앞에서 언급했듯이[26], 대동사회의 통치이념인 하늘의 도는 객관적이고 공정한 중(中)과 누구 하나 버리지 않고 함께하는 화(和)를 아우른다. 따라서 하늘은 덕의 양대 구성요소인 중(中)과 화(和)를 지키기 위해서, 항상 바른길을 가려고 부단히 노력하는 참된 지도자를 끝까지 지지하고 보호한다.

이윤이 말했다. "백성의 일을 가벼이 여기지 말고 어렵다고 생각해서, 그 (지도자) 지위를 편안하게 여기지 말고, 신중히 마무리하려면 처음부터 신중해야 합니다."

[상서] 〈태갑하〉 중에서

하지만 지도자가 중간에 변한다면? 하늘도 더는 그를 지켜주지 않는다.

---

26   56-3

80장

공자에서 노자로

80-1 **小國寡民, 使有什伯之器而不用, 使民重死而不遠徙。**
(소국과민, 사유십백지기이불용, 사민중사이불원사.)
나라가 작고 백성이 적으면, 각양각색의 기물이 있어도
쓰지 않고, 백성들이 죽음을 중시하여 멀리 이사하지
않게 된다.

나라가 작고 백성이 적었던 대동사회로 돌아가면, 백성들이 귀한 물건을 귀히 여기되 꼭 자기 집에 보관하려 들지 않으므로 재물에 집착하지 않고, 지도자를 믿고 따르므로 굳이 목숨을 걸고 다른 곳으로 거처를 옮기지 않게 된다.

지금도 마찬가지지만 고향을 등지고 새로운 삶의 터전을 찾아 떠난다는 것은 대단히 어려운 일이다. 그럼에도 멀리 떠난다면 이는 고향에 사는 것이 목숨을 걸고 타지로 이동하는 것보다도 못하기 때문이다. 고향에서 사는 것이 행복하다면 누가 굳이 목숨을 걸고 멀리 떠나려 하겠는가? 만약 해마다 국적을 포기하고 고국을 떠나는 국민 수가 증가한다면, 그 나라는 지도자의 리더십에 문제가 없는지 심각하게 고민해야 한다. 앞에서 언급했듯이[27] 2008년부터 2018년까지 한국 국적을 상실한 인구수가 매년 2만 명 이상을 꾸준히 유지하고 있는데, 이는 우리나라 정치인들이 앞으로 어떤 길을 걸어야 하는지 명확하게 일러주고 있다.

그리고 여기서 노자의 종합적인 정치관이 드러나는데, 바로 나라가 작고 백성이 적은 '소국과민'이 가장 이상적인 형태의 국가라는 것이다. 노자는 주나라의 사관을 지내면서 삼황오제로부터 하, 상, 주 삼대에 이르는 방대한 역사를 파악하고 있었고, 천자의 나라인 주나라의 몰락을 직접 바라보면서 큰 나라를 다스린다는 것이 얼마나 힘든지 이해했기에, 이와 같은 이상적인 국가관을 제시할 수 있었다. 다음의 기록을 살펴보자.

> 요임금이 말했다. "아, 사악이여! 짐이 재위한 지 70년인데, 그대는 천명을 변치 않게 할 수 있으니, (그대가) 짐의 자리에 오르시오." 사악이 대답했다. "(저는) 덕이 낮아서 임금 자리를 욕되게 할 것입니다." 요임금이 말했다. "귀족이거나 관계가 먼 사람 숨어 사는 사람 모두를 천거해주시오." 모두가 요임금에게 말했다. "민간에 홀아비가 있는데, 순이라고 합니다." 요임금이 말했다. "그러한가, 짐은 그에 대해 들었소. 그는 어떠하오?" 사악이 말했다. "장님의 아들입니다. 아버지는 완고하고 어머니는 간사하며 동생은 교만하지만, 능히 온화하게 부모님을 섬기고 나아가 수양하여, 어지러움에 이르지 않게 되었습니다." 요임금이 말했다. "내가 그를 시험해보겠소." 이에 요는 두 딸을 그에게 시집보내, 두 딸에게서 그의 덕을 살폈다.
>
> 〔사기〕〈오제본기〉 중에서

---

27 27-2

요임금이 인재를 천거하라고 하자 모두가 민간에 있는 홀아비 순을 추천하였고, 이에 요임금은 그의 이름을 들어본 적이 있다면서 시험해보겠다고 했다. 여기서 상식적으로 이해할 수 없는 것이, "어떻게 한 나라의 임금이 민간에 있는 홀아비 이름조차 들어볼 기회가 있었겠는가?"라는 점이다.

지금도 상상해볼 수 있듯이 어느 한 마을의 이장님이 누구네 집 아무개가 어떤지 직접 만나보거나 확인하지 못했어도, 최소한 "아무개가 똑똑하다더라, 사람됨은 어떻다더라!"라는 소문은 들어봤을 수 있다. 당시 대동은 '소국과민'의 상황이었기 때문에 임금이 민간의 홀아비 이름을 들을 기회가 있었고, 요임금이 태평성대를 이끌던 시대였으므로 '소국과민'은 바로 대동을 가리키는 것임을 추론할 수 있다. 참고로 소개하자면, 공자는 노자와 상반되는 견해를 지녔다.

"무리가 있어서 먼 곳으로부터 찾아오면, 또한 즐겁지 아니한가?"

[논어]〈학이〉중에서

앞에서도 소개했었던[28] [논어] 첫 구절 중 일부인 "有朋自遠方來, 不亦樂乎?(유붕자원방래, 불역낙호?)"는 오역의 대표적인 문장 중 하나로 꼽힌다. 이 구절의 뜻은 "(지도자가 도를 배워서 실천하면) 사람들이 그 나라가 살기 좋다는 소식을 듣고 멀리서 찾아와 몰려드는데, 그렇게 되면 그 나라의 지도자로서 역시 기쁘지 않겠는가!"라고 반문하는 것이다. 즉 노자는 작은 나라와 적은 백성의 '소국과민'을 외쳤지만 공자는 많은 백성과 넓고

---

28 27-2

부유한 나라인 '서민부국(庶民富國)'을 강조했다.

80-2 　　**雖有舟輿，無所乘之；雖有甲兵，無所陳之；**
　　使人復結繩而用。

(수유주여, 무소승지; 수유갑병, 무소진지; 사인복결승이용지.)

비록 배나 수레가 있어도, 그것을 탈 일이 없고, 비록 무기가
있어도, 그것을 드러낼 일이 없으니; 사람들이 다시 끈으로
매듭지어 그것을 사용하게끔 한다.

　지도자가 나라를 평온하게 다스리므로, 백성들은 굳이 목숨을 걸고 다른 곳으로 옮겨가지 않아서 배나 수레 등의 이동수단이 필요 없어진다. 또 서로 화목하게 살게 되어서 굳이 전쟁할 필요가 없으므로, 백성들의 삶이 결승문자를 쓰던 상고의 대동시대로 돌아가게 된다.

　끈으로 매듭을 지어 사용한다는 것은 결승문자를 뜻한다. 결승문자는 새끼를 매듭지어 그 모양이나 수량으로 의사소통을 하던 문자로, 글자가 없었던 태고의 원시사회 즉 고대 페루나 중국에서 사용되었다. 그렇다면

태고의 중국이란 구체적으로 어떤 시대일까?

한자는 대략 3천여 년 전에 사용된 것으로 추정되는 갑골문에서 비롯되었다. 갑골문은 1899년에 상나라 수도였던 중국 안양현 소둔촌에서 발견되었는데, 상나라는 은나라라고도 호칭하므로 이 지역을 은허(은나라 폐허지)라고 부른다. 따라서 갑골문은 은허에서 발굴된 거북의 배딱지인 귀갑과 짐승의 견갑골인 수골에 새겨진 중국의 고대 상형문자인데, 후대에 귀갑의 갑과 수골의 골을 합쳐서 갑골문이라고 부르기 시작했다.

이를 정리하면 중국의 한자는 빨라야 상나라 때나 생겨났으며 상나라 이전의 하나라 혹은 그 이전에는 다른 문자를 썼었다는 논리가 형성된다. 즉 노자가 말하는 결승문자를 쓰던 시기는 최소한 하나라 또는 그 이전인 대동을 지칭한다.

또 한편으로 중국인들은 오제 중 한 명으로 알려진 황제의 신하 창힐이 한자를 발명했다고 믿어왔다. 창힐은 황제 때 사관을 지낸 인물이다. 눈이 네 개이고 각각의 눈마다 눈동자가 두 개씩 있어서 일반인들이 볼 수 없는 사물의 원리까지도 파악해내는 능력을 지녔다고 전해진다. 이는 어디까지나 전해오는 이야기지만 이 전설로 설명하더라도 결승문자를 쓰던 때로 돌아간다는 것은 역시 대동사회로 돌아가게 된다는 뜻임을 알 수 있다.

80-3 **甘其食, 美其服, 安其居, 樂其俗, 鄰國相望, 雞犬之聲相聞, 民至老死不相往來。**
(감기식, 미기복, 안기거, 락기속, 린국상망, 계견지성상문, 민지노사불상왕래.)

그 음식을 달게 여기고, 그 의복을 즐기며, 그 거처를 좋아하고, 그 풍속을 즐거워하며, 이웃 나라가 서로 바라보이고, 닭과 개의 소리가 서로 들리게 되니, 백성들이 늙어 죽을 때까지 서로 왕래하지 않게 된다.

　대동사회로 돌아가게 되면 백성들은 사리사욕이 없어지므로, 기본적인 의식주에 대해서도 더 큰 욕망이 없어져 만족함을 알게 되거니와, 자신들의 생활이 더없이 행복하다는 것을 깨닫게 된다. 또 이웃한 나라끼리 서로 존중하고 예우하여, 굳이 높은 성곽을 쌓거나 성 주위에 둘러 판 못 즉 해자를 만들어 외부인들이 침입하지 못하도록 경계할 필요가 없게 된다. 그렇게 되면 세상이 평온해져서 이웃 나라가 서로 바라보이고, 닭과 개 우는 소리까지도 다 들리게 된다. 이처럼 백성들이 지도자를 믿고 따르며 행복한 생활을 영위하는데, 굳이 목숨을 걸고 다른 곳으로 옮겨 살겠는가? 따라서 백성들은 자신들의 천성을 다하며 즐겁게 살 뿐, 죽을 때까지 굳이 서로 왕래하지 않게 된다.

　온포(溫飽)-소강(小康)-대동(大同)의 삼보주(三步走)는 중국의 3단계 발전계획으로 1979년 덩샤오핑이 제시한 현대화 발전전략 용어이다. 삼보주(싼뿌저우)의 첫 단계인 온포(원바오)는 기본 의식주를 해결하는 단계, 소강(샤오캉)은 의식주가 해결된 중등 생활 이상의 복지사회, 대동(따통)은 이상 사회로의 복귀를 뜻한다. 중국은 80년대 말 이미 온포 단계가 완성되었음을 공식적으로 선포했고, 2002년 11월에는 장쩌민 총서기가 중국이 소강사회에 진입했음을 공식적으로 선언했다. 특히 소강-대동은 '두개의 백 년' 목표와도 얽혀있는데, 공산당 창당 100주년인 2021년에는 전면적인 소강사회의 달성을, 건국 100주년인 2049년까지는 대동사회의 실현 계획을 세웠다.

따라서 중국이 왜 현 단계에서 '서민부국'의 소강을 추구하고, 그다음 단계이자 최종 목표를 '소국과민'의 대동으로 삼았는지 대략적으로나마 추측할 수 있다. 현재 진행되고 있는 소강의 추구는 공자의 사상과 불가분의 관계를 맺고 있기에, 중국 공산당은 어쩔 수 없이 마오쩌둥이 봉건주의와 구습의 상징으로 지정한 공자를 다시 소환했다. 그렇지만 소강의 완성은 쉬운 일이 아니다. 진정한 소강과 대동은 정치 문화 등을 포함한 제반 사항을 고려한 것이지, 단순히 경제로만 가늠할 수 있는 것이 아니기 때문이다. 특히나 지금과 같이 황금만능주의와 이기주의 그리고 내부의 첨예한 사상 대립이 극도로 팽배해있는 세상에서는 말이다.

후진타오 주석이 집권하던 2011년 1월 11일, 천안문 광장을 중심으로 인민대회당 맞은편에 있는 국가박물관 입구에 대형 공자 동상이 세워졌다. 그런데 100일 뒤인 4월 22일 갑자기 사라지는 사건이 발생했다. 도대체 무슨 일이 일어난 것일까? 공자 동상은 야간에 갑작스레 국가박물관 내부 서편의 조각공원으로 옮겨진 것으로 확인되었다. 사실 공자 동상 사업은 이전부터 공산당 내부에 심각한 논란을 일으켰다. 애당초 마오쩌둥을 옹호하는 혁명 노선은 말도 안 되는 소리라며 반대했고, 이에 뒤질세라 덩샤오핑을 중심으로 하는 실용주의 노선은 소강을 중국의 현실적 목표로 세운 이상 다시 공자를 불러오는 것은 지극히 당연한 과정이라고 맞받아쳤다. 즉 공자 동상의 등장은 실용주의 노선이 적극적으로 밀어붙인 결과이고, 100일 만의 이전은 혁명 노선의 반대를 끝까지 막아내지 못했음을 의미한다. 이 사건은 공산당 내부에 눈에 보이지 않는 첨예한 대립 양상이 존재하거니와, 아직도 혁명 노선과 실용주의 노선 사이에는 치열한 권력 암투가 전개되고 있음을 방증한다.

하지만 이러한 내부의 첨예한 균열 양상 등이 해결되어서 만약 공자가 말한 사회 전반에 걸친 소강의 완성이 선포되고, 최종 목표인 대동을 추진하는 단계가 온다면, 그리고 그때가 본래 계획한 바대로라면, 중국은 2022년 반드시 다시 노자를 소환하게 될 것이다. 그렇게 되면 중국은 향후 공자가 강조한 '서민부국'의 중앙집권체제에서 자연스레 '소국과민'을 지향하는 지방분권체제로 전환될 것이고, 공산당은 점차 명분만 유지하는 이른바 상징적 존재로서 남게 될 것이다.

이제 삼덕 즉 세 가지 덕에 대해서 다시 이야기해보자[29].

"삼덕 즉 세 가지 덕은 첫 번째 정직함을 말하는 것이요, 두 번째 강직함으로 다스림을 말하는 것이요, 세 번째는 유함으로 다스림을 말하는 것이니, 평화롭고 안락하면 정직함으로 하고, 굳어서 따르지 않으면 강직함으로 다스리며, 화해하여 따르면 부드러움으로 다스리고, 심성이 가라앉아 겉으로 드러나지 않으면 강직함으로 다스리며,

---

29 8-3

식견이 높으면 부드러움으로 다스리는 것입니다."

〔상서〕〈주서〉중에서

고인 물은 결국 썩는다고 했던가? 즉 이 말은 지도자는 백성이 처한 상황에 따라서 다스림의 방법을 계속 바꿔줘야 한다는 뜻이다. 그런데 이제 이 말을 자세히 들여다보면, 백성이 처할 수 있는 상황에는 5가지가 있음을 알 수 있다.

1) 우선 백성이 평화롭고 안락하게 지내면 지도자는 정직함으로 다스리기만 하면 된다고 했는데, 이는 바로 앞에서 언급한 대동사회이다. 따라서 대동사회에서 지도자는 백성을 바로잡기보다 스스로 바로잡는 데 부단히 노력해야 함을 알 수 있다.

2) 하지만 백성의 마음이 차갑게 굳어서 따르지 않으면 강직함으로 다스려야 한다고 했다. 이는 사람들이 이기주의에 빠져서 지도자를 따르지 않음을 뜻하므로, 이때는 지도자가 강직함으로 엄격하게 다스려야 한다. 하지만 이 역시 솔선수범=노블레스 오블리주를 전제로 해야 한다. 지도자가 먼저 바른 모습을 보이지 않으면 아무런 의미가 없다.

3) 그렇게 해서 백성들이 다시 서로 화해하여 따르면 부드러움으로 다스려야 한다. 이는 사람들이 다시 화목하게 지내기 시작하면 지도자는 자애로움으로 다스려야 한다는 뜻이다.

4) 그러다가 다시 백성들의 심성이 가라앉아 겉으로 드러나지 않으면 강직함으로 다스려야 한다고 했다. 이는 백성들의 심성이 맑고 건강하지 못하여 사회가 혼탁하고 불건전해짐을 뜻하므로 지도자는 다시 강직함으로 엄격하게 다스려야 한다는 뜻이다.

5) 그리고 마지막은 식견이 높으면 부드러움으로 다스린다고 했다. 이는 백성의 학식과 견문이 넓어져서 분별력이 높을 때는 지도자가 다시 자애로움으로 다스려야 한다는 뜻이다.

그렇다면 한국의 국민 수준은 이 다섯 가지 경우 중 어느 것에 해당할까? 한국의 청년 고학력자 비율은 경제협력개발기구(OECD) 국가 중 압도적으로 1위를 달리고 있다. 2015 OECD 교육지표 조사결과에 따르면, 전년도 한국 청년층(25~34세)의 고등교육 이수율(전문대, 4년제, 석박사 과정 포함)은 68%로 OECD 34개 국가 중 가장 높다. 이런 상황에서 한국의 지도자가 갖춰야 할 자세는 과연 무엇일까? 노자는 이미 우리에게 그 해답을 제시하고 있다.

81장

수사학의 힘

81-1 **信言不美, 美言不信。**
(신언불미, 미언불신.)
진실한 말은 아름답지 않고, 아름다운 말은 진실하지 않다.

앞에서 강조했듯이[30] 하늘의 도는 화려하지 않다. 기본과 원칙만을 따르기 때문에 소박하고 담담할 뿐이다. 반대로 하늘의 도를 거스르는 거짓과 위선은 화려하다. 화려한 말은 일시적으로나마 사람들을 현혹하므로 그들의 눈과 귀에 지극히 충동적이고도 자극적일 수밖에 없다. 여기서 '아름다울 미(美)'는 부정의 의미로 쓰였다. 노자는 여기서 명확하게 수사학에 대한 정의를 내리고 있다. 먼저 [주역]〈건괘〉'구삼'의 다음 구절을 살펴보자.

군자는 온종일 의지하지(자신이 잘하고 있다고 여기지) 않아서 저녁에도 (삼가) 두려워하므로, 위태로워도 재앙이 없다(설령 위험에 빠져도 재

---

30 35-2, 35-3

앙에 이르지는 않는다).³¹

그리고 [주역]의 해설서 성격을 지닌 [문언]에서는 이 구절을 다음과 같이 풀이한다.

구삼효(九三爻)에서 "군자는 종일 의지하지 않고, 저녁에도 두려워하므로, 위태로워도 재앙이 없다."라고 했는데, 이는 무엇을 말하는가? 공자가 이르시기를: "군자는 공정하고도 성실하게 공적을 쌓아서 덕에 힘쓰므로, 덕에 정진할 수 있고; 말을 닦음에 그 성실함을 세우기에, 그러므로 공을 세우게 된다. 힘쓴다는 것이 무슨 뜻인지 이해해서 그것에 힘쓰므로, 당당할 수 있고; 완성한다는 것이 무슨 뜻인지 이해해서 그것을 완성하므로, 의로움의 의(義)를 지킬 수 있다. 이러한 이유로 윗자리에 처해도 교만하지 않고, 아랫자리에 있어도 근심하지 않는다. 따라서 의지하지(자신이 잘한다고 생각하지) 않고, 항상 두려워하므로, 비록 위태롭더라도 재앙이 없는(설령 위험에 빠져도 재앙에 이르지는) 것이다."

바로 여기서 등장하는 것이 공자가 처음 언급했다고 여겨지는 수사입기성(修辭立其誠)이라는 표현인데, 이는 '말을 신중하게 정리하여 그 성실함을 세운다.'라는 의미로 풀이한다. '정성 성(誠)'은 내뱉은 말은 반드시

---

31 [도덕경] 50-2와 50-3에도 같은 의미를 지닌 구절이 나온다.

이룬다는 실천의 의미를 지닌다[32]고 설명했었다. 이제 '설 립(立)'의 뜻을
살펴보자.

이것은 '큰 대(大)'와 땅을 나타내는 '一'가 합쳐진 회의문자로 커다란
사물이 땅 위에 있다는 의미를 지닌다. 커다란 물체가 땅 위에 우뚝 서 있
다는 것은 흔들리지 않고 확고하게 자리 잡고 있음을 뜻한다. 따라서 '수
사입기성'은 '수사'로 성실함을 확고하게 세운다고 풀이할 수 있으므로,
이는 "말하려는 내용을 신중하게 가다듬고 명확하게 표현해서 말이 말에
서 멈추지 않고 행동에까지 이르도록 한다는 뜻이 된다. 즉 수사는 말로
표현하는 것과 행동으로 실천하는 것 중간에서 이 둘이 서로 연결되도록
하는 매개체가 된다.

우리는 평소에 '덕'을 닦는다는 표현을 쓴다. 또 언론을 통해서 '부덕의
소치'라는 말도 종종 접한다. 그런데 '덕'이 무엇일까? '덕'이 도대체 무엇
인지 알아야 실천을 하든지 할 것 아닌가? 이는 마치 황금이 무엇인지, 왜
귀한 것인지, 어떻게 생겼는지, 어디에서 찾을 수 있는지도 모르고 황금을
찾아 나서겠다는 것과도 같다. 따라서 황금이 무엇이고 왜 귀하며 어떻게
생겼고 어디에서 찾을 수 있는지 명확하게 설명하는 역할을 바로 수사학

---

32 13-6

이 한다. 그래야 사람들이 비로소 황금을 찾아 직접 나서게 되니까 말이다. 수사학은 말을 잘하게 하거나 글을 잘 쓰게 하는 학문이 아니다. 수사학의 힘은 말을 실천으로 옮기게 하는 데 있다. 그런 차원에서 우리에게 하늘의 도가 무엇인지 알리려고 노력한 노자는 진정한 수사학의 대가이다.[33]

81-2
善者不辯, 辯者不善。
(선자불변, 변자불선.)
선량한 이는 교묘하게 말하지 않고, 교묘하게 말하는 이는
선량한 이가 아니다.

따라서 하늘의 도를 온전하게 이해하는 자는 자극적이고도 충동적인 화려한 말로 포장하지 않고, 그저 소박하고 담담하게 사실만을 이야기하려고 노력한다. 자극적이고 충동적인 거짓과 위선으로 포장된 말을 하는 자는 하늘의 도를 이해하지 못한다.

교묘한 말과 아첨하는 얼굴빛을 하면서도, 어짊의 인(仁)을 행하는 사람은 드물다.

'교언영색, 선의인(巧言令色, 鮮矣仁).' 이 말이 얼마나 중요했으면, 공자 역시 [논어] 〈학이〉와 〈양화〉 편에서 두 번이나 강조했겠는가?

---

33 동양의 수사(修辭)와 서양의 레토릭(rhetoric)이 과연 완전히 일치하는 개념인지는 이후 더 세심한 연구가 필요해 보인다.

81-3   **知者不博，博者不知。**
(지자불박, 박자부지.)
아는 이는 폭넓게 알지 않고, 폭넓게 아는 이는 알지 못한다.

하늘의 도를 이해하는 이는 법과 제도를 세분해서 통제하려 들지 않고, 기본과 원칙으로 돌아가 천성에 따라 백성을 다스리는 데 충실하다. 따라서 법과 제도를 자꾸 세분해서 강화하는 이는 하늘의 도를 깨닫지 못한 지도자다.

기본과 원칙이란 신중함의 신(愼), 고요함의 정(靜), 신뢰의 신(信)을 바탕으로 검소함의 검(儉), 자애로움의 자(慈), 겸손함의 겸(謙)을 실천하는 것이다. 그러면 객관적이고 공정함의 중(中)과 조화로움의 화(和)를 지킬 수 있고, 순일한 덕을 회복하게 되며, 여기에 변치 않음의 상(常)이 합쳐지면 하늘의 도를 다시금 지킬 수 있게 된다. 또한 하늘의 도를 따르면 어떠한 위험도 극복할 수 있게 된다. 대문을 열고 나가서 멀리 갈수록 오히려 아는 것이 적어진다고 했다.[34] 기본과 원칙에 집중하면 대문을 열고 나가거나 창밖을 보지 않아도 세상을 다스리는 이치를 알 수 있다.[35] 따라서 법과 제도를 세분해서 통제하려 들면 사람들은 피하려고만 들어서 법과 제도를 더욱 강화해야 하지만, 하늘의 도에 따르면 기본과 원칙에만 충실하면 된다[36]. 따라서 문을 열고 세상 밖으로 나가서 폭넓게 알려고 하기보다

---

34   47-2

35   47-1

36   48장

그 문을 닫고 기본과 원칙에 충실하면 평생 근심하지 않게 된다.[37]

81-4 **聖人不積, 既以爲人, 己愈有; 既以與人, 己愈多。**
天之道, 利而不害 ; 聖人之道, 爲而不爭。
(성인부적, 기이위인, 기유유; 기이여인, 기유다. 천지도,
이이불해; 성인지도, 위이부쟁.)

성인은 쌓아두지 않고 그럼으로써 타인을 위하므로 자기가
더욱 있게 되고, 그럼으로써 타인에게 베풀므로 자기가
더욱 넉넉해진다. 하늘의 도리는 이로워서 해가 되지 않고,
성인의 도리는 (타인을) 위하지 다투지 않는다.

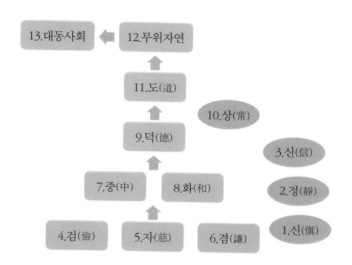

---

37 52-3

대동사회를 이끈 지도자들은 검소함의 검(儉), 자애로움의 자(慈), 겸손함의 겸(謙)의 자세를 바탕으로 객관적이고 공정함의 중(中)과 조화로움의 화(和)를 실천했다. 그러므로 순수한 덕으로 나라를 다스릴 수 있었고, 여기에 변치 않는 상(常)의 자세를 지킴으로써 하늘의 도를 따랐다. 이처럼 성인은 사리사욕을 탐하지 않고 베풀어서 오직 나라와 백성만을 생각했으므로 백성들은 그를 지도자로 인정하고 나아가 진심으로 믿고 따랐다. 아낌없이 백성들에게 모든 것을 주고 베풀었지만 그로 인해 백성들의 지지와 사랑을 한 몸에 받았으므로, 사실 지도자가 세상 모든 것을 가지게 된 것이다. 이처럼 하늘의 도를 따른다는 것은 지도자에게 이로운 것이고, 하늘의 도를 따르는 대동사회 지도자들은 사리사욕을 탐하지 않고 오직 백성들에게 아낌없이 베푸는 자세를 보였다.

나오면서

    2012년 학술 이론서 [노자의 재구성]과 대중 설명서 [노자, 정치를 깨우다] 두 권의 저서를 내고 2013년 소설 [노자의 유언]을 출판하면서, 조심스레 노자 [도덕경]의 궁극이 대동사회로의 복귀에 있다는 이론을 처음 제기했었다. 또 그즈음에 '노자 리더십의 현대적 해석'이라는 강의를 처음 개설했고 지금까지 그 이론적 주장이 맞는지를 증명하고 나아가 설득하려는 시도를 계속해왔다. 특히 이를 위해 강의에서 채택한 방법이 현대사회의 유명 인사와 사건들로 [도덕경] 각각의 구절들을 설명하는 것이었는데, 이 책을 저술하면서 수년 동안 쌓아온 그간의 자료들을 총망라하고자 했다. 노자의 고대 관점 수사학을 현대 관점 수사학으로 재구성해서 풀이했다고나 할까?

    특히 현대사회의 인물과 사건들로 [도덕경]을 설명하려고 시도한 점은 실사구시의 학술 가치관과 무관치 않다. 제아무리 훌륭한 이론 심지어 진리라고 할지라도 지금 우리가 몸을 담고 있는 이 사회에 실제로 적용하지 못한다면, 그건 그저 쓸모없는 이른바 죽은 학문에 불과하기 때문이다.

    책의 본문에서 아는 게 중요한 게 아니라 실천하는 게 중요하다고 거듭 강조했었다. 하지만 그에 앞서서 이론을 제대로 알지 못하면, 무언가를 실천할 가능성조차도 있을 수 없다. 존재하는 실체의 본질을 인지해야 그

다음 단계로 넘어갈 수 있다. 그래서 사람들은 종종 큰물에서 놀아본 사람은 달라도 뭔가 다르다는 말을 한다. 이전에는 알지 못했던 새로운 경지를 인지하고, 나아가 경험하는 것이 중요하다는 뜻이다. 모르면 비슷해지려는 시도조차 하지 않지만, 알게 되면 비슷해지려고 노력하기 시작한다. 그리고 비슷한 단계에 도달하면 그 경지를 뛰어넘어서 한 걸음 더 앞으로 나가려고 한다. 그게 지금껏 인류가 걸어온 역사였으니까 말이다.

이제 이 책을 통해서 [도덕경]이 말하고자 하는 이론이 뭔지 이해했다면, 이를 통해서 좀 더 나은 정치 나아가 미래를 이끌 리더십을 실천하는 현실 인물들이 등장하길 기대해본다. 하지만 그보다 작게는 먼저 평범한 우리 각자가 이 사회의 리더라는 생각으로 몸소 실천할 수 있기를 소망한다.

진성북스
도서목록

사람이 가진 무한한 잠재력을 키워가는 **진성북스**는
지혜로운 삶에 나침반이 되는 양서를 만듭니다.

새로운 시대는 逆(역)으로 시작하라!

콘트래리언

이신영 지음
408쪽 | 값 17,000원

위기극복의 핵심은 역발상에서 나온다!

세계적 거장들의 삶과 경영을 구체적이고 내밀하게 들여다본 저자는 그들의 성공핵심은 많은 사람들이 옳다고 추구하는 흐름에 '거꾸로' 갔다는 데 있음을 발견했다. 모두가 실패를 두려워할 때 도전할 줄 알았고, 모두가 아니라고 말하는 아이디어를 성공적인 아이디어로 발전시켰으며 최근 15년간 3대 악재라 불린 위기 속에서 기회를 찾고 성공을 거두었다.

- 한국출판문화산업 진흥원 '이달의 책' 선정도서
- KBS 1 라디오 <오한진 이정민의 황금사과> 방송

실력을 성공으로 바꾸는 비결

리더의 존재감은 어디서 나오는가

실비아 앤 휴렛 지음 | 황선영 옮김
308쪽 | 값 15,000원

이 책은 조직의 사다리를 오르는 젊은 직장인과 리더를 꿈꾸는 사람들이 시급하게 읽어야 할 필독서이다. 더이상 서류상의 자격만으로는 앞으로 다가올 큰 기회를 잡을 수 없다. 사람들에게 자신감과 신뢰성을 보여주는 능력, 즉 강력한 존재감이 필요하다. 여기에 소개되는 연구 결과는 읽을거리가 많고 생생한 이야기와 신빙성 있는 자료로 가득하다. 실비아 앤 휴렛은 이 책을 통해 존재감을 완벽하게 드러내는 비법을 전수한다.

- 이코노믹리뷰 추천도서
- 저자 싱커스 50

비즈니스 성공의 불변법칙
경영의 멘탈모델을 배운다!

퍼스널 MBA

조쉬 카우프만 지음 | 이상호, 박상진 옮김
756쪽 | 값 23,500원

"MASTER THE ART OF BUSINESS"

비즈니스 스쿨에 발을 들여놓지 않고도 자신이 원하는 시간과 적은 비용으로 비즈니스 지식을 획기적으로 높이는 방법을 가르쳐 주고 있다. 실제 비즈니스의 운영, 개인의 생산성 극대화, 그리고 성과를 높이는 스킬을 배울 수 있다. 이 책을 통해 경영학을 마스터하고 상위 0.01%에 속하는 부자가 되는 길을 따라가 보자.

- 아마존 경영 & 리더십 트레이닝 분야 1위
- 미국, 일본, 중국 베스트 셀러
- 경영 명저 100권을 녹여 놓은 책

백 마디 불통의 말, 한 마디 소통의 말

당신은 어떤 말을 하고 있나요?

김종영 지음
248쪽 | 값 13,500원

리더십의 핵심은 소통능력이다. 소통을 체계적으로 연구하는 학문이 바로 수사학이다. 이 책은 우선 사람을 움직이는 힘, 수사학을 집중 조명한다. 그리고 소통의 능력을 필요로 하는 우리 사회의 리더들에게 꼭 필요한 수사적 리더십의 원리를 제공한다. 더 나아가서 수사학의 원리를 실제 생활에 어떻게 적용할 수 있는지 일러준다. 독자는 행복한 말하기와 아름다운 소통을 체험할 것이다.

● SK텔레콤 사보 <Inside M> 인터뷰
● MBC 라디오 <라디오 북 클럽> 출연
● 매일 경제, 이코노믹리뷰, 경향신문 소개
● 대통령 취임 2주년 기념식 특별연설

무엇이 평범한 사람을 유명하게 만드는가?

폭스팩터

앤디 하버마커 지음 | 곽윤정, 이현웅 옮김
265쪽 | 값 14,000원

무의식을 조종하는 매혹의 기술

오제이 심슨, 오펜하이머, 폴 포츠, 수전 보일…논리가 전혀 먹혀들지 않는 이미지 전쟁의 세계. 이는 폭스팩터가 우리의 무의식을 교활하게 점령하고 있기 때문이다. 1%셀러브리티들의 전유물처럼 여겨졌던 행동 설계의 비밀을 일반인들도 누구나 배울 수 있다. 전 세계 스피치 전문가를 매료시킨 강력한 커뮤니케이션기법소통으로, 고민하는 모든 사람들에게 강력 추천한다.

● 폭스팩터는 자신을 드러내기 위해 반드시 필요한 무기
● 조직의 리더나 대중에게 어필하고자 하는 사람을 위한 필독서

새로운 리더십을 위한 지혜의 심리학

이끌지 말고 따르게 하라

김경일 지음
328쪽 | 값 15,000원

이 책은 '훌륭한 리더', '존경받는 리더', '사랑받는 리더'가 되고 싶어하는 모든 사람들을 위한 책이다. 요즘 사회에서는 존경보다 질책을 더 많이 받는 리더들의 모습을 쉽게 볼 수 있다. 저자는 리더십의 원형이 되는 인지심리학을 바탕으로 바람직한 리더의 모습을 하나씩 밝혀진다. 현재 리더의 위치에 있는 사람뿐만 아니라, 앞으로 리더가 되기 위해 노력하고 있는 사람이라면 인지심리학의 새로운 접근에 공감하게 될 것이다. 존경받는 리더로서 조직을 성공시키고, 나아가 자신의 삶에서도 승리하기를 원하는 사람들에게 필독을 권한다.

● OtvN <어쩌다 어른> 특강 출연
● 예스24 리더십 분야 베스트 셀러
● 국립중앙도서관 사서 추천 도서

30초만에 상대방의 마음을 사로잡는

스피치 에센스

제러미 도노반, 라이언 에이버리 지음
박상진 옮김 | 348쪽 | 값 15,000원

타인들을 대상으로 하는 연설의 가치는 개별 청자들의 지식, 행동 그리고 감정에 끼치는 영향력에 달려있다. 토스마스터즈클럽은 이를 연설의 '일반적 목적'이라 칭하며 연설이라면 다음의 목적들 중 하나를 달성해야 한다고 규정하고 있다. 지식을 전달하고, 청자를 즐겁게 하는 것은 물론 나아가 영감을 불어넣을 수 있어야 한다. 이 책은 토스마스터즈인 제러미 도노반과 대중연설 챔피언인 라이언 에이버리가 강력한 대중연설의 비밀에 대해서 말해준다.

경쟁을 초월하여 영원한 승자로 가는 지름길

탁월한 전략이 미래를 창조한다

리치 호워드 지음 | 박상진 옮김
300쪽 | 값 17,000원

이 책은 혁신과 영감을 통해 자신들의 경험과 지식을 탁월한 전략으로 바꾸려는 리더들에게 실질적인 프레임워크를 제공해준다. 저자는 탁월한 전략을 위해서는 새로운 통찰을 결합하고 독자적인 경쟁 전략을 세우고 헌신을 이끌어내는 것이 중요하다고 강조한다. 나아가 연구 내용과 실제 사례, 사고 모델, 핵심 개념에 대한 명쾌한 설명을 통해 탁월한 전략가가 되는 데 필요한 핵심 스킬을 만드는 과정을 제시해준다.

● 조선비즈, 매경이코노미 추천도서
● 저자 전략분야 뉴욕타임즈 베스트 셀러

진정한 부와 성공을 끌어당기는 단 하나의 마법

생각의 시크릿

밥 프록터, 그레그 레이드 지음 | 박상진 옮김
268쪽 | 값 13,800원

성공한 사람들은 그렇지 못한 사람들과 다른 생각을 갖고 있는 것인가? 지난 100년의 역사에서 수많은 사람을 성공으로 이끈 성공 철학의 정수를 밝힌다. <생각의 시크릿>은 지금까지 부자의 개념을 오늘에 맞게 더 구체화시켰다. 지금도 변하지 않는 법칙을 따라만 하면 누구든지 성공의 비밀에 다가갈 수 있다. 이 책은 각 분야에서 성공한 기업가들이 지난 100년간의 성공 철학을 어떻게 이해하고 따라했는지 살펴보면서, 그들의 성공 스토리를 생생하게 전달하고 있다.

● 2016년 자기계발분야 화제의 도서
● 매경이코노미, 이코노믹리뷰 소개

성과기반의 채용과 구직을 위한 가이드

100% 성공하는 채용과 면접의 기술

루 아들러 지음 | 이병철 옮김
352쪽 | 값 16,000원

기업에서 좋은 인재란 어떤 사람인가? 많은 인사담당자는 스펙만 보고 채용하다가는 낭패당하기 쉽다고 말한다. 최근 전문가들은 성과기반채용 방식에서 그 해답을 찾는다. 이는 개인의 역량을 기초로 직무에서 성과를 낼 수 있는 요인을 확인하고 검증하는 면접이다. 이 책은 세계의 수많은 일류 기업에서 시도하고 있는 성과기반채용에 대한 개념, 프로세스, 그리고 실패방법을 다양한 사례로 설명하고 있다.

● 2016년 경제경영분야 화제의 도서

세계를 무대로 미래의 비즈니스를 펼쳐라

21세기 글로벌 인재의 조건

시오노 마코토 지음 | 김성수 옮김
244쪽 | 값 15,000원

세계 최고의 인재는 무엇이 다른가? 이 책은 21세기 글로벌 시대에 통용될 수 있는 비즈니스와 관련된 지식, 기술, 그리고 에티켓 등을 자세하게 설명한다. 이 뿐만 아니라 재무, 회계, 제휴 등의 업무에 바로 활용가능한 실무적인 내용까지 다루고 있다. 이 모든 것들이 미래의 주인공을 꿈꾸는 젊은이들에게 글로벌 인재가 되기 위한 발판을 마련해주는데 큰 도움이 될 것이다. 저자의 화려한 국제 비즈니스 경험과 감각을 바탕으로 비즈니스에 임하는 자세와 기본기, 그리고 실천 전략에 대해서 알려준다.

인생의 고수가 되기 위한 진짜 공부의 힘

김병완의 공부혁명

김병완 지음
236쪽 | 값 13,800원

공부는 20대에게 세상을 살아갈 수 있는 힘과 자신감 그리고 내공을 길러준다. 그래서 20대 때 공부에 미쳐 본 경험이 있는 사람과 그렇지 못한 사람은 알게 모르게 평생 큰 차이가 난다. 진짜 청춘은 공부하는 청춘이다. 공부를 하지 않고 어떻게 100세 시대를 살아가고자 하는가? 공부는 인생의 예의이자 특권이다. 20대 공부는 자신의 내면을 발견할 수 있게 해주고, 그로 인해 진짜 인생을 살아갈 수 있게 해준다. 이 책에서 말하는 20대 청춘이란 생물학적인 나이만을 의미하지 않는다. 60대라도 진짜 공부를 하고 있다면 여전히 20대 청춘이고 이들에게는 미래에 대한 확신과 풍요의 정신이 넘칠 것이다.

세계 초일류 기업이 벤치마킹한
성공전략 5단계

승리의 경영전략

AG 래플리, 로저마틴 지음
김주권, 박광태, 박상진 옮김
352쪽 | 값 18,500원

이 책은 전략의 이론만을 장황하게 나열하지 않는다. 매일 치열한 생존경쟁이 벌어지고 있는 경영 현장에서 고객과 경쟁자를 분석하여 전략을 입안하고 실행을 주도하였던 저자들의 실제 경험과 전략 대가들의 이론이 책속에서 생생하게 살아 움직이고 있다. 혁신의 아이콘인 A.G 래플리는 P&G의 최고책임자로 다시 돌아왔다. 그는 이 책에서 P&G가 실행하고 승리했던 시장지배의 전략을 구체적으로 보여줄 것이다. 생활용품 전문기업인 P&G는 지난 176년간 끊임없이 혁신을 해왔다. 보통 혁신이라고 하면 전화기, TV, 컴퓨터 등 우리 생활에 커다란 변화를 가져오는 기술이나 발명품 등을 떠올리곤 하지만, 소소한 일상을 편리하게 만드는 것 역시 중요한 혁신 중에 하나라고 할 수 있다. 그리고 그러한 혁신은 체계적인 전략의 틀 안에서 지속적으로 이루어질 수 있다. 월 스트리트 저널, 워싱턴 포스트의 베스트셀러인 <Plating to Win: 승리의 경영전략>은 전략적 사고와 그 실천의 핵심을 담고 있다. 리플리는 10년간 CEO로서 전략 컨설턴트인 로저마틴과 함께 P&G를 매출 2배, 이익은 4배, 시장가치는 100조 이상으로 성장시켰다. 이 책은 크고 작은 모든 조직의 리더들에게 대담한 전략적 목표를 일상 속에서 실행하는 방법을 보여주고 있다. 그것은 바로 사업의 성공을 좌우하는 명확하고, 핵심적인 질문인 '어디에서 사업을 해야 하고', '어떻게 승리할 것인가'에 대한 해답을 찾는 것이다.

● 경영대가 50인(Thinkers 50)이 선정한 2014 최고의 책
● 탁월한 경영자와 최고의 경영 사상가의 역작
● 월스트리스 저널 베스트 셀러

나와 당신을 되돌아보는, 지혜의 심리학

어쩌면 우리가
거꾸로 해왔던 것들

김경일 지음 | 272쪽 | 값 15,000원

저자는 이 책에서 수십 년 동안 심리학을 공부해오면서 사람들로부터 가장 많은 공감을 받은 필자의 말과 글을 모아 엮었다. 수많은 독자와 청중들이 '아! 맞아. 내가 그랬었지'라며 지지했던 내용들이다. 다양한 사람들이 공감한 내용들의 방점은 이렇다. 안타깝게도 세상을 살아가는 우리 대부분은 '거꾸로'하고 있는지도 모른다. 이 책은 지금까지 일상에서 거꾸로 해온 것을 반대로, 즉 우리가 '거꾸로 해왔던 수많은 말과 행동들'을 조금이라도 제자리로 되돌아보려는 노력의 산물이다. 이런 지혜를 터득하고 심리학을 생활 속에서 실천하길 바란다.

유능한 리더는 직원의 회복력부터 관리한다

스트레스 받지 않는
사람은 무엇이 다른가

데릭 로저, 닉 페트리 지음
김주리 옮김 | 308쪽 | 값 15,000원

이 책은 흔한 스트레스 관리에 관한 책이 아니다. 휴식을 취하는 방법에 관한 책도 아니다. 인생의 급류에 휩쓸리지 않고 어려움을 헤쳐 나갈 수 있는 능력인 회복력을 강화하여 삶을 주체적으로 사는 법에 관한 명저다. 엄청난 무게의 힘든 상황에서도 감정적 반응을 재설계하도록 하고, 스트레스 증가 외에는 아무런 도움이 되지 않는 자기 패배적 사고 방식을 깨는 방법을 제시한다. 깨어난 순간부터 자신의 태도를 재조정하는 데 도움이 되는 사례별 연구와 극복 기술을 소개한다.

상위 7% 우등생 부부의 9가지 비결

사랑의 완성
결혼을 다시 생각하다

그레고리 팝캑 지음
민지현 옮김 | 396쪽 | 값 16,500원

결혼 상담 치료사인 저자는 특별한 부부들이 서로를 대하는 방식이 다른 모든 부부관계에도 도움이 된다고 알려준다. 그리고 성공적인 부부들의 삶과 그들의 행복비결을 밝힌다. 저자 자신의 결혼생활 이야기를 비롯해 상담치료 사례와 이에대한 분석, 자가진단용 설문, 훈련 과제 및 지침 등으로 구성되어 있다. 이 내용들은 오랜 결혼 관련 연구논문으로 지속적으로 뒷받침되고 있으며 효과가 입증된 것들이다. 이 책을 통해 독자들은 자신의 어떤 점이 결혼생활에 부정적으로 작용하며, 긍정적인 변화를 위해서는 어떤 노력을 해야 하는지 배울 수 있다.

"비즈니스의 성공을 위해
꼭 알아야하는 경영의 핵심지식"
퍼스널 MBA

조쉬 카우프만 지음
이상호, 박상진 옮김
756쪽 | 값 25,000원

지속가능한 성공적인 사업은 경영의 어느 한 부분의 탁월성만으로는 불충분하다. 이는 가치창조, 마케팅, 영업, 유통, 재무회계, 인간의 이해, 인적자원 관리, 전략을 포함한 경영관리 시스템 등 모든 부분의 지식과 경험 그리고 통찰력이 갖추어 질 때 가능한 일이다. 그렇다고 그 방대한 경영학을 모두 섭렵할 필요는 없다고 이 책의 저자는 강조한다. 단지 각각의 경영원리를 구성하고 있는 멘탈 모델(Mental Model)을 제대로 익힘으로써 가능하다.

세계 최고의 부자인 빌게이츠, 워런버핏과 그의 동업자 찰리 멍거(Charles T. Munger)를 비롯한 많은 기업가들이 이 멘탈모델을 통해서 비즈니스를 시작하고, 또 큰 성공을 거두었다. 이 책에서 제시하는 경영의 핵심개념 248가지를 통해 독자들은 경영의 멘탈모델을 습득하게 된다.

필자는 지난 5년간 수천 권이 넘는 경영 서적을 읽었다. 수백 명의 경영 전문가를 인터뷰하고, 포춘지 선정 세계 500대 기업에서 일을 했으며, 사업도 시작했다. 그 과정에서 배우고 경험한 지식들을 모으고, 정제하고, 잘 다듬어서 몇 가지 개념으로 정리하게 되었다. 이들 경영의 기본 원리를 이해한다면, 현명한 의사결정을 내리는 데 유익하고 신뢰할 수 있는 도구를 얻게 된다. 이러한 개념들의 학습에 시간과 노력을 투자해 마침내 그 지식을 활용할 수 있게 된다면, 독자는 어렵지 않게 전 세계 인구의 상위 1% 안에 드는 탁월한 사람이 된다. 이 책의 주요내용은 다음과 같다.

● 실제로 사업을 운영하는 방법
● 효과적으로 창업하는 방법
● 기존에 하고 있던 사업을 더 잘 되게 하는 방법
● 경영 기술을 활용해 개인적 목표를 달성하는 방법
● 조직을 체계적으로 관리하여 성과를 내는 방법

기후의 역사와 인류의 생존
시그널

벤저민 리버만, 엘리자베스 고든 지음
은종환 옮김 | 440쪽 | 값 18,500원

이 책은 인류의 역사를 기후변화의 관점에서 풀어내고 있다. 인류의 발전과 기후의 상호작용을 흥미 있게 조명한다. 인류 문화의 탄생부터 현재에 이르기까지 역사의 중요한 지점을 기후의 망원경으로 관찰하고 해석한다. 당시의 기후조건이 필연적으로 만들어낸 여러 사회적인 변화를 파악한다. 결코 간단하지 않으면서도 흥미진진한, 그리고 현대인들이 심각하게 다뤄야 할 이 주제에 대해 탐구를 시작하고자 하는 독자에게 이 책이 좋은 길잡이가 되리라 기대해본다.

언어를 넘어 문화와 예술을 관통하는 수사학의 힘
현대 수사학

요아힘 크나페 지음
김종영, 홍설영 옮김 | 480쪽 | 값 25,000원

이 책의 목표는 인문학, 문화, 예술, 미디어 등 여러 분야에 수사학을 접목시킬 현대 수사학이론을 개발하는 것이다. 수사학은 본래 언어적 형태의 소통을 연구하는 학문이라서 기초이론의 개발도 이 점에 주력하였다. 그 결과 언어적 소통의 관점에서 수사학의 역사를 개관하고 정치 수사학을 다루는 서적은 꽤 많지만, 수사학 이론을 현대적인 관점에서 새롭고 포괄적으로 다룬 연구는 눈에 띄지 않는다. 이 책은 수사학이 단순히 언어적 행동에만 국한하지 않고, '소통이 있는 모든 곳에 수사학도 있다'는 가정에서 출발한다. 이를 토대로 크나페 교수는 현대 수사학 이론을 체계적으로 개발하고, 문학, 음악, 이미지, 영화 등 실용적인 영역에서 수사학적 분석이 어떻게 가능한지를 총체적으로 보여준다.

고혈압, 당뇨, 고지혈증, 골관절염...
큰 병을 차단하는 의사의 특별한 건강관리법
몸의 경고

박제선 지음 | 336쪽 | 값 16,000원

현대의학은 이제 수명 연장을 넘어, 삶의 질도 함께 고려하는 상황으로 바뀌고 있다. 삶의 '길이'는 현대의료시스템에서 잘 챙겨주지만, '삶의 질'까지 보장받기에는 아직 갈 길이 멀다. 삶의 질을 높이려면 개인이 스스로 해야 할 일이 있다. 진료현장의 의사가 개인의 세세한 건강을 모두 신경 쓰기에는 역부족이다. 이 책은 아파서 병원을 찾기 전에 스스로 '예방'할 수 있는 영양요법과 식이요법에 초점을 맞추고 있다. 병원에 가기 두렵거나 귀찮은 사람, 이미 질환을 앓고 있지만 심각성을 깨닫지 못하는 사람들에게 가정의학과 전문의가 질병 예방 길잡이를 제공하는 좋은 책이다.

진성 FOCUS 4

하버드 경영 대학원 마이클 포터의 성공전략 지침서
당신의 경쟁전략은 무엇인가?

조안 마그레타 지음
김언수, 김주권, 박상진 옮김
368쪽 | 값 22,000원

마이클 포터(Michael E. Porter)는 전략경영 분야의 세계 최고 권위자다. 개별 기업, 산업구조, 국가를 아우르는 연구를 전개해 지금까지 17권의 저서와 125편 이상의 논문을 발표했다. 저서 중 『경쟁전략(Competitive Strategy)』(1980), 『경쟁우위(Competitive Advantage)』(1985), 『국가경쟁우위(The Competitive Advantage of Nations)』(1990) 3부작은 '경영전략의 바이블이자 마스터피스'로 공인받고 있다. 경쟁우위, 산업구조 분석, 5가지 경쟁요인, 본원적 전략, 차별화, 전략적 포지셔닝, 가치사슬, 국가경쟁력 등의 화두는 전략 분야를 넘어 경영학 전반에 새로운 지평을 열었고, 사실상 세계 모든 경영 대학원에서 핵심적인 교과목으로 다루고 있다. 이 책은 방대하고 주요한 마이클 포터의 이론과 생각을 한 권으로 정리했다. <하버드 비즈니스리뷰> 편집장 출신인 저자는 폭넓은 경험을 바탕으로 포터 교수의 강력한 통찰력을 경영일선에 효과적으로 적용할 수 있도록 설명한다. 즉, "경쟁은 최고가 아닌 유일무이한 존재가 되고자 하는 것이고, 경쟁자들 간의 싸움이 아니라, 자사의 장기적 투하자본이익률(ROIC)을 높이는 것이다." 등 일반인들이 잘못 이해하고 있는 포터의 이론들을 명백히 한다. 전략경영과 경쟁전략의 핵심을 단기간에 마스터하여 전략의 전문가로 발돋움 하고자 하는 대학생은 물론 전략에 관심이 있는 MBA과정의 학생들을 위한 필독서이다. 나아가 미래의 사업을 주도하여 지속적 성공을 꿈꾸는 기업의 관리자에게는 승리에 대한 영감을 제공해 줄 것이다.

● 전략의 대가, 마이클 포터 이론의 결정판
● 아마존전략 분야 베스트 셀러
● 일반인과 대학생을 위한 전략경영 필독서

감정은 인간을 어떻게 지배하는가

감정의 역사

**롭 보디스 지음 | 민지현 옮김 | 356쪽 |
값 16,500원**

이 책은 몸짓이나 손짓과 같은 제스처, 즉 정서적이고 경험에 의
해 말하지 않는 것들을 설득력 있게 설명한다. 우리가 느끼는 시
간과 공간의 순간에 마음과 몸이 존재하는 역동적인 산물이라
고 주장하면서, 생물학적, 인류학적, 사회 문화적 요소를 통합하
는 진보적인 접근방식을 사용하여 전 세계의 정서적 만남과 개
인 경험의 변화를 설명한다. 감정의 역사를 연구하는 최고 학자
중 한 명으로, 독자들은 정서적 삶에 대한 그의 서사적 탐구에
매혹당하고, 감동받을 것이다.

UN 선정, 미래 경영의 17가지 과제

지속가능발전목표란
무엇인가?

**딜로이트 컨설팅 엮음 | 배정희, 최동건 옮김 |
360쪽 | 값 17,500원**

지속가능발전목표(SDGs)는 세계 193개국으로 구성된 UN에
서 2030년까지 달성해야 할 사회과제 해결을 목표로 설정됐
으며, 2015년 채택 후 순식간에 전 세계로 퍼졌다. SDGs의 큰
특징 중 하나는 공공, 사회, 개인(기업)의 세 부문에 걸쳐 널리
파급되고 있다는 점이다. 그러나 SDGs가 세계를 향해 던지는
근본적인 질문에 대해서는 사실 충분한 이해와 침투가 이뤄지
지 않고 있다. SDGs는 단순한 외부 규범이 아니다. 단순한 자
본시장의 요구도 아니다. 단지 신규사업이나 혁신의 한 종류도
아니다. SDGs는 과거 수십 년에 걸쳐 글로벌 자본주의 속에서
면면이 구축되어온 현대 기업경영 모델의 근간을 뒤흔드는 변
화(진화)에 대한 요구다. 이러한 경영 모델의 진화가 바로 이 책
의 주요 테마다.

노자, 궁극의 리더십을 말하다

2020 대한민국을 통합
시킬 주역은 누구인가?

안성재 지음 | 524쪽 | 값 19,500원

노자는 "나라를 다스리는 것은 간단하고도 온전한 원칙이어야
지, 자꾸 복잡하게 그 원칙들을 세분해서 강화하면 안된다!"라
고 일갈한다. 법과 제도를 세분해서 강화하지 않고 원칙만으로
다스리는 것이 바로 대동사회다. 원칙을 수많은 항목으로 세분
해서 통제한 것은 소강사회의 모태가 되므로 경계하지 않으면
안된다. 이 책은 [도덕경]의 오해와 진실 그 모든 것을 이야기
한다. 동서고금을 아우르는 지혜가 살아넘친다. [도덕경] 한 권
이면 국가를 경영하는 정치지도자에서 기업을 경영하는 관리
자까지 리더십의 본질을 꿰뚫을 수 있을 것이다.

"질병의 근본 원인을 밝히고
남다른 예방법을 제시한다"

의사들의 120세
건강비결은 따로 있다

**마이클 그레거 지음
홍영준, 강태진 옮김**
❶ 질병원인 치유편 값 22,000원 | 564쪽
❷ 질병예방 음식편 값 15,000원 | 340쪽

**우리가 미처 몰랐던 질병의 원인과 해법
질병의 근본 원인을 밝히고 남다른 예방법을 제시한다**

건강을 잃으면 모든 것을 잃는다. 의료 과학의 발달로 조
만간 120세 시대도 멀지 않았다. 하지만 우리의 미래는
'얼마나 오래 살 것인가?'보다는 '얼마나 건강하게 오래 살
것인가?'를 고민해야하는 시점이다. 이 책은 질병과 관련
된 주요 사망 원인에 대한 과학적 인과관계를 밝히고, 생
명에 치명적인 병을 예방하고 건강을 회복시킬 수 있는 방
법을 명쾌하게 제시한다. 수천 편의 연구결과에서 얻은 적
절한 영양학적 식이요법을 통하여 건강을 획기적으로 증
진시킬 수 있는 과학적 증거를 밝히고 있다. 15가지 주요
조기 사망 원인들(심장병, 암, 당뇨병, 고혈압, 뇌질환 등
등)은 매년 미국에서만 1백 6십만 명의 생명을 앗아간다.
이는 우리나라에서도 주요 사망원인이다. 이러한 비극의
상황에 동참할 필요는 없다. 강력한 과학적 증거가 뒷받침
된 그레거 박사의 조언으로 치명적 질병의 원인을 정확히
파악하라. 그리고 장기간 효과적인 음식으로 위험인자를
적절히 예방하라. 그러면 비록 유전적인 단명요인이 있다
해도 이를 극복하고 장기간 건강한 삶을 영위할 수 있다.
이제 인간의 생명은 운명이 아니라, 우리의 선택에 달려있
다. 기존의 건강서와는 차원이 다른 이 책을 통해서 '더 건
강하게, 더 오래 사는' 무병장수의 시대를 활짝 열고, 행복
한 미래의 길로 나아갈 수 있을 것이다.

● 아마존 의료건강분야 1위
● 출간 전 8개국 판권계약

기업체 교육안내 <탁월한 전략의 개발과 실행>

월스트리트 저널(WSJ)이 포춘 500대 기업의 인사 책임자를 조사한 바에 따르면, 관리자에게 가장 중요한 자질은 <전략적 사고>로 밝혀졌다. 750개의 부도기업을 조사한 결과 50%의 기업이 전략적 사고의 부재에서 실패의 원인을 찾을 수 있었다. 시간, 인력, 자본, 기술을 효과적으로 사용하고 이윤과 생산성을 최대로 올리는 방법이자 기업의 미래를 체계적으로 예측하는 수단은 바로 '전략적 사고'에서 시작된다.

<관리자의 필요 자질>

새로운 시대는 새로운 전략!

- 세계적인 저성장과 치열한 경쟁은 많은 기업들을 어려운 상황으로 내몰고 있다. 산업의 구조적 변화와 급변하는 고객의 취향은 경쟁우위의 지속성을 어렵게 한다. 조직의 리더들에게 사업적 혜안(Acumen)과 지속적 혁신의지가 그 어느 때보다도 필요한 시점이다.

- 핵심기술의 모방과 기업 가치사슬 과정의 효율성으로 달성해온 품질대비 가격경쟁력이 후발국에게 잠식당할 위기에 처해있다. 산업구조 조정만으로는 불충분하다. 새로운 방향의 모색이 필요할 때이다.

- 기업의 미래는 전략이 좌우한다. 장기적인 목적을 명확히 설정하고 외부환경과 기술변화를 면밀히 분석하여 필요한 역량과 능력을 개발해야 한다. 탁월한 전략의 입안과 실천으로 차별화를 통한 지속가능한 경쟁우위를 확보해야 한다. 전략적 리더십은 기업의 잠재력을 효과적으로 이끌어 낸다.

<탁월한 전략> 교육의 기대효과

① 통합적 전략교육을 통해서 직원들의 주인의식과 몰입의 수준을 높여 생산성의 상승을 가져올 수 있다.

② 기업의 비전과 개인의 목적을 일치시켜 열정적으로 도전하는 기업문화로 성취동기를 극대화할 수 있다.

③ 차별화로 추가적인 고객가치를 창출하여 장기적인 경쟁우위를 바탕으로 지속적 성공을 가져올 수 있다.

- 이미 발행된 관련서적을 바탕으로 <탁월한 전략>의 필수적인 3가지 핵심 분야(전략적 사고, 전략의 구축과 실행, 전략적 리더십>를 통합적으로 마스터하는 프로그램이다.

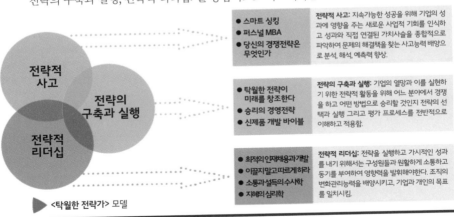

- 스마트 싱킹
- 퍼스널 MBA
- 당신의 경쟁전략은 무엇인가

전략적 사고: 지속가능한 성공을 위해 기업의 성과에 영향을 주는 새로운 사업적 기회를 인식하고 성과와 직접 연결된 가치사슬을 종합적으로 파악하여 문제의 해결책을 찾는 사고능력 배양으로 분석, 해석, 예측력 향상.

- 탁월한 전략이 미래를 창조한다
- 승리의 경영전략
- 신제품 개발 바이블

전략의 구축과 실행: 기업의 열망과 이를 실현하기 위한 전략적 활동을 위해 어느 분야에서 경쟁을 하고 어떤 방법으로 승리할 것인지 전략의 선택과 실행 그리고 평가 프로세스를 전반적으로 이해하고 적용함.

- 최적의인재채용과개발
- 이끌지말고따르게하라
- 소통과설득의수사학
- 지혜의심리학

전략적 리더십: 전략을 실행하고 가시적인 성과를 내기 위해서는 구성원들과 원활하게 소통하고 동기를 부여하여 영향력을 발휘해야한다. 조직의 변화관리능력을 배양시키고, 기업과 개인의 목표를 일치시킴.

▶ <탁월한 전략가> 모델

특강 및 교육 신청 문의: 진성북스, 02-3452-7762

120세 건강과 인문학 독서클럽

∴ 비전

건강 · 사랑 · 지혜로 아름다운 세상을 함께 만든다.

∴ 목표

올바른 건강(의학) 지식으로 자신과 가족의 건강을 돌보고,
5년 동안 100권의 인문학 명저를 읽고, 자기 삶을 투영하여 책 한 권을 쓴다.

∴ 얻을 수 있는 경험

하나, 국내 최고 교수진의 인문학 · 건강(의학) 강의를 들을 수 있습니다.

둘, 다양한 사람들과 책 내용을 토론하고 소통하며 사고를 확장합니다.

셋, 5년, 100권의 양서를 읽고 저자가 되는 책 출판의 기회를 드립니다.

2020년 프로그램 일정표

월	읽을 책 (Main-Text)	건강 강의	일정	월	읽을 책 (Main-Text)	건강 강의	일정
1월	베니스의 상인 - 윌리엄 셰익스피어	스마트 웰에이징	1/8 1/22	7월	코스모스 - 칼 세이건	신장질환 예방관리	7/8 7/22
2월	신화의 힘 - 조지프 캠벨	왜, 의학 인문학인가?	2/12 2/26	8월	적과 흑 - 스탕달	유방암 예방관리	8/12 8/26
3월	군주론 - 니콜로 마키아벨리	심혈관질환 예방관리	3/11 3/25	9월	아들러의 인간이해 - 알프레드 아들러	전립선암 예방관리	9/9 9/23
4월	오주석의 한국의 미 특강	소화기암 예방관리	4/8 4/22	10월	미적 교육론 - 프리드리히 실러	우울증 예방관리	10/7 10/21
5월	하늘과 바람과 별과 시 - 윤동주	당뇨병 예방관리	5/13 5/27	11월	2020년 노벨문학상 수상작가 작품 특강		11/11 11/25
6월	사기 - 사마천	간질환 예방관리	6/10 6/24	12월	순수 이성 비판 - 이마누엘 칸트	감염병 예방과 면역력 향상	12/9 12/19

※ 건강(의학) 강의 주제는 사정에 따라 변경될 수 있습니다.

회원모집 안내

일시 매월 둘째 주, 넷째 주 수요일
18:30-19:00 저녁식사 / 19:00-21:30 강의와 토론(프로그램 일정표 참고)

장소 서울시 강남구 영동대로85길 38 (진성빌딩 10층)

운영 1) 둘째 주 수요일 - 해당 책 개관과 주제를 발표하고, 토론하면서 생각의 범위 확장

2) 넷째 주 수요일 - 책에 대한 전문가의 종합적 특강을 통해 내용을 자기 것으로 만듦

3) 회비 : 30만원 (6개월) - 강의료 + 식비로 사용됩니다.

가입 1) 02-3452-7762 / 010-2504-2926
방법 2) jinsungbooks@naver.com (진성북스 메일)으로 연락바랍니다.

진성북스 팔로워로
여러분을 초대합니다!

∥ 진성북스 네이버 포스트
https://post.naver.com/jinsungbooks

혜택1
팔로우시 추첨을 통해 진성북스 도서 1종을 선물로 드립니다.

혜택2
진성북스에서 개최하는 강연회에 가장 먼저 초대해 드립니다.

혜택3
진성북스 신간도서를 가장 빠르게 받아 보실 수 있는 서평단의
기회를 드립니다.

혜택4
정기적으로 다양하고 풍부한 이벤트에 참여하실 수 있는 기회를
드립니다.

- 홈페이지 : www.jinsungbooks.com
- 페이스북 : https://www.facebook.com/jinsungpublisher/

• – 문 의 : 02)3452-7762

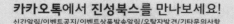

카카오톡에서 진성북스를 만나보세요!
신간알림/이벤트공지/이벤트상품발송알림/오탈자발견/기타문의사항